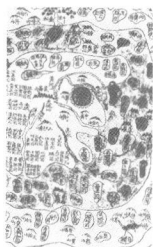

# 追寻"我们"的根源

# 的根源

## 中国历史上的
## 民族与国家意识

姚大力　著

生活·讀書·新知 三联书店

**图书在版编目（CIP）数据**

追寻"我们"的根源：中国历史上的民族与国家意识／姚大力著．—北京：
生活·读书·新知三联书店，2018.1 （2024.6 重印）
（文史新论）
ISBN 978 - 7 - 108 - 05880 - 5

Ⅰ．①追…　Ⅱ．①姚…　Ⅲ．①中华民族 - 民族历史 - 研究
Ⅳ．① K28

中国版本图书馆 CIP 数据核字（2017）第 013708 号

责任编辑　张　龙
装帧设计　蔡立国
责任校对　龚黔兰
责任印制　卢　岳
出版发行　**生活·讀書·新知** 三联书店
　　　　　（北京市东城区美术馆东街 22 号 100010）
网　　址　www.sdxjpc.com
经　　销　新华书店
印　　刷　河北松源印刷有限公司
版　　次　2018 年 1 月北京第 1 版
　　　　　2024 年 6 月北京第 5 次印刷
开　　本　635 毫米 × 965 毫米　1/16　印张 32
字　　数　413 千字
印　　数　19,001 - 21,000 册
定　　价　69.00 元
（印装查询：01064002715；邮购查询：01084010542）

# 目　录

**何谓 "中国"**

中国历史上的民族关系与国家认同　3

再谈历史上的民族关系和中国认同　25

传统中国的族群和国家观念　40

变化中的国家认同：

　　　对中国国家观念史的研究述评　53

评 "新天下主义"：

　　　拯救中国，还是拯救世界？　111

从以赛亚·伯林到自由民族主义：

　　　读陈来《归属与创伤》札记　120

谈民族与民族主义　126

**"中国" 的多样性**

中国历史上的两种国家建构模式　141

内陆亚洲与中国历史：

　　　读《中国的亚洲内陆边疆》札记　161

可以从 "新清史" 学习什么：

　　　《清帝国性质的再商榷：回应新清史》读后　203

略芜取精，可为我用：

　　　兼答汪荣祖　237

关于"现地语史料第一主义"：

    意义与文献处理技术　257


## 换一个视角看元朝

怎样看待蒙古帝国与元代中国的关系　273

重铸"天下"一统的洪业：

    元朝在中国历史上的意义　283

汉文明在元时期：

     果真存在一个"低谷"吗？　305

面对故国的忠诚　319

报告文学能讲述历史吗：

    《成吉思汗、他的继任者们与今日中国的形成》汉译本序　327


## 民族认同与民族形成

"回回祖国"与回族认同的历史变迁　339

    附录一　对《"回回祖国"与回族认同的历史变迁》的两点补正　391

    附录二　元代泉州《清净寺记》碑文的文本复原　393

    附录三　回族形成问题再探讨（报告稿）　397

追寻回民意识的当代心灵历程：

    读《心灵史》　403

"满洲"如何演变为民族：

    论清中叶前"满洲"认同的历史变迁　418

论拓跋鲜卑部的早期历史：

    读《魏书·序纪》　465


代后记：

    读《通向文化多元主义的奥德赛之旅》札录　483

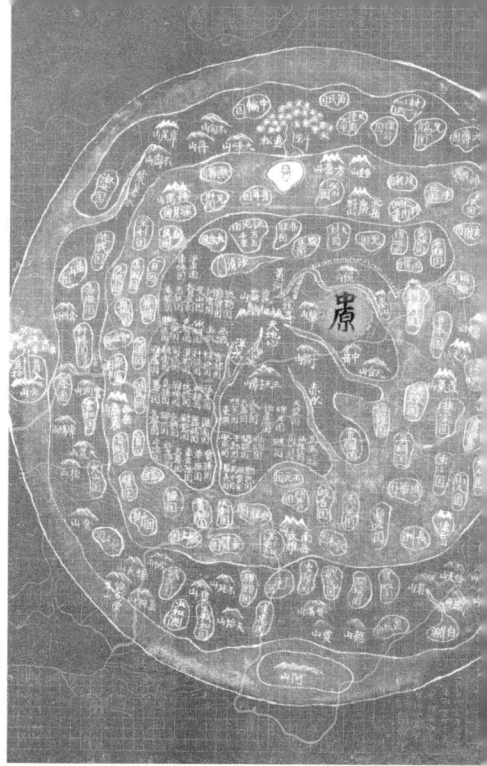

# 何谓"中国"

# 中国历史上的民族关系与国家认同*

在考察中国历史上的民族关系和国家认同问题时，元朝灭亡后的那几十年中人们对元朝的态度，至少有三个方面值得引起我们的注意。

一是明初甘为元遗民者为数众多。这里所谓遗民，指的是经历改朝换代后拒绝在新王朝担任一官半职的人们。这样一种遗民概念的完全形成，大概要到元明之际。但是，凡在前一个王朝做过官的人，不应当再改仕新朝，这一道德约束实际上是从宋朝起就得到大力提倡和强调的。所以宋朝灭亡以后留下大批遗民，这是大家都很了解的。当然上述道德约束并没有要求做遗民的人直接去反对新政权或者从事秘密抵抗运动。他们完全可以承认新王朝的合法性，只要采取消极的不合作态度（不再做官）就可以了。著名的宋遗民谢枋得就公开承认"大元制世，民物一新"，只不过他本人已是"宋室孤臣，只欠一死"而已。[1] 传说中的商遗民伯夷、叔齐"不食周粟"。当宋元时代的人们按领土国家的概念去考量这段史事时，他们发现，像这样做遗民只

---

\* 本文原系作者于 2002 年 6 月 22 日在中国国家图书馆举行的《中国学术》讲坛"上的讲演稿。其内容主要是从一篇已经写完和另一篇正在写作中的论文里抽取出来的。为发表的需要，添加了若干必须有的资料性注释，对正文部分则大体未加改动。谨此说明。

[1] 谢枋得：《上程雪楼御史书》，《叠山集》卷二。按：胡俨《颐庵文选》卷下《追挽谢叠山、张孝忠诗》的前叙引是语作"大元治世，民物一新；宋室旧臣，只欠一死"。又谓出自谢氏《上丞相刘忠斋书》，误。又按：宋太祖曾说范质"欠世宗（此指后周世宗）一死"。王应麟以为这个断制"立万世为臣者之训"。见《困学纪闻》卷一四，"欧阳子、司马公之贬冯道"条。宋元之际，人每多"只欠一死"之语，应当是受宋太祖论范质的影响。

有死路一条，因为普天下的粮食，包括蔬果，甚至野草，莫不属于周朝所有。因此他们宁可把"不食周粟"解释成不接受周的俸禄。当时人写诗说："谁向西山饭伯夷？"那意思也就是："伯夷久不死，必有饭之者矣。"这实际上是在婉转地说，他们并不是真不吃从周朝土地上长出来的粮食。[1]

元朝这样一个由蒙古人做皇帝的王朝，也留下大批心甘情愿的遗民，并且其中绝大多数自然是汉族。他们的个人遭遇差别很大。其中名声最大的三个被明人称为"国初三遗老"[2]，他们入明后分别参加过编写《元史》、评阅科举考试的试卷等文化活动，但都拒绝到明政府里面正式做官，居然都安然无恙地活到八九十岁。三遗老中间最有名的杨维桢写过一篇《老客妇谣》，借一个"行将就木"的老妇人不愿再嫁的话题来表白自己的心情。据说有人把这首诗拿给朱元璋看，欲借朱元璋之刀杀他。朱元璋说"老蛮子止欲成其名耳"，没有采取行动。[3] 还有一些人就不那么幸运，因为也有一点名气，躲了几年，还是被政府找出来，强迫他们做官，结果只好自杀。郑玉、王翰就是这样死的。当然更多的人没有这样戏剧性的命运，能够平安无事地以遗民身份了却一生。

二是遗民心态的泛化。如果遗民是指拒绝在新王朝做官的人们，那么遗民的范围就应当限于那些获得过在新王朝做官的机会而又拒绝了这种机会（包括拒绝科举考试）的人们。这样的人数量总是有限

---

[1] 王炎午：《〈生祭文丞相文〉前叙》引刘尧举诗，见程敏政：《宋遗民录》卷一。谢枋得亦有类似的看法。他在前揭《上程雪楼御史书》里写道："夷齐虽不仕周，食西山之薇，亦当知武王之恩。"在谢氏看来，夷、齐既食西山之薇，则已与摄食生长在周天子所统土地之上的粮食没有本质的区别。故而所谓"不食周粟"，实乃"不仕周"，因而不食周禄也者。按：刘尧举名应凤，《元诗选》"癸之甲"集收入他的诗作六首，可参阅。
[2] 三人分别为杨维桢、沈梦麟、滕克恭。他们在明初或奉召修撰《元史》，或受命主持科举考试（沈梦麟曾主持五次省试、一次会试），然而"皆不肯屈节仕宦"，所以其品德被视为"昭代之盛"。见王世贞：《弇山堂别集》卷三。
[3] 祝允明：《野记》。

的。[1]但遗民的心态却可能扩大到比之大得多的社会范围中去。元明之际的遗民心态突出地表现在对改仕新朝的人们非常不以为然的社会舆论中间。明朝的开国文臣第一人宋濂晚年因为子孙犯罪受牵连，被流放四川，死在中途。当时流传一则小道消息说，宋濂对自己一生小心为人，却几次遭遇命运颠簸很有点想不通。在夔州的一个寺庙里，他把这个问题提出来向一位老和尚请教。老和尚问他，"于胜国尝为官乎？"宋濂回答，曾经做翰林国史编修。老和尚于是沉默无言。宋濂心领神会，当晚就吊死在寺院客房里。另一则关于周伯琦的逸闻也很有典型性。此人是元朝末代皇帝很欣赏的亲信，也是当时有名的文人。他被放到江南做官后就一直赖在南方不肯回朝。朱元璋进攻苏州时，他与张士诚一同被俘。朱元璋责问他说："元君寄汝心膂，乃资贼以乱耶？"于是先赐他大醉三日，然后处死。这些传说的真实性当然大有疑问。虽然后来确有人（例如谈迁）相信，宋濂曾经应召入元廷作翰林国史编修，但大部分人还是根据有关他的传记资料认定，他

---

[1] 所谓"遗民"应有两种含义。其一泛指已被推翻的前王朝遗留下来的人们。对《尚书·多士》中的"尔殷遗多士"一句，注释家多释为"殷遗余众士"或"殷王遗民"。也有将这些人再区分为被迫迁洛的"顽民"和"不迁之民"即"余民"的。狭义的遗民则指经历改朝换代后拒绝出仕新朝的人们。这种"强制性退隐"[语见牟复礼：《元时期儒家的退隐》，载 A. F. 赖特主编：《儒家的传统》（F. W. Mote, "Confucian Eremitism in the Yuan Period," in Arthur Wright ed., *Confucian Persuasion*. Stanford: Stanford University Press, 1960）]虽然在宋代获得历史性的强调，但狭义的遗民概念的完全形成，大概还要到元明之际。就某些具体的个案而言，本文以拒绝新朝征召作为界定遗民的标准，显然也会有不足之处。例如丁鹤年，入明后几近六十年方卒，始终泊然布素。戴良称赞他的诗作"寓夫忧国爱君之心、悯乱思治之意"（《鹤年吟稿序》，《九灵山房集》卷二一），这固然不能当作他身为遗民的证据。因为戴氏这番话至晚也只能写于洪武前期。但杨士奇在丁氏死前不多几年曾于武昌与他会晤，仍对他的"尚节操"至为赞扬（《题丁鹤年诗》，《东里集》卷一〇）。另一个例证是吴海。他也在元亡后隐居，曾多次劝王翰自裁。王翰逃避征辟不果，被迫自杀前，把儿子委托给吴海，吴氏为文"但书甲子。为翰墓志，书其殁之岁曰'著雍敦牂'以自寓云"（钱谦益：《列朝诗集小序》甲前集，"王翰"条；《明史》卷二九八《隐逸传·吴海传》）。这两人若被视为元遗民，本无不可。但如果因此放弃把拒绝出仕新朝的行动列为界定遗民的主要标准，那么我们就根本无法再对真正的遗民和具有泛化的遗民心态的人们加以必要的区分。张其淦在20世纪30年代写成《元代八百遗民诗咏》。正因为但凡"行踪诡异或诗歌隐约其词，盖皆有故国黍离之感者"，都被当作遗民看待，所以其所歌咏者才会有八百之多。关于元代的遗民，拟另行撰文，专子讨论。

"以亲老不敢远违固辞"，"实未受官至京师也"。宋濂自己也曾明白声称："在前朝时虽屡入科场，曾不能沾分寸之禄。"上述传言说他自认做过元代朝官，显然不会是事实。至于周伯琦，自然不为朱元璋所喜欢，但他是回到家乡江西，"久之乃卒"，也不存在被朱元璋处死之事。[1]然而，传闻之词的缺乏事实依据反倒说明了它的可贵。因为它表明了当时人们对事情本应当如何发生的普遍见解。对降臣结局的想象，正好反映出明初人们遗民心态的泛化。

三是明朝推翻元朝而统治中国，这件事在明初的人看来，它的意义不过是实现了一次改朝换代而已。这一点给钱穆以极大的刺激。在他的长篇论文《读明初开国诸臣诗文集》里，钱穆非常敏锐地发现，当时人们大都"仅言开国，不及攘夷"，"心中笔下无华夷之别"。在钱穆看来，元亡明兴，远不止是一般意义上的改朝换代，而是一个结束异族统治、"华夏重光"的"大关节"。[2]值得注意的是，钱穆自己感觉到，这是从当时人的历史语境出发而自然应该达到的认识。但实际情况却与他的想法大相径庭。元朝灭亡了，人们并没有伸直脖子吐一口恶气，大骂它是"伪政权"。元朝一百年统治的历史合法性并没有随这个政权的被推翻而一同失落。当然朱元璋在他出师北伐的檄文里讲过"驱逐胡虏"[3]，这句话被后来的人们广为引用。但在更多的场合，他一直力图描绘这样一幅历史图景：元末政治衰败，群雄并起。元失天下于群雄（有时候他也会说是"群盗"），而明朝立国，乃是从"群雄"或"群盗"手中再夺得天下。所以他说："元虽夷狄，然君主中国且将百年，朕与卿等父母皆赖其生养。元之兴亡，自是气运，于

---

〔1〕 关于宋濂、周伯琦的逸闻及其辩证，见《弇山堂别集》卷二〇，"史乘考误一"。谈迁语见《国榷》卷四，洪武三年（1370）六月壬申日按语。宋濂语见《致仕谢恩表》，《宋学士文集》卷四一。
〔2〕 钱穆：《读明初开国诸臣诗文集》，《钱宾四先生全集》第20册，《中国学术思想史论丛（六）》，台北：联经出版公司，1998年。
〔3〕 《明实录》卷二一，"吴元年十月"。

朕何预？"[1]据当时流言，奉命北伐的徐达因故意放纵元顺帝北逃而受到朱元璋的责备。徐达反问朱元璋："彼虽微也，亦尝南御中国。我执之以归，汝何治焉？"[2]

钱穆确实可以说是目光如炬。他只是从以上所列举的三个方面之一，就一下子切入问题的核心所在，即在近代以前的中国历史上，尽管"华夷"的种族意识始终存在，非汉族对于人口比自己多数十倍的汉族的征服与统治，往往还是能够被汉族所接受。这是为什么呢？

对上述问题的一种最具有影响力的回答，就是所谓"文化至上主义"（culturalism）的解释。它的主要观点可以概括如下。华夏或者后来的汉民族很早就认为，华夏文化是一种普世适应的文化。华夏与周边民族间的文化差异，不是不同种类的文化之间的差异，而是同一种普世文明的不同发展阶段之间的差异，也就是文明与半文明，乃至非文明之间的差异。因此，在前近代的中国人看来，所谓"夷夏之辨"表面上是族类或种族的差异，实际上主要是一种文化的差异。蛮夷如果提高了文明程度就可以变成华夏；相反，华夏的文明如果堕落，他们也会变成蛮夷。"文化至上主义"的解释认为，从这样的立场出发，华夏民族的文化归属感超越了它的政治的或族类的归属感。也就是说，中国文化至上主义的传统把汉文化，而不是国家或族类（即种族）作为忠诚的对象。只要能够坚持"用夏变夷"的文化策略，那么从政治上接受蛮夷的统治也是可以的。

在回答以汉族为主的中国社会为什么会在历史上多次接受北方民族所建立的王朝的统治这个问题时，文化至上主义的解释确实有它很奏效的地方。蓝德彰在1980年发表的一篇论文里指出，清初文人对

---

[1] 《明实录》卷五三，"洪武三年六月"。
[2] 徐祯卿：《翦胜野闻》。

元代汉族士大夫的行动有一种特别的关注。相类似的境遇使这两个不同时代的知识分子同样深刻地感受到，由汉族政体在军事上和结构上的种种弱点所导致的外族统治者君临天下的局面，可以由"充满力量的、真正的、普遍和永恒的汉文化主流"来加以补偿。文化至上主义就这样克服了"被更狭隘地加以界定的各种政治忠诚的见解"，从而使人们能够在明清之际的王朝更替完成以后，"抱着对他们自身文化的普遍性与永恒性的信念，参与到新的满—汉统治政体中去"。在这里，文化认同起到了超越政治、宗教乃至种族隔阂的作用。[1]

但是，从现代人的观念看问题，"文化至上主义"的历史解释听上去总是有点让人不满足，甚至不舒服。因为这种说法几乎是在暗示，汉文化的传统缺乏它理应具有的对本民族的政治忠诚和国家观念；因此，无论谁跑来统治他们，似乎都不是不可接受的。而且这被看成是它的一种特别的性格，所以才需要追寻某些特殊的原因来予以说明。但这里至少有两点需要澄清。

首先，在近代民族国家的国际体系产生以后，人们的国家观念与过去相比已经有了很大的不同。在国与国的关系方面，一个国家在政治上绝不能容忍来自任何一种外在势力或集团的统治或操纵。在国内，一个人口上占多数的民族也不能容忍被一个人口上属于少数的民族来支配统治。可以说，一个超越任何政府、政权形式和政治体制具体性质的永恒的、不可侵犯的"祖国"观或者国家观，其实是与近代民族国家一起成形的。在民族国家之前的"王朝国家"（dynasty state）或"帝国式国家"时代，前面说到的那种国家观即使不是完全无影无踪，至少也不具备多大的影响力。今天的法国在罗马帝国时是它的一个行省，后来统治过那里的法兰克人是一个外来的日耳曼部族。而英

---

〔1〕 蓝德彰：《中国文化至上主义和元代的类似性：17世纪人们的看法》，《哈佛亚洲研究杂志》（John D. Langlois Jr., "Chinese Culturalism and the Yuan Analogy: Seventeenth Century Perspectives," *Harvard Journal of Asiatic Studies* 40: 2, 1981），页355至374。

国的皇室直到今天仍然是 11 世纪侵占英格兰的诺曼底人的后裔。这些都是众所周知的历史事实。今天的法国人和英国人并没有从民族主义的当代立场出发，为他们的祖先曾经接受了外族入侵的结果而感到羞耻。这个结论对中国人当然也是适用的。

其次，"文化至上主义"在从文化观的层面去解释"夷夏之辨"的时候，基本上忽略了对前近代中国人的国家观做出必要的历史解释。公正地说，文化至上主义的解释者从来没有明确地说过，在前近代的中国根本不存在国家观念与国家认同。这一见解的最著名的代表人物列文森在《儒教中国及其现代命运》的一处甚至明确写道："在中国政治思想史上，'天下'和'国'是两个历史悠久的并列观念。"但他紧接着又说，在后来，中国人对二者的"含义和对它们各自的尊敬程度发生了变化。"[1]列文森没有详细阐述前近代中国人对国家的"尊敬程度"究竟是如何变化的。但是，从他提出的中国近代思潮由文化至上主义向民族主义转变的命题来看，从他断言"近代中国思想史的大部分时间，是一个使'天下'成为'国家'的过程"来看，很明显，他认为中国在近代以前是缺乏充分的国家观念的。在这一点上，列文森实际上还受到了他早年的研究对象梁启超见解的影响。他在自己的著作里引用梁启超的话说："其不知爱国者，由不自知其为国也。……故吾国数千年来常处于独立之势，吾氏之称禹域也。谓之'天下'，而不谓之为'国'。既无国矣，何爱之可云。"[2]两人真正想强调的本意都应当是，从中国传统本身很难产生出近代样式的国家观念。但是在事实上他们却把文化至上主义与无论何种形式的国家观念都置于互相对立的位置。好像中国这样一个有两千年君主专制统治历史的国家，居然一直不存在国家观念和国家认同。前面提到的蓝德彰的文章，实际上

〔1〕 列文森著，郑大华、任菁译：《儒教中国及其现代命运》，北京：中国社会科学出版社，2000 年，页 84。
〔2〕 梁启超：《爱国论》，《饮冰室合集》，"文集"卷三，北京：中华书局，1989 年。

只讨论了"17世纪人们的看法"的一方面。明清之际的人不但关注参与到元政权中间去的那些人的想法，也高度关注拒绝与元合作的那些人们的行为思想。而只有在把上述两种态度结合在一起加以对照考察时，我们才有可能对当时人们国家观念和国家认同的历史状况产生更准确的认识。

粗略地说，战国秦汉既是中国完成从早期国家向充分成熟的国家形态转变的时期，也是中国特殊的"天下中国观"形成确立的重要时期。关于这个问题，罗志田在《先秦的五服制与古代的天下中国观》一文里已对有关事实做出很细密的清理讨论。[1] 这里只需要简单地提一下它最基本的几个特征。为讨论的方便，先从中国这个概念讲起。它在商代出现时只是一个地理的概念。到秦汉时候，"中国"一词已经具备了它在后来被长期使用的三层含义。一是指包括关东和关中在内的北部中国的核心区域；二是指中央王朝直接统治权力所及的全部版图，在这个意义上它实际指的已经是一个国家；第三，它也是一种对汉族的称呼。

关于天下的观念，日本学者安部健夫在20世纪50年代发表的《中国人的天下观》很值得重视。在这一长篇论文中，他已经考察过"天下"一词在《诗经》《尚书》以及诸子著述中的使用情况。在安部看来，天下观念从商周时代的"京师—四方/四国"的观念中蜕化出来，是战国时代的事。因此他把战国之前称作"原天下观"时期。[2] 到了汉代，天下也有三层含义。最狭义的天下即所谓"赤县神州"，它与中国的上述第二层含义相重叠。天下的第二层含义指作为国家的中国与它四周被称为"蛮夷"的种种部落所构成的世界。天下的第三层含义以为中国之内有九州，中国之外更有大九州，所以"儒者所谓中国者，于天下乃

〔1〕 罗志田：《先秦的五服制与古代的天下中国观》，载氏著：《民族主义与近代中国思想》，台北：东大图书股份有限公司，1999年。
〔2〕 安部健夫：《中国人的天下观念》，载氏著：《元代史的研究》，东京：创文社，1972年。

八十一分居其一分耳"[1]。第三层的"天下",为中国人所不了解的外部世界留出了足够的空间和知识框架;从表面上看这是一个开放的系统,但它与中国人的生存状态没有什么直接关联。除了被记载在正史外国传里,以及在偶尔接触到据说是出产在那里的奇珍异兽时会稍稍想起它们外,它们对中国人来说其实并不是一种真实的存在。

前近代的国家观就是天下观和中国观二者的结合。排除了天下的第三层含义,中国不但是天下的重心所在,而且也是天下唯一的国家。根据另一个日本学者尾形勇的研究,"天下一家"在战国还是"天下合一"的意思,到汉代终于变成"天下归于一家"之意。[2]我们不敢说,从诸侯继起到七国争雄的这段时期,中国历史是否还存在着出现另外一种结局的可能,那就是在今天中国的这块土地上,演变出一种均衡的多国体系来。但至少在秦汉统一帝国建立后,这种可能性似乎就再也不存在了。天下中国观形成一个中心投影的图像。中国在投影的中心部位,从一个中心点向外辐射。统一国家的边界可以随国力的盛衰而伸缩。非汉族的部落被压缩在边缘地区,边缘的放大必然引起中心部位以更大的比例增长。梁启超说中国"数千年来常处于独立之势",应当就是这个意思。

现在应该赶紧补充说,除了元朝和清朝,中国历史上的其他王朝从来没有把今天中国的全部疆域括入自己的版图;即使汉族所在的地区,也多次出现多国并存的局面。但是出现在汉族社会周边的非汉族政权,哪怕它们的控制地区实际上非常大,例如吐蕃、南诏,更大的如突厥、回鹘这些游牧政权,因为都被类似中心投影法所形塑的图像压缩在"天下"边缘的狭隘地带里,所以它们的存在并不干扰天下中国观的成立。与周边的情况相比,天下中心地区的多次分裂则是一个不可回避的事实。在实际的操作层面上,分裂时期的国与国之间甚至

<hr />

[1] 《史记·孟子荀卿列传》引邹衍语,参见安部上引文。
[2] 尾形勇:《汉代"天下一家"考》,《榎(一雄)博士还历纪念·东洋史研究》,东京:山川出版社,1975年。

还发展出一套各方都可以接受的处理国际关系的准则。但是从观念的层面，这种分裂被顽固地看作只是统一国家衰败时的不正常局面和下一次统一的孕育期。中国的古话说"分久必合，合久必分"。为什么不是倒过来讲"合久必分，分久必合"？因为前一种说法更加能够凸显统一不断生长的过程，它从分裂的局面中孕育产生，经历全盛时代而后走向衰弊，而这种衰弊又正是实现下一轮统一的预备期。只有统一的王朝才可以被视为正统，也就是具有充分的合法性。正统以外有各种"变统"，指的是合法性发生变异。而处于分裂时期的各国自身，往往都自称正统、自称"中国"，把对方看作自己实现统一的对象，称作"北虏"或者"南蛮"。朱元璋称杨维桢为"老蛮子"，正是继承的金、元对南宋国民的称呼。分裂时期也有一些小国家不敢有统一天下的野心，那就得承认自己的臣属地位。五代时期的一个吴越国王临死叮嘱部下"子孙善事中国"。[1] 弱小国家与自以为强大的国家一样，都没有想维持一个均衡的多国体系的观念。

天下中国观既然排除了均衡多国体系观念的生长，历史上分裂时期国家对国家的征服和统治关系，也就从国与国之间的关系被转换为实现"中国"内部统一的征服和统治关系。也可以说，恰恰是天下中国观抑制了对中国内部更小单元的那种国家认同的产生和巩固。[2] 把一个汉族政权征服和统治其他国家的历史看作中国内部实现统一的过程，这对历史上的和今天的汉族都是比较容易达成的认识。但当一个少数民族的集团或政权征服并统治了汉族社会的时候，情况又会怎么

---

[1] 《资治通鉴》卷二七七，后唐明宗长兴三年（932）。

[2] 本稿写毕寄发前，细读《想象的共同体：民族主义的起源与散布》一书，发现这样的思维模式也不仅仅发生在中国。B. 安德森在书里引用丸山真男《现代日本政治思想与行为》（东京：未来社，1961 年）的论断说，"'欧洲的'民族意识因此从诞生之际就是以国际社会的意识为其基底的"，而日本的孤立则意味着它"对国际事务中的对等性完全无知。……因此，'国际'问题从一开始就被化约成一个二择一的问题：征服乃至并吞对方，或者被对方征服和并吞"（页 153 至 154、139 至 140）。见 B. 安德森著，吴叡人译：《想象的共同体：民族主义的起源与散布》，台北：时报文化，1998 年，页 105 至 106。

样呢？如果族类差异的障碍能够得到妥善安置，那么从天下中国观的立场出发，这个事实也就是可以接受的。而我们已经知道，"夷夏之辨"在中国人看来根本上是一种可能加以改变的文化差异。因此，结论自然是"能行中国之道，则为中国之主"。如果再回到一开头提到的钱穆心中的那个问题：历史上的汉族为什么会接受来自汉地社会以外的非汉族政权的征服和统治？也许我们应当说，文化至上主义只是部分地回答了这个问题。在它的背后，还有一种来源于天下中国观的更深层、更基本的思想影响。

秦汉时代的天下中国观本来包含着一层汉族王朝国家的内涵。汉民族对非汉族王朝的认同，需要对原先的天下中国观做出重要的调整。这个调整的过程，可以分为前后两个阶段。

中国历史上存在过很多建立在汉地社会的区域性的或全国性的非汉族政权。学术界往往称它们为"异民族王朝"或"征服王朝"。建立这些政权的少数民族都来自中国北方，因此把它们叫作"北族王朝"也许最合适。这些北族王朝包括：十六国时期的很多国家，北魏及其继承国家即东魏、西魏、北齐、北周，五代时候的后唐、后晋、后汉（都是沙陀族政权），辽、金、元，还有清。

就这一系列北族王朝的历史特征而言，公元 10 世纪上半叶是非常重要的时代界限。在这之前（也包括 10 世纪上半叶）的北族王朝建立者，在入主中原之前，多经历过一个在汉族社会周边地区长期活动、以雇佣军身份介入汉地社会的政治斗争、逐渐演变为支配汉族政治—军事局面的重要势力、最后在那里建立自己政权的漫长过程。在这样的过程中，他们有机会对汉文化取得相当深入的了解，同时却逐渐疏远，甚至完全断绝了与位于或靠近内陆亚洲的其原居地之间的联系。最典型的例子莫过于北魏。建立北魏的拓跋氏自认是从大兴安岭北段跑出来的鲜卑部落。从表面上看，他们立国中原后，还派官员去祭奠被追述为其祖先居住的"石室"。关于这个"石室"和北魏派人前去祭拜的史料记载，由于 20 世纪 70 年代呼伦贝尔地区"嘎仙洞"的发现而获得证实。但北魏统治者在保留与其想象中故地的象征性联系的同时，却在实际上中断了他们与大兴安岭北端出于同一文化的各部落之间真正的、活生生的联系。证据便是居住在这一地域内的鲜卑人，恰恰是在北魏时期被改用另一个汉语译名来称呼，这就是室韦。鲜卑和室韦其实是同一个民族名称（*Sirbi）的两个不同形式的汉语译名。[1]不论是出于有意还是无意，他们与文化上亲缘人群之间的联系总之是断绝了。这种断绝，意味着他们失去了维持自己的族裔和文化认同的一种至关紧要的资源。它同时也就意味着，这些王朝不得不更多地依赖于被征服地的本土资源，也就是汉文化的资源，来维持自己的统治。在有些时候，甚至他们与汉族之间的族类界限也变得有点模糊了。五代时的沙陀政权视契丹为"夷"，言下之意，他们自己当然就属于"华夏"的范围。而契丹首领耶律阿保机果然也称沙陀统治者为"恶汉儿"。[2]无论可恶不可恶，他们总之已被认作为汉人。那时有一个沙陀将领被人怀疑要自立为皇帝；但也有人不相信，理由是："自古岂有秃头天子、跛脚皇后耶？"[3]可见在当日人们衡量君主身份的合法性时，对沙陀人族裔身份的权量甚至还不如"秃头""跛脚"一类仪表缺陷来得重要。以上讲到的这些北族王朝，它们的建立者事先都有一段被魏特夫在《辽代社会史》里称作向汉地社会"渗透"的漫长经历。它们可以看作是"渗透型"的北族王朝。

---

〔1〕 按：鲜卑、室韦同为 *sirbi 一名之异译的看法，自伯希和提出之后已为多数学者所接受。唯据最近的研究，此处的"鲜"字按汉代转写时的山东方音也可能读同"斯"音，则该部族名称应拟测为 *sibi。如是，则南北朝时候人选用一个带 -t 收声的入声字"室"来转写 si-音节，在解释上就发生了一点困难。容后考。参见虞万里：《山东古方音与古史研究》，载虞万里：《榆枋斋学术论集》，南京：江苏古籍出版社，2001 年。
〔2〕 《新五代史》卷五一《杨光远传》。按："恶汉儿"的同义雅语应即"汉奸"。在"汉人中之奸人"的意义上使用"汉奸"一词，至少在清代是相当普遍的。
〔3〕 陶岳：《五代史补》，见《旧五代史》卷九七《杨光远传》引。

与它们大不相同，10世纪上半叶以后建立的辽、金、元、清等王朝，都是真正"征服型"的王朝。它们都在一段很短的时间里将一大部分汉地社会纳入自己的版图，同时始终把位于内陆亚洲或其伸延地区的"祖宗根本之地"视为领土构成中的重要部分，把它当作自身族裔和文化认同的珍贵资源。中原王朝的首都从黄河以南被搬迁到今北京，应该说就是"征服型"北族王朝领土结构变迁所留下的重大历史影响之一。[1]"征服型"王朝的族裔本位主义的意识和表现比"渗透型"王朝更为深刻和显著。元代在地方行政长官设置上用蒙古人、色目人、汉人互相牵制的做法，清朝的满汉双员制，便是最著名的例证。

汉地社会较先面临的是"渗透型"北族王朝的征服与统治。天下中国观也由此面临第一次不得不加以调整的历史局面。对北方汉族最初的反应，可以通过下面这段话获得简明扼要的了解："自古以来，诚无戎人而为帝王者。至于名臣建功业者，则有之矣。"[2]对此，北族统治者的态度也可以用一句话切中要害地表达出来："奈何以华夷之异，有怀介然。且大禹出于西羌，文王生于东夷。但问志略何如耳！"[3]两种立场的冲突激发出许多惨烈的个人悲剧。北方汉人态度的关键转折，川本芳昭以为，大概发生在北魏太武帝拓跋焘的时代。[4]这就是天下中国观第一次调整的简单情况。

第二次的调整，或许并不如同一般可能想象的那样，发生在最初

〔1〕 M. R. Drompp：《论内陆亚洲"腹地"的离心力》，《亚洲史杂志》（Michael R. Drompp, "Centrifugal Forces in the Inner Asian'Heartland': History Versus Geography, "*Journal of Asian History,* Vol 23: 134—168, 1989）。亦邻真于20世纪80年代后期的一次学术讨论会上也提出过这样的看法。《剑桥中国史》注意到了10世纪以后北族王朝疆域构成的这一特点。但却仅仅把它看作是由于中央王朝首都北移而导致的其北部边界线朝向内陆亚洲的进一步推进。这一解释，似稍有倒因为果之嫌。见崔瑞德、福赫伯主编：《剑桥中国史》卷六，"异族王朝与边地国家，907年至1368年"（D. Twitchett and H. Frake, eds., *The Cambridge History of China: VI: Alien Regimes and Border States, 907—1368.* Cambridge 1994），"导论"。

〔2〕 《晋书》卷一〇四《石勒载记》。参见川本芳昭：《五胡十六国与北朝时代华夷观的变迁》，载氏著：《魏晋南北朝时代的民族问题》，东京：汲古书院，1998年版。

〔3〕 《晋书》卷一〇八《慕容廆载记》附《高瞻传》。参见川本芳昭前揭文。

〔4〕 川本芳昭前揭文。

的“征服型”王朝亦即辽王朝建立的时候。它发生在元灭宋进而统一中国的前后几十年里。很多新的因素，似乎使得这次调整显得异常艰苦。首先是对国家忠诚观念的进展。从北宋开始大力提倡的对改仕新朝的明确否定，经过近三百年鼓吹，给士大夫在宋元之际的政治选择架设了一道前所未有的道德限制。其次，南宋长期面对占据着华北汉地的金政权所造成的“夷夏大防”的心理紧张，在紧接着发生的蒙古威胁面前被进一步地扩大了。再次，当元朝的水陆大军浮汉入江、顺流而东的时候，汉族文明所面临的，乃是它从未经受过的、可能会在它业已退守的南部中国被完全摧毁的严峻命运。所以尽管征服与抵抗是历史上常见的主题，南宋时的人们在国家灭亡前所表现出来的忠诚观念和忠诚行为，仍然在中国历史上显得非常突出。[1]但是，总的说来，这次的调整，所用的时间比前一次却要短。从留下来的大量史料来看，大多数人对元的抵制，还是出于忠诚于旧王朝的动机；对他们从族裔观念出发的民族主义意识，不应当想当然地予以过高的估价。至于个中原因，我们已经在前面简单地讨论过了。有些学者现在说，在中国历史上，宋朝是“原民族主义”的萌发时期。[2]在我看来，这种“原民族主义”如果真的存在，那么它也是带有国家主义性质，而不是族裔性质的“原民族主义”。

所谓“认同”，是指自我在情感上或者信念上与他人或其他对象

---

〔1〕 谢惠贤：《鼎革之际：13世纪中国的忠诚主义》（Jennifer W. Jay, *A Change of Dynasties: Loyalism in Thirteen China*, Bellingham: Western Washington University Press, 1991），页 243、251；戴仁柱：《撼山之风：13世纪中国的政治与文化危机》（Richard Davis, *Wind Against the Mountain: The Crisis of Politics and Culture in Thirteenth Century China*, Cambridge: Council on East Asian Studies, Harvard University, 1996），页 18。

〔2〕 乔泽特尔：《作为中国民族主义滥觞的宋代爱国主义》，载海格尔主编：《宋代中国的危机与繁荣》（Rolf Trauzettel, "Sung Patriotism as a First Step toward Chinese Nationalism," in *Crisis and Prosperity in Sung China*, John Winthrop Haeger ED., Azizona: The University of Arizona Press, 1975）。

联结为一体的心理过程。也可以说，认同就是一种归属感。如果说国家观念所讨论的是人们心目中的国家应该是何种形态的问题，那么国家认同所讨论的，则是人们对于国家的归属感的状态、性质和表达方式等问题。在近代以前的中国，国家认同主要发生在参与王朝国家统治体系运作的官僚群和作为国家候补官员的读书人中间。但是，由于占统治地位的意识形态向其他社会群体的渗透，也由于中央集权制国家的权力至少已部分地直接伸向民间，这种认同在一般民众中间也或多或少地存在着。西欧在公元1000年左右可以说还根本不存在国家这种政治组织。在此后的几百年里，欧洲的近代民族国家从它们的"中世纪起源"当中逐渐产生、发育。[1] 从那时候起，西欧的国家认同基本上是以民族国家认同的形式发育、发展起来的。中国的情况与之完全不一样。中国历史上的国家认同，在民族国家产生以前很久就已经生成，而且一直持续地存在于中国的政治文化中间。现在对这个问题的看法有一点混乱，所以需要在这里稍稍加以强调。

近代以前，中国历史上的国家认同由三个层面构成。它的第一个层面集中体现于对在位专制君主的忠诚。皇帝就是国家。直到西汉后期，"国家"仍然还可以被用来指称皇室的近亲成员。[2] 汉以后，个人而被称为"国家"，变成皇帝一个人的特权。忠君与报国差不多是可以互相等同的概念。国家认同的第二个层面，被聚焦于维持着属于某一姓的君主统系的王朝。王朝在则国家在；王朝亡则国家亡。当人们说"自古无不亡之国"时[3]，他们心目中的国家当然只能是指一个又一个的王

<hr>

[1] 可参斯特瑞耶:《论近代国家的中世纪起源》(J. R. Strayer, *On the Medieial Origins of the Modern State*. Princeton: University Press, 1973)。

[2] 王尊在汉成帝初被劾奏，罪名中包括"轻薄国家，奉使不敬"。这应当是指他在元帝朝出任元帝的异母弟、东平思王刘宇的王傅时，因为"所在必发"而得罪后者之事。见《汉书》卷七六《王尊传》。汉代分封诸侯王的册文，多有"建尔国家"之语。这是还在沿袭先秦以诸侯、卿为"国家"的用法。

[3] 《资治通鉴》卷九九，晋穆帝永和八年（352）胡注。

朝。宋朝皇室投降蒙古后，一直代替小皇帝决定朝廷军国大政的老寡妇太皇太后写信给还在抵抗的将领说："如今我和小皇帝都已向蒙古称臣。你还能为谁守城呢？"对皇帝个人和对本王朝的归属与忠诚，在大多数场合是相一致的。但是二者有时也会互相冲突。蒙古俘虏了南宋小皇帝以后，逃到南方的官僚们为组织流亡朝廷，又先后拥立过两个年幼的皇帝。效忠于流亡朝廷的文天祥被俘后，元朝将领问他：你不追随投降的天子而"别立二王"，"如何是忠臣"？文天祥的回答是，被俘的皇帝虽是我的君主，但不幸不能再执掌国政。他接着说："当此之时，社稷为重，君为轻。吾别立君，为宗庙社稷计，所以为忠臣也。"[1]这个例子生动地表明，"宗庙社稷"，也就是一姓王朝，是前近代的中国人国家认同观念最基本的核心。前面已经提到过，在改朝换代时前政权的参与者不应再为新王朝服务的观念，自宋代开始得到大力的强调。王朝认同的增强，使得遗民行为和遗民心态在宋和宋以后每一个王朝的覆灭时期都成为一种十分引人注目的社会现象。支撑着元初的宋遗民和清初明遗民的精神世界的，主要是王朝认同，而不是族裔认同。

然而古代中国人的国家认同并没有完全局限于王朝这个层面。王朝总是有兴有灭。但它们在时间上前后相连续，于是出现了超越这个或那个具体王朝而始终存在的一个政治共同体的观念。这个历时性的政治共同体就叫作"中国"。王朝可能结束，中国却没有结束。它的生命会以下一个王朝为形式而生存下去。分裂时期的各王朝往往都自称"中国"，把与它并存的其他国家政权称为"北虏"或者"南夷"，也就是把它们看作处于"中国"边缘的附属地区。而从追溯分裂时期中国历史的后来人的立场看来，由于这些分裂王朝都自称"中国"，也由于建立这些王朝的皇室往往出于不同的民族集团，因此他们对其中的哪个王朝或哪几个王朝可以代表中国，会产生不同的、有时还是

---

〔1〕 文天祥：《记年录》，《文文山集》卷二一。

针锋相对的看法。因此也就引发了所谓"正统"问题的争论。争论的各方根据各自认定的一系列"正统"王朝，排列出各不相同的中国历史的正统序列。但是，不管这些具体序列之间的差异有多大，也不管有些人认为在中国历史上的某些时期正统也可能会中断（也就是不存在具备充分合法性的王朝），"中国"和"正统"这两个观念本身，就是对超越了这个或那个具体王朝的一个历时性政治共同体的集体记忆与政治追求的意识。这应当就是前近代中国历史上的国家认同的第三个层面。当然，这个层面上的国家认同，当时还只是一种在论证现存王朝的历史合法性时连带产生的带从属性质的意识。国家认同的核心，就像我们刚刚说过的，还是王朝认同。

上述情形，在清王朝的最后 20 年，也就是 19 与 20 世纪之交的前后 20 年间，发生了极重大的变化。变化中的国家认同自然需要从本土的历史和文化资源中去寻求表达自己的适当形式，但它实际上并不能依赖中国的历史文化资源本身而蜕变出来。来自外部世界的因素，对中国近代史上国家认同的变迁起了极为关键的作用。中国在西方列强的武装和外交压力下被迫打开国门。传统的"天下中国观"越来越失去成功地解释当前世界的实际效率。陈独秀在晚年曾经回忆说，直到 1901 年，也就是八国联军侵华的次年，他才知道原来世界是以国家为单位组织起来，而中国只是其中的一个国家。这时候他已经 22 岁。被今天的人们看作不过是最起码的常识，对一百多年前的中国大众却是一项破天荒的新知识。现在，中国面临着如何在世界性的多国体系中生存下去的严峻挑战。如果说在过去那个"自古无不亡之国"的时代，任何一个特定王朝的灭亡并不妨碍中国自身的依然存在，国与国之间的征服与被征服不过是一段在一统天下的国度内部改朝换代的故事，那么现在亡国却意味着"中国"这个历时性共同体本身的灭亡。1898 年，康有为在戊戌变法前不久组织"保国会"，以"保国、保种、保教"相号召。当时他所说的"国"和"种"，还是指的清王朝和包括汉族与满族、蒙古族在内的"黄种"人。但是他的反对派却给他戴上一顶"保中国，不保大清"的政治帽子，并由此引发一场不大不小的论争。上述指责意味着，人们已经发现，维护一个现存的王朝与维护一个作为历时性共同体的中国之间可能存在矛盾与冲突。以王朝为核心的国家认同的立场受到严重的质疑。在新世纪的第一年，章太炎在日本的演说中提出要"卫国性，类种族"。他所说的"国"，不但超越了具体的王朝，而且与现存的清王朝是不能相容的；他说的"种族"，更是排除满、蒙等族的汉人的种族。[1]

面对由多国体系构成的陌生世界，中国传统的"族类"观念也被注入了新的内涵。"种"或者"种族"现在有了三种不同的含义。一是与白种、黑种、红种相区别的黄种人类群体，它包括汉、满、蒙古人，也包括日本、朝鲜等亚洲人在内。二是全体中国国民作为一个族类的生命延续体，这就是康有为提出"保种"时所谓"种"的意义。三是中国之内的各民族划分，如汉族、满族、蒙古族等。我们看到，在西方形成于 18 世纪末到 19 世纪中叶的民族概念（大体上把民族理解为一国的全体国民），与形成于 19 世纪后期的把民族视为在文化及血统或生物学上具有一致性的人们群体的概念（种族的概念）[2]，几乎在 19 世纪末叶同时传入中国。于是在中国产生了两种民族主义的思潮或运动。一是国家民族主义（state nationalism），它强调在现存国家领土范围内的全体国民的认同意识。另一种是族裔民族主义（ethnonationalism/ethnic nationalism），它推动了汉民族及满、藏、蒙古等族各自的民族主

---

[1] 关于章太炎上述立场较新近的讨论，参见柯娇燕：《半透明的镜子：清代帝制意识形态下的历史与认同》（P. K. Crossley, *A Translucent Mirror: History and Identity in Qing Imperial Ideology.* Berkeley: University of California Press, 1999），页 355 及以下。

[2] 霍布斯鲍姆在他的研究中强调指出，在法国革命时代的人们概念里，"'民族'即是国民的总称"，它"无关乎语言、族群或其他类似要素"。一直要到"19 世纪末，族裔和语言才成为公认的界定民族的重要标准，甚至主导因素"。见霍布斯鲍姆著，李金梅译：《民族与民族主义》，上海：上海人民出版社，2000 年，页 21、22、104、122、123 等。

义。[1]这样两种不同性质的民族主义之间当然可能存在互相的冲突。例如章太炎所坚持的排满、排蒙古族的激进的汉民族主义立场，就使得他主张把满族、蒙古族等统统排除在汉民族的中国之外。而辛亥革命临近时，一个满族出身的浙江省议会代表则宣称，无论将来的国体如何，东北作为满族的家乡，绝不应该是一个省份，而只能是一个独立的国家。[2]

中国近一百年以来的历史现实已经表明，尽管存在着各种形式的族裔民族主义诉求，在中国的国家观念和国家认同方面，国家民族主义的立场始终具有一种支配性的影响，中国保持着它的统一。很多外国学者把这种所谓"令人吃惊的统一"看作"中国的神话"。例如著名的政治学家和中国问题专家白鲁恂说："以西方的标准看来，今日中国就好像是罗马帝国或查理曼时代的欧洲一直延续到当前。而且它现在正在行使着某种单一民族国家的功能。"[3]在另一处，他又写道，现代中国的民族主义，并没有如同帝制罗马或欧洲基督教世界的历史统一体在后来所发生的那样，在一个大帝国的版图之内导致诸多民族国家认同的产生。他接着说，"现代中国民族主义一直艰难地致力于将一种文明硬塞进一个民族国家的框架中去。"[4]

为什么白鲁恂会把他所揭示的现象看作一种"神话"呢？原因其

---

〔1〕 柯娇燕认为，满族中间具有政治意识的、明确的种族观念，乃是在清末被汉族的种族—民族主义的形成过程所刺激起来的。虽然它的渊源可以追溯到太平天国和义和团运动，甚至还可以更向前追溯到皇太极至乾隆时代通过"世谱化"来确定八旗组织中满人身份的举措。她认为，清末的满人和蒙古人的领袖人物中，至少有一部分是"严格意义上的民族主义者"。见柯娇燕：《失去怙恃的武士：三代满人与大清世界的终结》（P. K. Crossley, *Prphan Warriors: Three Manchu Generations and the End of the Qing World*. Princeton: Princeton University Press, 1990），页 222；《半透明的镜子》，页 342 至 344。
〔2〕 柯娇燕：《失去怙恃的武士：三代满人与大清世界的终结》，页 185。
〔3〕 白鲁恂：《中国：反复无常的国家，令人不安的社会》，载《外交事务》卷 69·4（Lucian W. Pye, "China: Erratic State, Frustrated Society", *Foreign Affairs*, Vol. 69, No. 4〔1990〕: 56–74），页 8。
〔4〕 白鲁恂：《亚洲的政治权力与政治：权威的文化诸层面》（Lucian W. Pye, *Asian Power and Polotics: The Cultural Dimensions of Authority*. Cambridge: Harvard University Press, 1985），页 62。

实很简单：就因为他完全是在"以西方的标准"衡量中国历史。如果从中国历史变迁的自身逻辑去分析，那么我们至少可以找到以下这些原因，来说明为什么国家民族主义总是支配着现代中国国家认同的领域。第一，从天下中国观到统一王朝的国家认同意识（包括对北族王朝的认同意识在内），乃是中国多民族统一国家发育过程中长时期持续的历史记忆与经验，它深刻地影响到现代中国人的国家观念和国家认同的形态。例如现代中国人对中国的多民族构成和中国版图的见解，就与王朝国家的政治遗产，特别是清朝政治遗产有着极密切的历史联系。第二，少数民族的族裔民族主义意识的发生发育，与中国现代国家的建构过程相比显出某种时间上的滞后性，结果除清代的外蒙古各部，它们大都被纳入了中国多民族国家的意识形态框架。第三，中国的民族国家认同，是在国家面临灭亡或被列强肢解的危急形势下产生、发展起来的。捍卫国家的主权独立和领土完整的紧迫目标，也在一定程度上抑制了国内各民族的族裔民族主义诉求。

20 世纪 90 年代西方中国学领域内一个最热门的话题，就是对中国民族国家认同的历史与现状研究。之所以如此，是因为在不少西方观察家和学者看来，由于经济改革所导致的各地区间越来越巨大的发展差异，由于苏联及东欧发生的划时代的历史转折，也由于反帝国主义的列宁主义意识形态及指令性计划经济的中止，会使得中国现代化的途径乃至社会结构等等在转型过程中发生极大的不确定性。中国会因此"分崩离析"吗？这就是西方学术界产生中国民族国家认同的问题意识的背景。[1]对中国人来讲，这似乎是一种过分严重的背景估计。但是，由此引发的讨论仍然对我们反思自身有相当多的启发。

我们现在知道，对国家观念的价值强调，在中国并不始于近代。

---

〔1〕 弗立曼：《社会主义中国的民族国家认同与民主前景》（Edward Friedman. *National Identity and Democratic Prospects in Socialist China*. Armonk: ME Sharpe, 1995），页 5。

而近现代中国为回应国际体系的环境刺激，包括西方列强的蚕食鲸吞、日本侵华战争，东西方之间的长时期冷战和与苏联关系的恶化，把现代中国的民族主义在极大程度上变成了一种"国家主义"的主张。对"国家利益"的强调似乎无论如何也不会过分。过去有一句朴素的"工农兵语言"，把国家利益与小集体的或家庭、个人的利益之间的关系比喻为大河与小河流水的关系。这句话说："大河水涨小河淌。"它的用意并不在揭示从大河水涨可以推知小河淌的逻辑；它是要告诉人们，必须保证大河先有水，小河才会有水。这种有悖常理的主张，非常生动地反映了现代中国民族主义立场中突出的国家取向。在国内各民族的相互关系方面，国家民族主义力图通过强调全体中国人都是"龙的传人"，是"黄帝子孙"，是"同种、同血脉、同文化"，从而在不同民族中强化共同的民族国家的认同意识。

但是，如果我们能够稍微换一个角度去观察问题，那就不难发现，对一个已经有漫长历史和意识自觉的多民族国家来说，要想将早已分划为不同民族的全体国民整个地转换为一个共同血统意义上的民族，肯定是不切实际的。把黄帝或者龙作为中华民族的共同祖先或共同象征，主要反映了汉族或者至多也只是汉族和一部分少数民族的共同意识。[1]正因为如此，在推进中国人国家认同的策略方面，我们现在正正面临一个迫切需要实现历史性转换的严重时刻。这就是要通过加快国家政治民主化的进程，以此作为要求人民认同国家并且对国家保持政治上忠诚的合法性基础。这本来是民族主义运动的题内应有之意义。民族国家的形式，最初正是通过将权力主体转移到全体国民一方，也就是形成所谓人民主权而实现的。权力在民以及各种不同阶层的民众之间的基本平等乃是现代民族国家观念的精髓，同时这也正是民主的基本原则。在这个意义

---

〔1〕 在这一点上，霍布斯鲍姆的警告值得引起我们的重视。他写道："……爱国主义一旦与境内某个特定民族认同，就意味着与其他民族的疏离。"见《民族与民族主义》，页109。

上，民主与民族认同的意识可以说是同时诞生的。18世纪西方的民族主义，在极大程度上是一场限制政府权力、确保公民权利的政治运动。而英国的民族主义更以一种在其他地方都未曾达到过的程度与个体自由密切结合在一起。[1] 民族主义在它的原发地是民主政体的催化剂。但它在向其他不同地区传播时，它与民主原则的最初等同性很可能消失。对这样的民族国家来说，民主化就成为它必须面对的历史任务。

今日中国的巨大经济增长和大面积中国人口生活水平的迅速提高，事实上成为加速政治民主化改革的最好基础。同时这种机会并不总是唾手可得的。即使经济增长的奇迹能维持一个很长的时段，也不能指望人们会始终对这一点保持较高的满意程度，因为它可能导致代际价值目标的转移。[2] 在21世纪到来前后出生的那一代中国人，很可能会把他们的上一代认为是来之不易、因而倍加珍惜的生活与工作环境看作是理所当然的给予。在他们中间可能产生与上一代很不相同的追求。如果我们有那么一点预见的眼光，那么面对未来的挑战，我们还应该做些什么？这就成为每一个负责任的中国人不得不思考的严肃问题。

（原载《中国学术》2002年第4辑）

---

〔1〕 格林菲尔德：《民族主义：走向现代的五条道路》（L. Greenfield, *Nationalism, Five Roads to Modernity*. Cambridge: Harvard University Press, 1992），页10；汉斯·科恩：《民族主义：它的意义和历史》（修订本）（Hans Kohn, *Nationalism, Its Meaning and History*. New York: Van Nostrand, 1971），页16、29。
〔2〕 英格里哈特：《静悄悄的革命：西方公众价值与政治风气的变化》（R. Inglehart, *The Silent Revolution: Changing Values and Political Styles among Western Publics*. Princeton: Princeton University Press, 1977），页121及以后。

# 再谈历史上的民族关系和中国认同

伴随着近现代国际体系的发育与形成，寻求"国家认同"和"民族认同"成为近两三百年来席卷整个人类社会的一股重大政治潮流。如果想要更真切地认识中国作为一个多民族统一国家在近代的历史进程，那就不能脱离上述政治文化的全球性背景去看问题。在英文中，Chinese一词为什么会具有"中国的"和"汉族的"两个不同义项？它是否起因于外国人当初的某种误解？复旦大学历史地理研究中心、清华大学国学研究院教授姚大力指出：这两个义项之间的张力事实上在中国历史上很早就存在着；只是到了近现代，由于民族主义思潮的产生和传播，它变得远比从前更加引人注目，甚至还长期在我们的思想里引发出某些困惑。为此，有必要对"中国"这个语词的内涵曾经历的演变线索做一番厘清。

问：我发现，历史文献在使用"中国"这个词的时候，其所指往往有不止一种含义。你能先给我们列举一下它究竟有过哪些含义吗？

**姚大力**：在现存文字材料里，"中国"一词最早出现在铸成于西周前期的著名青铜器"何尊"的铭文内。在其中，周成王追溯他父亲武王的话说："余其宅兹中国（且让我安顿在中国这个地方）。"成王口中的"中国",原指洛阳及其邻近地区。它与古时候的华夏人群把今登封、洛阳一带视为"土中"(即天下中心)的观念有关。这说明至少是在西周初,用"中国"来称呼今河南的核心地区,已经很流行了。这是"中国"的第一层含义。

"中国"的第二层含义是指关东,即函谷关或者后来潼关以东的黄河中下游平原。《荀子》说:战国之秦,"威动海内,强殆中国"(秦之强能危殆中国);《韩非子》说:"夫越虽国富兵强,中国之主皆知无益于己也";颜师古在注释《汉书》记载刘邦左股有黑子之事时写道:"今中国通呼为黡子;吴楚俗谓之志,志者记也。"你看,照这些说法,秦、越、吴、楚都不在"中国"的范围内。可见这个中国,仅指关东而言。

它的第三层含义则把关中也包括进去了。《史记》曰:"天下名山八,而三在蛮夷,五在中国。中国:华山、首山、太室、泰山、东莱。"华山位于关中。是知司马迁所说的中国,已经把北部中国的核心地区全都包含其中。

差不多与此同时,"中国"也有了第四层含义,即用它来指称以华北核心地区作为其统治基础,后来甚至也用指立国于南部中国的诸多中央王朝所控制的全部国家版图。在"中国"被用来命名这样一个疆域范围时,它当然就经常会远远超出汉地社会和汉文化所达到的边界。秦、汉版图已先后到达今广东、云南,但直到那时为止,淮河、汉水以南广大地区的土著,都还不是汉语人群。

"中国"的第五层含义是随着汉语人群向华北以外地区的大规模迁徙流动而产生的。它指的是在国家版图内不断向外扩展生存空间的那个主体人群及其文化,也就是汉语人群和汉文化。万斯同主编的《明史》稿本在讲述西南各土司的辖区时概括说:"大抵诸夷风俗,与中国大异。"很清楚,此处的"中国",是指汉族和汉文化而言。

关于"中国"的最后那两层含义一直被沿用到近代。所以英语中的 Chinese 才会既指"中国的",又指"汉族的"。这并不是外国人的误读。它确实反映出如下事实,即"中国"这个词曾经长时期拥有两个互相联系但又不能互相混淆的不同意思。

问:这么看来,"中国"既具有长期的持续不断的历时性特征,另一方面,无论作为国家版图还是作为一个大型人群,它的地理边界又总是处于不断的变化之中。

**姚大力:**说得很对。古人认为,"自古无不亡之国",即无论哪个王朝都难免有倾覆之日。但对他们来说,在超越这个或那个具体王朝的层面上,似乎还存在着一个具有历史连贯性的政治共同体,它就叫中国。中国观念的悠久的历史性,是属于我们的一笔宝贵和辉煌的遗产。至于怎样准确地认识历史中国与现代中国之间的关系,则需要我们做进一步深入的思考。

你提到历史上"中国"的边界在不断变化,我以为这一点很重要,并且应当把它与如何界定某个时期中国史的空间范围这个问题加以区分。比如讲到 11 世纪的中国史,那就不仅要讲述当日北宋的历史,还要讲与它同时分布在今天中国境内的辽、西夏、回鹘各部、吐蕃各部、大理国等政权或人群的历史。任何一个时段的中国历史,都应用当代中国的版图来界定它的空间范围。这个意义上的"历史中国"有一条确定无疑、不变化的边界线。不过这个"历史中国"的边界,其真正性质乃是按今天的后见之明来设定的中国历史的空间范围。它对讲述中国历史有重要的、不容替代的意义。但是若想从中推衍出某个地区"自古以来就是中国领土不可分割的一部分"之类的结论,在逻辑上就说不大通了。对北宋人来说,"中国"就是北宋的版图所至。南宋和金都自称"中国",所以当时曾有两个"中国"。但即使把它们的版图加起来,也还有西夏、回鹘诸部、吐蕃、大理等地方处在被那个时代人们所感知的"中国"之外。

因此，说历史上"中国"的边界在变化，是说在各历史时期自称"中国"的那一系列王朝的边界总处在变动不居之中。

问：讲述中国历史应当有一个大体固定的空间范围，而历史上自称"中国"的各政权的疆域又各不相同。你是否以为这二者之间的差异，是我们解读中国历史时不可不加以注意的？

**姚大力**：这就是我想说的意思。面对上述差异，我觉得至少有三点需要强调。

一是历史上自称"中国"的政权，其版图经常未能覆盖今天中国的全部疆域。那么未曾被覆盖的那些地区的历史，是否还属于当日中国历史的一部分？答案当然是肯定的。

二是历史上自称"中国"的政权，其版图在某些方向上又往往超出今天中国的疆域。在这种情况下，那些超出当代中国边界的地区的历史，是否还是中国历史的一部分？我认为，首先应当明确，它在原则上属于今日其所在国历史的一部分，属于所在国历史上的一段古代"中国"统治的时期。然而正因为它当时处在一个跨越现代国境的古代"中国"的统治下，它的这部分历史与当时的中国史有太密切的、无法切割的联系，所以在讲述那一时期的中国史时，我们又不能不较多地讲到它。在以上这两点主张的背后，其实存在一条共同的原则：一个国家的当代疆域，应当成为界定其历史的空间范围的基本依据。

三是根据以上两点，我们便没有理由为中国去设定一片固定不变的、大于当代中国版图的所谓"历史疆域"。公元10世纪到13世纪初，在今天中国新疆的北部与西南部、乌兹别克斯坦、哈萨克斯坦、塔吉克斯坦和吉尔吉斯斯坦的接界地区，曾出现过一个跨越当代诸国国境的喀喇汗国。如果我们的邻国中也有人把曾在喀喇汗国辖境内的新疆相关地区说成是他们国家的"历史疆域"，我们又会做何感想？

问：刚才你提到在"中国"的两个含义之间，也就是在一个具有历史连续性的多民族统一国家与这个国家内的主体人群及其文化这两者之间，始终存在着某种张力。这种张力在由非汉人群建立起来的统治汉地社会的政权下，是否会更容易彰显出来？这些王朝以及被它统治的汉语人群是否还认为自己同属于中国？或者说他们还能共同拥有"中国"这种集体身份意识吗？

**姚大力**：让我先回答你提出的最后一个问题。中国历史上反复地发生非汉语人群在汉地社会建立统治王朝的事情，他们也多把自己建立的政权称为"中国"。现在略举几个例子来证明。

十六国时期，前秦皇帝苻坚提到边境的氐羌部落时相当轻松地说："彼种落杂居，不相统一，不能为中国大患。"有意思的是，苻坚本人就出身于氐人，但这并不妨碍他以中国自居。北魏的一支军队曾深入蒙古草原，但未能"尽敌而还"。一位拓跋皇室的贵族对此深不以为然；因为他认为，边人见此，"便自易轻中国"。金代史书在记载某次台风致使日本船民遇海难飘流入境时称：日人七十二名"遇风飘至中国"。至于元人和清人自称"中国"的例证，就更为我们所熟悉而不须赘举了。

我曾利用一个名为"中国基本古籍库"的电子数据库来搜检出现在传统文献里的"中国"一词，结果竟有十四万七千多条。有了这样方便的检索系统便不难发现，几乎所有建立在汉地的少数民族王朝，都有自称"中国"的例证。

问：你在过去发表的文章中提到，这些非汉人群建立的中央王朝，可以分为两种不同的类型。那么它们对待汉文化，是不是也有与此相对应的不同态度？

**姚大力：** 对划分非汉人群所建中央王朝的类型来说，公元 10 世纪是个很重要的时间节点。我们可以把从这以前一直延续到 10 世纪为止的那一类非汉人群建立的中央王朝，称为渗透型王朝。其统治上层在入主中原前，往往经过一个在汉地社会周边地区长期活动的过程。他们从以雇佣军身份介入汉地社会的权力斗争开始，在向汉地逐渐渗透的漫长经历中，一步一步地成长为支配那里政治—军事局面的重要势力集团，乃至最终建立自己的政权。在这一过程中，他们有机会对汉文化取得相当深入的了解，同时却日渐疏远，甚至完全断绝了与位于，或靠近于内陆亚洲腹地的其原居地之间的联系，从而在很大程度上丧失了对自身文化及人力资源的根源性意识。正因为这个背景，他们在汉化方面所表现出来的特别的主动性和积极性、所竭力推行的那些措施，都是在 10 世纪之后不容易再见得到的。

五代时期的后唐、后晋和后汉，属于中国最后的几个渗透型北族王朝。它们都是由原先讲突厥语的沙陀族人建立的。可是如今，即使是研习中国历史的人，也很少注意到它们其实是少数民族政权。后唐和后晋时有一名"病秃折臂"的沙陀将领杨光远，被人猜疑有自立为皇帝的野心。但怀疑此种看法的人反驳说："自古岂有秃疮天子、跛脚皇后耶？"可见当日舆情认为，在否决某人称帝资格时，秃头跛脚之类的仪表缺陷是比沙陀人的族属身份重要得多的理由。

再比如京剧《珠帘寨》里的李克用。他有一个十分著名的唱段："昔日有个三大贤，刘关张结义在桃园……贤弟休往长安转，就在沙陀过几年，落得个清闲。"尽管唱词里还点出了"沙陀"这个地名，但李克用在戏里已是一副汉人扮相。在有些演出场合，甚至连《四郎探母》中的杨延辉都戴着的那两条象征"番将"的狐尾，也没见他披挂在肩上。可见演戏的人和看戏的人，早已都不把他当番人来看待。

问：10 世纪往后的征服型北族王朝，应该就是辽、金、元、清四朝了。它们的情形又怎么样呢？

**姚大力**：这几个征服型王朝，都是在一个很短的时间段内便将很大一块汉文化地域纳入自己的版图，同时又始终把位于内陆亚洲或其延伸地区的"祖宗根本之地"视为各自领土结构中的重要组成部分，视为自己族属和文化认同的珍贵资源。中原王朝的首都从黄河以南被搬迁到北京，应该说就是为适应征服型的北族王朝领土结构变迁所留下来的一个重大历史结果。这种征服型王朝，既不同于它之前的渗透型王朝，也不同于由汉族建立的中央王朝。

长期以来，我们对征服型北族王朝的历史定位和历史评价，几乎完全以他们在治理汉地社会时吸收汉文化和采纳汉制的程度，也就是以它们的汉化程度作为基本衡量尺度。这样的做法忽略了一个重要问题：恰恰因为这些征服型北族王朝能充分利用非汉族地区的本土制度因素来实施对那里的有效统治，它们才有可能在拓展和巩固中国作为一个多民族统一国家的版图方面，做出大大超出汉族中央王朝的杰出贡献。近十年在美国兴起的"新清史"流派，引起中国学术界的诸多批评。但是在我看来，"新清史"对"汉化"尺度的质疑，其实是十分具有启发意义的。

这里有必要做一番简单的比较。至少自宋开始，汉族中央王朝治理国家的理想模式，用古人自己的话来说，已被确定为"车同轨，书同文，行同伦"。这里所谓的"文"，当然是指汉语文；所谓的"伦"，则是汉族的儒家伦理。这个期待中的理想治理目标，实际上就是要用汉文化去覆盖国家的全部版图。虽然它一时之间还无法完全实现，因而也不得不有一些权宜性质的措置，但从土官到土司制度、土流并置，再到改土归流，这些措置所指向的目标仍不外是建立一个汉化的中国。可是征服型的北族王朝就不一样。它们在被统治的不同人群之间，乃至在同一个人群中间实行分而治之的策略，这一点当然不足取。此外，它力图在一国之内维持不同人群和文化上多样性的体制，也在中国历史上留下了极具积极意义的成果。

比如语言政策。元朝的官方语文，除蒙文外还包括汉文、藏文、维吾尔文，甚至还有西夏文，因为那时候西夏人还存在。清朝则颁布了著名的《御制五体清文鉴》，是一部汇集五种最主要的官方语文，即以满文、蒙文、藏文、维吾尔文和汉文互解的字典。元朝和清朝政府都没有想到过要用蒙语、蒙古文化或者满语和满文化去覆盖它们治理之下的整个中国疆域。

问：从语言政策来看，金、元、清好像要比宋、明等朝更有"帝国"气度。

**姚大力**：在清末办理"洋务"外交前，传统中国的各王朝基本上不使用"帝国"这个名称。今人要把历代王朝都叫作"帝国"，当然也可以。不过就像你说的，对这样的帝国还要一分为二。汉族建立的各中央王朝，从汉唐演变到宋明，逐渐定型为在理想治理目标方面与征服型的北族王朝完全不同的另一类"帝国"。二者在语言政策方面的区别，只是两种帝国类型之区别的诸多面相之一。

清朝有一部由官方编纂、政府出版的《钦定历代职官表》。朝廷要借"包括古今、贯串始末、旁行斜上、援古证今"的溯源式历史论证法，来彰示其统治体系的合法性。所以这部书总是力求为清代的各种官职及机构"备溯源流"，或者就要说明所以需要对古制"因革损益"的理由。但是当本书在为清代一个重要部门"理藩院"溯流寻源时，却遇到了一点困难。

理藩院系由清人入关前为管理被征服的蒙古地区而设立的"蒙古衙门"演变而来，是负责治理西北、西南非汉地疆域内各种有关政务的中央专门机构。那么能不能在清之前的政权中找到这样一种制度安排的前身呢？编写《职官表》的宫廷学者们发现，"宋、明诸代怀柔无策，建置未遑"，所以只好书"未置"两字交差；元代倒是有一个类似的衙门，即管理西藏地方及全国佛教事务的"宣政院"；再往前追到五代，还是"未置"；再追到唐，虽然勉强找到一个"鸿胪寺"，但从它负责"蛮夷朝贡献见之礼"的职能来看，其实更像是一个外交礼仪的掌管机构，而与理藩院殊不相侔。

从表面上看来，宋、明未设置类似理藩院那样的机构，是因为它们都没有如同元、清两朝那么辽阔的非汉地疆域需要控制。但是为什么它们无力取得西部中国那一大片领土呢？因为它们的拓边，只能通过在大面积经营雨养农业的编户纳粮地区的边沿，贯彻软弱无力的羁縻制度以及最终仍将指向改土归流的土司制度来实现。它们缺乏足够的能力去征服占据着西北广袤地域上的各大型非农业人群。于是，把幅员广大的西部非汉族区域巩固地纳入统一的多民族国家版图的任务，便历史地落到诸如元、清这样的少数民族王朝的肩膀上。由此也可见，中国的历史和文化由中国境内的各民族所共同贡献和创造，这绝不是一句空话。从这样的视角去反思仅仅以汉化的成就如何来评判一个非汉族王朝的历史地位，也许就比较容易看出其缺陷所在了。

问：历史上的汉地社会在长达一千多年的时间里，曾多次接受过被非汉人王朝统治的事实。可是我们看到，晚清以来，民族问题却变得异常尖锐。这和西方民族主义观念传入中国有很大的关系吧？

姚大力：表面看来，一个以汉人为主体的国家，总要在经历一番痛苦挣扎后，才会最终接受来自汉地社会以外的某个少数人群的统治。可是实际上，这种很容易被现代人误读为"民族斗争"的故事，就其根本性质而言，只是两个王朝以及忠于各自"故主"的两方追随者之间你死我活地互相争斗的故事。将敌对一方异于汉人的族属特性视作"野蛮"和对文明世界的腐蚀与威胁，这样的情感和见解无疑是存在的。但它充其量也只是依附于王朝忠诚观念的一种"伴生性原民族主义"的情感。一旦新的王朝巩固了它的统治秩序，这种"伴生性的原民族主义"情绪很快就会大面积消退。

所以，在中国的传统时代，一个由非汉人统治的王朝"中国"，与作为这个国家中主体人口的汉人的"中国"，这两个观念之间确实会存在一定的紧张关系，但它并不是不可缓和、无法共存的。因为传统王朝的合法性是通过君权神授的天命观、正统论之类言说来予以论证的。最高统治者与被统治者是否出于相同的族属，不是衡量该王朝合法性问题的基本尺度。

然而到了清代后期，随着方兴未艾的民族主义思潮传播到中国，情况就完全改变了！一个由满族统治所代表的"中国"，其人口的绝大部分却由汉族构成。在民族主义的新视角下，"中国"的两个含义之间的冲突，于是变得不可调和起来。辛亥革命几乎以非暴力的形式推翻了偌大一个清政权。如果不是因为外来的民族主义思潮导致清王朝合法性的完全丧失，这样的事根本不可能发生。

问：现在我们总算回到"中国"的两个义项之间的张力问题上来了。你能再谈一谈为什么民族主义思潮极大地加剧了二者之间的紧张吗？

**姚大力**：这必须从民族主义思潮在西欧的产生及其演变的历史讲起。关于这个问题，我接受过一次访谈（已收入本书。见《谈民族与民族主义》一文），所以现在只需要简单地说说。美国学者格林菲尔德在她的《民族主义：走向现代的五条道路》一书里，实际上把民族

主义思潮的演化分为以下三个阶段、三种类型：民族主义最先是在 16
世纪的英国被已经发育成熟的新社会秩序和新结构呼唤出来的一场争
取主权在民的运动。这时候它的性质是个体主义的（individualistic）
和公民的（civic）。它的第二类型出现在 18 世纪中叶的法国，属于公
民的和集体主义（collectivistic）性质相混合的类型。从 18 世纪下半
叶到 19 世纪，又产生了集体主义的和族裔的（ethnic）民族主义，即
它的第三类型，先后以俄国及德国为典型。

　　按照格林菲尔德揭示的民族主义的谱系，在英、法之后的世界
各国中，只有美国保持了英国意义上的民族主义。学者们发现：民
族主义在向中欧、东欧乃至西方以外地区的传播过程里，被不断重
复的却主要是它的第三类型，即俄—德模式的族裔民族主义（ethnic
nationalism）；而作为第二类型的法国模式，虽然也在 19 到 20 世纪被
屡屡引为榜样，但为后人所选择性地采纳的，实际上往往只是其中某
些思想因素，例如卢梭对集体性高于个体性的强调、拿破仑式的经平
民表决所产生的集权政府风格之类。

　　这样一种对民族主义变化轨迹的陈述，曾被有些学者批评为"不
知羞愧的盎格鲁—撒克逊例外论"。其实，如果不把上述轨迹认作是
民族主义由"好"变"坏"的一种"衰退"，在此种"例外论"的陈
述中自然也就看不出多少令人不快的"盎格鲁—撒克逊"人的优越感
了。实事求是地讲，族裔民族主义本身确实也是不应该被全盘否定
的。否定了它对近代世界历史所起到的巨大推动作用，这两百年来的
民族主义运动还剩下什么正当性可言？

　　为什么民族主义在传播过程中会发生这样的变化？这个问题显然
一言难尽，事实上我也根本不具备回答它的能力。这里我只想介绍被
专家们认为也许是其中最重要的一点。英国的民族主义，是对英国社
会的结构环境业已产生出英国民族这一深层社会现实的反映。而在人
类社会的大部分其他地区，事情发生的次序被颠倒过来了：人们力图

通过民族主义在政治中发挥出来的动力作用，去激发当地的社会与政治结构转型。"每一个民族各自有一个国家，每个民族只能有一个国家"，就这样成为第三类型的民族主义思想最响亮的口号。

19世纪下半叶传入中国的民族主义，很大程度上就带有这种族裔民族主义的性质。于是它很快与中国文化资源中"非我族类"的传统观念结合为一体，产生出在族裔民族主义意义上"驱除鞑虏"的现代诉求。作为"大清"的中国与作为汉族的中国完全对立起来，"救大清"与"救中国"势同水火。在当时这样的形势下，清政权就绝难逃得脱哗啦啦如大厦倾倒的命运了。

问：辛亥革命之后，中华民国的立场马上从"驱除鞑虏"转向"五族共和"。"中国"的双重含义之间的张力是否就此消解了呢？

**姚大力**：部分地是因为获得了某种缓解，部分地是因为当时中国面临的更急迫的危机，民族问题可能一度不再属于最为人们关注的焦点所在。但是问题并没有真正解决。不但满族从一开始就被迫承受着巨大的精神压力，而且国民党以"五族共和"为标志的民族政策在后来也没有获得真正全面、具体的贯彻落实。最近，我在斯·索塞克（Svat Soucek）著《内亚简史》里读到，"苏联的民族和语言政策其实充满着矛盾"，1924年在苏联内部划分民族国家的举措与稍后表现出来的将苏联版图"最终俄罗斯化"的意图，证明"莫斯科自相矛盾的心理似乎确实在它的民族政策中达到高峰"。这极可能是在非民主体制下的多民族国家都很容易碰到的普遍困境。

国民党民族政策的矛盾性，在抗日战争时期又一次被集中地反映出来。正当被迫迁往西南的一批民族学家孜孜于发掘当地民族学素材之时，傅斯年提出，面对日本企图从民族关系入手肢解中国的阴谋，若执意于"分析中华民族为若干民族，足以启分裂之病"。因此他主张，对那些尚未发育出成熟的集体身份意识的"蕃夷"人群，中国学者应"少谈'边疆''民族'等等在此有刺激性之名词"，"务于短期中贯彻其汉族之意识，斯为正途。如巧立名目以招分化之实，似非学人爱国之忠也"。在傅斯年的影响下，顾颉刚抱病写出《中华民族是一个》的议论文。他声称："中国之内决没有五大民族和许多小民族，中国人也没有分为若干种族的必要"；"我们从今以后要绝对郑重使用'民族'二字，我们对内没有什么民族之分，对外只有一个中华民族"！（此段讨论中引用了华涛教授一篇未刊稿件《民国时期关于"回族界说"的争议及〈回回民族问题〉的理论意义》里的一些意见，谨此志谢！）

傅斯年们为什么如此忌讳"分析中华民族为若干民族"呢？他们担心的，是民族一旦被"分析""界说"出来，就可能引发其"国家诉求"。也许正因为身处在基本保留着帝国时期版图的一个现代民族国家之中，相比之下，他们似乎要比其他很多国家的政治家更早就敏感地意识到族裔民族主义立场可能引起的民族与国家之间的观念冲突。"中国"的双重含义之间的张力所带来的困惑再度展现出来，不过采取了一种与从前不太一样的曲折形式。苦恼仍旧来源于国家与民族的不能合二而一。所以有必要成就一个具有"国族"性质的"中华民族"。然而对这个"中华民族"，还需要"贯彻其汉族之意识"。如果当时有人进而追问他们，这个"国族"到底是讲藏语，还是蒙古语或者汉语？我猜他们给出的答案，大概不能不是讲汉语。所以在他们内心深层的不自觉之处，这个所谓"国族"，其实就是汉族！把"五族共和"从政治目标蜕变为对中国实行全面汉化的依赖路径，这是对"五族共和"原则立场的背叛。

问：从"五族共和"又转回到了"书同文，行同伦"的立场。你看问题到底出在哪里呢？

**姚大力**：这就迫使我们回过头去反思族裔民族主义关于"一个民族，一个国家"的口号。两百年以来，在这一口号下发起的民族主义运动，其结果实际上已经颠覆了它当初许诺过的那种缔造一个由单一民族国家来组织全球体系的神话前景。另外，民族主义和民族国家至今依然是保护各个大型人们共同体内弱势群体基本利益的最有效的国际政治单元。"后民族主义时代"的来临似乎依然遥遥无期。因此我们所必须做的，应该有两条。一是从"一个民族，一个国家"这个族裔民族主义的口号回到民族主义原初的诉求，即进一步实现主权在民的政治民主化立场上去。但这绝不是在提倡以原教旨主义态度去对待民族主义。所以还有第二条，即超越民族主义的原初立场，以最大的热情，去拥抱多民族统一国家的观念与理想。中国民族问题的圆满解决，绝离不开这两条原则。

虽然可能有点重复，我还是要强调，从基于政治民主化的平台去巩固多民族统一国家的立场出发，我们必须严厉拒绝国内各民族在族裔民族主义的名义下提出的"国家诉求"。但这样做并不意味着因此就可以完全否定族裔民族主义存在于当今的合法性，包括族裔民族主义的那些合法、正当的政治诉求在内。另外，从同一立场出发，在合理追求超越于国内诸民族各自利益之上的统一国家的核心利益同时，也必须警惕在国家民族主义（state nationalism）名义下对少数民族及其他边缘人群基本权利的肆意侵犯。从表面上看，族裔民族主义与国家民族主义两者的极端主张似乎是正相反对的。然而事实上，它们很可能就是一回事。历史反复提醒我们，掩盖在国家民族主义外衣之下的，经常就是一国之内主体人群的族裔民族主义。在解决中国民族问题时提倡移植美国的"熔炉模式"、民族政策的"去政治化"乃至"改制建省"等主张的背后，不正是这种一国之内主体人群的族裔民族主义思想在作怪吗？

我们既不能把一个多民族统一的中国变成汉族中国，也不能为推进一个"均质化"的中国而刻意去泯灭汉族乃至其他各少数民族的文化特性与族属认同。所以我的结论是,"中国"的那两个义项,不应该被互相取代,而是应当继续并存下去。

（原载《东方早报》2011 年 12 月 4 日"上海书评",
采访者和采访稿编辑者为黄晓峰）

# 传统中国的族群和国家观念

中国古人有不愿意受外族统治的意识吗？

12世纪，南宋将领岳飞面对自己国家的北部领土落入女真人之手的严峻局面，在一首中国人都知道的词里写道："壮志饥餐胡虏肉，笑谈渴饮匈奴血。待从头、收拾旧山河，朝天阙。"

比岳飞稍晚，一个出使金国的南宋使臣范成大，描写他在宋朝故都开封城的地标"州桥"遇见当地百姓的情景说："州桥南北是天街，父老年年等驾回。忍泪失声询使者，几时真有六军（天子统领的军队）来？"钱锺书以为，在女真国家统治下的北方汉人，大概不敢站在大街上拦住宋使臣高声问话。但他同时又引用其他几种史料，证明本诗确确实实传达了藏在他们心里的真正愿望。

推翻蒙元王朝的朱元璋，曾用这个口号来动员反元："驱除胡虏，恢复中华；立纲陈纪，救济斯民。"在此之前，他还说过："慨念生民久陷于胡，倡义举兵，恢复中原。"

此种意识也同样生动地反映在南宋士人不甘接受金统治华北的事实的议论中："……一屈膝则祖宗庙社之灵尽污夷狄，祖宗数百年之赤子尽为左衽。……天下士大夫皆当裂冠毁冕。"

这些只是很多类似例证中之最广为人知者。因此，若问中国古人有没有不愿意受外族统治的意识，答案是"有"。但这其实不只是一个简单的有无问题。所以需要对这种意识做以下四点更深入的说明。

第一，这种意识反映出对不同人群间文化差异的鲜明而强烈的意识，如"左衽""冠冕"。

第二，被明确感知的，还不只是文化差异，而已经从文化差异被提升为一种族群的，即对是否出于共同血统的认知与区别。在这里，"夷狄"指的就是与汉人不相同的族群。请看下面一段话："良嗣族本汉人，素居燕京。自远祖以来，悉登仕路。虽食禄北朝（此指辽朝），不绝如线。然未尝少忘遗风，欲褫左衽，而莫遂其志。……良嗣虽愚憨无知，度其事势，辽国必亡。……欲举家贪生，南归圣域。"

为了理解这段材料，需要对它的背景做一简单介绍。12世纪初的中国，统治着大部分汉地社会的是宋王朝。但汉地最北方的一部分地区，则位于宋朝之北的辽王朝版图之内。这时女真人建立的金国从辽朝的东北边境发展起来。金先攻灭辽朝，占领了属于辽的那部分汉地，后来又进一步南下，逼迫宋朝向南撤退，占领了汉文化的发源地和历来的根据地，也就是整个华北。所以在这段时期内，华北的汉人，在先后被迫接受辽、金统治之际，曾经历过一个希望自己所生活的那片土地能回归宋朝的短暂阶段。

说这番话的人叫李良嗣。他在这里明确使用的"族"，即是族属或血统的概念。所以"左衽"或"右衽"，不仅是服饰差异问题，通过它体现的是夷夏之别的重大区隔。族的意识，在它带有共同血统观念的意义上，就是一种族群意识。

第三，上述族群意识并不必然地带有排斥非汉族群之政治统治的意思。"辽国必亡"（辽亡当时还没有成为事实，但说话的人认为已是不可避免的事实），是李良嗣之所以愿意归顺宋朝的前提。这不只是他一个人的想法。辽将亡之时，燕人投奔宋境者，皆以"契丹无主，愿归土朝廷"为言。即便如此，他们仍然把这时还逃亡在外的辽朝末帝看作自己的"故主"。用他们自己的话说："此我等故主也。使主在，岂敢遽降南朝？乃故主已亡，誓不从女真，所以归投南朝耳。"换言之，长期处于契丹人统治下的北方汉人，并不因为朝廷与自己之间在文化、族属上的差异以及他们对这种差异的不满（甚至严重不满），而动摇对于辽王朝的政治忠诚。他们为此还这样评论宋朝人对他们的误解："南朝（指宋人）每谓燕人思汉（此指汉族的宋政权）。殊不知自割属契丹，已多历岁年。岂无君臣父子之情"？可见以君臣关系为标志的政治认同，可以超越对于不同人群间文化差异的意识，超越对每个人群所特有的只存在于本人群之中的共同血统观念，也就是对不同人群的族裔认同之间所存在的差异意识。

现在再举几则很说明问题的材料，进一步充实上述结论。

宋太宗曾率军北至幽州（今北京）城南，被契丹打败后退却。"城中父老闻车驾之还也，抚其子叹息曰：'尔不得为汉民，命也'！"幽燕地区的汉人在文化与族属方面的集体身份意识，从理念上说并不与他们身为契丹臣民的政治认同绝对不相容。不仅如此，在界定他们"是谁"的问题时，政治认同，也就是"父老"们所说的"命"，才是居支配地位的。

"近有边民旧为虏（指女真）所掠者，逃归至燕。民为敛资，给导以入汉界（指南宋界）。因谓曰：'汝归矣。他年南朝官家来收幽州，慎无杀吾汉儿也！'"金统治下的汉人愿意资助和接引被金俘虏的南宋边民逃归故国。可是他们自己却没有跟着一起逃离。因为他们与前述"父老"们相似，文化与族裔认同与他们对于"命"的认可是能兼容的。

"侗燕人，住在九州之地。每念先世陷于边地。昨来见贵朝初得燕山，举族相庆，谓自此复为中华人物，且睹汉衣冠之盛。不谓再有此段事，不知自此何日再得为中华人物"！说话人李侗是投降金朝的辽人，在南宋派人出使金国时，受金朝之命陪伴宋使。这是他私下对宋使说的心里话。宋军趁辽被金攻败之机，暂时占领原处于辽控制下的部分华北汉地时，他曾盼望宋能成功。但他现在已经不敢再有这样的想望了。

更令人印象深刻的，是到宋金对峙的中期，南宋从被俘的金军将领、兵士中，发现有流落在北方的宋人后代。"或当阵被擒者，乃大将之子；或受命出战者，乃中原之人。"关于被宋俘虏的金军里，究竟有谁是宋朝的"大将之子"，我们现在找不到具体证据。但宋人自己这么说，应该不是没有根据的虚言。

上面的材料证明，在传统中国，与族裔认同相比，政治认同更占支配地位。二者之间可能存在张力，但并不相互颠覆。其中占第一位的是政治认同，也就是王朝国家认同。

第四，也就是最后一点，现在回到我在本文开头引述的那些材料。我要指出，朱元璋的"驱除胡虏"云云，与辛亥革命时期的"驱除鞑虏"，性质是大不一样的。传统社会中那些从表面看来很像近现代民族主义诉求的种种表述，至多只能称作某种"伴生性原民族主义"（associated proto-nationalism）主张。它实际上是在"两国相争，各为其主"的政治斗争，尤其是在征服战争时，作为国家主义或者"爱国主义"的动员手段而被加以利用的一种意识。它依附于"两国相争"的特定历史形势，因此也往往熄灭于"两国相争"了结之时。最高统治集团与被统治者之间族裔的不同，并不成为衡量政权合法性的基本依据。因此朱元璋在建立明朝后才会调转头来说："元虽夷狄，然君主中国且将百年，君与卿等父母皆赖其生养。元之兴亡，自是气运，于朕何预？"他强调，元先失天下于"群雄"（有时一漏嘴，他也会说元失天下于"群盗"）。明朝是从"群雄"手里夺得天下的，所以他声称元的灭亡与他无关。

实际上，传统"帝国"一般都是多民族的。在传统中国，每当建立一个新王朝，都要"易服色、颁正朔、改年号"。这表明它们确实需要向大众呈现能证明自己获得"正统"的合法性依据，但它与统治人群与被统治人群在族属上是否相同基本无关。处在蒙元初期的汉人主张"能行中国之法，即为中国之主"，就说明族属问题不是证明政权合法性的基本元素。

现在我还要举一个最为人所知，却又很少为人详知的例证，也就是被很多人误认为是代表了传统时期中国民族主义典型立场的文天祥的例子，来说明"伴生性原民族主义"与近现代民族主义之间的重大区别。

1279 年 3 月 19 日，盘踞在广州湾海面之上的厓山岛（今已成陆）内的南宋流亡小朝廷，受到元军的总攻击。当时这个岛"方圆八十一里"，上面聚集了二十万军民。战争只持续了一天，宋军全线溃败。文官首脑陆秀夫仗剑驱迫妻子跳海自尽。他自己登上小皇帝的舟船，对宋朝末代天子说："太皇太后在杭州投降，已经受尽欺侮。陛下绝不应再受这样的屈辱"。接着他将小皇帝绑在背上，一起投水而死。后宫百官从死者以万计。七日后，尸浮海上达十万余具。南宋灭亡。

厓山战前已经被俘的文天祥，这时被押解在元军舰队中，亲眼看见了自己国家的灭亡。他写诗说："唯有孤臣两泪垂，冥冥不敢向人啼。"这首诗的题目很长，叫《二月六日海上大战，国事不济。孤臣某坐北舟中向南痛哭，为之诗曰》。由题目可知，他是自己国家最终败亡的不幸见证人。

早在这之前，他已经下定"一死之外，无可为者"的必死决心。他描写自己的心志说："虽刀锯在前，应含笑入地耳。"战事结束后，他随班师的元军被带到元朝的首都北京。在那里，他经受了一轮又一轮的劝降攻势，但始终没有妥协。1283 年，元统治者几经权衡，勉强下决心处死文天祥。他在刑场上写了两首诗，之后英勇就义。

文天祥之死是宋朝历史上最感人的一幕，他无疑是中国历史上最伟大的道德英雄之一。连蒙古人也承认："赵家三百年天下，只有这一个官人。"但现代人对他究竟为什么而死，很容易会产生某种时代倒错的误解。

文天祥死在南宋灭亡的四五年之后。这在当时就引起过一些人的怀疑："或疑公留燕，所以久不死者。"

人们希望他"死国"的心情看来十分迫切。甚至在他从广州被押解北上的时候，就有人怀疑他不敢以身殉国，所以沿途散发传单，"遂作生祭丞相文"。写祭文的人想让文天祥看见把他当作已死之人来祭拜的文章，"以速丞相之死"，也就是催促他快快自杀。

人们的怀疑并不是完全没有理由的。文天祥被捕后三四年不死，他确实在等待。他自己说："当仓皇时，仰药不济，身落人手，生死竟不自由。及至朝庭，抗词决命。乃留连幽囚，旷阅年岁。孟子曰：'夭寿不贰，修身以俟之'。如此而已。"其中第一句说的是他曾经试图自杀而没有成功的事情。无论如何，按他引用的孟子的话，他确实在等。

那么他在等什么呢？

他本人曾对一个前来劝降的从前同事说："傥缘宽假，得以黄冠归故乡，他日以方外备顾问，可也。"此事见于竭力颂扬文天祥坚贞不屈之节操的传文资料，显然不能解释为是有人故意扣了一个屎盆子在他头上。无论那个主意是否始出于前去劝降的王积翁等人，文天祥本人至少是认可此种安排的。这里提及的虽是以道士，也就是以"方外之士"的身份回到故乡去，但中国的"方外之士"哪有不拜朝廷君主的？所以他的真正意思是，如果可以放他回家，从此做元朝统治下的一介平民，这便是他可以接受的。今后朝廷若有事，他也愿意以一个平民的身份帮着出出主意。

因此，如果元朝能把他当作一个平民放归乡里，这便是文天祥完全可以接受的一种安排。他在等，也包括在等待这样一种可能性。可是元朝没有给他这一选项。元朝给他的选择，始终只有两项：在元朝做官（忽必烈认为从南宋入元的人当中，能做他的宰相的，只有文天祥）；或者被处死。要他在元朝做官，这是文天祥万万不能同意的。

正是在这种情况下，文天祥毅然选择了后者。

文天祥的立场，还能从他对另一件事情的态度上看出来。

他有两个弟弟。年长的叫文璧，也是南宋末年的官员，后来投降了元朝。文天祥得知文璧仕元以后，写信对他的幼弟说："我以忠死，仲（指文璧）以孝仕，季也其隐。……使千载之下，以是称吾三人。""仲以孝仕"，即指文璧为侍养老母亲而降元入仕，接受了元朝委任的官职。"季也其隐"，即要求幼弟读书山林，走隐居的路。

他在这段文字里用的是"三人"一词，说后世会因为他们弟兄三人的不同选择而对他们加以称赞。但在说出这番话时，他心里想到的，却是另一个词，即"三仁"。孔子曾经用它来称赞商末三个做出各自不同选择的贵族成员。他们之中，微子出逃流亡，箕子装疯，比干谏而死。孔子因此说："殷有三仁焉。"

我说文天祥写在纸上的虽是"三人"，他在心里想到的却是"三仁"。这有没有证据呢？证据就是文天祥自己的诗："去年别我旋出岭，今年汝来亦至燕。弟兄一囚一乘马，同父同母不同天。可怜骨肉相聚散，人间不满五十年。三仁生死各有意，悠悠白日横苍烟。"

诗中所谓"兄弟一囚一乘马"，是说自己身在监狱，而文璧接受元朝官职后骑马进京，接受皇帝召见。"三仁生死各有意"，就是把兄弟三人的不同选择比喻为商末"三仁"的行为。他对文璧降元的态度是理解的，表明了儒家的"忠"与"孝"、"忠"与"恕"的主张之间事实上存在的张力。

我想我已经证明，文天祥之死，并不是出于今天许多人以为他之所以要死的那种民族主义立场。现在我们提到他，不是要批评他为什么没有表现出今天人们希望从他身上看到的那种民族主义立场，而是在充分肯定他的伟大的同时还想强调，我们不应该把他原来没有的那种意识硬塞在他的脑子里，然后再装模作样地去歌颂一个虚假的文天祥。我们应当做的，是认真倾听文天祥，仔细听一听他关于自己为什么要死到底说了些什么。

文天祥的这种立场，在当时乃是相当普遍的。另一个例子是谢枋得。
他参加过宋亡前的抗元武装行动，失败后流落民间，靠替人算卦、开医方度日。南宋灭亡后，元朝皇帝派一个使臣访问南宋旧土，去"寻好秀才"，即寻访可以为元政府所用的有才能的士人。被使臣列入"好秀才"名单的有约三十人，而以谢枋得为首。使臣一定是把自己的来意告诉过谢枋得，因此后者写了一封信作答复，里面说："大元制世，民物一新。宋室孤臣，只欠一死。"意思是我承认元朝统治的合法性，但我是前宋留下来的人，尽管没有勇气去死，也万不能再在元朝做官。他三番五次地推辞举荐，最后被强制送往首都北京。像文天祥一样，这时他面前只有两条路：或者做官，或者用一死来拒绝做官。于是他只好在北京绝食而死。

元朝被明朝推翻后，也出现了诸多为拒绝在新朝做官而被迫自杀的人。其中有一个人叫王翰，为躲避新朝廷的任命，藏身乡里将近十年。但他还是被寻获了，只好用自杀来拒绝明朝委派的官职。他死前写了一首绝命诗说："昔在潮阳我欲死，宗嗣如丝我无子。彼时我死作忠臣，覆氏绝宗良可耻。今年辟书亲到门，丁男屋下三人存。寸刃在手顾不惜，一死了却君亲恩。"

王翰是西夏党项人的后裔，不过他已经完全汉化了。元亡时，他原想自杀，但当时没有这样做。因为他还没有留下后人，如果就这样死去，就会由于无后而背上不孝的罪名。十年后明朝的地方官找到他，要他出来做官。这时他已有了三个儿子。所以他把年幼的孩子托付给好友照看，自己为抗拒明朝强迫他做官而毅然自裁。他的这些行为和理念，全出于汉文化的忠、孝那一套，足以说明他自己认可的，已是汉家人物的身份。像王翰这样的元遗民，今日尚可查考的，少说也有数十上百名，比见于《宋遗民录》收录的人数要多得多。

元亡之后，居然还有人为拒绝在明朝做官而自杀，这可能让现代的人们更不容易理解。蒙古人对汉地社会的统治被推翻，对汉人来说这不意味着"华夏重光"吗？为什么还会有汉人为忠于元朝而自杀呢？可见他们这样做，并不是出于现代人理念中的民族主义立场。

文天祥、谢枋得、王翰这些人所表达的，是一种"遗民"立场。在一个王朝已被新建立的王朝取代的时候，它是一种针对曾在前一个王朝做过官员的人们的道德约束。这一约束并不要求"遗民"拒绝甚至反抗新王朝的统治，也不要求他们天天伸长脖子朝着新政权吐唾沫，只要求他们不能再进入新王朝的各级机构里担任正式官员。因为他们都已在旧朝受过"恩典"，所以终身不能背叛这一恩典。遗民身份并不妨碍具有这种身份的人在新王朝统治下当一名普通老百姓。而且这种身份及身而止，不遗传给后辈；换句话说，遗民的儿子以及更小的后辈人完全可以接受新朝的任命。文天祥的儿子事实上就接受了元朝的官职。他不属于遗民，因此他并不受只针对遗民的道德约束。

对于遗民的这种道德约束，成熟于宋代。在文天祥的境遇之中，这就是儒家道德对他的全部要求。他做到了这个要求，因此成为伟大的道德英雄，已经伟大得无可挑剔。我们没有理由要求他具有当时根本不存在的民族主义立场。这是对古人的苛求。而把他作为一个具有民族主义思想色彩的人来加以描写，看来像是在拔高文天祥，实际上却是对他真实形象的歪曲和侮辱。

现在用以下四点对前文所述做一小结。

第一，族群乃至民族，未必如相当多的社会学家们以为的，是到近代才产生的一种人群分类范畴。人群与人群之间在语言、文化、宗教信仰、共同历史经验等方面的差异，最容易让双方以及第三者都感受到他们之间所存在的不同，从而导致不同的集体身份意识的萌发。而当这种具有强烈草根基础的集体身份意识被这个人群内的精英或准精英有意识地提升为一种同出于某种共同血统的观念时，族裔或民族的认同就形成了。这样的认同形式不仅发生在近现代社会。它在传统社会里同样可能发生和发育起来。

第二，民族主义（包括族裔民族主义，ethnic nationalism），则是一种近现代才有的思潮。传统社会内可能会存在从某些表现看来很像近现代民族主义的言论、情绪和意识，但那最多只是伴生性原民族主义思潮。

第三，民族主义极大地改变了传统社会中已经存在的民族或族裔集团所具有的某些属性。它使民族或族群观念在整个人群内的渗透程度空前地获得加强。它也改变了民族的诉求、自我定位和自我期望，以建立一个属于本族群的国家为其政治动员与政治行动的目标。这就使近现代的民族或族群拥有了与传统时期的民族和族群极其不同的政治面貌。

第四，中国近代民族主义运动的兴起，理所当然地会以传统时代的伴生性原民族主义的种种呈现作为其历史资源，或者说历史素材。但我们可能不应当因此就把近现代中国的民族主义思潮看作传统时代的伴生性原民族主义在新历史条件下的变身或衍生物。法国革命后传遍全球的西方民族主义，才应当是中国近代民族主义的真正渊源。


"中华帝国"在历史上的长期延续，与帝国内诸人群各自的族裔认同和所有这些人群在政治层面上对于国家的认同在传统中国的兼容共存是密切相关的。

除清末使用"大清一统帝国"的称号外，在此前的中国历史文献中很少出现"帝国"一语。当它见于使用时，多指在"强国战力（强国以其力求胜）、霸国战智、王国战义、帝国战德、皇国战无为"的衡量国家影响力的等级序列中，仅低于"皇国"的次高等级的国家形态而言。此种意义上的"帝国"，与该词在现代政治学中的意义大不相同。

尽管如此，传统中国历史上的王朝国家，无疑都属于今日所谓"帝国"。那不只是由于诸多王朝国家的最高统治者都拥有"皇帝"的称号，因而如维基百科所言，按照"语义建构"的法则，他们的国家就可以被称为"帝国"。自秦以来的诸多王朝国家都是确确实实的帝国，因为在它们统治下的疆域和人群，都具有多文化的属性。这似乎已成为一种共识，而且它是正确的。

对此我想补充的是，实际上，在传统中国曾存在两种不同的帝国模式，各自起源、发育于中国东部的雨养农业区域，以及位于它以西的中国内陆亚洲边疆。前者是以秦—汉—隋—唐—宋—明等帝国为典型的汉族帝国模式，后者则是崛起于汉族帝国边疆的内亚边疆帝国模式。近现代中国版图，就是由这两种帝国模式共同参与的国家建构过程所形塑的。中国目前的标准历史叙事的最大缺陷之一，就在于它把中国历史上的国家建构，看作只是汉唐帝国这样一种模式不断演化与拓展的过程。

汉唐帝国模式的国家建构到唐代形成一个巅峰。它的疆域之大令人印象深刻。但唐初维持此等规模的版图实际上只有四十年左右。它中后期的版图就大不一样了。从 10 世纪以后，采纳汉唐帝国模式的王朝国家更是没有能力把辽阔的西部中国纳入自己的版图。

唐的疆域可以分为两个不同部分，即府县建制地区和羁縻地区。两类地区之间分界线的走向，与呈现了中国人口分布空间特征的"黑河—腾冲线"十分接近。后者把中国疆域划分成大致相等的两部分，而分布在东部的人口却占据了全国人口的90%。为什么会有这样不成比例的人口分布状况？

"黑河—腾冲线"与 400 至 300 毫米年等降水量带，也就是与雨养农业和无法从事雨养农业的地域分界线走向基本一致。不止如此，它与汉族与中国各少数民族分布区之间界隔线的走向也非常一致。所以毛泽东曾经说："我们说中国地大物博，人口众多，其实是汉族

'人口众多'，少数民族'地大物博'"。比"黑河—腾冲线"的发现稍晚，拉铁摩尔也把中国版图划分为汉地核心区域和中国的内陆亚洲各边疆地区两个部分。如果要对传统中国的空间结构进行分析，那么采用拉铁摩尔的划分可能更贴近事理。唐和唐以后的汉族帝国设置府州建制的地区，基本不超过"黑河—腾冲线"或"拉铁摩尔线"之西。这与府州建制所必须依赖的汉族移民没有能力越出雨养农业区边界而继续向外扩张的特性紧密联系在一起。

唐代的羁縻体制为后来诸王朝所继承和发展。被置于这一控制体系下的地区和人群，可能遵循两条非常不同的路径演变。一是经由土官、土司、土流并置、改土归流的过程而逐渐内地化，并最终被纳入国家版图；二是中央王朝与这些地区和人群的关系长期停滞在羁縻、册封体制下，则可能最终转化为对等国家间的外交关系。羁縻地区遵循这两种不同路径而朝不同方向演变的分界线，位于土司建制地带的外缘。把直到中华民国建立时仍存在着土司的地区标示在地图上，我们发现，它们离"黑河—腾冲线"并不很远。这是汉唐帝国模式的版图整合所可能到达的最大范围。中国西部居住着各大型少数民族的大部分疆土，不在其中。

既然如此，西部中国的广大幅员又是怎样变成中国版图内不可分割的一部分的呢？

这恰恰就是因为有崛起于中国内亚的边疆帝国参与了中国国家建构活动的缘故。这一类型的帝国萌芽于辽，发育于金，定型于元，发达、成熟于清。它在治理汉地方面基本上包纳了汉唐帝国治理模式。而它多于汉唐帝国模式的，是对中国的整个内陆亚洲部分贯彻国家主权、实施国家治理的一套制度体系，在清代以理藩院为其执行机构。理藩院所管，涉及设官、户口、耕牧、赋税、兵刑、交通、朝贡、贸易、宗教等各方面的当地事务。这些都是汉唐式帝国在府县建制之外的地区从未履行过的国家职能及权利。最先认识到这一点的是雍正帝。

他说:"中国之一统始于秦;塞外之一统始于元,而极盛于我朝。"

中国的内亚帝国模式在国家治理方面的理想目标,与汉唐帝国模式也大不相同。后者一直以"车同轨、书同文、行同伦",也就是用汉文化整体地覆盖全部国家版图作为远期目标。而前者则试图在帝国内部保持不同文化和人群的多样性特征,以及与之相适宜的不同管治体制。清代官方颁布的包含满、蒙、汉、维、藏五种文字对照的词典,就是一个最显著的例证。有人说,是否也应该在明朝找找它的内亚性。我不知道这究竟是带讥讽的戏言,还是一个认真的想法。明朝如果也曾具有某种内亚性格,盖皆由明初欲全盘接收元帝国疆域这份遗产而从事的力不从心的经营所致。想在明中后期寻找内亚性的努力,则大概多半是要落空的。

当代中国作为一个多民族统一国家,是汉族以及诸多的中国少数民族一起参与中国国家构建的共同历史成果。中国的疆域,是分别由数十个不同民族各自世代居住,或在由若干个不同民族共享的场合下世代居住的历史家园所构成的。怎样在统一国家的宪制框架下,让这些历史地属于各民族、各人群的世居家园都获得富有各自独特性的发展?这是中华文明史留给当代中国人的一个无比重大的问题,一个考验他们良知和政治智慧的问题!

(原载《文汇报》2015 年 10 月 9 日"文汇学人")

# 变化中的国家认同：
## 对中国国家观念史的研究述评[*]

一

　　最近十多年以来，在英语学术圈对中国民族主义的研究中，有关"中国认同"（Chinese Identity）的话题似乎受到越来越多的关注。这一专题的研究至少是在两个不同的层面上分别展开的。其一是对居住在东南亚、北美和世界其他地区的华裔追寻"中国性"（Chineseness）的文化意识和行为的讨论。学者们注意到，上述地区的华裔选择"华人"，而不是"中国人"这样一个汉语词汇来指称自己。这是因为"华人"一词所表达的只是一种共同祖先和共同文化背景的含义，而不像"中国人"这个词汇那样"必然地会引发出由政治归属关系所规定的种种义务与忠诚"[1]。

　　另一个层面就是对中国人在民族国家认同的各有关方面的研究。

---

[*]　本文在写作过程中，承蒙南京大学—霍普金斯大学中美文化研究中心副主任华涛教授、香港教育学院社会科学系方骏博士、华东师范大学中文系程怡副教授的热诚帮助，谨此致谢。文中错误及不当之处，自然应由笔者负责。
[1]　杜维明：《文化中国：作为中心的边缘》，《代达罗斯》120: 2（1991）。这篇文章把"文化中国"界定为由下述三个"符号世界"（symbolic universes）的连续互动所构成的"超国家网络"，即中国（含香港、澳门与台湾）和新加坡，新加坡以外的东南亚国家、北美和其他地区的散居华裔共同体，以及从文化上研究中国，并且将他们关于中国的观念传递给其所在社会的非华裔学者、教师、记者、商人、翻译家和作家等各种个人。杜氏认为，在20世纪90年代以前的近半个世纪里，研究"文化中国"的国际话语毫无疑问是由上述第三个符号世界来支配的；而此后"第二符号世界"将取得这一地位。一个政治上的"边缘"地区现在要挺身而出、预备承担起文化"中心"的重任。人们从本命题中不仅读出了"新儒家"思潮的那种"舍我其谁"的典型使命意识，而且也极容易体察本文写作时的特殊时代背景。

20世纪90年代很像是西方学术界在这个领域里的丰收时期。美国学者 E. 弗立曼写道,当他完成1988年的中国之行回到美国时,"我获悉人类学家杜垒正在中国调查汉语民族认同的危机,L. 狄默尔和 S. 金在编辑一部讨论中国的民族国家认同障碍的论文集,人类学家萧凤霞在研究南部中国人身份认同的变化,而《纽约时报》记者、在加州大学伯克利分校接受过中国研究训练的 E. 伽尔甘则正在规划一本有关南、北中国之间冲突的书"[1]。弗立曼所提到的这些著作,包括他本人的《社会主义中国的民族国家认同与民主前景》,以及他还没有说到的 J. 恩杰尔主编的论文集《中国的民族主义》、杜赞奇的《从民族国家的话语中拯救历史:对中国近代史各种叙事的质疑》,以及提交给在威斯康星大学(米尔沃基)召开的"亚洲的种族及文化民族主义讨论会"的论文等等,都在后来几年内陆续面世。

尽管"民族国家认同"(national identity)一词早在1953年就已经出现在列文森论梁启超的名著《梁启超与中国近代思想》中,但当时它似乎只是列文森在间接地译述梁启超的见解时所偶然使用的一个字眼。列文森显然没有把它当作一个具有特定含义的专门名词来表述,因此它也没有进入书后的词条索引。[2]但至少在20世纪60年代,它开始逐渐出现在研究民族国家形成和政治发展的文献中。D. 罗斯托

---

[1] 弗立曼(Edward Friedman):《社会主义中国的民族国家认同与民主前景》,纽约:夏珀图书公司,1995年,页3。他提及的几种著作分别是,杜垒(Dru Gladney):《说汉话的穆斯林》,麻省剑桥:哈佛大学出版社,1991年;狄默尔和金(Lowell Dittmer & Samuel Kim):《中国寻求民族国家认同的历程》,伊泰卡:康奈尔大学出版社,1991年;萧凤霞(Helen Siu):《南部中国的强者与弱者》,纽黑文:耶鲁大学出版社,1989年;E. 伽尔甘(Edward Gargan):《中国的命运》,纽约:双日出版社,1990年。

[2] 列文森是在以间接引文的形式转述梁启超《中国的前途之希望与国民责任》一文见解时提到这个概念的。列文森写道:"1911年,就在革命之前,他仍在坚持说,当人们潜在地把整个世界看成是单个的国家时,就不可能再有民族国家认同或者爱国主义的意识。"复按梁氏原文,此处作:"既已举天下仅有一国,则复何国之可言,而更复何爱国之可言。"见列文森(Joseph R. Levenson):《梁启超与中国近代思想》,麻省剑桥:哈佛大学出版社,1953年,页112。又见列文森书汉译本,刘伟、刘丽、姜铁军译,成都:四川人民出版社,1986年,页151;其中 national identity 原译作"民族意识"。梁氏的这篇文章,作于宣统三年(1911),收入《饮冰室合集》,"文集"卷二六,北京:中华书局,1989年。

在按"后王朝国家""语言国家""海外移民国家"和"后殖民国家"的分类来论述现代国家形成时，从领土、语言、政治和文化的认同中概括出民族国家的认同意识。他说："也许应当注意的是，所谓认同，不仅可以从适用于此处全部讨论的那种严格和相当正式的意义上加以理解，而且也可以在更加广泛的意义上把它看作是部分政治、部分文化和心理的〔现象〕。"[1]

然而，从"民族国家认同"的角度切入对中国民族主义的研究，应当是相当晚近才出现在西方中国研究领域的趋势。[2] 就学术研究的内部动力而言，此种趋势的产生，乃是一部分学者把民族主义研究的焦点转向对民族国家意象的文化分析的结果。[3] 就现实环境对学术取向的影响而言，它大约与以下三个因素的刺激有密切的关系：一是 20 世纪 80 年代后期在中国兴起的以"文化热"著称的大讨论；二是中国经济改革所导致的越来越明显的各地区间的发展差异[4]；三是

---

〔1〕 罗斯托（Dankwart A. Rustow）：《一个民族国家的世界》，华盛顿特区：布鲁克林研究所，1967 年，页 62 至 71。罗斯托所谓"严格和相当正式的意义上"的认同，是指埃立森（Erik H.Erikson）在《青年路德：心理学的和历史的研究》（纽约：诺顿书店，1958 年）一书里使用的"认同"这一心理学概念。此外，他也提到白鲁恂（Lucian W. Pye）在 1962 年出版的《政治、个性与民族国家的建构》（纽黑文：耶鲁大学出版社）已将认同观念应用于民族国家意识的形成。

〔2〕 在西方中国研究学术圈里，列文森也许是较早使用"认同"概念的学者。见列氏：《省区、国家与世界：关于中国认同的诸问题》，载费维恺主编：《近代中国史探索》，伯克利：加州大学出版社，1967 年。不过在当时，认同问题似未成为普遍引起关注的话题。关于列氏这篇相当难懂的文章，我们在后面还要谈到。

〔3〕 参见杜赞奇（Prasenjit Duara）对《中国寻求民族国家认同的历程》的书评，载《亚洲研究杂志》53：1（1994，2）。

〔4〕 在不止少数的外国学者看来，地方主义乃是对今后中国最主要的挑战。这不仅是就纯粹国内状况而言，而且也与中国和它的周边邻国之间的国际关系因素有关。著名学者塞加尔（Gerald Segal）写道："对于非集权化的有力推进却伴随着来自诸多外部势力的吸引力，这种情况在中国历史上是从来没有过的。处于一个有些帝国在瓦解、有些主权大国在形成却又相互之间形成巨大的联盟，而世界经济又正在变得更加互相依赖的时代，中国能够避免一场正在迅速将东亚卷入其中的革命性变迁吗？一个日益增长着互相依赖的时代，将会使中国国内处于竞争中的各个地区分别被夹缠到种种形式的全球事务里去。中国的近邻可能会力图加强原先由北京发起的地方主义，以便抑制它支配它们的企图。中国国内的地方主义就这样与国内外不断加强的互相依存关系结为一体。"作者以为，上述状况很可能引起一个后果，即"中国的认同危机"。见塞加尔《正在改变形态的中国》，《外交事务》73：3（1994，6）。

在苏联与东欧发生的划时代的历史性转折。在不少西方学者和政治家看来，上述三种因素所反映或者所促进的反帝国主义的列宁主义意识形态以及指令性计划经济的中止，会使得原先由它们所支撑的中国政治权力的合法性、国家目标、现代化途径乃至社会结构等等在转变过程中发生极大的不确定性。这就是西方学术界产生中国"民族国家认同"的问题意识的背景。弗立曼甚至带有一点飘飘然的思绪写道：

> 托克维尔很久以前就指出，革命总是先令人意想不到地突然到来，随后又让人们觉得它像是必然要发生的。……现实主义让今天看来像是最好的关于明天的指南。连续性总是错误地被当成现实。因此重大的断裂总是很少得以事先被预见。……在中国研究的领域内，几乎没人预见到莫斯科和北京的破裂，或者毛泽东会着手使中美关系正常化。常识性判断引导人们设想一种长期的中苏联盟，或者以为毛泽东在世时中美关系的改善是毫无希望的。但当它们发生时，人们却只是抱怨说，是中国又让他们出乎意料。……重要的是，人们如果不想再次让自己大吃一惊，那么就要展现今日中国可能断裂的种种前景。连续性并不是唯一现实的可能性。沉湎于各种连续性理论的虚假现实主义，这才是最大的不现实观点。[1]

从弗立曼写下这段文字到今天，差不多十年过去了。不知道他是否认为需要对自己的这些话加以修改。

中国读者固然未必完全同意西方学术界对上述问题背景的基本估价。但是，关于中国"民族国家认同"的问题意识本身仍然对他们具有很深刻的启发意义。民族主义的运动具有两个相互间被有机地联系

---

〔1〕 弗立曼前揭书，页5。

在一起的意义层面。在外部，作为一个独立、统一的主权国家，它应当在现代国际体系内保卫属于自己的、与其他国家相平等的地位以及领土和主权的完整；在内部，它应当确立在全体国民中间基本平等的、享有民主和自由的权利和义务，以此作为要求人民认同国家，并且对国家保持政治上忠诚的合法性基础。在一个相对和平的国际环境里，随着外部环境压力的相对减轻，民族主义后面这层含义的重要性就日益显得突出起来，而"民族国家认同"问题的提出，恰恰将聚焦点投射到民族主义的这后一个意义层面上。也正因为这样，《中国寻求民族国家认同的历程》一书，读来格外使我们觉得获益良多。

二

本书的两位主编者，鲍威尔·狄默尔与塞缪尔·金，都是研究美国国际问题的专家。20 世纪 80 年代后期，在考察中国外交政策的过程中，两人分别感觉到，深入的研究需要有一个把中国的"国家利益"和在中国反复出现的文化主题结合在一起的"中心参考点"。于是就有了 1990 年初在普林斯顿大学国际研究中心举行的以中国民族国家认同问题为主题的讨论会。本书就是提交给这次讨论会的部分论文的修改稿结集。

这部论文集一共收入十篇文章，包括由两位主编合写的相当于导论和结论的两篇很长的文章。参加这次讨论会的学者中间，有很多著名的政治学家、人类学家，却几乎没有我们比较熟悉的具有历史学背景的中国问题专家。社会科学各学科的全方位介入和"宏大理论"的重新引入，已经成为西方有关中国历史文化的学术领域内跨学科研究取向的两种重要表征。[1] 因此，虽然本书对中国的民族国家认同的历

---

[1] 关于"宏大理论"及其在人文学科中的回归，参见 Q. 斯金纳（Quentin Skinner）主编：《宏大理论在人文学科中的回归》（剑桥：剑桥大学出版社，1985 年），尤其请参阅本书的导论部分。

史变迁讨论得似乎还不是十分充分，但全书仍然对中国读者，包括研究中国历史文化的学者，具有诸多启发之处。

至今为止，还没有听到有关本书的汉译工作和汉译本出版的消息；而英文原书在国内又很难寻觅。所以，在这里对此书的内容、观点作一点简略的介绍，我想还是很有必要的。

第一章"民族国家认同的理论探讨"，由两位主编合写。它从后弗洛伊德学派的埃立森（Erik H.Erikson）对认同的研究说起，很快切入由 S. 维尔伯（Sidney Werba）和白鲁恂在 20 世纪 70 年代初出版的比较政治学著作中所提出的关于民族国家认同的"经典性界定"，然后指明了这一界定的不够有效之处。作者写道："当我们问'什么是法兰西'时，我们不仅是想知道，这是一个居住着法国人的、由法兰西政府所管辖的地区，同时还想知道为什么那些人民认同他们的国家以及他们认同的到底是什么。"[1]为克服白鲁恂—维尔伯定义的不足，作者在导论中力图赋予"民族国家认同"一个新的概念构架。他们自己认为，他们的新尝试虽然还不能说已经"系统地提出了一种丰满成熟的理论，但是至少未来的研究也许会最有收获的那些问题领域，应该说是已经被勾勒出来了"（页 24）。第十章的标题为"中国向何处寻求她的民族国家认同"，仍然由两位主编联合撰写。这篇长达五十多页的全书结语，既包括对民族国家认同问题的进一步理论探讨，也从中国寻求民族国家认同的视角，对收入本书的八个专题研究的内容、结论及其意义，做出某种整合性的概括、评论和提炼。

第二章是 M. 厄－奎恩（Michael Ng-Quinn）撰写的"前近代中国的国家认同：它的形成与角色规定"。它追溯了自"三代"（夏、商、西周）直到明代的漫长时段里中国国家认同产生和历史变迁的

---

[1]《中国寻求民族国家的认同》，页 13。以下凡引用本书，均在正文中括注页码，不再另行出注。

过程。厄－奎恩的描述表明，从中国历史的极早时期开始，国家就一直集中体现着构成中国认同的华夏居民的诸多共同因素；因此历史上的中国国家乃是捍卫与保护中国认同的完整性的关键所在。与此同时，在不同的历史环境中，儒家可以通过凸显它"强硬"的或者"可伸缩"的那一方面，以不同的国家形象来维系国家认同的持续性。

第三章题为"中国的民族国家认同与强国目标：晚清至民国年间的危机"，由 M. H. 亨特（Michael H. Hunt）撰写。作者一开头就说："中国民族国家认同的一个重要的、也许是支配性的特征，一向是对于创造与维持一个强大的中央集权国家的全神贯注的关注。在 19 世纪晚期和 20 世纪初的危机中，这一关注所达到的强大程度很可能被一个外部的观察者视为痴迷。"（页 62）亨特以为，"爱国主义"而不是"民族主义"，才是用来描述和解释中国人寻求民族国家认同过程之特殊性格的更适合的概念（页 252）。

第四章的题目是"礼仪还是信仰？晚清中国统一文化的建构"，作者是 J. L. 瓦森（James L. Watson）。这位坚持在华南从事田野考察长达几十年的文化人类学家想要回答的，是自从早期的耶稣会士以来一直使西方汉学家入迷而又不得其解的困难问题，即到底是什么样的黏合因素（或者杜尔凯姆所谓的集体意识），可以在数十个世纪之中把中国社会团聚在一起。中国的文化认同在时代上早于，因而也就作为条件赋予影响于中国的民族国家认同。瓦森认为，文化是不断变化的集体事业，需要在每一代新社会成员间重新协调；同时，普通大众通过追随某种共同享有的习俗或礼仪系统，也在积极参与一种统一文化的构建。本文从对中国葬俗的文化人类学考察着手，力图向读者提示出，围绕人生重大转折的一组标准化礼仪和统一的象征符号，是怎样促进了传统中国的文化认同意识。瓦森认为，在晚期帝制中国，构建与维系文化统一与文化认同的重要方式，乃是"行动的正确性

（Orthopraxy）"，而不是"信仰的正确性（Orthodoxy）"。正如作者本人承认的，这个区分带有某种任意性。但他从社会底层向上追溯的人类学视野，为我们从另一种分析层次展现出中国认同的不同画面（页18、255、256、83）。

第五章是 R. W. 威尔森（Richard W. Wilson）的"中国文化认同的变迁与延续性：孝的观念和伦理转型"。与瓦森不同，威尔森通过考察指导着角色关系的中国价值和信仰来经验地判定并证明中国民族国家认同的变迁。他指出，虽然晚至 1979 年，中国政府仍然把《普遍人权宣言》视作资本主义国家维护资产阶级专政的手段和向社会主义国家进行意识形态渗透的幌子，但是从儒家文化延续下来的以身份等级体系下的义务为中心的传统，确实从后毛泽东时代即已开始朝着以权利为中心的人权观念转型。中国政府于 1986 年签署《反对体罚及其他残忍、非人道和恶劣的虐待与处罚的公约》，被本书作者看作是中国在保护个人的人权方面"跨越鲁比孔河"的行动（页 260 至 262）。

第六和第七两章的标题，分别是"邓小平时代的中国知识分子与'祖国'观念"，以及"中国的沿海认同：地区的、国家的和全球的"。前者以很大的篇幅分析了 20 世纪 80 年代"文化热"所反映的中国民族国家认同的困境及其根源，由 M. 戈尔德曼（Merle Goldman）、P. 林克（Perry Link）和 S. 魏（Su Wei）合作撰写。后者则由 L. 怀特（Lynn White）和李征（Li Cheng）两人写成。通过对台湾、香港地区和南部中国的生动概述，他们着重分析了南部沿海作为与外部世界进行商业、人员和思想观念交流的前沿与首发地带，如何随着改革过程的深入而改变着它在原先那种"中心—边缘"关系中所处的角色和地位（页 265、23）。

第八章的作者是 P. V. 奈斯（Peter Van Ness）。在这篇题为"作为第三世界国家的中国：外交政策与官方的民族国家认同"的论文里，奈斯指出，在共和国的前四十年里，中国在处理外交问题时的身份认同主要由两个部分组成，即它是属于第三世界的国家，又是一个社会主义国家。他把中国的外交政策分为三个阶段来分析，它们分别是"社会主义路线"时期（1950 至 1957 年），"第三世界路线"时期（1960 至 1970 年），以及"现代化和向西方开放路线"时期（自 1978 年起）。奈斯写道，20 世纪 80 年代末叶的严峻国际环境使中国的第三世界认同重新有所抬头；但是由于两个超级大国间两极化的"雅尔塔"体系不再存在，第三种全球力量的观念很大程度上已失去意义。第三世界认同似乎和如何协调传统与现代性，或者是如何确立使中国富强的最优战略之间，都没有太大联系。因此，奈斯似乎认为，上述第三个阶段的外交路线将会在 20 世纪 90 年代延续下去（页 279 至 282）。

第九章主要论述作为"地区性势力"的中国在东亚的外交政策，标题是"中国在东亚的多重认同：一个地区性的势力"，作者为 R. A. 斯凯拉毗诺（Robert A. Scalapino）。他把民族主义和国际主义之间的张力视作民族国家认同危机的重要推动力，由此讨论了中国的多重身份认同与它所在的东亚地区国际关系变迁之间的逻辑联系（页 284）。

以上这一番或许有点过长的介绍表明，关于民族国家认同问题的讨论，可能在一个如何宽泛的幅度上予以展开。这个比较新的思考角度，对于我们更有效地清理自己的有关认识，应该说是有积极意义的。

三

所谓"认同"，是指自我在情感上或者信念上与他人或其他对象联结为一体的心理过程。当马克思分析产业工人的"阶级意识"，或者华莱士说到政党"就是某种可以被热爱和信任，并且可以在继任政府选举中获得公认的……组织"时，他们所讨论的就是认同问题，尽管他们还没有将"认同"当作一个明确的概念提出来。[1]似乎是弗洛伊德，最早把它作为一个专门术语引入心理学领域。他这样描述认同的心理过程：

> 首先，认同是与一个客观对象形成情感联系的最初形式；其次，它以回复的方式成为利比多式对象联系的替代，就像是将对象注入到自我之中；再次，它可能引起种种新的感受，即自我与被性本能所吸引的对象以外的某些其他人同享某种共同品格的感受。这种共同品格越是重要，则此种倾向性的认同就会变得越成功，于是它可能意味着某种新的联系的开始。[2]

在埃立森的论著里，"认同"概念取得了心理学理论的中心地位，并变得越来越通行。对本文所讨论的主题来说，埃立森的重要之处并不在于他的个人成长理论，即用不同内容的"认同危机"来界定个人心理发展的不同阶段，而在于狄默尔和金所指出的，他不是用心理学方法，而是以自我与他人的关系来界定"认同"这一点。因为恰恰由于这一点，认同的理论才可能适用于任何的客体对象，个别的或者集体的；于是民族国家认同作为一个问题也就得以成立了，虽然他本人似乎没有直接涉及这一问题（页4）。

埃立森出生于1902年；他的学术活动从20世纪30年代延续到80年代。但是，只是到了20世纪60年代后期，民族国家认同问题才

---

[1] 见《国际社会科学大百科全书》卷7，纽约：麦克米伦公司及自由出版社，1968年，"认同（Identification），政治的"条，威廉·布坎南撰文。

[2] 弗洛伊德：《群体心理学与自我的分析》卷18，1921年，页107至108；转引自 W. 勃鲁姆（William Bloom）：《个人认同、民族国家认同与国际关系》，剑桥：剑桥大学出版社，1990年，页28。勃鲁姆著作的第二章追寻着弗洛伊德、米德、埃立森、帕森斯以及哈贝马斯等人阐述认同理论的线索，简述了这一理论的结构、动力以及在对个人、小型社会群体乃至民族国家规模的社会从事心理学分析方面的应用。

开始在比较现代化与政治发展的研究领域内逐渐凸显出来。1968 年
出版的《国际社会科学大百科全书》在"认同，政治的"专条里，分
别讨论了"阶级认同""政党认同""宗教认同"等话题，却没有提到
民族国家的认同。不过我们知道，至少距此三年以前，白鲁恂在《政
治发展的各方面》一书里，已经根据包括他本人在内的一个工作小组
"即将出版的研究成果"，提出后进的现代化国家在政治发展过程中可
能遇到的民族国家认同危机的问题。他说：

> 社会科学研究联合委员会所属比较政治委员会的部分成员已
> 经建议，将政治发展过程概念化为基本上包含了六个危机〔阶
> 段〕很可能是有益的。一个正在成为现代民族国家的社会遭遇它
> 们的顺序可能有所不同，但每个社会必须顺利地应付所有这些危
> 机。[1]

在这六个危机里，"最首位和最基本的"，就是民族国家的认同危机。
白鲁恂说：

> 一个新国家的人民需要逐渐将他们国家的领土确认为自己
> 真正的家园，应当感觉到他们的个人认同部分地是由与他们成
> 为一体的有明确疆域的国家来界定的。在大多数新的国家里，
> 从部落到种姓、再到族裔或语言集团等各种传统认同形式，都
> 会与一种范围更大的民族国家认同的意识相冲突。……认同危
> 机也会涉及如何解决传统遗产与现代习俗的冲突问题，并且也

---

〔1〕 白鲁恂：《政治发展的诸方面》，波士顿：小布朗出版社，1966 年，页 63。白鲁恂所提到的
其他危机包括合法性危机、政府权力渗透的危机、参与危机、整合危机以及分配危机。参
本书页 63 至 66。作者所说的"即将出版的研究成果"，于 1971 年发表，参见次页注〔2〕
所引著作。

涉及在地方性意识与世界惯例之间的两难抉择。[1]

在1971年发表的论文里，白鲁恂进一步确认了民族国家认同危机的"四种基本的形式"，它们分别基于领土的、阶级的、族裔或民族的、历史或文化的排他性。但是他又说，关于由"阶级"所导致的民族国家的排他性认同，他举不出确切的例证。[2]不过从那时起，关于民族国家认同的问题，似乎一度偏离了学者们关注的中心。因此狄默尔和金的这本书对民族国家认同的理论讨论，就以白鲁恂及其同事们的工作作为起点。

我们汉译为"民族国家认同"的这个词语，英语原文作 national identity；其中的 national 一词，所指的不仅是一个元人群集合体（megacollectivity），而且它也必须部分地由这个群体隶属于主权当局的性质来予以界定。因此，"民族国家认同是民族与国家之间的一种关系，它是在那个民族的人们认同他们国家的时候成立的。它既不是民族，也不是国家之单独一方的特征或性状……而是派生于两者之间的互相统一的概念，这种统一性被我们看作它最基本的特征"（页6、13）。国家在一国公民的政治及社会认同方面的重要作用，已经在白鲁恂及其同事们关于民族国家认同的界定中获得充分的估计。根据他们的界定，民族国家认同就是"处于国家决策范围内的个人们的态度取向"。狄默尔和金强调指出，这样的界定把疆域界限看作民族国家认同得以产生和维持的决定因素。就是从这一点出发，他们对人们如何认同自己的国家以及认同何者方面，展开了进一步的讨论。

---

[1] 白鲁恂前揭书，页63。
[2] 白鲁恂：《认同与政治文化》，载 L. 宾德尔（Leonard Binder）主编：《政治发展中的危机及其次序》，普林斯顿：普林斯顿大学出版社，1971年。原书未见，此处引文转录自狄默尔和金主编的前揭书页7。

在两位作者看来，民族国家的认同包含两个互相依赖的层面。其中一个层面呈现了人们认同行为的强弱，它可以用合法性尺度加以度量，尽管较少合法性的制度体系在未遇到危机时也能继续发挥自己的功能。另一个层面则是人们认同的实质内容，也就是国家本身。而国家又是通过两种途径，即它的行为和它所主张的精神基质来界定自己的。就前者而言，国家在处理与其他民族国家关系方面的总体行为效果，可能反映了国家在国际体系中所扮演角色的最重要特征。由于认同理论的基本出发点，是通过与"他者"或"他性"的区别来确认自我，而本书的两位主编又都是国际政治问题专家，他们强调外部的"参照群体"对民族国家认同的重要性乃是完全可以理解的。不过这一点并没有使他们丧失下述意识，即在民族国家认同形成的过程中，国内各种社会因素总的说来比外部诸因素更为重要。这一点至少表现在两个方面。首先，即使是外交政策，在某种程度上也是当着国内大众的面来实施的；因此它会带有某种动力，使外交政策适合国民的理想化行为期望。[1] 其次，更重要的是，国家还通过由一系列符号所象征的"民族基质"（national essence）来界定自己，它们代表了群体所赖以建立的诸原则，群体成员依这些原则互相约束、共同生活。这些符号最显著的性格之一，在于它的内涵完全超出其外延所指称的经验事件而表述和传达情感。此种民族基质可以包括某些经典，例如犹太教的法典、基督徒的《圣经》、美国人的宪法和《独立宣言》、英国的《大宪章》，也包括种种不成文的神话和礼仪。民族基质并不被过去所固结，而是经历着不断的变化与再阐释。它像一团星云，其核心部位十分清楚，越到边缘便越模糊不清（页13至23）。

_____

〔1〕 有趣的是，一个民族所认同的自己国家的外在形象，经常反映了针对它本身的某种性格缺失的补偿心愿。因此，纳粹德国权威主义的、侵略性的民族国家认同，并不表明当日德意志民族具有尼采理想中那种自信的超人性格，而恰恰反映了弥漫于这个民族之中的逢迎拍马的猥琐心态。其他例证不具引。见狄默尔与金前引书，页25。

像这样定义的民族国家认同，构成政治行为的分层等级结构中最核心的要素。就像一个雪球，越是表面越可见，也越有可变性，越是内里则越不可见，却也越恒定。于是，这个政治行为的"雪球"至少从外到里由下述五层所组成，即公共舆论、政策、原则、政策平台（"基本路线"，有效期为五至十年），以及民族国家认同。而民族国家认同所在，恰恰是这个"雪球"最核心的部位（页24）。民族国家认同对于理解国内政治与国家外交行为的重要性就这样被突出地显示出来。由于民族国家认同在很大程度上又是文化的认同，于是政治研究的最深入的层面，便如杜赞奇所说，转换为"在政治的中心研究文化的最合适所在"[1]。

## 四

狄默尔和金把民族国家认同看作民族和国家两者之间的关系，看作最终产生了两个互相关联的观念的同一个认识过程，而不是两种认同的合并或融合。所以他们认为，要将国家认同与民族或民族国家认同剥离开来颇为困难（页13）。

从某种程度上说，他们的看法应当是有道理的。根据格林菲尔德的综合研究，从16世纪开始，在西欧最早发生民族国家的认同观念的英国，涉及国家、民族或民族国家概念的一些重要的近代词汇，如country、commonwealth、empire、nation，纷纷从它们古老的含义转变为各自的今义而广泛流行，并且大体上被理解为是一些同义词。country从原先的"郡"（即county，一种行政单位或人们的居住地）转义为"国家"。commonwealth成为"社会"的同义词，而且在许多

---

[1] 参见杜赞奇（Prasenjit Duara）对《中国寻求民族国家认同的历程》的书评，载《亚洲研究杂志》53：1（1994，2）。

场合变作可以与"国家"互换的用语。nation 这个古老词汇，则从最先在罗马时代的拉丁语中指来自同一地域的异邦人群体，经过一系列"之"字形的复杂的语义学变迁，终于在 16 世纪早期的英语中转而用指一个国家的全体人民。在这个意义上，nation 成了 people 的同义词。但与此同时，people 的含义实际上也发生了某种"提升"：这个词在被"民族国家化"（nationalization）之前，所指为一个地区的人民，而且往往是指的下层人民，因此它总是与"乌合之众"或"老百姓"等义。[1]

上面引述的词源学研究的有关结论再清楚不过地表明，在 15 世纪下半叶各专制王权国家的建立推动了欧洲民族国家兴起的过程中，欧洲的国家认同是在民族国家的形式下逐渐确立的。可以说，在此之前，欧洲还不存在经过充分发育的国家认同的观念。但是我们也必须注意到，以上结论绝不意味着，欧洲中世纪后期的王权政治丝毫不可能萌发一种初步的认同国家的意识。这种在性格上更为模糊的国家认同，似乎要比民族国家认同的产生更早一些。西欧近代国家并不是从希腊城邦国家或罗马帝国的形态中直接嬗变出来的。罗马的国家观念，已在蛮族入侵和迁徙的多事之秋被遗忘了；甚至保存着诸多罗马传统的教会，也已经做不到清晰地表达这一概念。在经历了中世纪早期的日耳曼各"王国"（它们在某些方面恰恰完全成为现代国家的反例）的统治之后，西欧的政治家需要依靠自己的创造力重新"发明"国家。因此斯特瑞耶以为，在 1000 年前后，欧洲大陆也许可以说不存在任何一个国家。就西欧国家建构的进程而言，从 11 世纪晚期到13 世纪是一个明显的发展期。有人甚至将这两三百年看作晚期中世纪的"秘密革命"时期。但是这一发展在 14 至 15 世纪中叶被拖入低潮

---

[1] 格林菲尔德（Liah Greenfield）：《民族主义：走向现代的五条道路》，麻省剑桥：哈佛大学出版社，1992 年，页 31 至 35、页 4 至 9。

阶段。直到 1450 年以后局面才又一次发生显著的改变。[1] 1450 年之前的那段低潮，很容易使人们忽略在它之后的国家认同的发育与更早先时期之间的历史连续性。格林菲尔德对于这一点持有充分的意识。她在提到法国认同时写道：

> 那种独特的法国认同，即成为法国人的那种意识，在它被重新阐释为民族国家的认同之前，已经存在了好几百年，虽然它只限于狭隘的精英圈子内。由于以这种或那种形式采纳"法兰西"名义的国王们统治权威的连续性、独立性以及初步的（尽管还是相对的）集权化，这样的意识从一开始便在教士们的手里条理化。……法兰西作为一个特别的实体，确实从一开始就是效力与深情奉献的对象，尽管卷入此种感情的人们为数不多。[2]

类似的国家认同在英国同样可以追溯到很早的时期。在那里，早在 11 世纪，在完成他们的征服后，诺曼底人便有效地将他们的各种集权的政治制度加诸撒克逊英国的当地制度之上。因此至少从亨利二世（1154—1189）开始，"君临于一个统一的英格兰的真正权威便很难再受到质疑。对于封建制下的早期集权化这一事实，无论怎么估计都不会过分"[3]。而勃鲁姆则将这种新制度的特征描述为"越过地方贵族的头顶"而"直接接触人民"。他明确认为它会激发出大众对国家的认同。[4]

---

〔1〕 J. R. 斯特瑞耶（J. R. Strayer）：《论近代国家的中世纪起源》，普林斯顿：普林斯顿大学出版社，1973 年，页 10 至 15、77 至 78 等处。"秘密革命"语见 R. W. 萨奥岑（R. W. Southern）：《中世纪的形成》，纽黑文：耶鲁大学出版社，1961 年，页 13。

〔2〕 格林菲尔德前揭书，页 91、101。

〔3〕 S. H. 比尔（Samuel H. Beer）等：《政府的类型：欧洲主要的政治体系》，纽约：兰顿书店，1964 年，页 81 及之后。

〔4〕 勃鲁姆前揭书，页 63 至 64。

欧洲人对国家作为政治共同体的意识的存在要早于民族意识这一点在语言方面的证据，是产生较早的若干从拉丁语派生的指称"国家"的语词，例如从 14 世纪起使用的 stato、status、e'tat 等。[1]另外，英语中的 empire 在"一五三三年上诉法令"中"急剧地并且是有意地"转变为用指主权的民族国家之前，也早就意指国王的世俗主权。[2]

当然，在中世纪欧洲，国家意识还是十分微弱的。它至少与下述两个原因有关。一是世俗权威的不完整性，因为它的合法性必须由教皇来授予。其二是跨越国家边界的封建制度，它导致错综复杂的隶属关系，从而严重削弱了对国家的忠诚观念。这种权力分散、法制不统一的状况，甚至在业已进入"近代国家"时代的路易十四统治下的法国，依然相当显著；以至于谢和耐认为，为了认识或把握自公元前 3 世纪以来中国国家"最显著"的特征，对照一下路易十四时代法国的明显不同的情况，可能是最简单有效的方法。[3]

正是由于上述显著的不同，与西方世界的情况相比，中国的国家

[1] 参见钱乘旦主编：《现代文明的起源与演进》，南京：南京大学出版社，1991 年，第 7 章"专制主义时期的国家形态"（沈汉撰）。又据格林菲尔德书，英语中的 state 由"状况、等级"（status）和"产业"（estate）的意思转变为带有政治含义的"国家"，则要到 16 世纪晚期。

[2] 格林菲尔德前揭书，页 31 至 35。按：也有学者认为，欧洲的国家观念与民族观念在中世纪后期的重新发育，大体上是同时的。根据他们的见解，尽管直到法国革命之后，民族自决的原则才被确立为欧洲新政治秩序的基础，但是"真正的民族国家意识开始在一系列欧洲国家进入明显的发育期"，要早至 12、13 世纪之际。见喀曼卡（Eugene Kamenka）：《政治民族主义理念的进化》，载同氏主编：《民族主义及其理念的性质与进化》，堪培拉：国立澳大利亚大学出版社，1973 年。

[3] S. R. 施莱姆（Stuart R. Schram）：《近代中国国家权力的基础与限制》，香港：香港中文大学出版社，1987 年，"导论"（谢和耐撰），页 17。谢和耐转述研究路易十四时代历史最出色的专家之一皮埃尔·古伯尔特的见解说，当日法兰西乃是"各个省份、城市和领地的一种相当杂乱的集合体，其中一部分仍然保留着某种半独立性。整个国家处在产生于不同时代、不同起源的各种法律与制度的混合与并行统治之下。于是国王的裁判与领主的和教会的裁判，还有习惯法裁判同时并存，甚或时时发生冲突。君主权说到底是建立在与不同的城市、经济群体、教会团体及社会'阶级'等构成为民族国家的种种集团之间一系列契约的基础之上的。为了实现自己的统治，国王政权不得不力不从心地时时注意去限制那些大贵族的权力、某些省份的自主权、议会中的投石党运动乃至拥有自主地任命官员之权力的王国政府各部门的权力。另外，小心谨慎地避免去侵犯构成为自由的古代形式的各种特权的国王，虽然不能做到完全自由地行动，但至少在理论上却又是不受法律限制的"。

认同具有非常不同的特征：它在中国向民族国家转型之前很久，早已经发育得相当成熟了。这就是说，在研究中国时，将国家认同与特殊的民族国家认同的概念区分开来并且分别处理，因而也就显得更加有它的必要。然而恰恰是这一点，在被概括为"从文化至上主义到民族主义"的这样一种阐述近代中国民族主义历史起源的曾经十分流行的命题中，却受到很大的忽略。

　　上述命题"最为清楚有力的阐述者"乃是列文森。他说："近代中国思想史的大部分时期，是一个使'天下'成为'国家'的过程。"[1]在他看来，中国文化至上主义的传统，把汉文化而不是国家或种族作为忠诚的对象。中国士大夫将汉文化视为体现了一系列普遍价值的世上唯一的文明；而所有愿意接受它的原则与教示的人们，包括例如清朝这样的非汉族征服王朝的统治者们，都可以被文化至上主义者接纳到他们的认同范围之中。与此相反，民族主义者的情感，却把忠诚集中到族裔、国家或者这二者相结合的对象身上，并且采纳民族国家来界定自身，以与其他民族国家的成员相区别。[2]

　　丁·汤森德指出，"从文化至上主义到民族主义"的命题，可以很好地解释为什么中华帝国持续的时间会远比其他的前近代统治体系漫长得多，为什么中国进入主权民族国家的过程显得异常地迟缓而充满创伤，并且也有助于说明这一漫长、吃力的"认同危机"如何导致了当代中国人强烈的民族主义情绪。[3]与此同时，由于上述命题过分强调文化至上主义这种认同方式与族裔或民族国家认同之间的绝对区别以及其他一些弱点，十年来它也受到不止个别学者的批评。就本文正在讨论的主题而

---

〔1〕　列文森：《儒教中国及其现代命运》，郑大华、任菁汉译本，北京：中国社会科学出版社，2000年，页87。"最为清楚有力的阐述者"，语见杜赞奇：《从民族国家的话语中拯救历史：对中国近代史各种叙事的质疑》，芝加哥：芝加哥大学出版社，1995年，页56。
〔2〕　J. 恩杰尔（Jonathan Unger）：《中国的民族主义》，纽约：夏珀图书出版公司，1996年，"导论"（恩杰尔撰），页11。
〔3〕　J. 汤森德（James Townsend）：《中国的民族主义》，载于恩杰尔前揭书。

言，上述命题的主要弱点在于，它不但把文化至上主义置于与民族国家认同相对立的位置上，而且也将文化至上主义与其他形式的国家认同对立起来，进而主张中国在近代以前不存在国家认同的观念。在中国这样一个被专制君主制度统治了两千多年的国度里，竟然没有国家认同的观念，似乎很难令人相信有什么人竟会持有这样的见解。然而从列文森提出这种看法后，不少西方的和中国的学者确实一直在这样说。例如有一位中国学者就在最近写道："尽管秦始皇早就建立了以汉族为主体的统一国家，但实际上古代中国人始终没有真正的国家观念，有的只是'天下'意识"；这种情况，"一直持续到十九世纪"[1]。

说列文森最先提出了上述看法，也可能有一点冤枉他。因为这些话其实是列氏早年的研究对象梁启超先前已经讲过的。例如梁启超在解释中国人之所以不知爱国时曾说：

> 其不知爱国者，由不自知其为国也。中国自古一统。环列皆小蛮夷；无有文物，无有政体，不成其为国，吾民亦不以平等之国视之。故吾国数千年来常处于独立之势，吾氏之称禹域也，谓之为"天下"，而不谓之为"国"。既无国矣，何爱之可云。[2]

现代国际政治理论强调，国家的认同必得依赖于一个主权国家国际体系中"他者"的存在才能够形成。梁启超对这一点似乎也早已有所领悟。他说：

> 国家也者，对待之名辞也。标一现象而名之曰某国，是必

---

〔1〕 王培元：《华夏中心主义的幻灭与近代中国爱国主义的产生》，《知识分子立场：民族主义与转型期中国的命运》，长春：时代文艺出版社，1999年。
〔2〕 梁启超：《爱国论》，《饮冰室合集》，"文集"卷三。是篇作于光绪二十五年（1899）。唯梁氏的国论本身亦是在西方思想影响下形成的。他在两年后写的另一篇论文中说："欧人常指国家为近世史新产之现象，良不诬也。"见《中国前途之希望与国民责任》。

对于他国然后可得见。犹对人而始见有我也。[1]

究其本意，梁启超和列文森提出中国古无国家观念论，或许是为了说明，以汉族为主体的中国社会为什么会在历史上多次接受中国北方民族所建立的王朝的统治。在这一点上，文化至上主义的解释确有它自己独到的价值。[2]不过我们同时也应当指出，将一个国家占统治地位的民族与该国绝大多数被统治者族属相异的现实看作"正常的政治局面所最不能容忍的丑恶"，这种观念只是在近代民族国家与民族主义思潮兴起之后才成为流行于民众之中的最敏感情绪。[3]近代以前，无论东西，在"王朝国家"（dynastystate）或"帝国"（empire）的体制下，上述现实本身并不必然地会激起一般人的强烈反感。文化至上主义很具体地解释了在古代中国的历史语境中所以没有普遍地存在民族国家观念的原因；但是能不能用这个标签来简单地否定存在于中国历史上的国家观念，那就是另外一个问题了。

如果国家作为一个能行使完整主权的政治共同体，是该共同体内人们在政治上乃至情感上归属和忠诚的对象，那么要说国家观念早已存在于近代以前的中国，就应当回答两个问题：一是当日人们用什么样的概念来表达他们的归属感和忠诚感所指向的上述对象？其二则是这种归属感和忠诚感的历史形式与历史性质究竟如何？两个问题本来

---

[1]　梁启超：《中国前途之希望与国民责任》。
[2]　可参见蓝德彰（John D.Langlois, Jr.）：《中国文化至上主义和元代的类似性：17世纪人们的看法》，《哈佛亚洲研究杂志》40：2（1980）。作者在这篇文章中指出，清初文人对元代汉族士大夫的行迹有一种特别的关注。相类似的境遇使这两个不同时代的知识分子同样深刻地感受到，由于汉族政体在军事和结构上的种种弱点而导致的北族统治者君临天下的局面，是可以由"充满力量的、真正的、普遍和永恒的汉文化主流"来加以补偿的。这样，文化至上主义克服了"被更狭隘地加以界定的各种政治忠诚的见解"，从而使人们能够在明、清之际的王朝更迭完成以后，"抱着对他们自身文化的普遍性和永恒性的信念，参与到新的汉—满统治政体"中去。在上述意义上，文化认同起到了超越政治、宗教甚至族裔隔阂的作用。
[3]　E.盖尔纳（Ernest Geliner）：《民族与民族主义》，伊泰卡：康奈尔大学出版社，1983年，页1。

是互相联系的。这里只为讨论方便分述如下。

## 五

中国历史上用以表述类似"国家"观念的语词"国"、"邦"、"国家"等等,可以追溯到三代时候。现存商代甲骨文里"国"字极少出现,"邦"字似只是一个地名。但在有关西周的史料里,以"国"或者"邦"作为带有国家性质的政治共同体称谓已屡见不鲜。它们所指称的对象可以分为三类。其一指"四国多方",即被周天子分封在王畿外的各诸侯国家,包括周初分封的周王室子弟、功臣以及武王伐殷时周的诸多"友邦",不过它们多已接受周王室的重新策命而成为它所承认的各种地方小国。[1]其二指周王直接统治下的王畿所在。在此种场合下称"国"的确切例证似乎很难找,但是以"邦"称呼王畿的用法却屡有所见:"邦"即"国"[2]。其三,"国"和"邦"也用指周王朝政治统治所达的全体地域,曰"王国",曰"周邦"是也。[3]周天子在理论上是整个"天下"的最高统治者,但他的实际统治范围其实仅限于上述第三层涵

---

[1] "四国多方"语见《尚书》卷一七"多方"。疏曰:"言'四国',又言'多方',见四方多国也。""友邦家君"语见《尚书》卷一一,"牧誓"。按据《史记》卷一七,"汉兴以来诸侯王年表"序曰:"武王、成康所封数百,而同姓五十五。"又据《荀子》卷四"儒效":周初为"兼制天下,立七十一国。姬姓独居五十三。"是知周初受封者,除同姓与异姓功臣凡七十余国外,还有很多服属于周王朝的其他地方势力。

[2] 《国语》卷一"周语"上云:"夫先王之制、邦内甸服,邦外侯服。"韦氏注:"邦内为天子畿内千里之地。周公……更制,天下为九服。千里之内谓之王畿;王畿之外曰侯服。""邦外,邦畿之外也。……侯服,侯圻也。言诸侯之近者,岁一来见也。"是以王畿为"邦"、为"国"。《说文解字》卷一二"囗部":"国,邦也。"段注:"按'邦''国'互训,浑言之也。《周礼》注曰:'大曰邦,小曰国。邦之所居亦曰国,析言之也。"

[3] 《诗经·大雅·江汉》:"四方既平,王国庶定。时靡有争,王心载宁。"疏曰:"今四方既已平服,王国之内幸应安定。时既无有叛戾乖争者,我王之心于是则安宁矣。"诗既以"四方"与"王国"相比对,则此处的"王国"应指周政权的全土无疑。又1976年出土的"史墙盘"铭文分别称赞成王和康王"肇彻周邦""兮尹音疆"。许倬云以《左传》"昭公二十六年"的"成王靖四方,康王息民"比对之。是知此处"周邦"指周全境而言。见许倬云:《西周史》,北京:生活·读书·新知三联书店,1994年,页142。

义上的"国"或"邦"之内。关于这一点，谢维扬写道：

> 周朝国家不认为有任何与之对等的其他国家存在；在周朝
> 国家所联结和有接触的地域内的所有政治实体和人群，在理论
> 上都被认为是周朝国家的地方势力。当然，周王实际能够控制
> 的只是其中一部分。对于周王尚未能控制的各类政治实体和人
> 群，周朝国家便把它们看作是"戎狄蛮夷"。这种称呼包含两重
> 意思：一是它们表示有关的政治实体和人群是没有主权的；二
> 是它们意味着这些政治实体和人群的政治的和文化的发展程度
> 是较低的。此外（这一点是比较确实的），被称为"戎狄蛮夷"
> 的政治实体和人群在族体上同周朝国家的主体民族往往是不同
> 的。[1]

当然，西周分封制之下的"国"和"邦"，还不是拥有完整主权
的国家组织。因为在分封制这样一种统治方式下，"所有或者大部分
的公共权力和责任都与土地的享有不可分割地交织在一起。在那里，
整个控制体制，财政的、军事的、法律的，都是私有财产法的一部
分"[2]。其结果，除了对最低一级采邑的地方性治权以外，任何一级领
主都因为要把自己的部分采邑封授给下级领主而必须与后者共享对其
采邑的统治权。用中国古典文献的语言来表述，这叫"天子建国，诸
侯立家"[3]。因此，与"国"和"邦"的单称相比较，由诸侯之"国"
（当然也包括由周天子直接统治下的王畿）与卿大夫之"家"复合而
成的"国家"一词，应当说是更准确地表达了由以周天子为"共主"

---

〔1〕 谢维扬：《中国早期国家》，杭州：浙江人民出版社，1995 年，页 414。
〔2〕 梅特兰（F. Maitland）：《英国宪法史》，剑桥：剑桥大学出版社，1950 年，页 22；转引自
克莱德（L. Crader）：《封建主义与中世纪鞑靼人的制度》，《社会与历史的比较研究》卷 1
（1958）。
〔3〕《左传》卷五"桓公二年"。

的各级领主所共享的完整的统治权这样一层意义。所以"国家"既指周天子的政权，也可以用指诸侯与卿。[1]

如果治权的分割是封建制度的共性，那么西周封建时代的"国家"观念中还包含了另外两个值得注意的特别的性格。其一，周初分封的"数百"采邑中，虽然包括了大量经周政权承认的旧商版图内原有的地域性势力，但是周王朝所赖以巩固和维持其统治的基础，还是它所分封的五十多个同姓诸侯和将近二十个功臣或姻亲诸侯。在殷人中心地区建立这些新的诸侯国家，意味着周人对华北文明核心地区政治地理格局的重大调整和周族统治向该地区的全方位渗透。[2]这一点十分重要。因为尽管从"公共权力向地方分散"的角度来看，西周分封制可能与西欧中世纪乃至日本的封建制度表现出某种类似性[3]，但是西欧封建制是在查里曼帝国的统一无可挽回地瓦解后为应付内乱和外族入侵局面而形成的制宜性措施[4]，西周的分封制却是周族为实现以原先的"小邦"身份对"大邦殷"的全面统治而发展出来的相当整齐的制度体系。通过它，周族得以掌握他们心目中的全部文明地域乃至整个"天下"。

由以上所述，又导致西周分封制下"国家"观念的另一项历史特殊性，即虽然被分封制所分割，所有的"国"与"家"仍然共同构成在周天子的宗主权统治之下的一个政治共同体；后者的外延在理论上甚至一直扩展到全部"天下"。这一点也显示出西周分封制与西欧封建制度之间的差异所在。西欧封建制下的王权和中央统治的观念虽然

---

[1] "国家"用指整个周王朝的例证随处可见，此不赘。这里举《礼记》卷二六"郊特牲"中的一段话作为"国家"用指诸侯和卿的证据。文云："祭称'孝孙、孝子'，以其义称也。称'曾孙某'，谓国家也。"这就是说，诸侯和卿祭祀祖父、父亲时自称"孝孙""孝子"，这是按孝道行事。他们祭曾祖以上祖先时，则一律自称"曾孙某"，而不再严格地区分实际辈分；这时他们是以各自"国家"的名义行事。

[2] 参见于凯：《西周国野制度研究》，上海：华东师范大学历史系 2001 年度博士学位论文。

[3] 外村直彦：《比较封建制论》，东京：劲草书房，1991 年，页 47。

[4] 斯特瑞耶（Joseph R. Strayer）：《西欧的封建主义》，载库尔邦（Rushron Coulborn）主编：《历史上的封建主义》，普林斯顿：普林斯顿大学出版社，1950 年。斯特瑞耶特别强调，西欧封建主义在它的形成阶段很少受旧有传统的束缚，而充满了非正式性和可塑性。

未曾完全失落，但远为有效的封建统治却主要体现在地方的层面[1]。对西周而言，虽然学者们对于在周王与诸侯、诸侯与卿之间是否实行宗法制度的问题还存在争议[2]，但人们依然比较一致地认为，与西方中世纪的情况相比，至少在西周前期和中期，周天子的政府在制约诸侯国家方面仍然保持着相当的政治权威。"溥天之下，莫非王土。率土之滨，莫非王臣"。这一众所周知的诗句，确实是对于周天子遍及天下的政治权威最典型的描述。

从春秋后期到秦完成统一，随着国家组织方面技术手段的更新，各诸侯国的国家体制先后发生重大的变化。分封制被中央集权的专制君主官僚制所取代。就中国人形成国家认同观念的过程而言，这是一个极重要的时期。一方面，多国并存长达数百年之久的国际竞争环境，在自我与他者的紧张关系中极大地强化了人们对各自国家的认同。屈原的"爱国主义"便是一个最著名的例证。但在另一方面，西周时代关于王权应当及于整个"天下"的概念，作为一种重要的历史遗产，又极其深刻地影响到在它之后各历史时代的国家观念。"有天下""君天下""得天下""听天下""治天下""世天下""并天下""临天下""保天下""威天下""一乎天下""为天下主""立乎天下""平治天下"等等语词，充斥这个时期的历史文献。西周政治遗产和春秋中叶以后国际体系这两者之间的相互结合，就这样催发出古代中国独特的、甚至似乎有点自相矛盾的国家观念，即一种在理想中一统天下的国家观念。它由于秦王朝完成统一中国的帝业而获得政治上的实现。到了西汉，在帝制儒家的手里，"大一统"的国家观念更进一步地被意识形态化。就在这个过程的前后，从战国以往流行的"天下一家"这句话的含义，遂由"天下合一"转变为"天下归于一

〔1〕　斯特瑞耶前引论文，特别是页 17。
〔2〕　参见谢维扬：《周代家庭形态》，北京：中国社会科学出版社，1990 年，页 206 至 211。

家"〔1〕。它由是而构成中国帝制时期国家观念中的又一重要品格。

总的说来，帝制中国时期的国家观念，由三个层面构成。它的第一个层面以在位的专制君主为集中象征。在"政由一家"的初期，"国家"一词尚可用以指称皇室近亲成员。王尊在汉成帝即位之初遭劾奏，罪名中包括"轻薄国家，奉使不敬"，所指应即他在元帝朝出任元帝异母弟、东平思王刘宇的王傅时因"所在必发"而得罪后者之事。〔2〕汉代分封诸侯王时的册文，也往往有"建尔国家"的语词。这显然还是在承袭先秦以诸侯、卿为"国家"的用法。汉以后，虽仍旧例称诸王封邑为"国"，称诸王就其封邑为"就国""之国"，但作为个人而可以"国家"称呼之，则成为皇帝一个人的权利。〔3〕忠君与报国差不多成为一而二、二而一的等同概念。

代表国家观念的第二个层面的，是维持着君主统系世代相承的王朝。对于皇帝个人和对于本王朝的归属与忠诚，在大多数场合是相一致的，但二者有时也会发生互相冲突。例如批评君主似乎是对君主个人的不敬，但这恰恰是对整个王朝负责和忠诚的态度。所以东汉时的陈蕃说："有事社稷者，社稷是为；有事人君者，悦容是为。"〔4〕在更尖锐的形势下，为了王朝的生存甚至可以放弃对在位君主的追随。在蒙元占领南宋首都并将宋室幼君与太皇太后、皇太后等人北解时，出逃在外的宋朝官僚们为组织流亡小朝廷，先后拥立过两个小皇帝。元将孛罗由此

〔1〕 尾形勇：《汉代"天下一家"考》，《榎（一雄）博士还历纪念·东洋史研究》，东京：山川出版社，1975年。按《礼记·礼运》篇有"大道既隐，天下为家"之语，意谓自三代行世袭之制起，天下遂为一家所专有。唯周天子王位虽世袭，他实质上是代表整个姬姓集团领受天命，所以同帝制时代将国家视为皇帝一家所专有还是有区别的。值得注意的是，"天下为家"之类的措辞并不见于西周。《礼运》篇本身就是汉初或早至战国末年的作品。见周予同：《〈大学〉和〈礼运〉》，朱维铮编：《周予同经学史论著选集》（增订本），上海：上海人民出版社，1996年。
〔2〕《汉书》卷七六《王尊传》。
〔3〕《后汉书》卷二九《郅恽传》附子寿传："前后上书，陈〔窦〕宪骄恣，引王莽以戒国家。"此处"国家"系指天子而言。
〔4〕《后汉书》卷六六《陈蕃传》。

质问被俘的文天祥：你不追随天子北行却"别立二王""如何是忠臣？"文天祥回答："德佑，吾君也。不幸失国。当此之时，社稷为重，君为轻。吾别立君，为宗庙社稷计，所以为忠臣也。"[1]这个例证可以表明，本文所提到的第二个层面，构成了帝制时期中国国家观念的核心。

古人早就懂得，天下无不亡之国，也就是说，任何王朝总有灭亡的时候。王朝有兴有灭，于是就出现了超越这个或那个具体王朝而始终存在的一个政治上的共同体的观念。它构成古代中国人国家观念的第三个层面。而"中国"与"正统"这样两个概念，似乎就是这一层面上国家观念的体现。

"中国"一词至少在周武王伐殷时即已存在。当时这似乎是一个地理概念，意谓土地之中。"中国"作为与"四夷"相对举的文化—政治地域的概念，其形成或当晚至春秋时期。[2]秦统一之前，关中仍被视作在"中国"以外之地。所以司马迁追溯秦国早年历史时说："秦僻在雍州，不与中国诸侯之会盟。"[3]

随着秦汉统一帝国的建立，"中国"一词的内涵产生出以下三方面的变化。首先，作为一个地理概念，它包括了秦与西汉首都所在的关中和关东，也就是北部中国的两大农业区。司马迁说，天下名山有八，"而三在蛮夷，五在中国。中国：华山、首山、太室、泰山、东莱"[4]。上举五山中有四座在关东，而华山则位于关中。是知关中已被括入"中国"的范围。其次，"中国"用来命名一个政治实体，它指的是中央王朝的直接统治权力所及的整个地区。司马迁说，"分中国为十有二州"。江统说："始皇之并天下也，南兼百越，北走匈奴。五

---

[1] 文天祥：《纪年录》，《文文山集》卷二一。
[2] 于省吾：《释中国》，载《释中国》卷三，上海：上海文艺出版社，1998年。
[3] 《史记》卷五《秦本纪》。
[4] 《史记》卷一二《武帝本纪》。按：首山即中条山，太室即嵩高。见《史记》卷二八《封禅书》"正义"。

岭长城，戍卒亿计。……当时中国，无复四夷也。"[1]他们所提到的"中国"，应指秦、汉国家的全部版图而言。其三，"中国"又是指的以华夏或者后来所谓汉族为主体的族裔—文化地域。在后来的整个帝制时期，"中国"的这三层含义差不多一直被沿用不衰。

"中国"的上述后两层含义表明，尽管近代前中国流行的国家观念的核心部分总是这个或那个具体的王朝，但是这个具体的王朝无论在空间或时间上都不是孤立地存在的。一方面，"中国"实际上不可能把自己的边界真正展延到整个"天下"。司马迁在《史记·天官书》里就多次以"中国"与"外国"对举。西汉写给匈奴单于的国书说："先帝制：长城以北，引弓之国，受命单于；长城以内，冠带之室，朕亦制之。"[2]可见汉代的人们认识到，"中国"只是它所处国际环境中的一个国家。这种情形汉以后还在不断地发生。例如，尽管宋人对汉文化有一种族裔中心主义的优越感，但是，"对于契丹这样能够建立起一个庞大帝国的强有力敌国的想象，似乎已经影响到了他们对当日国际情况的重新估价"[3]。因此，梁启超以为中国数千年处于"独立之势"，对他国从未有足够意识，因而也无从培育国家观念的见解，是缺乏历史依据的。

另一方面，每个王朝又总是力图将本朝看作更长久以来一直存在着的一个历时性共同体的延续，这个历时性共同体就叫作"中国"。王朝可能结束，"中国"却不会结束，它的生命会以下一个王朝为形式而继续下去。由于历代王朝嬗变更替的具体历史状况颇有差异，由

〔1〕《史记》卷二七《天官书》；江统：《徙戎论》，《通典》卷一八九引。按：试将《史记·天官书》前引文辞与同书《五帝本纪》所谓"大罪投四裔，次九州之外，次中国之外"相比较，亦可知最原本的"中国"要小于《尚书·禹贡》中的"九州"。

〔2〕《史记》卷一一〇《匈奴列传》。

〔3〕陶晋生：《两个天子：宋辽关系史研究》，图克森：亚利桑那大学出版社，1988年，页51。又按：宋真宗与辽修好，"遣使称北朝"。时王曾以著作郎值史馆，抗章上疏曰："二汉虽议和亲，然礼亦不至均。今若是，是与之抗立，首足并处，失殊甚焉。臣恐久之，非但并处，又病倒置。顾其国号契丹足矣。"可见从心仪"天下一家"的文化秩序到面对现实的国际政治体系而承认与他国"并处"，对宋人的思想来说是需要一番调整的。见田况：《儒林公议》。

于建立王朝的皇室族属不只汉语人群一种，也由于分裂时期南北往往各称"中国"，人们对构成这个共同体的具体历史序列经常产生不同的看法，因此并引发出关于"正统"的争论。[1]尽管如此，种种对立或冲突的历史结论似仍反映出，人们在如何确定正统的原则方面分歧可能并不大：一个"正统"的王朝，不能以篡逆等手段谋取政权，需要建立一套大体上符合帝制儒家理论的政府系统，需要据有北部中国，并应当大体实现（或至少要声称准备实现）汉文明地区的统一。这样的"中国"，当然就不只是文化或族裔性质的，而是一种十足政治的共同体。它反映出，中国古代甚至已经出现了在一定程度上超越具体的王朝实体而带有抽象品格的国家观念。

## 六

对于国家的单纯的归属感，也可能只是对现状与宿命的一种无可奈何的承认。与此相比较，忠诚于国家的观念对推动国家认同的发育与强化具有更加关键、更加积极的意义。反映帝制时代中国国家认同的最典型的概念，就是所谓"忠君"的观念；这里所说的君，指在位的君主，也指君统，即该君主所属那一姓的皇帝统系。

先秦时期忠君论最绝对的主张者其实是法家。[2]西汉武帝"独尊儒术"，通过神学化的手段把对专制君权的单方面服从变成帝制儒家最核心的主张之一。但是就忠节之风的发扬而言，后来的人们对东汉的评价则要远远高出西汉。宋代一部类书《古今源流至论》的作者在评论历代"气节"的"伸屈"时写道：

---

〔1〕 饶宗颐有《中国史学上之正统论》（上海：上海远东出版社，1996 年），该书着重将正统论作为一种"表现于史学史上"之"中国史学观点"来予以讨论。正统论显然也是一种政治理论。对已成为过去的各王朝正统性的检视，也可以变作替本朝统治合法性的进一步辩护。

〔2〕 魏良弢：《忠节的历史考察：先秦时期》，《南京大学学报》1994 年第 4 期。

昔高祖以孝行为无益，以儒者为可辱，封项伯以启亡节之臣，名郑籍以沮尽忠之士。即此一意，士气扫地。……异时厥角稽首，甘献符命；剧秦美新，取媚权要。而汉鼎为人所移者，伊谁之咎！……若光武尊礼严光，起救弊俗。……此风一唱，争持名检。是无怪乎节义相望也。……异时设席尊礼，如待神明；清议所临，奸雄缩颈。而汉鼎终不敢染指者，伊谁之力！……东都以后，沮于晋人轻贱名检之习，汩于梁人崇尚寂灭之风，沦于李唐相习佛老之教，大坏极弊于五代乱离之世。[1]

东汉后期乱而不亡实系得益于它在前期对名节的大力提倡，这在宋代是一种相当普遍的见解。司马光亦将和帝以往"政治虽浊而风俗不衰"归因于"光武、明、章之遗化"[2]。但前引议论将两汉风气完全对立起来却未免过于偏颇。在这一点上，顾炎武的看法更为平允。他说，西汉一代"师儒虽盛而大义未明"[3]。今文经学在西汉由于成为国家培养候补文官和选拔官员的官方学说而大行于世。我们也许可以说，唯因西汉中后叶有"师儒"之盛，才会有东汉的"大义"之明。光武帝刘秀于西汉末年曾在太学读经。这个事实本身即说明两汉之间所存在的风气相承的关系。

在《古今源流至论》的作者看来，在东汉之后一个长时期内，忠节之风处于持续衰解之中，至五代终于"大坏极弊"；只是到了宋代，上述情形才获得根本的扭转。这种见解有一定的道理，但仍因过分笼统而缺乏准确性。东汉士大夫以天下国家为己任的群体自觉在与阉宦

---

〔1〕《古今源流至论》别集卷六"气节"。按此处所谓气节，所强调的正是以君者为"纲常之主"的"刚大之气"、"精忠之节"。
〔2〕《资治通鉴》卷六八末"臣光曰"。
〔3〕《日知录》卷一三"两汉风俗"。西汉独尊儒术的另一个直接功效，是在它后期有一大批"循吏"取代他们之前的"酷吏"而现身于地方政治。见余英时：《汉代循吏与文化传播》，《士与中国文化》，上海：上海人民出版社，1987年。

势力的对抗中焕发出耀眼的精神光辉；但同时也正是随着两次"党锢之狱"作为此种对抗的历史结局先后发生，士大夫"刚大方直之气，折于凶虐之余，而渐图所以全身就事之计"，其群体意识和内在团结之意态遂逐渐为家族与个人的意识所淹没。[1]于是对孝的强调似乎压倒了对忠的强调。因此自汉魏之际开始，人们的国家意识确实发生了大幅度弱化的趋势。《魏书·节义传》概括北魏一代对忠节的态度是"慕之者盖希，行之者实寡"。史文所记载下来的这一类既"希"又"寡"的事迹中，还有一部分是表彰对友人和亲属的"义"与"孝"的。《晋书·忠义列传》评价两晋百数十年间忠节现象的规模时，也很谨慎地选择"无乏于时"的措辞。但是无论如何，对于国家的忠诚意识并不曾在这个时期完全泯没。"得作忠鬼，乃所愿也"的意识与抗节不屈、为国殉难的人和事，在当日中国的南北部都时有发生。不仅如此，从东晋到南朝，在所谓"忠孝先后"的问题上，对忠的强调又逐渐被凸显出来。而随着隋唐统一帝国的建立与专制君权的重新加强，国家认同在这个时期事实上更获得了某种程度的强化；简单地说它"沦于李唐相习佛老之教"，并不符合历史的实情。唐代修成的《晋书》对"忠义"的解释似已回转到对于"忠"的强调上，尽管宋人对《晋书·忠义传》中仍有"可削者三人"而批评作者不知道"兰艾鸾鸹之辨"[2]。唐平定"安史之乱"过程里的很多例证，也表明忠诚于本朝或国家的观念在这个时期确实大有提高。

但是，直到北宋初年为止，对国家的忠诚观念所强调的主要还是

---

[1] 余英时：《汉晋之际士之新自觉与新思潮》，《士与中国文化》。

[2] 王应麟：《困学纪闻》卷一三《晋书·忠义传》可削者三人"条。按《晋书》卷八九《忠义列传》卷首叙言突出"卫难乘舆、亡躯锋镝、义高节迈、致命于旧君、耻臣于戎虏、饮鸩以全节、断臂以厉志"等事来象征两晋的忠义精神。其中除"义高节迈"一词所涉稍宽外，其余所都为忠于国家的事迹。若与《魏书·节义传》相比，更能看出"忠义"观的强调重点在向"忠"的一面倾斜。又，参阅野田俊昭：《晋与南朝"忠孝先后"问题述略》，《九州大学东洋史论集》14（1985年12月）。

为现存的王朝尽忠蹈节。在改朝换代变作既成事实后，虽然也有人主张"不屈二姓"[1]，但改仕新朝在道德上一般并不特别受到人们的谴责。被列入《隋书·诚节传》和新旧《唐书·忠义传》的人物中，就大有身仕二朝的例证在。帝制儒家既提倡"君为臣纲"的绝对而单方面的义务，又要用天命论和"改天命"的粉饰来神化不可避免地处于朝代更迭之中的君权。这样两种主张在政权稳定的时代具有互相支撑的功效。但是从理论上说，每当鼎革之际，二者之间便必然会发生冲突：依据前者，人们应当忠于故君；若是遵从后者，则理当顺应天命而追随新朝。不过在实际上，唐五代以前，尤其是在王朝更迭大都以"禅代"形式实现的情形下，遭遇天下易姓局面的胜国旧臣们在做出改仕新朝的选择时，却很少感觉到道德的障碍。身仕宋、齐二朝的王俭在为有同样行为的褚渊所写的墓碑文中，不但称赞墓主人历事二姓，"亦犹稷、契之臣虞、夏，荀、裴之奉魏、晋"，而且简直就把它看作一种"寅亮二代"的高尚举动。冯道在五代"更事四君"，却以为自己"忠于国"；也没有看见当时人对他的这种行为有什么责谴。或许我们不能简单地以"厚颜无耻"将冯道骂倒了事，因为那时候"忠于国"的概念根本还没有突出忠于一姓的道德规定。[2]

绝对君权与天命改换观念之间的不协调，在王朝兴灭频繁发生的时段中会变得异常突出，甚至令人怪骇。因此，当后人回顾自唐末至宋初首尾七八十年间事时，对百姓为"七代之民"、士大夫"为冯道者比比皆是"[3]，"人臣视其君如倚市门者之接过客"[4]，禁不住感慨万

---

〔1〕 语见《颜氏家训》卷四"文章第九"。
〔2〕 王俭：《褚渊碑文》，《文选》卷五八"碑文上"；《旧五代史》卷一二六《冯道传》。关于此段讨论，参见魏良弢：《忠节的历史考察：秦汉至五代时期》，《南京大学学报》1995 年第 2 期。
〔3〕 语见郑思肖：《黄河清并序》，《心史》卷上"中兴集"甲。
〔4〕 王洙：《史质》卷六四《周三臣传》。按王洙此论似本于司马光对冯道的评论。后者写道："道之为相，历五朝八姓，若逆旅之视过客。……君则兴亡接踵，道则富贵自如。"见《资治通鉴》卷二九二后周世宗显德元年（954）。

分。或许正是这种情景对他们产生的异乎寻常的冲击，促使欧阳修为《新五代史·死事传》写出那篇著名的卷首叙言。"不作两朝臣"遂自宋代起构成忠诚于国家的观念之中最要紧的道德教条之一。这个变化被有些学者看作中国关于政治忠诚的一场伦理革命；而欧阳修则被看作为这场伦理革命奠立基础的第一人。[1]

就帝制时期中国国家观念的变迁过程而言，两宋是一个十分重要的阶段。刺激着这个阶段里国家认同加强的，不仅是忠诚观念变化所产生的推进力，而且还有其他的因素。戴仁柱（Richard Davis）说，两宋三百年的统治"持续太长，它的政治遗产过于牢固，个人对国家的隶属关系过于彻底"，以至于很难允许再出现过去那种改仕新朝的"背叛"。尽管"旧式的背叛"事实上仍然层出不穷，但是说宋末军民在对抗蒙古的过程中所表现出来的、到那时为止在中国历史上罕见的献身精神与宋朝长达三百年的统治有关，这种看法总的说来还是有道理的。[2]另一个不容忽视的因素，是宋朝与辽、金、西夏等国长期对峙的国际环境。尤其是因为南宋所面对的是占据着从他们手中被夺走的华北汉地的女真政权，使当时人们的国家认同在强烈的"夷夏大防"心理和"恢复"情结的催发下逐步获得增强。[3]最后但绝不是最不重要的，是对金关系中产生的心理紧张在宋末与蒙古的对抗中又进一步加剧了。汉文明及其政权当时面临的，是它未曾经受过的、可能会从它早已退守的南部中国被完全摧毁的命运。所以，"尽管征服和

〔1〕 戴仁柱（Richard L.Davis）：《撼山之风：十三世纪中国的政治与文化危机》，麻省剑桥：哈佛大学东亚研究委员会，1996年，页129。
〔2〕 戴仁柱前揭书，页123、16。并参见下页注〔3〕引全祖望语。按宋人王应麟以为，宋太祖"谓范质欠世宗（此指周世宗）一死"，这是"立万世为臣者之训"。他同样强调，欧阳修、司马光对冯道的定评，标志着"忠臣不事二君"的原则"直至宋代而明"。见《困学纪闻》卷一四"欧阳子、司马公之贬冯道"条并阎若璩评注。
〔3〕 南宋的"春秋学"最注重"攘夷"，就反映了"夷夏大防"的心理紧张。参见饶宗颐前揭书，页75。关于与南宋一朝相始终的"恢复"情结，参阅程兆奇：《略论宋代的"恢复"情结》，《史林》2001年第3期。戴仁柱说，南宋人收复华北的雄心在陆游、杨万里和辛弃疾死后便逐渐淡去，似欠准确。见戴氏前揭书，页152。

抵抗是历史上常见的主题，而宋亡之前的官方与非官方史料所反映的忠诚观念与效忠的人物，仍然在中国历史上显得十分独特"[1]。

在上述历史环境的影响下，宋人的国家认同确实呈现出某些划时代的特征。

首先，传统的忠诚观念在宋代得到充分的发挥。理学重新强调了原始儒家把"天下"看作家的自然伸展的观点，于是通过把孝和忠两条原则融为一体而将价值强调向国家方面转移。忠诚观念由此变得更为抽象、普遍，从而获得更强有力的弥散性。[2]另外，在改朝换代之际，除了传统忠诚观所主张的在挽救国家危亡时食人之禄、死人之事以外，宋人更在王朝更迭完成后的"出处"问题上基本达成一种道德共识：凡沾胜国一命之恩者，不应再改仕新朝。这些道德要求，本来只以在前朝做过官的人们为限；而且仅仅及身而止，并不延及后代。但是由于意识形态向统治层以下各社会层面的扩散，无论在宋末的殉国者还是宋亡元兴以后拒绝出仕的人们中间，都出现了很多在前朝并没有担任过官职的人[3]，其中不乏官宦世家，"子孙以前朝勋旧，无复仕进意"[4]；死国难者中还包括不少妇女。[5]这些都表明，随着忠诚观念因为与"孝"和"贞洁"的观念相趋同而泛化，宋和宋以后的国家

---

〔1〕 谢惠贤（Jennifer W. Jay）：《鼎革之际：十三世纪中国的忠诚主义》，贝林罕：西华盛顿大学东亚研究中心，1991年，页243、251；戴仁柱前揭书，页18。

〔2〕 乔泽特尔（Rolf Trauzettel）：《作为中国民族主义滥觞的宋代爱国主义》，载海格尔（John Winthrop Haeger）主编：《宋代中国的危机与繁荣》，亚利桑那，图克森：亚利桑那大学出版社，1975年。

〔3〕 全祖望说："呜呼！古来丧乱，人才之盛，莫如宋季。不必有军师国邑之人，即以下僚、韦布，皆能砥砺不事二姓之节。然此则宋人三百年来尊贤养士之报也。"这种忠节之风经宋人大力提倡，遂经久而不息止，一则复现于元末，再则复现于明末。全氏谓元亡时忠节之士"累累相望"，乃"宋人之流风善俗历五世而未断"。是诚不易之论也。见全祖望：《九灵先生山房记》，《鲒埼亭集》外编卷一八。

〔4〕 钱宰：《永思亭记》，《临安集》卷五。如潘继贤是北宋名臣潘美之后，宋亡，"以先世为宋显官，杜门求志、不嗜仕进"。见郑真：《梅堂记》，《荥阳外史集》卷五。

〔5〕 宋末妇女死国事迹，可参《宋史》卷四六○《列女传》中的有关资料。自然，宋末的"烈女"，未必，甚至大多数不是为殉国而死。"丙申之变，妇人之死多矣。其死有二焉。或迫于威，或惧其辱"。但其中有殉国者仍是事实。见徐显：《稗史集传》。

认同因而也就变得越来越具有渗透力。

其次，自宋代开始，国家认同从社会上层向下渗透的力度明显强化。正因为如此，在两宋及其以后元、明等政权的危亡之际，才会一再出现带有不同程度的自发性质的规模较大的救国运动。尤其是在两宋之际，面对女真军队的大规模南下，与宋朝官军几乎没有什么像样的抵抗相比，以华北的"民兵""忠义军"等为代表的民间自发抗金的武装斗争确实令人印象深刻。[1] R. 乔泽特尔甚至把它看作"崭新的由忠诚激发出来的爱国主义的迹象"，并称这种爱国主义"体现了中国民族主义的最早形式"。也许乔泽特尔对南宋末年民间抵抗蒙古军队的积极性评价不高，所以他断言，这种"爱国主义"仅表现在从北宋倾覆一直到南宋衰亡之前的那一个历史时期中。[2] 事实上，国家认同自上而下地向社会各个阶层扩散的过程，从宋代开始明显加强，并且这个过程在帝制中国的后期基本上一直在持续之中。

复次，由于与两宋相对峙的"他者"多为非汉族的王朝，这个时期所培育的忠诚观念，在一部分人们的思想中，已开始与族裔意识内在地联系在一起。它最鲜明地反映在宋遗民郑思肖的言论思想中。历史上汉族的文化至上论心态，其实从来未曾完全排除"非我族类，其心必异"的深层意识。生存在一个完全不占优势的国际环境里，当宋人对自己文化之足以同化异类的优越感发生动摇的时候，族裔的界阈就有可能凸显出来，成为集体身份认同的必要指征。郑思肖说："正统、中国本一也。今析而论之，实不得已。是故得天下者，未可以言中国；得中国者，未可以言正统。"得中国而不必正统，是指以非法手段得国，故虽然"藐然缀中国之一脉"，但仍然不得列为正统。这

---

〔1〕 两宋之际士大夫对待国难的态度，确实与南宋末年大相径庭。金人曾说："辽国之亡，死义者十数；南朝惟李侍郎一人临死无怖色。"见《宋史》卷四四六《忠义传一·李若水传》。

〔2〕 乔泽特尔前揭文。按乔氏将这种"新的忠诚"看作"基本上不能再用对皇帝或王朝的忠诚来予以解释，而是一种直接指向国家的忠诚"。对他的这个说法，似乎很值得作进一步的估价。

是在历代汉族王朝中区分得天下的合法与否，可置勿论。所谓得天下而不可以言中国，则是主张只有汉族的王朝才有统治中国的合法性。郑思肖不承认"能行中国之法，则为中国之主"的原则。在他看来，"夷狄行中国法……实夷狄之妖孽。譬如牛马，一日忽解人语，衣其毛尾，裳其四蹄。三尺之童见之，但曰牛马之妖，不敢称之曰人"。事实上，夷狄也不可能"解人语"，或者衣、裳其"毛尾""四蹄"；因为其所居之地有一种"孽气"，决定了他们之为夷狄的本性与华族"极异"〔1〕。即使是在宋遗民这个群体里，郑思肖也是一个非常独特的人物。他的见解在当时不一定有什么典型性。〔2〕但他的那些对蒙古习俗和历史的极不准确的描述仍然反映了当日社会所流行的普遍误解。〔3〕在人们对异族统治者的抵触甚至厌恶的情绪背后，似乎已经忽隐忽现地存在着一种由族裔意识生发而来的"原民族主义"倾向。从郑思肖到方孝孺，再到王夫之，我们可以看到，这种倾向在明清时期一直断断续续地影响着一部分人们的思想。〔4〕

在指出了自宋代开始的后期帝制中国在国家认同方面的某些新的历史特点以后，我们仍然必须强调，与宋以前的情形相比，国家认同

---

〔1〕 郑思肖：《古今正统大论》，《心史》下"杂文"。

〔2〕 在《一是居士传》里，郑思肖抒发自己近乎自虐的精神和生活状态说："寡与人合。间数月竟无至门者。独往独来，独处独坐，独行独吟，独笑独哭；独抱贫居，与时为仇雠。"在《责谬》一文中，他还写道："我凡与人语，人皆不解我意，谓我语不可晓。"均见《心史》下"杂文"。

〔3〕 谢惠贤前揭书，页188。

〔4〕 在分析族裔意识与对王朝的忠诚观之间的互动关系时，J. 菲因彻尔（John Fincher）指出，方孝孺在明初所表达的族裔意识受到忠诚于旧国的传统政治态度的抵制，而在清初，汉人反对满洲统治的族裔意识却与对旧国的忠诚传统互相加强。但即便是在清初，上述族裔意识主要地也只是流传在包括王夫之的观点，也许可以被视为"民族主义"。但是如果我们把19、20世纪之交将某些新元素带入中国政治生活的那股思潮叫作"民族主义"，那么要把这种"民族主义"追溯到14世纪甚至更早，就会是很困难的。见菲氏：《作为族裔、文化或民族国家的中国：论方孝孺的正统观》，载 D. C. 布赫鲍姆（David C. Buxbaum）与牟复礼（Frederick W. Mote）主编：《转变与持续：中国的历史与社会》，香港：国泰出版有限公司，1972年。

以本王朝作为忠诚的核心对象这一基本形态并没有改变；国家认同中的文化至上论倾向也没有改变。以族裔优越论形式扭曲地表达出来的原民族主义倾向，不但与近代西方政治思想史上的爱国主义以及它之后的民族主义具有全然不同的性质[1]，而且它本身也一直处于居支配地位的文化至上论抑制之下而不能有进一步的发育。

当然，我们也不应当以为，宋以后的人们全都会自觉地遵守宋代确立的不仕二朝的道德准则。虽然它在鼓励人心、激发国家认同方面具有不可否认的意义，但人们中的大多数毕竟做不到完全实践这个道德理想。人们仍然需要为他们的现实行为寻找正当的理由。这样，在宋以后关于"出处"问题的讨论中，我们仍然可以听到不同的声音。宋亡不久，后来成为南方名流的虞集借评述金末诸臣的政治选择的话题写道：

> 女真入中州，是为金国，凡百年。国朝（按指元政权）发迹大漠，取之。士大夫死以十百数。自古国亡，慷慨杀身之士，未有若此其多者也。于乎！中州礼乐文献所在；伏节死谊，固出于性情也者。彼之人固知天命所在，宁轻一死而不顾，吾知其感于中者深矣。及余来中州，追其哀愤之遗意，将次序其事，以待来世。已七八十年，故老莫有存者，简册无所于征。未尝不为之流涕而太息也。间从将相故家窃问世祖皇帝初时事，云：当时豪杰不死者，莫不起为世祖用。不起者皆老死，然其才皆足以用于世。于乎！此其不轻于一死者，固亦非浅丈夫也。[2]

这一番话，很像是在为降元的宋朝士大夫们作婉转的辩护。到了

---

〔1〕 近代西方的爱国主义以及后来的西方民族主义，是与所谓第三等级争取作为一种自主政治力量的地位，并且摆脱贵族和僧侣阶级对其控制的努力分不开的。这与在帝制中国发生的情况当然完全不同。参见乔泽特尔前揭文。
〔2〕 虞集：《田氏先友翰墨序》，《道园学古录》卷五。

元明之际，又有陈谟者著《通塞论》，"引微子、箕子，反复申明，谓革代之际不必死节"。四库馆臣对此书的评价是"极为害理"[1]。清代在修撰《明史》时专设《贰臣传》以待明朝降臣。这也可以看作更进一步加强国家认同的一种措施。

把中国的国家观念视为完全是一种现代现象的观点，在理论上已受到杜赞奇的质疑。[2]而在我们所讨论的狄默尔和金的这部著作里，更设有专章，对中国帝制时代的国家认同做出历史的描述。本文所以要在这里就同一个话题做如此详细的补充，是为了更有力地说明，对国家观念的价值强调，在中国并不是从近代才开始的。相反，这是旧式的中国传统留给今日中国人的一种影响深远的政治文化遗产。近现代中国的"民族主义"，在很大程度上乃是一种"国家主义"主张。这不仅是当日中国回应现代国际体系的环境刺激和西方列强蚕食鲸吞的被动结果，它与中国传统也有密切的关系。正是"派生于超越一切政府形式的统一国家理念"这一历史传统，使得中国作为一个政治统一体在"儒家死亡"以后继续存活下来，[3]白鲁恂因此把"令人吃惊的统一"看作"中国的神话"。他甚至写道："以西方的标准来看，今日中国就好像是罗马帝国或查理曼时代的欧洲一直持续到当前，而且它现在正在竭力行使着一个单个的民族国家的功能。"[4]他的话听起来虽然有些夸张，却不是完全没有道理的。近代中国的民族主义虽然在很大程度上由西方冲击所刺激和促成，但它并没有在这个大帝国的版图上导致诸多"民族国家认同"的产生，如同帝制罗马或欧洲基督教世界的历史

---

〔1〕《四库全书总目》卷一六九"《海桑集》提要"。《通塞论》载《海桑集》卷三。
〔2〕杜赞奇：《解构中国的国家》，载恩杰尔前揭书。
〔3〕菲茨杰拉德（John Fitzgerald）：《无民族的国家：近代中国追寻一个民族的努力》，载恩杰尔前揭书。本文力图揭示近一百年来中国各种政治势力对"民族"的不同界定中所反映的一贯的"国家取向"，可参阅。
〔4〕白鲁恂：《中国：反复无常的国家，令人不安的社会》，《外交事务》69：4（1990年8月）。本文的题目及其通篇文字都显示出作者在写作当时对中国的强烈情绪。但这里所引述的作者观点却不应视为这种情绪的产物；作者持有这种看法已多历年所。参见下注。

统一体后来所发生的那样。[1] 这就为我们回答下述问题提供了一种重要的线索，即为什么近代中国的国家认同虽然主要是在西方民族主义浪潮的影响下发生、发展的，但它却会具有与西方不同的内容与形式。

七

中国的古语说："天不变，道亦不变。"从先秦到清末，中国历史上国家认同的变迁，相对而言是比较缓慢的。自从 19、20 世纪之交以后，由于在国家目标和预期国家形象方面的不同主张及其相互冲突，围绕国家认同问题发生的变化与斗争也就变得日益激烈和复杂。在这个主题范围内，中国学者的有关研究，往往聚焦于国民党和共产党之间在涉及"中国之命运"问题上的政治、军事、经济与思想文化的斗争；而它又主要反映了对不同"国体"（即国家的阶级性质）的主张之间的矛盾冲突，也就是阶级的矛盾与冲突。这样一种研究取向以及作为它的产品的占支配地位的叙事，在很大程度上忽略、遮蔽甚至扭曲了现代中国在不同的"政体"（国家政权的组织形式）主张之间所发生过的冲突与斗争的历史。正是在这个意义上，杜赞奇于 20世纪 90 年代初发表的关于民国时期的联邦主义运动的研究，甚至在今天读来，犹能使我们产生不少新鲜的感受。[2]

---

〔1〕 白鲁恂：《亚洲的政治权力与政治：权威的文化诸层面》，麻省剑桥：哈佛大学出版社，1985 年，页 64。

〔2〕 据菲茨杰拉德的专著《唤醒中国》（斯坦福：斯坦福大学出版社，1996 年），杜赞奇的这个研究最先似以《民族主义与文化的政治：民国早期的中央集权主义和联邦主义》为题，发表于 1990 年。接着它被编入由比福（Harumi Befu）主编的论文集《东亚的文化民族主义：它的表述与认同》（伯克利：加州大学伯克利分校东亚研究所，1993 年）。最后，它又被收入杜赞奇自己的专题论文集《从民族国家的话语中拯救历史：对中国近代史各种叙事的质疑》；它的题目作《对民族国家的地方主义叙事：民国时期的中央集权主义与联邦主义》。又按：台湾学者在此之前亦已讨论过这个问题，如胡春晖的《民族的地方主义与"联省自治"》（台北：正中书局，1983 年），李达嘉的《民国初年的"联省自治"运动》（台北：共文馆，1986 年）等。唯因原书难求，未克寓目，这些著作中的具体见解不详。

现代中国联邦主义运动的发生，同一种"省份的地方主义（provincialism）"的认同或思潮有密切的关系。儒家传统本身当然也高度重视官僚文人的乡土背景和乡土联系。研究前现代中国历史文化的学者们早就注意到，由于从最高权力中心发起的自上而下的全面政治改革在宋代所遭遇的历史性、创伤性的失败，在从关注"外王"转而强调"内圣"的同时，新儒家的政治家开始把精力转向各种形式的地方性改革和教化事业。但是，正如列文森敏锐地指出过的，当他们这样做的时候，"恰恰是其'世界性'的关系纽带与认同向他们提供了最好的杠杆"。他以地方性的书院为例说："地方书院当然能激发地方的自豪，但此种自豪的产生乃是因为这些地方现在变成了展示整个思想世界的中心所在。它不仅是乡土地方的自豪，而且更体现一种基本的立场，即地方——这里当然是说的儒家官僚文人〔所关注〕的地方，——并不是'地方性'的。"也就是说，儒家的世界主义倾向天然地使他们对地方主义立场抱持一种居高临下的轻视与拒斥的态度。[1] 杜赞奇似乎已经注意到这一点。他写道："这种省份地方的认同，绝不是艰难地潜伏在中央集权的帝国制度体系紧身马甲之下的某种原生或基本认同的再浮现。"它在当时是一种崭新的东西。[2]

上述那种"省份的地方主义"的认同和思潮出现在 19 世纪 90 年代的晚期。杜赞奇这样概括它的特征："当时的知识界将各省份地方，尤其是南部中国诸省的传统作为材料，在此基础上去建构一种不同的政治认同；依靠它，他们可以挑战当今政府以及它对于国家命运所持的观念。"[3] 那么这样一种意识是从哪里来的呢？在他的这篇论文中，杜赞奇只是简单地提到它可能开始于"督抚制之下日益增长的自治行动"。而湖南于 1897 年在梁启超"自立自保"的鼓吹声中所实行的种

〔1〕 列文森：《省区、国家和世界：关于中国认同的诸问题》。
〔2〕 杜赞奇：《对民族国家的地方主义叙事：民国时期的中央集权与联邦主义》。
〔3〕 杜赞奇前引文。

种维新措施，以及义和团运动后两广、湖广、两江、山东等地督抚发起的"东南互保"行动都表明，上述说法当然是有道理的。不过另外三个刺激因素恐怕也值得重视和探讨。一是"米国"（即美国）的联邦共和政体已被这时关心西方世界的中国政治家和读书人所了解，有人甚至预言未来世界将"一以米国为法"。其二，"至迟在19世纪70年代"，很多人"都已将君主专制的帝国体制视作变法自强的大绊脚石"[1]。其三，丧权辱国导致的深刻受挫感促使汉族对控制着军政大权的满族统治者的抵触情绪不断增长。有了从外来资源中获得的手段，有了行动的动机（绕过满族把持下的帝国中央政府而实行地方的自保与自立），同时也有了行动的权力基础（王朝的衰败和督抚实际权力的扩大），省份地方主义运动的萌生似乎就是相当自然的事情了。

"东南互保"发生后不过一两年，一种更激进的省份地方主义主张出现在广州的《新广东》一书上，它最早的鼓吹者是康有为的学生欧榘甲。欧榘甲声称，广东人是广东的真正主人；广东的政治、金融、军事、教育和治安等等权力，它的铁路、矿山、土地、森林和海洋，统统都应当由广东人自己掌管；而广东人实现自治自立之日，也就是中国独立的开始之时。欧榘甲的言论在知识界获得了广泛的共鸣。值得注意的是，这种省份地方意识和省份自治的主张，并不简单地、必然地会成为民族主义及民族国家认同的障碍，或者必定要经历线性转换的过程才能由地方主义转变为对民族国家的更为宽泛的认同。相反，省份地方的认同与民族国家的认同甚至可能以同等强烈的程度共存。[2]即使欧榘甲这样激进的省份地方主义主张，也是在一个"中国"的总框架里展开的。

---

[1] 参见朱维铮：《晚清的"自改革"与维新梦》，载朱维铮、龙应台编著：《维新旧梦录》，北京：生活·读书·新知三联书店，2000年。
[2] 见杜赞奇前揭文引用萧巴（Keith R. Schoppa）《省份与民族国家：一九一七至一九二七年浙江省的自治运动》，该文载《亚洲研究杂志》36：4（1977年11月）。本文关于民国时期省份地方主义运动的叙述，凡未出注说明者，均系依据杜氏论文。

随着省份地方意识的社会及制度基础不断扩大和省份的政治化过程的加深，在接近 1910 年之时，省份自治的提倡者们已经明确地试图将自己的主张纳入联邦国家的政治理论当中去。而辛亥革命爆发后诸多省份在脱离清廷、宣布"独立"后颁布的省宪法，虽然在中华民国建立后遭到废止，但它们还是在某种程度上真确地反映着联邦主义的意向和尝试。在中华民国成立后，省份地方主义思潮面对中央统一势力把它当作违背中国历史潮流的"异教邪说"、"毒蛇猛兽"的指斥，开始在它的低潮之中寻找一种新的话语来使自己的主张合法化。在"五四"运动对儒家"封建主义"的批判中，它终于放弃了构建另一种中国历史以证明自己的合法性的努力，而将地方自治纳入大众主权的话语，"联省自治"也成为一个比"联邦"更为流行的口号。

　　20 世纪 20 年代初，湖南和四川两省在章炳麟的倡议下实行"联省自治"以反对北方军阀的入侵。这一举动很快引起了全国规模的大辩论、各省的积极响应以及先后颁布的五个省的宪法，其中湖南省的宪法一直实行到 1926 年该省参加北伐运动。湖南自治运动的积极支持者毛泽东，曾在长沙《大公报》上发表的《湖南建设问题的根本问题——湖南共和国》一文里，明确提出先分省自治、后解决全国总建设的观点。两天后，他在另一篇发表在《大公报》上的文章里，宣布要"打破没有基础的大中国，建设许多的小中国"，而湖南应当成为这许多小中国的领袖。[1]

　　与湖南、四川相比，中国人在当时和后来对广东自治运动的评价，显示出最戏剧性的变化。在陈炯明颁布民选广东省参议员的草案时，《上海民国日报》称赞说："这不仅对广东地方来说是一次突破，而且在中国民主的历史上也是空前的。"[2]但是在 1922 年 6 月 16 日的

---

〔1〕　中共中央文献研究室编：《毛泽东年谱》，北京：人民出版社，1993 年，上卷，页 63、64。
〔2〕　参见菲茨杰拉德：《唤醒中国》，页 152。

"炮轰总统府"事件后,广东自治遂因为正统历史叙事对它的中坚人物陈炯明所做出的对国民革命的个人背叛的判决而黯然失色。孙中山对这次"生于肘腋"、"起自肺腑"的"叛乱"咬牙切齿;广东自治也跟着陈炯明倒霉,从此被当作"联省自治"运动中一个最具分裂性的个案来看待。

杜赞奇指出,如果摆脱"霸权的话语",换一个角度去看陈炯明的"倒孙"行动,也许可以把它看作一场对广东自治的忠诚所导致的政变。陈炯明的"粤人治粤"与孙中山的"党人治粤"主张之间的冲突,事实上反映了两种民族国家观念之间的冲突,或者如菲茨杰拉德所说,"代表着两种强烈的势不两立的中国梦"[1]。孙中山坚持要通过武力统一建立强有力的中央集权国家,这条路线对省份地方的传统和自治并没有任何特殊的承诺。陈炯明不是没有民族国家的观念;他并不赞同省份的独立。但他所设想的国家要从底层开始建立,从地方的某种自愿服从的力量开始,以联邦体制作为保留省份自治的理想方案,沿着联邦的路线去达成。这不是要用别的什么东西去替代民族国家的统一,而是对国家统一的另一种理解。事实上,广东的省宪法也是当时省份宪法中最好、最实用的一个。

因此,在杜赞奇看来,陈炯明在广东的失败被贬抑为一次"叛变",实在是代表了事后的意识形态操作。他不但致力于垄断霸权话语关于民族国家的唯一表述或形塑,而且还竭力将与他不同的那些主张判定为在道德上不正当。继广东之后,国共联盟下的北伐,最终结束了南部中国其他诸省的省宪法和省份及其下级地方的议会。

中国共产党在广东自治运动的初期曾经对他采取支持的态度。杜赞奇认为,陈炯明"倒孙"的一个重要历史后果,是中国共产党从此放弃了联邦制的政治主张。这个论断,至少需要加两个限定方能成立。一是

---

[1] 菲茨杰拉德前揭书,页149。

在第二次国共合作后期中国共产党关于建立联合政府的建议中，还包括制定省份宪法、直选省议会和省长等事宜。是知中国共产党那时仍然是认可联邦制的某些重要制度成分的。其二，至少是在解决民族问题的范围内，中国共产党直到新中国成立之初，仍未完全放弃联邦制的设想。[1]

当然，即使我们可以把广东乃至湖南、浙江诸省自治运动的性质同"封建割据"区别开来，联邦自治主张被力图割据自雄的军阀野心家所利用仍然是当时中国殊难回避的一个迫切问题。那么，通过军事统一来镇压"封建割据势力"并建立中央集权国家，与此同时也消弭省份自治运动的过程，是否就体现了某种历史的宿命？

这个问题实际上无从回答。但可以肯定的是，近现代中国选择中央集权的国家形式的动力，显然不完全来自于镇压"封建割据势力"的必要性。在这一点上，白鲁恂曾经指出，维持一个历史地形成的"中世纪中国统一体"的愿望，使现代中国民族主义的斗争"向来是一种力图把某个文明塞入民族国家框架的梅格力式的艰巨努力。而此种努力的历史与政治后果业已极其深刻地影响到中国现代化的形态"[2]。而列文森则在他逝世前不久写成的一篇随笔当中表述了另一种见解。对于省份地方主义意识在当代中国的流失，他尤其强调两点原因。首先，如果说传统社会总是倾向于保持地方上的同一性和地方之间的差异性，那么现代化的过程则不断地促使着地区内部的多样性和地区之间的同一性。因此，"科学的世界性胜利"乃是剥夺省份地方主义根基的诸多

---

〔1〕 在直到中华人民共和国建立之初的官方版本的毛泽东《论联合政府》里，仍然保留着下引段落："在新民主主义的国家问题与政权问题上，包含着联邦的问题。中国境内各民族，应根据自愿与民主的原则，组织中华民共和国联邦，并在这个联邦基础上，组织联邦的中央政府。"见《论联合政府》，人民出版社，1949年。1947年建立的内蒙古地区的地方政府，当时称为"内蒙古自治政府"，而未称"内蒙古自治区政府"。这也表明后来的民族区域自治政策在那时尚未完全定型。因用书不便，上引资料请上海图书馆计宏图先生代为检阅，谨此致谢。又，中国共产党最终放弃联邦国家设想的有关情节，见纳日碧力戈：《现代背景下的族群建构》，昆明：云南教育出版社，2000年，页113至114。
〔2〕 白鲁恂：《亚洲的政治权力与政治：权威的文化诸层面》，页62。

因素之一。其次，当代中国的革命意识形态将儒家以世界主义的世界观藐视和否定省份地方主义人民性的立场颠倒过来；但是着眼于整体利益的革命民族主义的省份地方主义却指向了阶级的意识自觉，它非但没有促成，反而还在化解可能分裂民族国家的省份地方的意识自觉。因此，这种"省份地方主义的共产主义—民族主义形式"，由于它的革命民族主义和国际主义的承诺，是一种世界主义（就无产阶级世界革命的主张而言）的反世界主义（就其反对儒家的普世主义而言）、反省份地方主义（就其最终关注于有阶级意识的国家而言）的省份地方主义（就省份地方与"人民群众"相联系而言）。它最终强调的是国家而不是地方的观念。[1]

列文森讲到的前一点，是在现代世界中间普遍发生的情况。虽然地区文化的特性确实会促使地区意识的发展，但是地区间文化差别的消失却未必会削弱基于个人及地方性群体的权利和契约观念的地方自治意识。最有力不过的证据就是美国联邦制度的产生。托克维尔写道："就像我已经说过的，在上个世纪末同时摆脱了英国统治的十三个北美殖民地区，具有相同的宗教、语言、风俗，以及几乎同样的法律；他们在反对一个共同的敌人；因此他们具有最强烈的理由互相间紧密地联合起来，并且最终被合并成为一体，组织成同一个国家。"但是美国人实际建立的，却是一个联邦国家。[2] 而列文森提出的后一点，似乎对我们正在讨论的问题具有很值得参考的价值。

杜赞奇关于民国前期省份自治运动的研究又一次反映出，对"民族国家"作为历史主题的非中心化正在成为越来越受到重视的一种理论探索。因为正像他的文章所力图证明的，"民族国家"并不是可以被一成不变地实质化的单元；相反，它是一个具有高度争议性

---

〔1〕 见列文森前揭文。
〔2〕 托克维尔（Alexis de Tocqueville）:《美国的民主》, G. 劳伦斯（George Lawrence）英译本，纽约：哈珀与罗出版社，1966年，页112。

的领域；在其中，文化认同的辩证法和现代性的意志都会显示自己的作用。[1]

## 八

最后讨论中国背景下的民族与民族国家的关系问题。

自法国革命以后的大约两百年间，民族主义运动在全球范围的胜利行进，极大地改变了世界的政治地理。但是，即使像这一股看来所向披靡的时代浪潮，也难以随心所欲地创造历史的奇迹。它在世界各地留下了一系列制度体系和政权性质极不相同的"民族国家"或者"现代国家"。关于这一点，稍后还会提到。另一个与其初衷不相符合的结果，就是绝大多数现代国家的民族构成，并未实现这个运动的一条基本宗旨，即"一个民族，一个国家"（one nation，one state），或曰一个种族的边界线与其对应国家的政治疆界相重叠的原则。狄默尔和金在他们主编的那本书的导论里引述 20 世纪 70 年代后期的一项研究指出，在延续到该年代之初的一百三十二个民族国家中，只有十二个国家（占被考察国家总数的 9.1%）完全符合前述原则；另外五十个国家（占被考察国家总数的 37.9%）的主体民族人口多于总人口的四分之三；而剩下的七十个国家里，主体民族人数在总人口的一半至四分之三之间的有三十一个，最大的那个民族的人口占总人口数一半以下的则有三十九个国家。也就是说，这些国家中间的大多数（53%）拥有相对数量很大的少数民族人口。

鉴于这种情况，W. 康诺尔（Walker Connor）按照在民族构成方面的一系列差异，将民族国家划分为四个类型：一为单一民族国家；二为"多民族国家"，它们又可以分作三个次类型，即只有一个本土

---

[1] 参见 A. 阿纳格诺斯特（Ann Anagnost）：《文化民族主义与中国的现代性》，载比福前揭书。

型民族的多民族国家、包含不止一个本土型民族的多民族国家和无本土型民族的多民族国家；三为移民国家；四为混血居民国家。[1] 在此种局面下，"民族"（nation）这个词就产生出不止一个的含义，"民族主义"也因而派生出它的各种形式。

民族可以被理解为是由一个国家的全体公民所组成。例如，"法国的民族性也就是其公民性：族群特性、历史渊源以及语言（或家中所说的方言），都与这种'民族'的概念无涉。……在这个定义下，民族乃是全体公民的集称"[2]。但与此同时，"多民族国家"这个概念本身就表示民族这个集合体在很大程度上与国家并不重合，甚至可以跨境分布；此种意义上的民族是种族群体中的一种形式，即一个拥有共同地域、历史、语言、想象中的共同祖先或血脉传承的集体意识，并且对自己属于同一群体有自觉认同的人们共同体。

民族含义的上述歧义现象，促使有些学者主张，干脆将"民族"一词的内涵规定为由全体国家公民构成的政治共同体，而改用"族裔

---

[1] 根据康诺尔的见解，"本土型民族"［原文作 homeland（nation）］意指分布在它们所赖以发生、发展和成熟的原地域的那些民族，"本土"或曰"故地"（对元朝的蒙古人则是"祖宗根本之地"）的观念，往往与某种同祖衍生的神话传说有密切的联系。像冰岛、挪威以及第二次世界大战后的波兰这样的单一民族国家是很少的。而在只有一个本土民族的多民族国家里，民族的多样性多是由移民造成的。那个唯一的本土民族往往将整个国家看作它们的历史故土，即使他们的祖先自身，如同马来西亚的马来人或斯里兰卡的僧伽罗人那样，也是从别的地区迁徙而来的早期移民。当前全球性的移民现象可能会使这一类国家的数量很快扩大。不止一个本土民族的多民族国家是大多数。其本土民族的数量可以是两个、三个或者更多，例如尼日利亚包括了一百个以上的本土民族。中国当然也属于这个类型。在无本土民族的民族国家，它的人口在极大的程度上是移民的产物，同时包含了至少两个或者更多的族裔群体，它们对于自我和他者的区别都有非常明确的意识，而且希望维持这些区别。许多加勒比国家，例如圭亚那、特列尼达和多巴哥，都属于这个类型。移民国家如美国当然也是无本土民族的民族国家。但其居民的来源更多，由官方认可的居民类型不用民族来界定。在那里，民族间涵化（acculturation）与同化的程度相当高。混血居民的民族国家只存在于拉丁美洲。它的人口的大多数由欧洲和美洲人的混血后代所构成。见康诺尔《种族民族主义》，载 M. 维讷尔（Myron Weiner）与 S. P. 亨廷顿（Samuel P. Huntington）主编《理解政治发展》，波士顿：小布朗图书公司，1987 年；该书为阿尔蒙德（Gabriel Almond）和白鲁恂主编的"比较政治学丛书"中的一种。

[2] 见埃里克·霍布斯鲍姆：《民族与民族主义》，李金梅汉译本，上海：上海人民出版社，页104。引文里的"族群"一词，即"民族群体"的简称。

群体"这个词来表达"民族"的第二层含义。[1]但是这种看法并不完全妥当。如果说"民族"是族裔群体中的一种，那么它也是一种很特殊的族裔群体；因为它拥有一片作为根基的养育它的土地，它和它的历史都深深地渗透在其中。这一点使它在很多问题上会采取与其他族裔群体不同的态度和选择。[2]民族就是民族；它不会因为属于一个更大的政治共同体而改变它作为一个民族的性质。

以不同概念的"民族"为出发点，至少可以产生以下三种"民族主义"。一是"文化的民族主义"（cultural nationalism），它出现在民族国家的主权业已建立之后，而以创造、巩固和表达对国家的文化认同为目标。或者说，这是一种"国家民族主义"（state nationalism），致力于使一个既定国家的全体国民真正成为统一的"民族"。二是各种各样的"泛民族主义"（pan-nationalism）的主张和诉求。三是"族裔的民族主义"（ethno nationalism/ethnic nationalism），即"一个既定种族群体为实现、扩大和保护自己的民族性格而从事的斗争"。它可能是一种以独立和主权为目标的分离主义运动，也可能是在国内为争取更理想的民族地位而进行的运动。[3]将"族裔的民族主义"一概视为一种消极主张是不符合实际情况的。将国内的不同民族都变成"种族群体"的主张背后，可能就有取消"族裔的民族主义"主张的合法性的意图。

"族裔"（ethnos）本来是一个中性的概念。但它因为受臭名昭著的"种族主义"这个词语的牵连而长期蒙受不白之冤。其实原先采用

---

[1] 例如纳日碧力戈就在实际上主张把中国国内各民族改称为"族群"，而把"民族"一词留给"具有或者有资格具有国家地位的族群、多族群共同体或者人们共同体"。见纳氏前揭书，页120及以后。

[2] 康诺尔前揭论文。他指出，由于把民族主义理解为仅是对国家的忠诚，有些学者便不得不将忠诚于第二层意义上民族的种族民族主义降格为"原基主义"（primordialism）、部族主义、地方主义、次民族主义，等等。

[3] 参见比福前揭书，"导论"（比福撰）；汤森德：《中国的民族主义》。

"种族主义"来对译 racism 并不很确切。后者似应译为"人种主义"，它用任意设定的人类群体间的生物学差异来解释缺乏可靠验证的有关他们智能和潜力差异的现象。"族裔"或"种族"，或者在 ethnos 尚未进入英语时用作其代名词的"族裔群体"（ethnic group），则是一个文化的而不是生物的分类概念。柯娇燕（Pamela Kyle Crossley）指出，在研究前近代中国的"族裔性"（ethnicity）的时候，有必要把因为担心引发"人种主义"的偏见而已被人们放弃的对人种观念的历史追溯重新引入研究领域。这不是因为"人种主义"主张反映了真实的现象，而因为它实际存在于当时人们的观念中。根据她的见解，唯其引入族裔观念的历史叙述，才能清楚地显示出，满人在清朝最后十年中形成的"种族"观念，是如何从早先的人种主义观念中演变而来。[1]如果再进一步追问，那么郑思肖、方孝孺等人的思想倾向怎么看？清末民初维新派和革命派的倾向又怎么看？它们当中哪些属于族裔民族主义、哪些又是人种论取向的？究竟怎样界定并区分作为种族优越感根据的人种论基础与作为族裔认同要件的关于血缘和共同祖先的虚拟集体意识？这些问题都已经被学者们注意到了，但它们仍然很值得加以深入地再探讨。

民族主义诉求的"吊诡"之处在于，它的伟大成功却使得它的一个基本信条，即"一个民族，一个国家"的原则，成为运动本身的"牺牲品"。麦克尼尔曾经用非常通俗易懂的方式，叙述了西北欧洲作为"拉丁基督教世界"的边缘，如何由于 18 世纪后期与整个 19 世纪的特定历史条件刺激，才会形成一系列的单一民族国家（法国的情况稍有特殊）；而"多种族性"又如何必然地会成为此后形成的大多数其他民族国家的重要特征。[2]这样的"吊诡"，注定了一个民族国家，

〔1〕 柯娇燕：《关于早期近代中国种族性的思考》，《清史问题》11：1（1990 年 6 月）。
〔2〕 麦克尼尔（William H. McNeill）：《多族裔性与世界历史上的民族国家统一》，多伦多：多伦多大学，1986 年。尤其是该书的第二讲。关于"牺牲品"的论述，见该书页 35。

尤其是像我们这样的包含了诸多"本土型民族"的多民族国家，不能过分地依赖强化主体民族的民族认同意识来建构国家认同。对一个已经有漫长历史和意识自觉的多民族国家来说，要想将全体国民意义上的"民族"整个地转换为一个族裔意义上的"民族"，这在当代注定是一种不切实际的空想。这里的关键在于，构成族裔意义上民族的凝聚力的一种重要因素，是对血统传承的共同意识，甚至是共同祖先的意识，尽管这种血统传承或共同祖先实际上是虚拟的。时至今日，要在一个多民族的架构上重造这种共同意识，那是不可能的。把黄帝作为"中华民族"的共同祖先，主要地反映了汉族的共同血缘意识，它很难被例如蒙古族、藏族、壮族、傣族等少数民族的大众所真正接受。国家主义和汉族沙文主义是古代传统留给现当代中国民族主义思潮的两项不可忽视的消极历史遗产。对这一点，无论怎么样估价，恐怕都不会过分。

在一个多民族国家培育和巩固民族国家的认同意识，当前尤其应当强调的，乃是加快民族国家的政治民主化进程的问题。这本来是民族主义运动的题内应有之义。民族国家的形式，最初正是通过权力主体转移到全体国民一方亦即形成所谓人民主权而实现的。主权在民以及承认各个不同阶层的民众中间的基本平等是现代民族国家观念的精髓，同时这正是民主的基本原则。在这个意义上，"民主是与民族的意识同时诞生的"[1]。被康诺尔称为研究民族主义问题的"学术巨人"的汉斯·科恩写道："在近代西方，18世纪启蒙时代兴起的民族主义，在极大程度上是一场限制政府权力、确保公民权利的政治运动。"而英国的民族主义更以一种在其他地方都未曾达到过的程度与个体自由（individual liberty）密切结合在一起。[2]

---

〔1〕 格林菲尔德前揭书，页10。
〔2〕 汉斯·科恩（Hans Kohn）：《民族主义：它的意义和历史》（修订本），纽约：凡·诺斯特兰德图书公司，1971年，页29、16。

民族主义在它的原发地能作为民主政体发展起来，是与那里的特殊历史环境分不开的。但是在民族主义向其他不同地区传播的过程中，民族国家的强调点从主权特征转移到人民的独特性，它与民主原则的最初等同性也可能由此消失。尽管采纳民族国家的观念意味着全体"人民"地位的象征性提升，但对民族主权的解释仍然会发生显著的分化，理论上的人民主权被代表着一个独特民族的整体利益的国家意志所取代。格林菲尔德于是将民族国家的原则区别为"个体—自由主义的"和"集体—权威主义的"两种类型。[1]对后一种类型的民族国家来说，民主化是它必须面对的历史任务。这当然是一项艰巨的任务，因为它可能引起另一次认同变迁，但它又是没有办法回避的。

现在让我们回到本文开头时的问题上去：当代中国究竟有没有民族国家的认同危机，或者至少是这种危机的潜在因素呢？对这个问题采取断然否定的态度，或许是有一点过分乐观了。今日中国的巨大经济增长和大面积中国人口的生活水平之迅速提高，事实上成为加速进行政治民主化改革的最好基础。另外，这种适宜的时机并不总是唾手可得的。经济与社会环境的短期或长期变化对人们的心理会产生不同的冲击。在短期内人的生活条件的变化，会使他立即产生满足或不满足的意识。持续较久的变化会逐渐提高或降低人们在特定领域内的期盼程度。而长时段的持续变化会导致代际价值目标的变迁，一个特定社会的两代人会在差别迥异的领域里去选择自己追求的最高目标。20世纪70年代初在英国进行的社会学调查表明，"后物质主义者"并没有因为他们更为优裕的物质条件而表现出比上一代物质主义者更大的主观满意度。他们已经转移了价值强调的目标领域。[2]在21世纪到来前后出生的那一代中国人，可能会把他们的上一代认为是来之不易，

---

[1] 格林菲尔德前揭书，页11。
[2] R. 印格里哈特（Ronald Inglehart）：《静悄悄的革命：西方公众改变中的价值与政治风气》，普林斯顿：普林斯顿大学出版社，1977年，页121及以后。

因而倍加珍惜的生活和工作环境看作理所应当的给予，在他们中间会产生与上一代很不相同的追求。

正是出于这样的原因，面对未来的挑战，我们还应该做一些什么？——这就成为每一个负责任的中国人不得不思考的严峻问题。

[ 补记 ]

本文原载复旦大学历史学系、复旦大学中外现代化进程研究中心编：《近代中国的国家形象与国家认同》，上海：上海古籍出版社，2003 年。本文往往将 ethnos/ethnic group 译为"种族"/"种族集团"。现在看来，一概改译为"族裔""族裔集团"，可能更加准确。它最初是为清理思路而写成的一篇并不称心的读书札记。承蒙《原道》编者看重，要重新将它发表。本想趁这个机会对它做一番比较系统的修改和增补，但终究没来得及动手。现在只好以"补记"的形式，围绕民族主义和国家认同的关系问题，谈一点进一步的思考。

以政治分离为诉求的民族主义运动，已成为骚扰当今世界很大一批国家的严重不安定因素。那么，民族主义是如何从现代民族国家形成过程中的催酵素，至今在众多国家演变为直接针对既定国家认同的腐蚀剂的呢？

仅仅把民族主义一分为二地区别为"爱国的"和"分裂的"两种性质的民族主义，似乎还不算很充分地回答了这个问题。因为从学理上说，起码是从玛志尼的时代以来，"爱国的"或"分裂的"民族主义所依据的原则，其实是一脉相承的；这就是所谓"每个民族各自都有一个国家，每个民族只能有一个国家"（Every nation, a state. Only one state for one nation）。换句话说，从"爱国的"民族主义到"民族分裂主义"，就规定其立场的基本原则而言，并没有任何质变可言。

事实上，真正发生变化的，并不是民族运动的基本原则本身，而是民族运动所处的具体历史环境。法国革命以后的近两百年内，各民族独立建国的几次民族主义高潮，主要表现为殖民地和被保护国的非殖民化运动，奥斯曼土耳其帝国、奥匈帝国和俄罗斯帝国疆域内的民族解放运动，以及一向保留着民族自决权利的构成原苏联各加盟共和国的主体民族从原苏联国家分离出来的运动。它们无疑都展示了民族主义潮流所内在地具有的历史正当性。

但是在另一方面，正如霍布斯鲍姆所说，"我们正在追踪一只怪物"。在各民族独自建国的名义下建立起来的"民族国家"，绝大多数并不是单一民族国家。于是，许多这样的国家内部的非主流族群，又接过民族独立的旗号，去挑战业已确立的国家认同。这一类民族主义的诉求，"主要并不是用来对抗外来的帝国压迫者，而是用来反对新获得解放的国家宣称它是一个具有同质性的民族，因为它事实上确非如此"。

民族主义在今天已经面临着一种全新的历史环境。它们所挑战的，越来越多地是已经从外来控制中获得自由的现代国家。或许不能完全排除下述可能性，即还会有若干这样的民族主义运动，在特定的历史条件下最终成功地实现自己的分离诉求。但是当代国际体系肯定无法允许层出不穷的民族主义运动都如愿以偿地独立建国。对此，我们必须有一种新的解决问题的办法。这就是改变书写在两百年来所向披靡的民族主义旗帜上的那句著名的"一个民族，一个国家"的口号。

真的，这个世界上很少有什么永恒的、可以被我们一成不变地固守的教义。其实如今被我们看作民族主义真谛的"一个民族，一个国家"原则本身，也不是民族主义最原初的主张，而是民族主义历史流变的产物。根据格林菲尔德在《民族主义：走向现代的五条道路》一书中的分析，当民族主义在它的原发地英国乃至法国形成发育起来时，它本是一个既定历史疆域内的全体人民把国家主权从皇室、贵族手中夺归大众的运动。这时候的民族概念，"等同于国家，等同于人民，尤其是享有主权的人民"。也就是说，早期的民族主义具有两个鲜明的特征。一是主权在民的原则，即把主权定位在人民中间，以及对不同身份的人民之间基本平等的承认。它其实也就是民主的基本原则。因此格林菲尔德说，这时"民主被包容在民族的观念里，就如同蝴蝶被包容在茧子里"。早期的民族主义因此可以被定义为"公民民族主义"（civic nationalism）。从这里又引出它的第二个特征，即它所缔造的民族，是一种"领土民族"（territorial nation）。民族的范围由国家疆域来界定，它包含了疆域之内的全体人民，不分肤色、语言、文化，乃至人们观念中的血统区分。

但从 19 世纪中叶到 20 世纪前期威尔逊的"民族自决"原则确立之日，与它的原初形态相比，民族主义的思想内涵发生了可以说是很重大的变化。它的强调点从主权在民转移到以某个人群的特殊性为根据，来界定民族及其主权归属。由此便发生两个转变。一是民族主义与民主之间的等同关系从此失落；二是与上述转变相关，公民民族主义转变为族裔民族主义（ethnic nationalism），即以文化（尤其是语言）、观念上的共同血统等因素来界定民族。自那时以来，民族主义的大多数形式实际上已演化为这样的族裔民族主义。有的学者甚至将这一过程视为民族主义的"退化"。

于是我们看到，早期民族主义思想中合二而一的民族认同与国家认同，在族裔民族主义思潮里已分化为两种不完全相同的观念意识。当对于本民族的忠诚被置于首位的时候，它就会与国家认同发生不可避免的冲突。简而言之，民族从一个与国家合二而一的观念，衍化出另一个与国家不再重叠的"族裔民族"观念。而族裔民族与作为国家的民族这两种观念之间的冲突，就是民族主义使当今人类社会深陷困境的根由所在。

著名政治学家蒂里认为，为解决上述冲突，我们可能有三种选择。或者是在一国之内广泛推行文化的同质化，即通过文化控制、大众传媒、职位雇用、公共行政和移民等手段，将全体国民归并为同一人群；或者是允许"被看起来是自成单元的这个或那个人群所控制的地域"不断地从现成国家中分裂出去。以上两种选择都致力于使族裔民族和国家的边界归于重叠。但是采取前一种选择可能导致的"最黑暗的前景"，是把全体国民变成"对内绝对顺从、对外则富有侵略性的民族主义者"。至少与蒂里在这里所说同样严重的是，此种强行同化还极易滑向政治专制和血腥的镇压与对抗。而第二种选择的前途，则是人们很难看得出这一不断分裂的过程"将焉于胡底"。所以，蒂里本人赞同的是第三种选择：将文化独特性与建立国家的原则依据分离开来。

乍看起来，蒂里的立场与如今日益流行的那种通过对民族身份的"去政治化"安排来解决现代国家内部民族关系问题的主张甚为接近。但由于后者远不如前者那样明晰，所以它可能包含某种认识上的误导，也许甚至是故意的误导。

究竟什么叫作"去政治化"？有些学者将它等同于下述主张："民族自决的权利支撑的是文化的、而非政治的主张，即保留民族作为一个独特的文化实体而存在的权利。人们可以'保留民族的存在'，而不坚持各民族都必须形成他们想象中那样的国家。""关于民族主义的这种文化的，而非政治的诠释，最符合于自由主义的观点。"但是"去政治化"与这种见解的最大区别在于，前者在赞同后者否定主要是从文化独特性引申出来的政治独立诉求同时，也把为保障非主流族群"作为一个独特的文化实体而存在"所可能需要的某些其他特殊集体权利也一起抹杀了。据说在"去政治化"的条件下，非主流族群可以依赖于"社群主义话语"来保留他们作为独特文化实体而存在的权利。但是正如有些评论者指出的，"社群主义话语"最大的限制性之一，便是它关于共同体的概念过于抽象，因而对作为一种特殊的共同身份即民族形式的关注太少。评论者进一步还追问道："如果我们赋予民族以'保存他们的独特存在，根据他们的独特生活方式来经营其共同生活'的权利，我们如何可能将他们排除在政治之外？甚至一个民族的最不带扩张性的观点，也可能使该文化共同体牵涉政治。"

与"去政治化"主张相联系的，现在还有一种把美国解决国内民族问题的"熔炉"模式过分普世化的倾向。美国的历史，是一部主要由移民构成的新型国家的历史。在这一点上，它与欧亚旧大陆大多数国家有很大的差异。后者或者各自拥有相当久远的历史疆域，或者由很多拥有共同历史地域或共同历史记忆的人群所构成。美国的"熔炉"模式，恰恰与它的这一历史特殊性密切关联。不应该完全置这一特殊性于不顾，从而故意夸大美国经验的意义。

移民国家和经历过长久传统时期的国家在国内民族关系方面的重大差异，很早就受到康诺尔的高度关注。所以他在分析族裔民族主义的国内背景时，把移民国家与其他类型的现代国家做出明确的区分。后者又被他划分为单一民族国家、多民族国家，以及主要分布在中南美洲的欧洲人—美洲印第安人混血国家三类。可以看得出，组成一个现代国家的族群是否依然生活在他们的"世居地"（homeland），这个问题是康诺尔构建其整个分类框架的最首要尺度。在移民国家里，除小部分"保护地"内的土著部落外，没有族群仍然据有着他们的世居地。单一民族国家由一个拥有世居地的人群构成。多民族国家还可以分成三个子类，即只有一个保持世居地的人群的多民族国家（unihomeland, multinational states）、有若干个保持着各自世居地的族群的多民族国家（multihomeland, multinational states）、没有保持世居地的族群的多民族国家（nonhomeland, multinational states）。

某个族群是否还生活在其世居地域，为什么对这个人群会有那么重要的意义呢？康诺尔写道，一个像这样的族群的成员们，对那片地域会有某种强烈的特殊归属感。唯其如此，他们在是否愿意或多大程度上愿意采纳全国共同语、是否愿意与本群体以外的人通婚，或者在为跨族群通婚的后裔们选择族裔身份时、在对待其他族裔人群的态度方面、在是否或多大程度上愿意接受涵化（acculturation）和同化的问题上，他们都会与早已不再生活于世居地的那些人群表现出极大的不同。胡乱照搬"熔炉"模式的主张，完全忽略了这些至关紧要的区别和相关族群的主观感受。

在民族关系问题上实施"去政治化"与"熔炉"模式的主张背后，实际上隐藏着一种意图，要把不同民族间的文化差异等同于，或者至少是希图把它们最终转换为不同地域文化之间的差异。在这些主张者的心目中，蒙古族、纳西族等人群的文化与汉文化的不同，与同属于汉文化的浙江文化和广东文化之间的差异，在性质上似乎没有多少差别，或者理应透过"非政治化"和"熔炉"效应而使前一类差异终至于被归并入后一类差异。为了配合和促成这样的转换，有些人甚至觉得，用统一施行于全国范围的省制来治理民族地区，可能是更适合于多民族国家内民族融合的行政体制。这显然是无视于不同国别的具体社会—历史环境，盲目地把"均质化"作为巩固现代国家的绝对的和最高的信条来崇拜，并把客观地存在于现代社会的文化均质化趋势和主观上的治理意图混为一谈。如果真的把这样的方针付诸实践，人类走向蒂里所深为担忧的那种"最黑暗的前景"，将不是完全没有可能的！

让人百思不得其解的是，在当前高度强调"中国特色"的话语场里，对一个恰恰最需要考量其中国特性的问题，却偏有人宁愿用被夸大了的普世模式来应对。长期以来，苏联和中国一直是这个世界上仅存的两个基本保留着帝国时代版图的现代国家。在它们的疆域之内，持续地拥有各自世居地的族群，都至少有数十个。这一事实表明，两个国家之所以都实行民族的区域自治政策，不应整个地被归结为意识形态影响的缘故，因而与两国国情所共有的特殊性毫无关联。严格地说，中国的民族区域自治政策与苏联的政策并不完全相同。1990 年前后脱离苏联的那些加盟共和国，一直拥有从苏维埃联盟分离出去、独立建国的自决权利，这使它们从苏维埃联盟建立开始，就与各加盟共和国内部的各民族在国家结构中处于不同的地位。苏联的解体有很复杂的历史因缘，不进行具体的分析，简单地把它归结为民族区域自治政策的失败，颇有耸人听闻之嫌。正相反，苏联解体这件事，或许更像是在对人们表明，在缺乏充分的政治民主化的背景下，由于无法真正落实民族区域自治政策而积重难返的民族问题，在重大的国内政治危机诱发下，很可能恶性爆发，从而导致国家的分裂。

现在让我们回到蒂里提出的第三个选择上来。他想"分离"的，只是文化独特性依据与独立建国的政治诉求之间的联系；这就替非主流族群为保障其文化独特性，而在国家体制内争取除分离以外的其他某些必要的政治权利，留出了充足的空间。目前关于这方面最详尽的讨论，当推金里卡的著作《少数的权利：民族主义、多元文化主义和公民》。围绕着加拿大处理魁北克问题以及西方发达国家应对国内族群关系的某些经验，金里卡指出，一国的主流语言和主流文化总是那个国家主体民族的语言和文化，这是不可避免的。但是承认这个无可回避的事实，不等于就必定要否认另一个同样明显的事实：一国主体民族的语言与文化，几乎无时无刻不在对该国非主流族群的语言和文化造成某种意义上的侵害。正因为如此，非主流族群就应当拥有某些特殊的政治权利，以便根据他们的集体意志，至少能在自己的祖居地采取他们认为必要的措施，来保护自己的语言和文化。这样的政治权利，是对属于非主流族群每个个体成员的公民权利的必要补充，并且也绝不可能用后者来取而代之。

20世纪50年代，中国共产党在制定少数民族政策时，曾提出过"事实上的不平等"这样一个概念，来论证为什么要对国内少数民族实行某些照顾和优待政策。看到这个提法，毛泽东高兴地说："统战部有秀才！"按当时的解释，"事实上的不平等"主要是由过去历史造成的。而金里卡似乎是把我们对此的认识更进一步推进和提升了。

他的书没有一言一词涉及中国的民族问题，却很像是为中国民族区域自治政策的正当性和合理性所作的最新最有力的辩护。

21世纪的人类迫切需要一种崭新的民族主义。它一方面应当重新宣扬早期民族主义的主权在民，以及保障其疆域内不同身份的人民基本平等的原则；另一方面，它也必须以前所未有的热情去拥抱和维护多民族统一国家的观念。只有通过在政治民主化平台上全方位地实现民族的区域自治政策，中国的民族关系才能有根本意义上的加强和改善。任何从这个立场上倒退的想法，都是没有出路的。

# 评"新天下主义":

## 拯救中国，还是拯救世界?

如果要从传统的"天下观"汲取历史资源，首先就需要厘清历史上的"天下观"究竟包含一些什么内容。可能至少存在过四种不同的"天下"。

第一个"天下"是西周的那个天下。对此，实际上我们知道得很少。因为我们借以了解那时候天下的文本材料，大都是经过儒家整理的那些经典。凭信这些后出资料来"复原"西周人心目中的"天下"，恐怕会有很多靠不住的地方。具有同时代文献属性的是刻在青铜器上的"金文"。金文所反映的西周面貌，与经过儒家"过滤"后的传世文献追述的情形就不太一样。日本的白川静要根据金文"重建"西周历史，就像吉德炜想利用甲骨文来"重建"晚商史一样。可是事实证明，离开了司马迁，我们还是无法比较完整地讲述西周史。所以"天下"在西周的真实状况，其实是讲不大清楚的。

第二个"天下"就是孔子对西周天下的阐述。这也是后来人想象天下时的一个很基本的资源。但孔子所主张的这个天下，在他自己那个时代就已经无法实现了。他理想里的天下，在进入秦汉以后，尤其是在"独尊儒术"政策部分地改造了儒家之后，甚至被儒家自己也放弃了。不仅如此，以为孔子推崇的是一个均衡的多国体系之天下的观念，实际上还忽略了以下这个很重要的事实，即一直到战国初年为止，华夏人群还没有整个地占有全部华北核心地带。在那里还有诸多非华夏的不同文化的人群与华夏错杂分布。因此支配着本时期"天下"的，不仅有一个处理华夏内部诸国之间的均衡多国体系，还有"内夏外夷"的等级原则。拉铁摩尔曾经十分尖锐地指出，"中国古代及现代历史家们"有关华夏只在抵御侵略和保卫自己文化时才从事战争，亦即华夏与戎狄之间的战争都起因于戎狄攻击的流行见解，传达给读者的只是一种"肤浅的印象"。与封建列国间的均势时常变迁并行不悖的，是华夏控制的土地在持续不断地增加。"尽管少数民族实际上是在自卫，但其战争的方式却是突袭"。这种"退却的侵略""于是常常被编年史记载为'攻击'，使优越民族进一步声张自己的优势变得合理合法"。

第三个"天下"，可以说就是以汉唐体制为典型的传统中国处理国内边缘人群和地区以及外部世界时所设定的天下。均衡的多国关系体系已经被秦汉时期中国独大、汉文明独大的沙文主义意识形态所取代。所以如果儒家可以被视为"普遍主义"，那么这种普遍主义的真正意思就是：它实际上认为这个世界上只有一种文化或者文明。任何与它不相同的文化或文明，都并不被它看作不一样的外部文化或文明，而被定位为处于它所在的唯一、"真正"文明中相对落后阶段上的各不同发展形态。不同文化之间的差异于是被转译为同一文化内部不同发展阶段之间的差异。"我们"之外的"他们"都是野蛮人；野蛮人中间还可以分别出"生番"和"熟番"（英文有时径直译作cooked barbarians）。"他们"有"向化"之心，"我们"则有"教化"之责；"教化"的最好结果，就是化"他们"为"我们"。这就是"经纬人文，化成天下"，从而将世界引入"天下大同"的境界。在大同尚未实现之前，处理国内和国外诸"番"时所采纳的，就是以册封和朝贡为基本形式的等级制羁縻体系。

现在要谈最后一种"天下"，理解起来复杂性更多一点。它是将源于汉文明的天下观投射在一个远超出汉唐国家建构规模的"大中国"之上的结果。

华夏文明或后来的汉文明尽管拥有极大的扩展自己生存空间的活

力，可是这种活力既然以雨养农业传统作为自己的生存基盘，也就要反过来受到可以从事雨养农业的地域边界的天然限制。因此无论如何，它也不可能将"我们"的文化一步一步地"化成"为一个覆盖整个今日中国版图的"天下"。从这个视角看问题，汉唐国家体制在汉文明以外地区所推行的以册封和朝贡为基本形式的羁縻统治，就可能朝着两个完全不同的方向发生演变。在部分能够或勉强能够经营雨养农业的地区，羁縻统治可以经由设立土官、土司建制，到土流并置（在土司地区兼设流官，负责治理进入那里的汉人群体），然后实现改土归流的路径，把汉文明的边界向那里推进，最终将从前的"化外"之地纳入编户征税的郡县制体系。不过传统中国如果只依靠上述那种国家建构的模式行事，西北中国的大部分地区是无法被有效地纳入中国疆域之中的。事实上在最近的一千多年里，能够把汉文明之外的大片西北疆域括入中国版图的，并不是采纳汉唐国家建构模式的宋、明等"儒教"王朝。而元、清两朝所建立的多民族统一国家，都是兼用汉唐式专制君主官僚制和内亚边疆帝国这样两种国家建构模式才能成就的。雍正帝因此断言，"中国（汉文明意义上的中国）之一统始于秦。塞外之一统始于元，而极盛于我朝"。版图囊括了"塞外之一统"的"大中国"，没有出于蒙古人、满人创制的上述后一种国家建构模式的参与，是根本不可能产生的。

在元时期和清时期的"大中国"里，汉文明地区和非汉文明地区之间在领土结构上的等级差别，好像变得已经远不如在汉、唐、宋、明的国家领土结构中那么明显了。对满洲人来说，吐蕃或西藏地区是不是一定不如汉地重要？蒙古地区是不是一定不重要？恐怕不是那么回事。清代汉地十八省和蒙古、新疆、青海、西藏等地，在满文里都叫 tulergi golo，译言"外部地区"，在概念上本来没有区别。汉译名称分别称为"外省"和"外藩"；这里所谓"外"，都相对于由八旗宗室王公们构成的"内藩"而言。当汉人把外藩的进京朝觐与明朝体制下土司以及"域外"诸国的朝贡混为一谈时,"外藩诸部"在汉文文献里看起来就像已经变身为朝贡体系中的一员了。标准的中国历史叙事至今把清帝国的建立看成是秦汉以来专制君主官僚制国家建构模式的进一步延伸或推展。这表明我们似乎从来没有真正弄懂过清帝国的"天下"究竟是怎么回事。

清朝政府自然不会有"民族平等"的现代意识。但它也没有想用满语和满文化来统一全国的语言和文化。它试图用维系并相互隔离国内各大型人群各自活动空间的方式来避免不同文化间的冲突或互相干扰,同时也防止各人群形成联合反清力量。这样的政策安排,客观上有利于诸多民族在相对安定的环境里发展各自的社会文化。清代汉人从当时国内政治与社会结构中读出来的"天下",与满人统治者心目中要建设的"天下",可能还不完全是一回事。只是在中国的外部关系方面,清代的天下观才与传统版本相当接近。

说到这里,就不难发现,热心于谈论新"天下"观的人们所参照的传统中国的天下观,未必是同一个版本。另外,几乎所有这些天下观,包括在清代汉人眼中的当日天下,都具有强烈的等差结构特征。我有点疑惑的是,在谈论一个"去等级化"的"天下"时,它在传统时代的版本除了一个空壳之外,还能剩下多少隐喻的价值?要援引"天下"的传统版本来隐喻"去等级化"的天下,是否会类似于要我们去想象一个三角形的圆圈,或者一座冰雪的火焰山?正如亚里士多德所说,"同一事物不可能既热又冷,或既干又湿"。在中国人意识深层,旧时"天下"已难以与规定其之所以为"天下"的基本属性即其等差结构互相剥离开来。在最好的情况下,它仍足以导致对"新天下主义"的各种误解。


接下来的问题是:"新天下主义"究竟是一种着眼于中国,还是着眼于世界的愿景?我的发言标题,措辞可能有点夸张。其实我真正想提出来的，就是这样一个问题。我觉得上述两个"着眼"之间的区别是很大的。

着眼于中国，首先是说中国要成为塑造未来世界秩序的一个更加积极的共同参与者，或者甚至是一个主导者，应当如何凭依自己的历史文化资源，去做出自己的独特贡献。其次，这里所说的世界秩序，不仅是指国与国之间的外部秩序，也包括基本上聚焦于中国国内民族关系的本国内部秩序。当然，国家的内部秩序还有很多其他层面；但我自己比较关心的以及我读到的这几篇文章在讨论天下观时讲到的内部秩序，所围绕的核心问题其实都是民族关系问题。赵老师（赵汀阳——编者注）刚刚在讲，他下一本书可能就会以历史上中国各民族间的相互关系为主题。在这一点上，大家的思考似乎有些不谋而合。所以"新天下主义"也带有对中国作为一个多民族统一国家应当如何更好地处理它的内部关系这样一种强烈的关怀。而着眼于世界的意思，借用赵老师的话来说，则需视现存的主权国家体系为业已"失败的世界"，因为它反映的只是"帝国主义对世界的深层支配"。在他看来，现存国际政治"既没有制度，也不追求公正的游戏规则"，"实质上是伪装为政治的敌对竞争"，已经彻头彻尾地堕落为维护霸权国家特殊利益的帝国主义游戏。而"新天下主义"代表的，即是从这样的无政府状态中解救世界的一种全新政治逻辑，一种真正世界性的政治秩序。

但是我有一点怀疑。这种拯救世界的志向是不是过分夸大了中国因素在其中的重要性？因为几乎可以肯定的是，面对现实国际政治中的种种弊端，西方世界也一直在从它们自己的文化和传统中寻找解决问题的途径。由此我们最容易联想到的，可能就是所谓"世界主义"的主张。一般认为，尽管世界主义在古代基本上是一种人道主义的道德承诺，但是在早期现代和启蒙时代，从这种道德世界主义中间就已经发展出不同形式的政治世界主义。其中有非常激进的，如 Cloots 就要建立世界范围内"由联合起来的个人组成的共和国"；康德则属于其中不那么激进的一个，他在《走向永久和平》中表达的有关国际法律秩序的理念，似与后来国联和联合国的结构颇有一致之处。现代世界主义的主张相当五花八门。从建立权力集中的世界政府，到掌握着有限强制权力的全球范围的联邦体系，或者是把规模和关注范围都限制于特殊干预领域的国际政治制度安排。此外也有学者试图寻求非世界主义的国际政治安排，如哈贝马斯、罗尔斯、贝兹、勃格，或者所谓"世界共和"的理想，等等。

另外一个很容易联想到的相关学科，就是国际关系。它作为一个专门领域，也许应该说诞生在第二次世界大战以后的美国。所以霍夫曼在20世纪70年代曾有一点傲慢地宣称，现代国际关系学是一门"美国的社会科学"。随便举一本较新近的综述国际关系理论的教科书，例如由Tim Dunne、Milja Kurki 和 Steve Smith 合编的《国际关系诸理论：学科范围与多样性》(第3版，牛津大学出版社，2013)，就分析了十多种不同的国际关系理论。本书结语一章的题目是："既有如许争论，是否还能称其为一个学科？"它揭示出人们在认知国际关系方面的共识是如何在快要将它淹没的理论多样性之中艰难挣扎的。如果我们只是引用西方学者在互相辩论中的各种尖锐批评，以描画一幅绝望现世的末法图景，或者把所有这些对国际政治的理论探索统统看作对于即使不至于你死我活，至少也是损人利己的利益博弈的障眼术，这样的看法是不是过于简单了？

所以提倡"新天下主义"，就无可避免地需要先回答如下问题：它究竟是应当与西方人试图从他们的传统资源里寻找解决世界秩序问题的思考和探索展开充分的对话，通过对话去共同塑造未来的世界秩序，还是应当把它们全都颠覆了事，因为我们已经面临从总体上更换游戏规则的时代，或者说得更直率一点，因为我们已经面临一个必须由我们当仁不让地负责去重新指定游戏规则的时代？

因此，如果要凸显出"新天下观"对塑造未来世界秩序的意义，似乎还需要把它放置在一个全球性的学术思想的谱系中去定位，并从事进一步的思考。

　　从自己比较熟悉的专业领域出发，我会较多地从调整国内民族关系的角度，也就是更多地着眼于国内秩序，去思考"新天下主义"可能具有的意义问题。但是当"新天下观"从被用于处理国际关系转入到被用于处理国内民族问题的时候，我们仍然发现它有很明显的弱点。

　　深受原始儒家推崇的西周天下体系，早就离开了"天下为公"的模式。"大同"之世只是留在儒家心目中的对于远古的模糊回忆，而不是它要追求的理想。康有为就很敏锐地指出，"孔子言礼，不及大同，专言小康"。靠分封的等级制这样一个外在制度规范，匹配以家族血缘的内在精神纽带而建构起来的西周制度，至多也只是不同等级的贵族们所共享的天下，恐怕谈不上是一种为"有限天下内所有人所共享的天下"。而西周体系的崩溃，即所谓"礼崩乐坏"，也就因为当内在的血缘关系随着时代推移变得越来越松弛，因而对人心的约束趋于无效之时，外在的礼制规范就再也不可能维持下去了。孔子的核心主张有两个，他试图恢复西周礼制的政治主张完全失败了。但奠定他在中国文明史上伟大地位的，是他为了找寻一种能取代已经无可挽救地衰落下去的血缘纽带作为人遵守礼的内在精神约束，而被他发明的"仁"的学说。社会秩序发生整体转型的时期，往往是工具理性像洪水猛兽一样淹没大多数人精神世界的时候。在这样的时候，孔子孤独地坚守着，并且还进一步提升了以"仁"为核心的华夏价值理性，这才是使他得以不朽的原因。西周体系崩溃了，"仁"却留驻于华夏精神世界之中。

　　西周的"天下"观也留存下来。但随着诸侯国之间为争夺辅佐天子以维持西周政治和社会秩序，即所谓"尊王攘夷"的政治、外交和军事斗争逐渐转变为兼并天下的战争，尤其是随着秦汉的统一，渊源于各诸侯国相互关系的那种均衡的多国体系观念从传统的天下观中几乎完全坠失。此后儒家的天下观主要还是用于梳理统一国家与境外诸人群的外部秩序问题。儒家在处理内部秩序问题上，其政治资源是很少的。它理想中的国家治理目标，生动地反映在"车同轨，书同文，行同伦"这一古老的经典语句里。宋儒进一步对它进行解释说："各要其所归，而不见其为异。此先王疆理天下之大要也。"用现代人的话来概括这样一种天下观，那就是要用汉文化去覆盖全部国家版图。

所以无论是西周时代的天下观，还是秦汉以后的儒家天下观，面对如何治理具有文化和族群多样性特征的国家的问题，我认为都是一种资源非常匮乏的传统。

不仅如此，在"新天下观"的提倡者中间，竟然有人主张对国内少数民族实行"深入的文化融合"或曰"和平〔的〕同化"的政策。这更让人感觉，它与这种或那种世界主义的立场之间具有某种相似性似非出于偶然。因为世界主义恰恰也把坚持文化多元主义立场的"自由民族主义"者如玛格丽特、拉兹、塔米尔，乃至金里卡等人视作自己的反对派。由于担心遵循世界主义／新天下观来处理国内民族关系所可能导致的压迫性后果，我们因而有理由更愿意参考文化多元主义的框架来解决问题。在这方面，金里卡的《通向文化多元主义的奥德赛之旅：寻求多样性的新国际政治》（牛津大学出版社，2007）一书很值得我们细读。本书可以破除一个在中国流传广泛的神话，即奉美国的"熔炉"政策为当今世界解决国内民族问题的首选方案。

上述文化多元主义路径的成型，不是理论先行，而是国际社会在实际政治运动推动下实践先行的结果。第二次世界大战后，有大概二三十年的时间，国内少数群体的利益问题，作为一个集体权力问题，基本上没有进入学术界以及政治家们的思考范围。从实践上，它被当作可以纳入广泛的保障公民个体人权的范围之中，一并予以解决。

但是从20世纪80年代开始，国内边缘人群的集体权力问题被单独地提出来，置于国际社会的议事日程。西方发达国家在处理各国内部的原住民和历史上存在的少数民族问题时，普遍采纳的是所谓"内部自决"（internal self-determination）的各种依赖途径，不但承认少数人群在保留其文化和语言方面的要求，而且用国内区域自治甚至是联邦国家的体制，来解决它们的内部自治要求。

20世纪90年代可以说是多元文化主义在西方发达国家最流行的时期。但从20世纪90年代末开始，这一发展势头呈现停滞的局面，有人还使用"倒退"一词来形容自那以后多元文化主义在国际政治中所遭遇的命运。不过所谓"倒退"，并不意味着针对西方发达国家处理其内部民族关系的一系列既有成果的否定。它的主要意思是：一、在发达国家，人们原先预期的把业已实现于原住民和历史上形成的各种少数民族群体的集体权利推广到新移民群体的种种措置，包括"非地域自治"的制度建构，都因遭受强烈抵制而停止下来；二、发生在后共产主义欧洲和后殖民地国家内部各族群之间的剧烈的暴力冲突使国际社会认识到，把发达国家实行的少数人群自治经验贸然推广到后共产主义和后殖民地各国，乃是不现实的；三、国际社会和各种国际组织在一般原则的指导方面，完全不再提及政治自治，而只强调对文化权利的尊重。不过在发生激烈冲突的地区，作为对态度和实力都很强硬的少数群体的妥协方案，实现具有针对性的政治自治仍然是国际社会常用的解决问题的策略。

上面提到的那本书还相当详细地分析了多元文化主义路线指导下的政治自治在后共产主义和后殖民地各国之所以无法顺利推行的各项具体的背景性原因。十分有意思的是，这些背景原因在中国基本不存在。这从比较政治的角度表明，我们没有任何理由怀疑，少数民族基于其地域性和历史性的区域自治的权利，在中国是完全可以实现的。

在我看来，若与以上见解相比较，"新天下主义"的基本理路就使人感觉稍嫌空泛和含糊了。

（原载《探索与争鸣》2016年第5期）

# 从以赛亚·伯林到自由民族主义：
## 读陈来《归属与创伤》札记

以赛亚·伯林讨论问题的一种令人印象深刻的风格，是他往往喜欢通过对一系列"那不是什么"的阐述，来界定自己有关"那是什么"的核心观念。但是我们必须十分小心谨慎，在迫不得已要从他的诸多"那不是什么"的外围论辩中去抽绎出伯林心目中对"那是什么"的真正见解时。

陈来这篇论文所从事的，正是这样一项很不容易的工作。它力图围绕着对"归属"的渴望与"创伤"导致要求被承认的情绪因发炎而强烈反弹这两个主题，对伯林观念中的"民族意识"和"民族主义"，或者也可以分别把它们视为"文化民族主义"与"政治民族主义"加以区分。陈来指出，特别是在追溯民族意识为什么会"发炎红肿"的根源时，伯林"显然表达了对民族主义较多的同情理解"。

我们都知道，伯林十分肯定地把自己称为"自由的理性主义者"，一个"相信民主、人权和自由国家的人"。正如陈来所说，恰恰由于自由主义对个人所抱持的那种相当不同的理解，伯林以自由主义思想家的身份对民族主义的同情与肯定，成为人们之所以对他的见解倍加关注的内在原因。由此便引发出这样一个问题：我们可以用"自由民族主义"这样一个概念，来概括伯林对待民族主义问题的基本立场吗？

在这里，陈来所进行的细致分辨大概包含如下三个要点。首先，民族主义作为"三种当今世界最有影响的国家意识形态"之一，必须分别被另外的那两者，也就是被自由主义和社会主义的国家建制所直面、接纳、妥协和结合。在此种意义上，伯林关于民族主义的思想遗产，对社会主义国家解决国内民族问题也具有非常积极的参考价值。其次，对伯林所持有的这一立场，无须采用"自由民族主义"这个他本人从未使用过的概念予以阐释。自由主义和民族主义在伯林思想中的共存，在最一般的意义上，可以被理解为就是政治自由主义与文化民族主义的共存。因而站在伯林的立场上看问题，他也许更愿意接受的，是一种类似丹尼尔·贝尔提出的多元结构模式。最后，我们虽然不能将自由民族主义直接指归于伯林，但它确实可以被看作伯林的学生和研究者对伯林思想的积极而并不过度的诠释和发展。

对上述第二、第三点之间的分疏和辨析是完全必要的。陈来明确指出：一方面，伯林对民族主义的警觉和提防，针对的主要是政治民族主义，而不是文化民族主义的主张和实践；另一方面，伯林自己不仅很少"把民族主义和自由主义关联在一起讨论"，甚至"政治自决的民族主义"在伯林论民族主义的文字中也"很少涉及"。那么除此之外，二者之间是否还存在更进一步的内在理路上的联系呢？

我以为，在伯林本人思想深处，或许确实存在着可以将上述两点联系在一起的过渡环节。为此，很有必要像此前的伯林研究者已经做过的那样，将他强调过的"家园"意识在刺激民族主义情感方面的重大作用引入讨论，无论这种"家园"意识应当被看作与"归属"及"创伤"并列的催发民族主义的三种重要情感，还是可以将它当作"归属"情感中一项意义异乎寻常的内容。

伯林在提到以色列国家的缔造者和它的第一任总统魏茨曼时这样赞扬道："他本能地看出，人们（此指犹太人——引用者）只有在这样一个国度里——在那里，人们可以不必时刻担心别人如何看待自己，自己又该如何对待别人，自己的行为会不会让人讨厌，或者自己的行为会不会引起别人过分注意——才能自由地发展，才不会老是担惊受怕——'这样做对吗'？'他们会接受吗'？赫尔德早已表述过这样的看法；不过，据我所知，魏茨曼并不知道。"他曾在另一处这样转述"魏茨曼并不知道"的赫尔德的见解："一个人的创造力要想得到充分发挥，只能是在他自己的出生地，跟那些与他在身体上、精神上类似的人生活在一起，那些人跟他讲着同样的语言，让他感觉像回到家一样自在，跟他们在一起，让他有归属感。唯有如此，真正的文化才能产生出来，每一种文化都是独特的，都对人类文明做出自己特殊的贡献……而这些文化却只有在他们自己的土壤中，扎下自己的根系，并且可以远溯到某种共有的过往经历，才会枝繁叶茂。"伯林肯定，犹太人对"作为一个共同体自由发展"的希望、他们"追求一种犹太人的生活方式"，是符合赫尔德的思想的。而对犹太人来说，实现这种追求和希望最首要的前提，是获得一片可以作为家园的土地。伯林征引同时身为社会主义者和民族主义者的赫斯曾一再重复的话说：没有土地，就没有民族生活；"只要它依然是个没有家园的民族，即使街头恶少也会把羞辱它当成自己的义务"。因此，问题的核心正在于犹太人的无家可归。"利用他们自己的自然资源，在自己的土地上"，在他看来，至少是与"用他们自己的语言"等等同样重要的民族文化得以发展的条件。所以他坚持认为："犹太人活下来了，但只有迁移到他们的故土，他们才能作为一个民族重新振兴。"在这个意义上，他毫不犹豫地宣称："我当然是一个犹太复国主义者。"

我们自然有充分的必要从"那不是什么"的角度去界定伯林所抱持的犹太复国主义。最重要的，它肯定不是一种"整体论意义上的犹太复国主义"（Integralist Zionism）。犹太民族必须有一个安全的、民族自决的家园；但这并不意味着它有权利强制性地要求聚拢所有的犹太人。对那些已安于在世界各地作为少数族群而生活的犹太人，乃至自愿放弃自己族裔身份的犹太人个体及家庭，他们应当具有自主地做出这些选择的全部自由。另外，即使在被犹太人当作自己家园来建设的以色列，仍然需要保证位于耶路撒冷的穆斯林圣地的治外法权，以及在以色列领土内的众多巴勒斯坦人的政治及宗教信仰等权利，并必须在实现与巴勒斯坦的永久性领土分割后与它保持克制、友好、和平的睦邻关系。但是，纵然在枚举出更多的"那不是什么"的限制之后，他的犹太复国主义立场依然被不止个别的学者满怀犹疑地看作与他对消极自由主义、多元主义及宽容等等的强烈主张之间毋庸回避的、"真实的紧张"，看作他灵魂中"不同层面"的反映，甚或看作有点违背他的其他许多更连贯一致的见解的"例外"。

伯林对犹太人必须拥有一个属于自己的家园的强调，无疑和他对自己犹太身份的敏感体验有密切的关系。但与其说它反映的只是一种绝对的特殊性，还不如说正因为有那种独特的敏感体验，伯林才能更深刻地把握和意识到某种在许多互不相同的个别的、具体的场合都可能表现出来的特殊归属情怀。事实上，在最早揭示这种家园感的重要性的赫尔德那里，他谈论的对象根本就不是犹太人。

争取一个能实现内部自决或自治的家园的权利，当然不能够被看作只是一种文化的权利，而只能是用来保障独特的民族文化赖以保存和发展的政治权力。从这一角度看问题，把伯林赞同的民族主义的基本性格理解为主要是文化民族主义，可能就不太周全了。因此我觉得还是迈克尔·沃尔泽（Michael Walzer）的见解更加使人信服。他说，伯林既拒绝放弃特殊的归属情怀，又拒绝放弃普遍的善的意愿。像这样的双重拒绝，只能驱使他滑向一种可以叫作"自由民族主义"的立场。

自由民族主义不是一个从逻辑上可以自恰的、严密的思想理论体系，但它反而更加彰显出伯林特色的"狐狸"的智慧。他不但用消极自由观念来对抗启蒙运动以理性名义推行另一类甚至更带窒息性、更残酷严厉的专制的危险倾向，而且也采纳被他认为是由反抗18世纪理性主义的19世纪浪漫主义运动所建构的民族主义思想养料，用来为正在遭遇"受唯一的普遍标准支配的统一领域"压制和扼杀的不同文明，以及同一文明的不同阶段所蕴含的最为宝贵的人类文化多样性进行有力辩护。他是一种示范，提醒现代人应当同样地珍视和继承18及19世纪的西方留下来的两种几乎针锋相对的思想传统。这两种传统已经如此深刻地以互相夹缠的形式渗透到现代思想里，只要看一看民族主义怎样从体现着启蒙立场的主权在民原则中起步，在浪漫主义的塑造下转身成为族裔民族主义，同时却仍旧保持着启蒙运动的极端姿态，就不难体会了。因此，像伯林那样的观念史梳理，像伯林那样针对每一个具体的、个别的场景，在互相冲突的原则之间勉力去寻求某种很可能带着脆弱平衡性格的解决方案，而不是奢望获得一种根本性的、一劳永逸的解救，尤其显示出对我们的重要性。

鉴于这次会议的主题是"以赛亚·伯林与中国"，所以我还想在最后简要地谈一谈，他关于家园感的见解对我们思考当代中国民族问题所可能产生的启发。

一个民族或族裔群体是否拥有一片可以被认为是属于他们自己家园的土地，对这个民族或族群的每一个成员，无论他们当下是否或者是否打算在未来生活在那块土地上，都同样会是最被珍爱的精神资源。你可能经常甚至长期不在家，但有家的感觉依然使你不孤独。我们不难认识到，当今世界上的大部分现代民族国家，其实都是多民族国家。不过更重要的是，我们还需要像康诺尔（Walker Connor）所从事过的分析那样，在多民族国家中再分辨出"只有一个拥有家园的民族的多民族国家"（unihomeland multination state）、"有诸多个拥有家园的民族的多民族国家"（multihomeland multination state），以及"没有拥有家园的民族的多民族国家"（non-homeland multination state），等等。仅仅停留在中国是一个多民族统一国家的认识上，我们还不能看出，中国与世界其他多民族国家到底有没有区别？如果有，这个区别究竟在哪里？它对我们理解中国的具体国情又具有什么样的重要性？康诺尔对多民族国家的分类，凸显出中国作为一个多民族国家的特殊性，即它的版图覆盖着多达数十个久远以来即分别属于各庞大的少数民族或大规模边缘人群的生存活动地区。在当今大部分现代民族国家经由着从过去帝国（包括殖民帝国）统治中分裂出来的道路而诞生时，中国却几乎完整地把它在帝国时代的疆域纳入了统一的现代民族国家边界之内。当代中国民族关系和民族问题的全部特殊性，归根结底就是从这里产生的。从这样的认识出发，对中国长期实行的民族区域自治政策，就非但不存在任何可以怀疑动摇的理由，并且只能在不断推进政治民主化的平台上对它更全面和坚决地予以进一步落实。倘若我们真的愿意像爱护自己眼睛一样地爱护和捍卫国家的统一，我们就必须针对这个至关重要的中国作为多民族统一国家的特殊性问题，不断地展开更敞开心胸的、深思熟虑的探索。

如果伯林还活着，如果他也关注到中国民族问题的现实与前景，那么，他又会向我们发表什么样的评论呢？

（原载刘东、徐向东主编：《以赛亚·伯林与当代中国：
自由与多元之间》，南京：译林出版社，2014年）

# 谈民族与民族主义

问：社会学和政治学领域中的很多学者都主张，民族主义和民族都是近现代世界才存在的政治概念。你是怎么看这个问题的？

**姚大力**：把民族主义和民族分开来说，可能就更容易把二者弄明白。民族主义确实是出现在近现代社会的一种新事物。它的基本原则，用盖尔纳的话来概括，就是要使民族的地理边界与国家的边界互相重叠。自从玛志尼以来，这一基本立场被典型地表述在这样一个口号中：每个民族各自有一个国家，每个民族只能有一个国家（Every nation, a state. Only one state for one nation）。法国革命之后近两百年里，被压迫的各民族写在从中世纪帝国、从殖民地和被保护国的地位争取独立建国的伟大斗争的旗帜之上的，实际上就是这个口号。

问：可是与"国家要独立，民族要解放，人民要革命"那个时代相比，当今世界上的民族主义好像已经发生了某种变化。

**姚大力**：你说得对。变化的关键在于，国家和民族从如同钱币的两面那样，曾经是合二为一的概念，后来却演变成为两个不完全相重合的所指。正因为如此，英文里的 nation 才既可以指一国的全体国民，也可以指处于一国之内或跨国分布的不同的文化共同体。从民族主义的忠诚所指向的最高对象来区分，于是也就有了两种不同的民族

126

主义，即国家民族主义（state-nationalism）和族裔民族主义（ethnic nationalism）。当然，如果从理性或非理性的角度去分析，那么二者各自都还可以一分为二，从而区分出正当的或者过度的国家民族主义，以及正当的或过度的族裔民族主义。

那么，国家与民族是如何从一个最初合二为一的概念物，演变为两种不相等同的东西的呢？关于这个问题，美国的犹太裔学者格林菲尔德（Liah Greenfield），在她出版于1992年的著作《民族主义：走向现代的五条道路》一书里，作过非常精彩的讨论。

问：你曾多次提到过这本书。它最近已经被翻译成汉文出版了。

**姚大力**：能出版这么一部很出色的汉译本，对所有以汉语为母语的读者来说都是极大的便利。为此，应当感谢主持本书汉译的刘北成教授所付出的吃力而难以讨好的艰苦努力！

这是一本极重要的书，甚至有人誉之为"不朽的学术成就"。但它不是没有缺点的。就我所见而言，对它的批评至少集中在以下三个主要方面。一是由于它的题材规模"令人惊愕地巨大"，本书的讨论范围远远超出了任何一个学者所可能掌握的必需的知识幅度；因此作者的写作方法，只能是把来源于各色基本史料与相关第二手研究中的诸多片段，装配成一个带有"高度选择性的叙事"。例如有人指出，关于法国近现代史的既有研究成果数量极大、内容艰深，且过于专门化。因而"非本专业领域的学者们对它的轻视，只会使他们自己陷入危险"。二是本书作者"全神贯注的考察"，仅限于各国民族主义运动倡导者的社会地位、个人情感（尤其是他们的虚荣，对出人头地的追求、愤懑甚至忌妒）及其思想意识，却完全忽略了大众精神和文化的问题，忽略了对制度及国家建构层面的论述。文化精英对大众与社会的影响被看作会自然而然地自动实现的事情。从这个意义上来说，本书最多只"说出了故事的一半"。三是本书在采取韦伯的文化社会学分析路径的过程中，表现出强烈的文化宿命论倾向。一国特定的民族主义思潮与运动的全部发展，自从它确立之日起，便被看作同一意识形态主题的一脉相承的伸展，至多只会发生一些细微的变化而已。由此，德国民族主义从一开始便注定会带上极权主义、反闪族的印记，正如后来的希特勒纳粹政权所表现的那样。

但是以上种种批评，并不能抹杀本书对民族与民族主义之近代起源及演变的逻辑过程所进行的通贯的、精湛的分析。

问：你能为我们简略地概述一下这本书的主要观点吗？

**姚大力**：本书指出，在民族主义推动下，近代民族国家和民族先后产生于 16 世纪的英国、17 世纪中期的法国、18 世纪下半叶的俄国、18 世纪晚期的美国以及 18 与 19 世纪之际的德国。在这个历史序列的演进之中，民族主义和民族本身都经历了一番重大的变化。

当民族主义在它的原发地英国形成、发育起来时，它原本是一场处于既定的历史疆域内的全体人民把国家主权从皇室、贵族手里夺归大众所有的运动。也就是说，最初的民族主义所宣扬的，是主权在民的基本原则。这时候的民族概念，"等同于国家，等同于人民"；后者指的，不再是地位低微的群氓或草民，而是被从整体上提升到过去那种有身份的精英的地位、享有主权、政治身份基本平等的公民。这样一种民族的范围，是由国家疆域来界定的。它包含疆域之内的全体人民，不分肤色、语言、文化，乃至人们观念中的血统区分。格林菲尔德把这种最"原生态"的民族主义，定义为基于自由主义—个体主义原则之上的"公民民族主义"，由此产生的，是一个从本性上由自由与平等的个人之间自愿结合而成的"疆土民族"。

可是，上面描述的早期民族主义和早期民族，在从英国周游到法、俄、德等欧洲国家的一路上发生了改变。在法国，民族主义丧失了个体主义的原则，转变为集体主义的但同时还是公民的民族主义。在俄国和德国，它的强调点更进一步从主权在民被转移到以某个人群的特殊性为依据，来界定民族及其主权归属。这样就形成了集体主义、权威主义的民族主义；而集体主义、权威主义的民族主义最容易与传统的共同血统观念结合在一起。结果便是民族主义与民主之间的等同关系从此失落；同时，以疆域来界定的契约民族转变为以文化（尤其是语言）、观念上的共同血统等因素来界定的族裔民族。

就这样，作者分别从两个不同的层面建构起一个对民族主义进行比较分析的框架：在大众主权的观念层面，民族主义可以是个体主义—自由主义，或者集体主义—权威主义；从其成员构成的尺度，民族主义可以是公民的或者族裔的。由此产生出民族主义的三个类型，分别可以由英美、法国和俄德的民族主义来代表：

|  | 公民的 | 族裔的 |
| --- | --- | --- |
| 个体主义—自由主义 | 第一类型（英美） | ［无］ |
| 集体主义—权威主义 | 第二类型（法国） | 第三类型（俄德） |

格林菲尔德说，英国之后，继承那种最"纯真"的民族主义的，只有美国；而其他国家的民族主义，都是类似俄国和德国那种集体主义的、族裔性质的民族主义。

于是我们就很好理解，从早期民族主义思潮中与国家合二而一的疆土民族，一旦衍化出另一个不再与国家重叠的"族裔民族"，那么对族裔民族的忠诚与对于全体国民意义上的疆土民族的忠诚之间，便潜伏着互相冲突的可能性。民族主义使当今人类社会深陷困境的基本根由正在这里。

问：那我们能不能把民族主义从它早期形态到后来的演变，看作一个"退化"过程呢？

**姚大力：**格林菲尔德本人似乎没有在书里使用"退化"这个词。但我相信她其实在暗示这样的意思。所以，本书的书评作者中，在概括格林菲尔德的叙事线索时，不止有个别人，确实径直把上面的过程称为民族主义的退化。

不过也有学者提出，与其说这是一种"退化"，还不如把它看作民族主义之最早形态的合乎逻辑的和必然的演变。这里有几点值得予以强调。首先，一国内民族主义意识的苏醒萌发，一般总是从政治、经济、文化上最为强势的主流人群中开始的。这时候该国内部的各种边缘人群往往还没有形成各自明确并足够有力的集体身份意识。所以有人说，英格兰民族主义发育成长之时，威尔士和苏格兰认同都还是严重"破碎不全"的。这种情形使得主流人群竟能天真地拥有这样一种不可靠的"自我确信"，即他们的民族主义诉求确实代表了国家中包括各边缘人群在内的全体国民的利益和意志。

其次，几乎与近现代民族的形成同时，所谓民族已经不证自明地被认为是，或者至少它终将会成为一个拥有同一文化的人群。克莱蒙特—丹奈赫（Clermont-Tonnerre）在法国革命时期宣称："对作为一个民族的犹太人，我们什么也不给；对作为个人的犹太人，我们给予〔国民应有的〕一切"。犹太人作为一个文化—宗教共同体，在这里被明确地指为"民族"。不过由于对当日还不甚发达的边缘人群及其文化状况的普遍忽略，在主流人群中虽然会生发出某种不言而喻的对边缘人群及其文化实行同化的预期，但它总的说来还未经条理化，因而是相当模糊而不清晰的。

再次，英国民族主义本身与其说是民族主义最正常的形态，还不如说它是"一个超越诸种法则的特殊个案"。认识这一点的关键在于，我们实际上根本不可能全然按照个体主义—自由主义的原则，把现代国家仅仅当作一个纯粹出于政治理性的建构，把它完全看作从本性上自由和平等的一群个人之间的自愿结合！人们毕竟不能说，他之所以会与他的所有同胞一样成为某个国家的公民，只是因为他们恰巧都自愿地选择在某一条国家边界之内生活。集体认同的情感需要，决定了一个"契约民族"必须培育属于它自己的诸种独特文化属性，从而使自己变得"更文化"。从这一意义上讲，法兰西民族就是在"革命者把契约民族制度化的努力所遭遇的困难进程中，蹒跚地走向文化民族"的。

最后，正是在新生的民族国家从事民族主义的政治—文化动员、从而去构建或巩固其文化认同的过程中，一国主流人群的文化传统及其诸种特质被凸显甚至"发明"出来。这个过程的另一面，就是该国各种边缘人群的集体身份意识被迅速催发出来。也就是说，边缘人群的族裔认同，或谓族裔民族主义，在很大程度上乃是回应国内主流人群的民族主义的政治及文化动员的产物。

问：这么一说，对于民族—国家如何从一而二、二而一的早先状态分化为两个具有潜在冲突的政治的概念范畴，现在好像是比较清楚了。你提到，民族主义运动曾在相当长的时期里错误地以为，自己的诉求可以代表其历史疆域中包括各边缘人群在内的全体人民的意志与利益。这一点很有趣。霍布斯鲍姆曾经写道，几百年来被人们追逐的民族主义，其实是"一头怪兽"。他要表达的，就是这样的意思。对吗？

姚大力：这头"怪兽"，怪就怪在当你最终追到它时，才发现它竟然与你当初想象中的模样大相径庭！在"一个民族，一个国家"的口号鼓舞下的民族主义运动所造就的民族国家，大多数并不是单一民族国家。于是，许多这样的国家内部的非主流族群，又接过民族独立的旗号，去挑战业已确立的国家认同。这一类民族主义的诉求，"主要并不是用来对抗外来的帝国压迫者，而是用来反对新获得解放的国家宣称它是一个具有同质性的民族，因为它事实上并非如此"。由此看来，正是民族主义在今天面临的全新历史环境，要求我们去重新认识并修整"一个民族，一个国家"的口号。

问：到现在为止，你所谈的主要是民族主义问题。它是近现代社会才有的观念。民族主义推动了近现代民族的产生和发育。但说到民族，我还有一个问题：民族是否与民族主义一样，也是近现代社会的产物？

**姚大力**：很多学者都肯定，是民族主义 makes 民族，而不是相反。这句话里所说的"民族"，当然是指的近现代民族而言。格林菲尔德在她那本书里，详细揭示出英文中 nation 一词在历史上所经历的曲折变化。她证明，只是自从 16 世纪之后，nation 才逐渐具有今日"民族"的意义。它的这个词意，并不是直接从传统时代的 nation 继承而来的。所以说西方近现代的民族概念，不见得有一个更古老的渊源。这是对的。

不过，说民族只是到近现代才出现的一个新名词，说近现代的民族基本上是由民族主义创造出来的，绝对不意味着，在近现代之前的传统时代，根本不存在类似今日民族那样的、被他们自己乃至该人群之外的他者们普遍认为是出自共同血统的文化共同体。

汉语中"民族"一词，来源于 19 世纪末用来对译英文 nation 的日文汉字，当然属于近现代的概念。可是在中国传统社会里，其实是存在类似近现代"民族"那样的人们共同体的。它在许多场合被称为"族类"。

从"族类"一词之语义的演变逻辑来说，它最基本的意思是指物的类别（"以族类辨物，使族类相从"）。由此推衍，它可特指由同一姓氏的直系后裔成员所构成的血族。著名古语"非我族类，其心必异"里的"族类"，即指特定的贵族姓氏而言；它还没有类似民族的意思。可是从这个意义上的"族类"再向外推广，用以泛指被认为是具有共同血统的某个人群时，它就具有今日意义中的民族义涵了。所谓"谨华夷之辨，所以明族类、别内外"；所谓"戎夏杂处，族类之不可分也"。这些文句里的"族类"，就有点像是现代汉语中民族的同义语了。

问：如果传统社会里也有类似现代民族那样的人们共同体，那它与后者是否有什么不一样的地方呢？

**姚大力**：这是一个好问题。传统社会里的民族，或者让我们把它叫作历史民族，与近现代民族有一个最大的区别，就是历史民族并不把拒绝来自其他民族的统治，以及独立建立本民族的国家政权作为自己的最高政治诉求。它是可以接受其他族类共同体统治的。中国传统政治理论对政权合法性有一定的规定性。但那套言说以正统论、君权神授学说为核心，它并不特别强调统治者与被统治者必须具有共同族类背景的问题。所以汉民族在历史上曾经接受过由鲜卑、沙陀、契丹、女真、蒙古、满洲等诸多北方民族建立的政权的统治。如果从现代民族主义的立场去看，一部《魏书》《五代史》或者辽、金、元、清史的一大半列传，岂不全成了汉奸史？但这样看问题其实是不对的，更没有必要曲意回避或为我们的先人暗觉羞愧。因为当时人根本没有这样的观念。

回到前面提到的民族主义问题，历史民族与近现代民族的区别，其实与近现代出现的民族主义有十分紧密的联系。正是民族主义赋予近现代民族以"一个民族，一个国家"的顽强政治诉求，使它得以明显区别于历史民族。历史上有时也会出现类似今日民族主义的那种情感或表现，例如人们经常这样去理解岳飞或者史可法。其实那主要反映了新旧王朝交替时期"两国相争，各为其主"的立场。如果说那时候也可能出现某种类似现代民族主义的言论或行为，那么它们充其量也只能被看作出现在改朝换代尚未结束时期的"伴生性原民族主义"表达。随着新王朝合法性的渐次确立和恢复故国的对抗最终消亡，这种"伴生性原民族主义"也会迅速销声匿迹。

应当看到，历史民族与近现代民族之间，可能并没有我们想象中那么多的连续性。因为近现代民族在很大程度上是由民族主义塑造出来，而不完全是历史民族本身在进入近现代社会后形成的某种"被更新"的形态而已。但二者之间也不是毫无关系的。民族主义在创造近现代民族的"想象"过程中，会尽可能多地设法利用历史民族的资源。

问：按照你的理解，中国近代接受的源于西方的民族主义，究竟是国家民族主义还是族裔民族主义？

**姚大力**：要想在近代中国政治思想史里分清这两种民族主义的谱系，如果不是不可能，至少也是很困难的。事实上，这两种民族主义的思想因素在传入中国时，恐怕就是互相夹缠在一起的，所以难以从中区分出两条互相分离的源流。辛亥革命前的排满运动，主要动力大概是族裔民族主义思想。有人曾经认为，清朝到同治中兴时，满汉矛盾已基本解决了。无论这个估计是否太过夸张，清末排满声势的迅速扩张，除了由于清廷无力应对列强侵辱而引发的深刻政治不满外，显然与族裔民族主义之传入中国所催发的满洲统治合法性的全面瓦解有直接关系。辛亥革命以一场几乎"无暴力的革命"而能推翻大清帝国，这至少也应该是最重大的原因之一。

但即使是在"驱除鞑虏"的阶段，我们仍能看到国家民族主义思想影响的明显痕迹。美国学者周锡瑞（Joseph W. Esherick）在他一篇收入《从帝国到民族国家》（*Empire to Nation: Historical Perspectives on the Making of the Modern World*）一书的文章里，着重分析了清帝国如何转变为一个现代民族国家的历程。他指出，尽管当时的立宪派和革命派在满人是否应当被纳入"中华民族"的问题上争论得很激烈，但他们几乎毫无二致地将"中华民族"等同于汉语民族。另外，在是否应当把藏地、新疆与当日的内外蒙古纳入未来中国的问题上，双方的回答也都是绝对肯定的。如果说他们在前一个问题上是站在族裔民族主义的立场上，那么他们对后一个问题的态度就可以说是国家民族主义的。周锡瑞这篇文章可以在网络上找到，但其中恰恰就缺少我引证的这些内容所在的那两三页。可见中国读者还做不到坦然面对这一段逝去不久的历史往事。

问：既然现代国家的大多数都是多民族国家，那么民族主义如何才可能真正与现代民主制度相适应呢？

**姚大力**：在目前的国际环境中，我们恐怕仍很难预计，所谓"后民族时代"究竟还需要等多久才会到来。另外，国际政治体系显然也不可能接受"被看起来是自成单元的这个或那个人群所支配的地域"不断地从现成国家分裂出去的事实。既然使族裔民族与国家的边界臻于重叠是根本不现实的，那么我们就必须明确改变两百年以来写在民族主义旗帜上的那句"一个民族，一个国家"的口号。

因此，21世纪的人类社会需要一种新的民族主义。它应当回到早期民族主义曾最予强调的主权在民的原则，以及保障国家疆域内不同身份的人民都能享有基本平等和自由的原则。不过这并不意味着，新的民族主义只是简单地主张回到民族主义最原初的立场上去而已。前面引述过的法国革命中克莱蒙特—丹奈赫的言论表明，早期民族主义对于现代民族国家所可能具有的民族多样性，几乎完全没有意识。正相反，存在于他们思想深处的对本国文化发展的模糊预期，实际上还是通过将该国主流人群的文化覆盖到国家全部疆土的途径，来实现民族国家在经济文化上的"均质化"。而新的民族主义必须在这一点上超越早期民族主义，即它应当以前所未有的热情，全身心地拥抱多民族统一国家的观念。

我认为，认识并坚持这种新的民族主义立场，对于更深刻地理解和处理中国的民族关系问题有极其重要的意义。最近若干年来，从反思斯大林有关民族的定义出发，中国学术界在对民族理论与政策实践问题从事新的探索时，提出了一些很值得注意的、似是而非的见解，例如仿效美国"熔炉模式"论、民族政策的"去政治化"论、"改制建省"论等等。由于这些主张显示出明确的试图影响国家治理目标的自我预期，我们必须以极郑重而严肃的态度来对待它们。

美国的历史，是一部主要由移民构成的新型国家的历史。美国的"熔炉模式"恰恰与它的这一历史特殊性紧密相关。在这个问题上，美国经验对于中国这样一个由诸多拥有各自世居地域的历史民族所组成的多民族国家，是根本不适用的。简单地把苏联的解体当作其民族区域自治政策"走进死胡同"的证据，尽管很容易耸动视听，其实是缺乏任何具体历史分析的主观偏见。此外，毫不动摇地严拒民族分离主义的必要立场，也绝不能用"去政治化"的笼统主张来代替。在这方面，金里卡（Will Kymlicka）的《少数的权利：民族主义、多元文化主义和公民》一书对我们很有启发。他指出，一国的主流语言和主流文化，不可避免地总是那个国家中主体民族的语言和文化。但承认这一事实，不等于就必定需要否定另一个同样明显的事实，即一国主体民族的语言和文化，几乎无时不在对该国非主流人群的语言和文化造成某种意义上的侵害。正因为如此，非主流人群就应当拥有一定的政治权利，以便根据他们的集体意志，采取他们认为必要的措施，至少在他们祖辈居住的地域内保护自己的语言和文化。这样的政治权利，是对宪法赋予非主流人群中每个个体成员的公民权利的必要补充，并且不能用后者取而代之。"去政治化"主张之所以不可取，就因为少数人群在这些方面的集体政治权利是不容剥夺的。

　　总之，只有通过在政治民主化平台上全方位落实的民族区域自治政策，中国的民族关系才能在已有基础上获得根本性的改善和加强。任何从这个立场上倒退的想法，都是没有出路的。


（原载《东方早报》2010 年 8 月 22 日"上海书评"，
采访者和采访稿编辑者为黄晓峰）

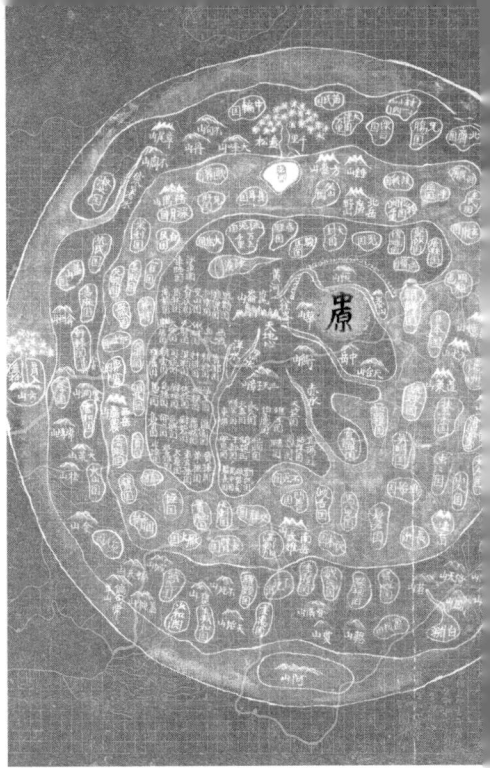

"中国"的多样性

# 中国历史上的两种国家建构模式

中国历史文化和中国国家建构形成、发育和成熟的漫长历史过程，可以用"从南向北""由北到南""自东往西"这样三个主题词来加以概括。这个过程说清楚了，可能就比较容易理解当代中国的国家认同问题与中国边疆民族问题的特殊性究竟在哪里。当然，这个特殊性也并非全然是孤立地从中国本土产生出来的，它还与19世纪传入中国的现代民族主义思潮紧密联系在一起。不过，本文着重关注的将是前一组问题，所以不讨论民族主义思潮在近现代中国的产生、演变及其困境，也就是nation为何及如何会演变为"国家"和"民族"这样两个不同概念，并且在它们之间导致激烈冲突的问题。

## 一 "从南向北"

今天中国境内人口的绝大多数，都是在四五万年前从南部边界地区进入中国的不多的几批祖先人群的后裔。这是靠十多年以来分子人类学研究的前沿成果才能告诉我们的新知识。

分子人类学是在分子水平上研究人类群体遗传结构和族群起源的一门新兴学科。它是遗传学和人类学的交叉学科，研究对象是人类基因组。广义的基因，即生物体内的遗传物质，其化学成分就是脱氧核糖核酸（DNA）。除存在于细胞质的线粒体里以外，人类基因大多存在于细胞核的染色体里（核基因组），把卷缩起来的染色体拉长，就能看见包含四种不同碱基的脱氧核苷酸按一定顺序排列而成的长链，这就是基因。

人体内核基因分为常染色体基因和性染色体基因两类；后者又分为 X 染色体基因和 Y 染色体基因两种。在从祖先向子孙逐代传递的过程中，常染色体基因和 X 染色体基因不断发生重组。因此它们很难被利用来追踪血族之间代代遗传的历史。而只存在于雄性细胞中的性染色体，即 Y 染色体基因组以及只通过女性祖先传递的线粒体基因组，其主体部分都不存在重组的问题。除非发生随机突变，它们都可以相当稳定地随子孙繁衍而被世代继承下去。

就 Y 染色体而言，所谓随机突变是指在下一代男性所继承的来自父系 Y 染色体非重组区段的 3000 万个碱基对中，平均会有一个碱基发生变异。而祖先基因组中的每一次随机突变，也都会被保留下来，在其所有后代的基因里留下一个记录此次变异的遗传标记。因此，从理论上说，根据先后产生在这个血缘群体诸多成员的遗传物质不同位点上的一列遗传标记，就可以把属于同一祖先后裔人群中的不同世代、不同支系间的遗传关系追溯出来，并把它们连接为一个树干状系谱，显示出这个血族团体中的主干、分叉、再分支，或者也可以说是主流、支流、次生支流的派生关系。

上面说的原理不仅可以用来追溯按严格的父系或母系血统繁衍而成的家庭、家族和宗族等纯血统人群的遗传历史，而且也能适用于研究大型的乃至如汉族这样超大型人群的遗传历史。与父系或母系家族以及宗族不相同的是，大型人群毫无例外地全属于血统上的混合人群。不同的混合人群间如果存在着不同的遗传结构，那么我们就可以根据他们各自所拥有的某个或者某些特定遗传标记，或者这些遗传标记在不同混合人群中的不同组合比率，把它们各自的遗传结构区分开来。在从事大型人群的遗传分析时，常染色体遗传标记对于估计混合人群的混合比例和混合发生的时间也很有用。

根据以上原理，学者们通过追踪 Y 染色体遗传标记，在 1997 年绘出了全球人类的系统发育树。在这棵系统发育树中，最早出现的人类分支都产生在非洲人群里。从走出非洲的那部分现代智人中分出欧洲人、亚洲人，从亚洲人中又分出澳洲人和美洲人。这说明现代人类最古老的祖先在非洲，他们走出非洲的时间是前十万年左右。

2009 年，国际合作的"泛亚计划"项目组在《科学》杂志上发表了根据亚洲十个不同语系的七十三个群体的近六万个基因样本做成的亚洲人群进化树。在这样一幅分布图景里，我们看到，先后有四个批次的人群进入今天的中国境内，成为绝大多数现代中国人的祖先。

其中第一支是沿着印巴次大陆海岸线东行的"早亚洲人"，在大约五万年前从所谓藏缅走廊进入中国。在今日所谓南亚小黑人（尼格罗陀人）、白马藏人、日本虾夷人里，都留下了他们的共同遗传标记。第二支还是从同一拨"早亚洲人"里分出来的，约在三万年前进入南部中国，他们的血统较多地保留在今天的蒙古语和满—通古斯语各人群中。第三和第四批次进入中国的人群，属于穿越伊朗高原南部和印巴次大陆的那支所谓"晚亚洲人"后代。他们大约在三万年前到两万年前先后从云南和两广沿海进入中国。其后一支人群中发育出现代壮侗语各民族，而前一支人群则成为现代苗瑶语、藏缅语各民族和汉族的祖先。

来源于分子人类学的独特信息，可以使我们产生以下几点有关中国民族史的新认识：一、现今发现的绝大部分中国旧石器文化的创造者，与现代中国人之间基本不存在直接遗传关系。二、原始汉语和原始藏缅共同语的分化，在六千年左右。而壮侗语与马来—波利尼西亚语的关系，似乎应当比它与汉语、藏缅语的关系更近，所以壮侗诸语言好像不应该被划入汉藏语系之中。三、关于长期争论的阿尔泰语系是否成立的问题，答案也许是它可以成立，但只应当包括蒙古语和满—通古斯语，或者再加上朝鲜语—韩语和日语。至于突厥语人群的形成，则包含了诸多更早分化出来的来自中部西伯利亚及其以西地区各人群的成分，因此他们的语言与蒙古语和满—通古斯语相比差异较大，是可以理解的。四、汉民族向南部中国的扩散，肯定是包含了人口流动和文化传播两个层面的综合过程。但这两个层面之间的关系到底如何？基因检测的结果告诉我们，北方汉族对南方汉族人口的父系遗传贡献约在90%以上；而南方土著妇女对南方汉族的母系遗传贡献约有60%。这些都显示出，跨学科研究可能为知识创新开拓出如何巨大的空间。

我前面提到的中华民族历史文化"从南向北"的展开，就是指史前人类自南方进入今中国境内，并在探寻生活资源之"试错"式的艰苦迁徙中不断分化、融合的这段故事。他们在全国各地留下了许许多多的新石器遗迹，创造出一幅中国史前文化多头起源、多元发展，并在早期人类拓宽自身生存空间的过程中交互影响的极其璀璨的画面。


## 二 "由北到南"

但是，上述那幅画面，在公元前两千年左右，随着"三代"在华北的兴起而结束了。在如同星汉灿烂般壮美的晚期新石器文化和铜石并用文化之后，我们接着看到的，是华北各史前文化在逐渐被整合为一体的同时，超越全国各地其他史前文化而真正跨入文明的"门槛"。著名的夏、商、西周三代在华北的突起，就是这一跨越的历史成果。在从此以后的很长一个历史时期，华北成为中国历史文化不断向前推进的动力所在。现在历史变迁的空间节奏由"从南向北"转变为"由北到南"。华北的经济文化与社会发展遥遥领先于中国其他地区，并把自己的强大影响一波接一波地向它的外围，尤其是南部中国扩散开去。

分布广泛、数量繁多的中国史前文化，为什么会在华北最早实现了走向文明的突破呢？这个问题不太好回答。但我想生态环境一定是其中最重要的原因之一。面对南部中国多山、多树丛沼泽、河流到处泛滥无常的自然环境，使用石器、木器的原始农业人群只能以较小的人口规模长期生活在相对孤立的小块地域里。在那些地方，河里有鱼蚌，丛林中有蔬果鸟禽，生活资源相对丰富，可是想要拓展生存空间却极其不容易。而在华北黄土地带（包括西部黄土高原与黄河中下游冲积平原），情形正好相反。黄土地易于垦殖，但所能提供的生活资源又相对匮乏，迫使那里的原始人群必须，并且也有可能不断地扩大自己的生存空间，由此也就极大地提高了各人群内部以及它们之间社会互动的程度，从而推动着那里的社会控制与社会动员的技术和幅度都以超越上古中国其他地区的规模发展起来。在这里我们看到，不同人群间的交流互动、社会控制和社会动员技术的发展，乃至产品分配和财富积累方式的改变，成为华北的史前文化最终被提升为一种新文明的最重要牵引力。

这种北强南弱的形势，非常生动地反映在公元前1世纪到公元1世纪之间两个伟大的历史学家，即中国"历史学之父"司马迁和《汉书》作者班固的记载中。在先后从当日处于经济文化核心地位的华北俯瞰中国南方的时候，两人都用"江南地势低湿，男子大多短寿早夭"来概括江淮以南的人类生存状态。他们写道，江南地广人稀，农夫放火烧田，再浇水浸泡被焚燃的杂草留下的灰烬，就地肥田，然后种稻。因为蔬果鱼虾富饶，生活容易，所以南方百姓多苟且偷懒，既无受冻挨饿之人，也无千金大富之家。可见明显的社会分化还没有在大部分土著人群中发生。他们说着各种各样的语言，包括今壮侗语族、藏缅语族，以及孟—高棉语族各支语言的前身。古人已经注意到：南方无"河"之称；另外，在古代，"江"字只用于指称南部中国的河流。后者极可能是为记录孟—高棉语族中"河流"一词的读音klon而形成的一个上古汉语外来词。由诸如此类的证据可以推知，在长江流域曾经分布过一大批使用孟—高棉语族诸语言的人群；同时，现有证据也显示出，今壮侗语各族的祖先人群也是构成南部中国人口的重要成分。在南部中国诸人群大体身处前述生存状态的同时，当日中原的华夏文明却早已呈现出一派远为发达成熟的形态。还是用司马迁的话来说，在华北大小城市里，来往的行人拥挤到摩肩接踵的程度；把他们的袖口拼接在一起，可以连缀成一幅遮蔽太阳的大天幕。熙熙攘攘的人们个个行色匆匆，都在为争利图财而往复奔走。

上述政治、经济和文化各方面都北强南弱的差距，在公元后的第一个千年里逐渐被缩小了。推动着此种变化的一个最重要的原因，乃是北方汉语人群的大规模南迁，以及随之发生的汉文明由北向南的大踏步推进与拓展。这个时期最令人注目的汉语人群的大规模南迁运动，分别发生在公元3至4世纪初和8世纪50年代至唐末，也就是从东吴立国长江流域到"五胡乱华"引起的"永嘉南渡"，以及从标志着唐王朝由盛转衰的"安史之乱"直到黄巢起义这两个时段之中。南迁的北方人口放弃了原先种植谷子、小麦、高粱等旱地作物的农耕方式，像南方当地人口一样从事产出更高的稻作农业。他们对地广人稀的南方来说，不仅是珍贵的劳动力，而且成为全方位带动南方经济、文化和社会发展的重要人力资源。12世纪20年代由金朝入主中原造成的"靖康之难"，引发了中国历史上第三次北方人口的大规模南迁。拿南宋后期南部中国的人口数目与五百年之前相比，长江下游地区的人口增长幅度为643%，闽浙等东南沿海的增长更高达695%，长江中游则增长了483%。而同时期华北人口不过增加54%而已。

根据布罗代尔对近代以前欧洲农业状况的估测，在相同面积的土地上从事畜牧业、小麦种植或水稻种植，由以获得的热量比分别为1∶4.4∶21.6。除了中国南方本来就地广人稀之外，那里能够持续不断地接纳并消化这么巨大的北方移民潮的另一个重大原因，显然就在于此。

随着南部中国的人口增加和生产开发，北方汉人开始改变对南方的印象。这种改变，其实在"安史之乱"阻断了华北对唐朝中央政府的税赋供给后，就已经被人们猛然看破。人们发现，"中原释末"之后，中央政府依靠从南方抽取经济支持，就是所谓"漕吴而食、蓥越而衣"，居然也足以支撑下去。所以杜牧说，"今天下以江淮为国命"；韩愈说："当今赋出于天下，江南居十九。"到两宋之际的又一次北方人口大规模南迁之后，南方就从赶上北方而进入超越北方的阶段。

南宋王朝始终未能摆脱在军事上积弱的局面，这大概给现代中国人留下了太多的关于它的负面印象，所以他们很容易忽略南宋历史上光彩十足的那一面。中国经济文化的重心，就在这个时期完成了从华北向南部中国的转移；而12和13世纪的欧亚旧大陆所见证的，无疑是一个经济和文化全面繁荣的南宋时代。"苏湖熟，天下足"这句谚语的产生，表明长江三角洲这时已成为天下粮仓。金初向宋政府索要绢绸一千万匹；金人拿到从北宋府库里拨出的这批购买和平的费用后，只收下"北绢"，而浙绢则因为"轻疏"而被全数退回。这表明直到11世纪末，华北的丝绸纺织技术仍普遍高于南方。北宋的所谓"五大名窑"里，有四个位于北方，这是瓷器制造技术北胜于南的证明。这样的局面由于两宋之际北方人口的大规模南移而很快改变了。南宋人对自己在经济文化方面的优越地位有明确的意识。他们断言，天下"地利"，南方所有已超越北方："儒学之盛，古称邹鲁，今在闽越。机巧之利，古称青齐，今称巴蜀。枣栗之利古盛于北，而南夏古今无有。香茶之利今盛于南，而西北地古今无有。兔利盛于北，鱼利盛于南。……然专于北者其利鲜，专于南者其利丰。……漕运之利今称江淮，关河无闻。盐池之利，今称海盐，天下仰给，而解盐荒凉。陆海之利今称江浙甲天下，关陇无闻。灌溉之利今称浙江太湖甲于天下，河渭无闻。"当时的人写诗道："南船不至城无米，北货难通药缺参。"南北若不互通有无，南方所缺最多是珍稀药材之类，而北方的基本生活需求就会面临危机。经济的发达支撑起文化的迅速拓展。比较一下唐前期进士人选的地理分布，与明代进士的地理分布，特别是明代科举前三名人选的出生地，足以显示南方文化如何在大踏步地赶超北方。从宋代开始，南方士人进入最高权力中枢，也逐渐成为不可抑制的趋势。宋元之际改朝换代的动荡与破坏，并未完全中止南部中国这种经济文化的全面繁荣；加上某些新历史因素的刺激，它一路延续到元朝中后期。同样，汉文明再下一轮辉煌，也从明后期安然越过明清鼎革的政治大变局，而持续到清中叶。清朝所谓"京派"学术传统的中坚人物，实际上大多出生在南方。

## 三 "从东往西"

不过，在谈及汉文明自北向南的扩展时，我们的描述所涉及的历史地理范围，其实主要还只局限于中国的东半部分。这里请允许我介绍一条反映中国人口分布特征的著名划分线。在分别位于中国版图东北和西南的两个边城，即黑河和腾冲之间画一条直线，它会把现代中国疆域划分为面积差不多相等的东、西两个部分。直到大约二三十年之前，占据着54%国土面积的西半部总人口，仍然还只占全国人口的10%，而将近90%的中国人口，集中分布在占国土面积46%的东半部，

"黑河—腾冲线"所能告诉我们的，远远不止是有关中国人口的区域分布特征。它又与中国境内300至400毫米年等降雨量带的走向相当一致。而300至400毫米的年等降雨量带，又大部分与前工业化条件下雨养农耕与牧业经济（或非雨养农业）地区的分界相重叠。二者只在青藏高原东南部形成一个分岔，将这片降水虽然充沛，但高寒凸凹的地域排除出雨养农业区。因此，除了在关中平原附近需要稍加修正外，"黑河—腾冲线"事实上已经把近代之前中国大面积宜农区域的西部界线粗略地勾勒出来了。

但这还不是问题的全部。把这条线叠加到中国各民族的地理分布

图上，就不难看出，在它以东，除去朝鲜族、壮族、侗族、傣族等几个农耕民族外，占绝大部分的是汉族人口。在它以西，则是广大的少数民族聚居区。所以它也可以被大致看作汉族与其他少数民族分布区之间的划分线。

汉语人群顽强不息的移民运动停止在这条线附近并不是偶然的。汉文明如同铺地毯一般向外展延的成功与局限，都与它以雨养农业为根基的特别性格息息相关。毛泽东曾经写道："我们说中国地大物博，人口众多，其实上是汉族'人口众多'，少数民族'地大物博'。""黑河—腾冲线"所反映的，就是这样一个事实。

那么，中国靠什么超越了区隔这两大板块的限制，从而建构出一个地域辽阔的多民族统一国家呢？

在这个问题上，历史学研究者面对"自古以来、越古越好"的民族主义神话，或许应当保持某种清醒。关于中国历史的民族主义神话至少有两个严重失误。一是从当代中国版图内全部地区的全部历史都是中国历史不可分割的一部分这个完全正确的陈述中，引申出一种十分幼稚的主张，即自古以来就存在一个与今日版图相同，或者只能更大而绝不允许变小的中国。这是把一个按现代国境线来界定的国家空间范围向过去时代的回溯，误判为"自古以来"的事实。第二种失误与本文主题更密切相关。它把秦王朝以来两千年内中国国家形成、发育与成熟的历史，看作仅仅是外儒内法的专制君主官僚制这一种国家建构模式产生和发展的历史。所以现在我的问题是，如果中国历史上果真只存在这样一种国家建构模式，它有可能把今天这样广袤的国土纳入自己的疆域范围吗？

直到两宋为止，唐是中国历史上版图最大的王朝。检阅过现在最流行的总章二年（669）唐代疆域图的人都会不由自主地感受到，尽管它尚未将今云南以及整个藏地囊括在内，唐代拓地之广，依然令人印象深刻。

但这张地图也很容易对阅读者产生某些误导。正如濮德培尖锐地指出过的，在唐的边界之内采用完全相同的主题底色，在很醒目地凸显出唐代政治势力所及的地域范围同时，它也抹杀了唐政权在针对不同区域和人群的治理目标与国家权能实施方面一向存在的性质截然不同的多样性差别。与对郡县制体系之内各州县的全方位治理相反，唐对处于光谱另一端的东、西、北三方最边远地区那些羁縻府州所能实施的主权，在不少场合虚弱到近乎只剩下一个空名的程度。可见带着现代国家的领土概念去理解唐代版图，只会使人产生很不健康的妄想。

还不止如此。普通的读图人也常常会忽略历史地图上注明的绘制此图所据资料的标准年代。总章二年那幅地图反映的，是从7世纪30年代到60年代唐代疆域的基本状况。简直好像是故意为了提醒我们注意到这一点，仅仅将它的标准年代再推迟两三年，唐代的版图就不再是本图所呈现的那个样子了。几乎从7世纪70年代的一开始，由于吐蕃和西突厥结盟反唐，今新疆维吾尔自治区的南疆以及北疆的相当一部分即长期沦为双方拉锯和争夺的地段。差不多与此同时，一度南下投唐的东突厥逃归漠北，复建第二突厥汗国，唐因此失去间接号令整个蒙古高原的地位。前后相加，唐维持对西域的间接统治，总共大约一百数十年；而它拥有蒙古高原，则只有四十年而已。从这一事实出发，日本学者杉山正明把唐朝界定为"瞬间大帝国"的说法虽稍嫌夸张，但它对中国人普遍持有的"大唐三百年天下"这种模糊而夸大的传统观念，仍有振聋发聩的作用。

唐代治理州县制之外附属国家、地区或人群的朝贡体系，主要由册封和朝贡制度构成。这一套控御边疆的制度体系为后来的历代王朝所继承，并加以发展。处于受羁縻地位的依附者，或者经历从宋元土官、明清土司和清代土流并置乃至改土归流等步骤逐渐内地化，被纳入府县管治体系。不过，中央王朝遵循这一途径完全"消化"边缘势力，具有两个必需的前提条件，就是它们必须位于紧贴汉地农业社会沿边的可垦殖地区，并且规模不能过大，因而可以在那里培育出数量足够的由汉族农业移民和被汉化的当地人口构成的编户齐民，以便偿付治理该地区所必需的经济成本，并培育能响应郡县制治理方式的社会基础。而长期停顿在朝贡或册封关系层面上的附属者，则趋向于最终脱离附属关系，甚至与原先的朝贡接受方形成国与国之间的外交关系。被中国吸纳或趋向于演化为"外国"的地区之间的界限，就将位于土司建制地区和长期停留于朝贡—册封建制的地区之间。直到清政府瓦解前夕，尚未完成改土归流的土司地区的最大范围，超出黑河—腾冲线之西并不太远。

这就是外儒内法的专制君主官僚制国家建构模式所能囊括的可以有效地加以治理的最大国土范围：西部中国的大部分地区显然未在其中。可见上述国家建构模式，无法单独地解释中国何以能形成如此辽阔的疆域。所以也就必然存在着另一种国家建构模式在其中发生作用。这就是从汉地社会边缘的中国内陆亚洲边疆发展起来的内亚边疆帝国模式：它萌芽于辽，发育于金，定型于元，而成熟、发达于清。

清朝当然也承袭了"天下中国观"的传统观念和传统朝贡体系，但它的国家建构模式还有新的创造。它把郡县制之外的朝贡地区、人群和国家分置于三个不同的治理空间。一即传统的土司地区，这可以认为是它从唐宋体制继承下来的。一称"外藩"或"藩部"，包括内喀尔喀蒙古（内蒙古各盟旗）、外札萨克蒙古（位于今蒙古国）、青海、西藏诸地域，以及新征服的金川土司、南疆回部各伯克头人属下等部。凡有关对这些地方进行具体治理的政令、刑事、军旅、屯田、邮传、互市等方面的治理事宜均属理藩院。正是通过这一新创制的理藩院机构，清朝将国家治理范围拓宽到远超出"土司"辖地之外的广袤的"朝贡"地区。最后一类，则称"域外朝贡诸国"，清朝对它们完全不负国家治理的责任，处理与这些国家之间交往的职责，由类似外交部功能的礼部鸿胪寺来承担。非常有趣的是，当清政府力图从传统体制中为它的每一项机构设置寻找合法性依据时，它不得不承认，除了元代管理西藏地方及全国佛教的"宣政院"以外，在明代和宋代的国家机构中，根本找不到类似理藩院那样的建制。这正是内亚边疆帝国才具备的特别管治体制。它不像外儒内法的专制君主官僚制模式那样，以"车同轨，书同文，行同伦，各要其所归，而不见其为异"，也就是把用汉文化来覆盖全部国土当作理想中的治理目标，而是恰恰相反，力求把有效的国家治理与保持疆域内各人群的文化多样性最大程度地统一起来。

由满洲人建立的清王朝，用他们虔诚地改宗的藏传佛教信仰来亲善信奉同一宗教的蒙古人，又在不同程度上依靠蒙古人将藏区、青海和西域纳入国家疆域。清代中国是在多民族参与下构建起来并获得巩固的。中华民国用继续承认清朝与列强签订的全部不平等条约义务为代价，换来国际体系对它继承清朝全部国家版图的承认。与这个世界上的绝大部分现代国家是旧式帝国瓦解与分裂的结果不同，现代中国形成的独特道路，使它变成非常例外于世界历史的几乎完整地保留着自己帝国时代版图的现代民族国家。这与汉族之外还有好几个重要的民族参与了清代中国的构建密切相关。

因此，中国的国家建构能"从东往西"跨越"黑河—腾冲线"的限制，与元和清这两个王朝所做出的巨大贡献紧密地联系在一起。设想如果没有元和清，继承了宋、明版图的中国与今日中国的疆域面积之间将会有多么巨大的差别！


四 "中国"很古老，也很年轻

根据上面的讨论，我们或许可以按每一千年为一个分期段，从最近四千年中国政治、经济和文化的变迁过程中抽绎出一条非常简明的线索来：

——从公元前两千年到公元前一千年，华北各地的史前文化在强烈的交互作用与整合过程中，终于跨过文明的"门槛"，发育成以"三代"（夏、商、西周）著称的早期华夏文明。

——在公元前最后的那一千年，华夏逐渐扩大势力范围，将未能被同化在自身文化圈内的其他人群排斥到边缘。华北开始呈现"内夏外夷"的空间分布特征，并确立了自己作为中国经济文化核心地区的区位优势。在那里形成的中央集权的专制君主官僚制政权，开始把远超出华夏文明地域范围的疆土置于自己的统治之下。

——公元后第一个一千年，汉文明一波紧接一波地从华北向南方社会全面渗透，以越来越快的节奏推动东部中国经济文化均质化的进程。中央王朝将西北部中国纳入自己版图的努力则时断时续，事过于倍而功未及半。

——公元后第二个一千年，南方超越北方，中国经济文化重心南移完成。西部及西北各地区先后被元、清等政权稳固地整合到中央王朝的疆域结构之中，但西部中国经济文化的发展问题仍严重滞后。

从以上线索中，有四点非常值得提出来加以强调。

首先，在王朝有生有灭、新旧相替、疆域不断伸缩变化的时空中，逐渐突现出来一个超越这个或那个具体王朝层面的、具有历史连贯性的政治共同体，它就叫中国。中国观念的绵长悠久的历史性，是属于我们的一笔宝贵和辉煌的遗产。

历史上的中国，先后有过五种互有区别的含义。现存文字材料里的"中国"一词，最早出现在铸成于西周前期的著名青铜器"何尊"的铭文内。在其中，周成王追溯他父亲武王的话说："余其宅兹中国。"（且让我安顿在这个称为中国的地方）成王口中的"中国"，原指洛阳及其邻近地区。它与古时候的华夏人群把今登封、洛阳一带视为"土中"（即天下中心）的观念有关。这说明至少是在西周初，"中国"已经成为对河南核心地区的一个流行称呼了。

"中国"的第二层含义是指关东,即函谷关或者后来潼关以东的黄河中下游平原。《荀子》说:战国之秦,"威动海内,强殆中国"(秦之强能危殆中国);《韩非子》说:"夫越虽国富兵强,中国之主皆知无益于己也";颜师古在注释《汉书》记载刘邦左股有黑子之事时写道:"今中国通呼为黡子;吴楚俗谓之志,志者记也。"照上引各种说法,秦、越、吴、楚都不在"中国"的范围内。可见这个中国,仅指关东而言。它的第三层含义则把关中也包括进去了。《史记》曰:"天下名山八,而三在蛮夷,五在中国。中国:华山、首山、太室、泰山、东莱。"华山位于关中。是知司马迁所说的中国,已经把北部中国的核心地区全都包含其中。

差不多与此同时,"中国"也有了第四层含义,即用它来指称以华北核心地区作为其统治基础,而后也用指自北方南迁后立国于南部中国的诸多中央王朝所控制的全部国家版图。在"中国"被用来命名这样一个疆域范围时,它当然就经常会远远超出汉地社会和汉文化所达到的边界。秦、汉版图已先后到达今广东、云南,但直到那时为止,淮河、汉水以南广大地区的土著,都还不是汉语人群。"中国"的第五层含义是随着汉语人群向华北以外地区的大规模迁徙流动而产生的。它指的是在国家版图内不断向外扩展其生存空间的那个主体人群及其文化,也就是汉语人群和汉文化。万斯同主编的《明史》稿本在讲述西南各土司的辖区时概括说:"大抵诸夷风俗,与中国大异。"很清楚,此处的"中国",是指汉族和汉文化而言。

关于"中国"的最后那两层含义一直被沿用到近代。所以英语中的 Chinese 才会既指"中国的",又指"汉族的"。这并不是外国人的误读。它确实反映出如下事实,即"中国"这个词曾经长时期地拥有两个互相联系但又不能互相混淆的不同意思。

其次,上述脉络告诉我们,把过去几千年内中国国家建构的历史进程，理解为仅仅是受外儒内法的专制君主官僚制这一种模式之产生、发展和演变所支配、所决定的看法，完全不符合历史的实相。历史中国是在外儒内法的专制君主官僚制和以辽、金、元、清等政权为代表的内亚"边疆"帝国体制这样两种国家建构模式反复地相互撞击与整合的过程之中形成的。如果没有满族、蒙古族和藏族等民族对创建中国多民族统一国家的贡献，就不会有今天这样版图规模的现代中国。关于这个问题，濮德培的《中国向西挺进》一书很值得参考。它认为，由清朝完成的对西北中国的征服，继承与改造了关于"中国"的认同。18世纪的中国还没有进入民族主义的时代，但到18世纪为止的清朝国家体制所确立的框架，使19世纪晚期的中华民族认同得以在其中实现。这个框架包括：边界的确定，汉人、满洲人、穆斯林人群和藏人对各自的固定族裔身份及其集体谱系的认同，以及一个多民族统一帝国的构架。

第三，清王朝所确立的"多民族统一帝国"的构架，并没有如相当多的中国人，尤其是汉人中经常自觉或不自觉地将"中国"的两层含义混为一谈的人们所想象的那般历史悠久。这里的关键在于，在中国历史上，只是在清代，我们才在非汉语大型人群的语言里，看见对于一个既包含本民族也包含汉族在内的巨大政治共同体的称呼。

清朝的国号最先叫 dai-qing gurun，即"大清国"。满人入关前，满文中业已出现用以对译汉语"中国"一词的 tulimbai gurun；但这时该词还含有相对于满人而言的"他者"之意。再后来，它逐渐变为可以与"大清国"互换使用的名词。这是满洲人把自己看作"中国人"最直接的证据。有些西方学者用民族主义思潮席卷时代的"后见之明"看待清朝，说清政权不能算"中国"。但满洲人自己都把清朝与中国等同看待，别人还有什么理由认为清朝不是中国呢？

蒙古语"中国"的对译词 tumdadu ulus，很可能是根据满语翻译过来的。但是，大约在此前不久，至少在漠南蒙古人里，已经产生了某种把自己和汉地社会视为一体的观念。它体现在《蒙古源流》对成吉思汗的称号，即"速图·大明·博格达·成吉思汗（sutu daiming boghda chinggisqan，译言'有福的大明神圣成吉思汗'）"之中。这里的"大明"所表达的，实际上就是在成吉思汗的上述称号形成之时，也就是明清之际漠南蒙古人心目里"中国"的意思。自从西汉把匈奴主力从漠南赶到漠北之后，蒙古高原游牧人群的主流社会长期位于漠北草原；漠南草原变成被排挤出"引弓之国"核心地区、沦为汉地王朝附庸的游牧人边缘势力驻扎的地方。直到明中叶，这种形势才发生改变，蒙古游牧集团的活动重心重新向漠南倾斜。漠南蒙古成为蒙古各部中文化最为发达的群体。推动蒙古社会经济—文化重心南移的重要原因之一，是在漠南具有与汉地及藏地进行各种交流沟通的更优越、更便利的条件。从这个角度看问题，漠北、漠南蒙古在清末民初的不同政治选择，虽然部分地取决于当日国际形势，但也不是与蒙古诸部在此之前的不同发展取向完全没有历史关联度的。

除了满洲语和蒙古语，在20世纪50年代之前的另外一些大型少数民族的语言里，往往找不到一个可以与"中国"含义相对应的语词。早在唐朝时，汉地社会就已与藏地建立了密切的联系。不过我们也必须注意到，就连汉人对藏地的称呼"吐蕃"，实际上还是来自以中介贸易著称的中亚"胡商"粟特人的语言。可见对中国国内有些非汉族人群来说，一个包含他们自己在内的"中国"观念，并未具有"自古以来"那样悠长的历史属性。这是我们不能不承认的一个历史现实。

第四，由以上见解出发，足以看出清代历史的重要性之一是在于，中华民国的版图，是从清朝继承来的。自从国际条约体系承认中华民国继承清朝疆域版图以后，只有苏联违背了它对中国的承诺。其结果便是属于清代中国领土的外蒙古各盟旗从中国分离出去，成为一个独立国家；不仅如此，由于蒙古独立而成为飞地的唐努乌梁海地区，最终也被纳入苏联自己的版图。

所以，如果说这个世界上绝大部分近现代国家的成立，都是以民族国家的形式从过去的帝国如奥匈帝国、奥斯曼土耳其帝国、神圣罗马帝国，或者从列强建立的殖民帝国中分离出来、独立建国的结果，那么中国和苏联就曾经是两个少见的例外。而在苏联瓦解之后，中国变成几乎唯一的基本保留其帝国时代疆域版图的现代国家。西方学者中因此有人把这种所谓"令人吃惊的统一"看作"中国的神话"。在他们看来，近现代中国的民族主义努力，很像是在把一件现代民族国家的紧身马甲，硬套到帝国的身躯上去。研究中国问题的著名政治学家白鲁恂说："以西方的标准看来，今日中国就好像是罗马帝国或查理曼时代的欧洲一直延续到当前，而它如今却又在行使着一个单一民族国家的功能。"与其把外国人的这种想法简单地理解为是在对中国进行不怀好意的煽动和破坏，不如说他们中间的绝大部分人之所以会产生如此认识，实际上是因为他们总在以他们自己的国家诞生于某个帝国之分裂的历史经验，来看待一个全然不同的中国。理解这一点是十分重要的。因为中国的国家认同与中国的民族问题如果说有什么特殊于世界其他国家的地方，那么它的全部特殊性的历史根源正在这里。

## 五 结 语

从中国的国家认同及其民族问题的历史特殊性出发，我们需要对某些长期以来被认为是不证自明、不言而喻的观念进行反思，至少是在以下八个方面：

第一，把民族主义分为"爱国的"和"分裂的"，或者把民族改称为"族群"，那是无济于事的。我们可以理直气壮地加以修正的，是每个民族都应该建立自己国家的政治诉求。

第二，但这并不等于说，今后绝不会再发生某个少数民族从它所属国家内分离出来、独立建国的事情了。在某些特定历史条件下，它依然可能发生。尽管我们做不到预先就得知所有那些"特定历史条件",不过至少它们中间很可能包括以下三者:首先,那个多民族国家由于外敌入侵或内乱而陷于解体;其次,极其严重的民族压迫使遭受压迫的少数民族要求分离和独立的要求正当化;再次,一国内长期滞后的政治民主化改革,由于尖锐的社会矛盾,其中也包括民族矛盾的倒逼,而被匆忙推入实施轨道。所以,为了预防类似事件的发生,最重要的就是要防止这样三种特定历史条件的酿成,需要在国内政策上杜绝产生严重民族压迫的一切可能性,并防止在缺乏必要准备的背景下匆忙实施过于激进的政治改革。

第三,这个世界上不存在任何一种唯我独尊的绝对真理,可以拥有权力压倒和颠覆其余一切原则、价值和目标。这个世界上也不存在可以一劳永逸地解决某些复杂问题的任何方案。任何坚持这样的绝对真理和最终解决方案的意图,其结果只能导致暴力和专制。必须防止这样那样的自封的唯一真理冲破我们的良知、伦理和常识的基本底线。这些都曾被坚决选择"狐狸式"智慧的以赛亚·伯林反复强调过。凡事只要一变成"主义"(-ism),就会遭到他的怀疑和警惕。我们需要学习他的智慧。

第四,后起飞国家、地区在政治上往往是早熟的。以为经济落后地区的人们只要经历着物质生活的改善就会感觉满意的看法,可能是一种极其危险的误解。对经济不发达地区的人们的价值强调向后物质主义目标领域的转移,应当有充分的估计。

第五,中国在解决西部发展问题时必须注意到的另一个问题是,我们绝不应该把汉民族从华北向淮汉一线以南扩张自己生存空间的历史经验,主要包括大规模的人口迁徙、以农业作为最基本的经济开发方式,以及用汉文化去覆盖被开发地区等等,有意无意地移用于针对西部开发的观念和实践之中。

第六,因为现代中国建立在一个很少见的未曾分裂过的帝国疆域基础之上，中国国情中一个最为特殊的要素是，除了汉族以外，中国国土内还包含着几十个少数民族的"家园"。一个民族或族裔群体所共同拥有的一片可以被认为是属于他们自己家园的土地，对这个民族或族群的每一个成员，无论他们当下是否生活在那块土地上，或者是否打算在未来生活在那块土地上，都同样会是最敏感、最被珍爱的精神资源。你可能经常甚至长期不在家，但有家的感觉依然使你不孤独。因此，康诺尔强调，必须在多民族国家中再分辨出"只有一个拥有家园的民族的多民族国家"（unihomeland multination state）、"有诸多个拥有各自家园的民族的多民族国家"（multihomeland multination state），以及"没有拥有家园的民族的多民族国家"（non-homeland multination state）等等。康诺尔对多民族国家的分类，凸显出中国作为一个多民族国家的特殊性，即它的版图覆盖着多达数十个久远以来即分别属于各庞大的少数民族或大规模边缘人群的生存活动地区。当代中国民族关系和民族问题的全部特殊性，归根结底就是从这里产生的。我们应当尊重拥有自己世居地的民族对自己那片世居地难以割舍的独特情感，尊重他们在那片土地上实行自治的政治权利。多民族国家内的主体民族，无论把这两个尊重放在多高的位置上都不会过分。我们一向把中国各民族之间的关系比作兄弟关系。那么我们是否应该想象一下，当一个哥哥以自家人、亲兄弟的理由，自说自话地跑到弟弟们家里去翻箱倒柜时，那一群弟弟们又会做何感想？

第七，在多民族国家内铸造一个超越个体民族的"国族"共同体，不应该也不可能通过有意泯灭各民族文化的特殊性以及他们之间差异的路径得以实现。国族认同只能建立在政治民主化的价值基础之上，它应当超越各民族对本族体的认同，而不可能取代、压制和消解民族认同本身的存在。

第八，多民族国家的国家民族主义，往往与构成这个国家内人口主体的那个民族的族裔民族主义（在中国也就是与汉族沙文主义）难分难解。所以必须警惕和防止在国家民族主义名义下泛滥的主体民族的民族沙文主义。一个多民族国家不能没有一种主体语言和主体文化。毫无疑问，中国的主体语言和主体文化，只能是属于中国人口将近90%的主体人群的语言和文化，也就是汉语和汉文化。这是任何人无法否认的事实。但是承认这个事实，并不意味着就必须否认另一个同样明显的事实，即这个主体语言和主体文化，无时无刻不在侵蚀和损害各少数民族的语言和文化。根据我们过去的认识，中国所以需要一些特殊的民族政策，是因为各民族在政治上的平等，不能立即消除历史上曾长期存在的民族压迫所导致的民族间在经济和文化方面的"事实上不平等"。各民族间"事实上不平等"的提法，未见于马克思、恩格斯的经典著作，而是20世纪50年代初期的中央统战部对经典著作的一个创造性发挥。据说毛泽东非常欣赏这个表述，曾夸奖说："统战部有秀才。"但是现在看来，这样的认识恐怕还是不够的。需要用特殊的民族政策来弥补的，不仅是历史造成的不平等，而且还有少数民族在多民族国家内无法避免的边缘地位所带来的对他们语言和文化发展的制约。正因为如此，至少是在他们的原居地，他们必须拥有某些特别的政治权利，根据自己的意愿和决策，来保护其语言和文化的纯洁性与完整性。正因为如此，前些年甚嚣尘上的有关"第二代民族政策"的主张（仿效美国"熔炉模式"、民族问题的"去政治化"、在民族地区改制建省），是绝对必须断然拒绝的。

中国的历史是一部多民族国家的历史。中国的将来，也只能是一个多民族国家的将来。任何想改变我们的这一宿命的试图，所能带来的只会是让中国蒙受苦难、耻辱，甚至走向万劫不复的分裂。对这一点的重要性，无论怎样认识都不会过分。

（原载清华国学院编：《全球史中的文化中国》，
北京：北京大学出版社，2014年）

# 内陆亚洲与中国历史：
## 读《中国的亚洲内陆边疆》札记

## 一 引 言

本书作者拉铁摩尔是一个被涂上太多样强烈色彩的奇人。他是从未获得过高等教育学位的美国和英国大学的常任教授；他平生最感自豪的，是能在不带翻译的情况下做到广泛地游历中国北方三大边区，即满洲、内蒙古和新疆，"每到之处，都需要用不止一种语言从事交流"；他曾被"冷战"中的双方分别指控为共产主义间谍、导致美国"丢失"中国的罪魁祸首，以及"反动学者和美帝国主义的特务"；他又是最早受聘为蒙古国科学院外籍院士、最早接受蒙古国政府颁授给外国人的最高勋章"北极勋章"的西方人；作为20世纪50年代麦卡锡主义的罹害者，他至今被人批评为"至少在道德上、智识上和政治上是错误的"；但也有人以为，拉铁摩尔事实上"比他本人所知更多地受操控于国民党人蒋介石，以及共产党人冀朝鼎和陈翰笙"；还有人断言，如果可以说他终生有过两个被他所深爱的对象，那么它们最有可能首先是内亚，然后是他的妻子埃莉诺。拉铁摩尔确实具有某种与针对他的所有这些臧否相关联的性格特征，那应当就是他对于弱势人群的天生同情心，以及过于简单，因而也使他特别容易受蒙骗的理想主义眼光。

就研究中国北方和西北边疆，及其与东半部发达中国之间的历史关系而言，1940年出版的《中国的亚洲内陆边疆》（以下简称为《内亚边疆》），在拉铁摩尔所写的近二十部著作里，可能是最有经典性和生命力、最难读懂，并且也远没有过时的一种。在今天，为理解本书"采用互相交缠在一起的大量工作假设、理论原点和概括性陈述而展开的对东北、蒙古、新疆、西藏及东部中国历史、地理、经济与族群的跨领域讨论"，有两种很值得参考的资料应予介绍。一篇是詹姆斯·考顿《亚洲边疆的民族主义：欧文·拉铁摩尔与美国的政策辩论》（1989）一书的第三章（"内亚各边疆地区"）。狄·考司摩认为，它可以被当作再版《内亚边疆》时最合适的导论。另一篇则是罗威廉在2007年发表在《亚洲研究杂志》上的长篇评论《欧文·拉铁摩尔、亚洲与比较历史》。该文从西方思想史的角度，揭示出拉铁摩尔借以思考和分析亚洲内陆边疆历史与现实局面的那些理论、观念和方法的背景和来源——他经常会放弃一度采用过的某些见解，并转而对曾被自己当作学术资源来汲取发挥的那些观点进行甚至是有点严厉的批评。但是我以为，《内亚边疆》一书还有一个十分鲜明的性格，基本上还没有被先前已有的评述充分地注意到。

《内亚边疆》的写作，需要靠大量的相关细部的实证研究来支撑。它们部分地来自拉铁摩尔在实地勘察中捕捉、提炼和解剖关键性细节的锐利思考力，还有很大一部分则来自其他学者们的著述。不过像作者的其他著作一样，本书并没有对这些细部研究本身作详细的展开或考辨。从本书中我们也很容易辨析出当时流行的诸多社会学、人类学和政治学理论给予拉铁摩尔的影响。不过他同样没有在其中去从事对这些理论问题本身的讨论追问。拉铁摩尔要做的，乃是从这些成果出发，或者说是在这些被他当作现成素材的基础上，去勾画一幅关于中国边疆问题的宏大、连贯的总图景。从本书字里行间，我们经常能读出作者的匠心，却一点也找不到平庸琐屑的匠气。在三十多万字的庞大叙事里，蕴含了太多闪耀着智慧光芒的、带原创性的灵感或思想片段。它们往往是被平实简略的叙事进路引向水到渠成的当口，好像是在全然不经意之中被作者轻轻拈出的。只是三言两语，点到为止；没有更多的论证，也没有更多有关其适用性的发挥。然而这样一些思想片段，却在直到现在为止的人类学或历史学相关研究中，分别成为被着重加以发展、引申与推进的核心观念。很少有像《内亚边疆》这样的学术著作，在它出版七十多年之后，在它据以展开论说的许多具体知识早已被更新的情形下，依然具有丰富的参考价值，而不仅是留在有关领域的研究史目录中的一项记录而已。有些不从事中国边疆史地方向的评论者以为，拉铁摩尔的影响力，主要表现在关心亚洲政治和美国外交政策的非专业读者群之中。这种估价恐怕有点外行。事实上，《内亚边疆》的学术影响经久而不衰，最像中国人用来描写梅花的那种"暗香"，幽渺而不绝，既灭而复著。

## 二 蒙古高原游牧人群的起源：与司马迁、王国维观点的比较

拉铁摩尔有一个重要贡献，经常被人们多少有些不准确地界定为关于"草原游牧方式之起源"的讨论。但他思考的真正聚焦点，其实是游牧制度在蒙古草原这一具体地理环境内形成发育的历史过程问题。然而即使在澄清这一点之后，拉铁摩尔的见解仍然很容易被读者误解。这是因为游牧方式在蒙古草原上的起源地带，实际上并非止于一处而已。

《内亚边疆》一书所欲考察的最核心的问题，是中国西北及北部边疆与东部发达地区之间的关系问题。所以作者极其重视长城沿线的农牧混合带在蒙古草原游牧制度起源中的历史地位。他指出，标志着分割农牧地区边界的长城，不能仅仅视为一条线。"线的边界概念不能成为绝对的地理事实。政治上所认定的明确的边界，却被历史的起伏推广成一个广阔的边缘地带"（《中国的亚洲内陆边疆》，唐晓峰汉译本，南京：江苏人民出版社，2005 年，页 156。以下凡引述本书，仅注页码）。这是因为从黄土地到草原的生态转变不存在一条显著的

界线，而只是从灌溉地区到半灌溉地区，再到非灌溉地区。就在位于草原边缘的农牧混合带，从"部分专业化的以农业为主的中间社会"里，由于一部分居民"脱离了旧有专业化或半专业化路线而产生"出一种新的专业化与进化的路线，游牧经济制度于是起源并发展起来。他写道，草原游牧经济的主要来源，"是草原边缘上的一种特殊的农业。从事这种农业的社会群体，由于不能向更好的土地移殖，所以无法发展专业化的农业"（页39、208至209）。正是在这一意义上，他用一种很容易被误读的口吻宣称，公元前4至3世纪突然出现在蒙古草原上的游牧的"'新'蛮族"，也许大多数与原来生活在农牧混合带的"旧蛮族"属于同一个人群（页41，此处对原书汉译文本稍有改动，以下凡遇到类似情况，不再一一注明）。他们"大都是因汉人的发展而被迫自中国北部及西北部的贫瘠地区，退到草原上去的'蛮族'部落的后裔。"（页179）不过在另一些地方，他把自己的意思表达得更为精确。例如他说，匈奴游牧集团中"至少有一部分原是秦国北部边疆前游牧时期的戎、狄"（页288）。他又说，"真正游牧民族"中"至少有一部分是从'旧社会'前汉族中的蛮族演化而成的，虽然他们也有另外的来源"（页231）。是汉族的发展把保留着戎狄身份的这部分人群推入草原新环境中，在那里，他们不再像南部中国的土著人群那样成为注定要被汉化的"前汉族"，而是转变为蒙古游牧社会里的"非汉族"（页228）。

十分明显，在追溯游牧于甘青高原谷地的"羌"人起源的晚近研究中，拉铁摩尔的这一分析理路发挥出十分有力的作用。但是当研究者试图使用同样的解释框架，在汉地社会边缘的农牧混合带去寻找蒙古高原游牧人群的起源时，情况就完全不一样了。拉铁摩尔像是早就预见到在这个问题上可能产生的混淆，因此他又明确断言，尽管"在汉族农耕环境的边缘迅速兴起了一种新的与汉人不同的地方性生活方式"，中亚及蒙古的游牧方式之产生并不"完全是原始民族从黄河流域后退到草原的结果"（页106、228）。他指出，"亚洲内部游牧经济的起源地至少有三处：西伯利亚森林的边缘、中亚绿洲的边缘和中国北部草原的边缘"（页106、208）。活动于这三处起源地的人群是不一样的。被汉人的扩张活动逼到草原边缘农牧混合带的戎狄，"在人种学上也许与汉族差别不大。"他们"是残留于汉文化发展所及地区的后卫"，是"汉族本源的民族中比较落后的一支"（页223）。他们也许部分地融入了那个突然膨胀起来的草原游牧人集团，但绝不是组成后者的主体成分。拉铁摩尔强有力地反问道："如果草原社会的形成是基于一部分'旧社会'边境的残余人群，而这一人群又与汉人同源，那么，为什么草原的主要语言属乌拉尔—阿尔泰语系，而与原始汉语完全无关呢？"（页290）

草原人群语言的独特性确实是一个最雄辩的事实。"任何的汉语方言，从中国带到草原时，都不能在自外面传入游牧民族的非汉语的乌拉尔—阿尔泰语系的包围中保存下来。"（页330）拉铁摩尔据此质疑司马迁的《史记》试图构建一个北方非华夏人群从戎、狄到胡、匈奴的演变层序，并由此引出"新的名称并不代表新的民族，而只是从旧民族中发展出来的新团体"的错误历史见解（页286）。他指出，之所以会产生如此误解，是因为在司马迁所要考察的游牧方式的动力源从汉地社会边缘的农牧混合带移向草原的其他边缘，并进而又从那里移入草原深处时，"正统派的中国历史学家就无法了解游牧社会的情况了"。因此司马迁的叙事，总是力求在更古老的边缘性蛮族生活方式和位于开放草原上一种新蛮族的游牧方式之间，"维持着一种连续性，哪怕面对的是一种新蛮族生活方式，却仍不证自明地采用了老一套的处理方法。就好像对诸如蛮族起源那样的问题，本不必加以细致检讨"（页290）。

上面的批评，显然不只针对司马迁。拉铁摩尔在写作本书时，已经通过间接途径了解到王国维著名论文《鬼方、昆夷、猃狁考》的主要结论（页221至222，并参页222上的注7与注8）。按照近现代中国的这位伟大学者的看法，"古之獯鬻、猃狁，后人皆被以犬戎之名。……尔后强国并起，外族不得逞于中国。其逃亡奔走、复其故国者，或本在边裔、未入中国者，战国辟土时，乃复与之相接。彼所自称，本无戎狄之名，乃复以本名呼之。于是胡与匈奴之名，始见于战国之际。与数百年前之獯鬻、猃狁先后相应。其为同种，当司马氏作《史记》时盖已知之矣！"王国维赞同司马迁的看法，把分别以獯鬻、猃狁为一组，戎狄为一组，以及胡与匈奴为一组的异族人群名称，视为只是对同一人群在不同时序中被赋予的不同称呼。而拉铁摩尔则以为，在这个问题上，"现代中国历史批评家们也受旧传统的影响"，因而多倾向于"只注意通过研究名称来考察"不同人群的来源问题。戎狄和匈奴是两个完全不同的人群范畴。戎狄被华夏从兼宜农牧的地域逐渐挤压到农牧混合带边缘。因此，汉文记载里的"戎狄入侵"，并不是"从蒙古及中亚已经发展的游牧社会侵入中国"，它在很大程度上是对华夏在原来由戎、夏共享的地区内经营土地扩张的回应；并且这种回应总的说来是失败的。正因为如此，尽管史料记载过华夏与戎狄在多处地点上的遭遇，却从来没有提到有游牧部落从敌对人群的后方涌现出来。另一方面，胡或者匈奴指的是位于戎狄背后的草原地区游牧社会中人（页42、223至225）。

在以上两种不同主张里，后者应当更加接近历史的实相。半个多世纪之后，狄·考司摩从对欧亚草原带和西伯利亚地区考古资料的梳理分析中，也肯定了这一点："中国北部地区游牧文化的形成，很可能与远离中原的一个更广阔的地区有着密切的联系，而发生在中华文化圈内的政治和文化进程对其的影响只是边缘性的。"（《古代中国及其强邻：东亚历史上游牧力量的兴起》，贺岩、高书文汉译本，北京：中国社会科学出版社，2010年，页83）尽管是在一个被看走了眼的问题上，王国维依然展现出他目光锐利的那一面。其实他已经非常正确地指出，自西周中后叶至战国，华夏对与它发生接触的异族人群的认识，是分为先后两个层次去加以区别的。较早已为华夏所熟悉者，分别被纳入属于他称性质的"戎""狄"（显然还有"蛮""夷"）等"中国之名"。战国中叶之后，在华夏原先熟悉的戎狄等族背后，又出现了一个令"中国"十分陌生的驰骋草原的真正游牧人群。他们以其"本名"见诸汉语文献，是即胡及匈奴名称之由来。王国维与拉铁摩尔见解之间的区别，只是前者在明明已被他自己判为两个层次的戎狄与胡或匈奴之间，过于轻率地画上了等号。像司马迁和王国维那样在"华夏边缘"去寻找蒙古草原游牧人群起源的思考路径，至今仍在影响汉语学术界有关蒙古游牧社会起源问题的思考。

那么蒙古草原上的游牧方式究竟起源于何处呢？拉铁摩尔认为，分布在很多生态合适地带的边缘游牧人群，是从"原来迟缓的向游牧方式的进化，突然迅速发展成具有整个草原规模的草原社会"的（页297），尽管还无法知道"从边缘游牧经济到完全游牧经济的转变点是在什么地方"。但转变一经开始，它的发展迅速的影响力便是"突然而广泛的"；它会"迅速释放出极大的新的力量"（页289）。他不赞成蒙古草原上的完全游牧方式是经由西方游牧人群向东传播的结果，因为"我们没有远方草原民族突然接近中国的确证"。他心目中的所谓西方影响，是指埃及和美索不达米亚两地"绿洲社会边缘上的草原社会"而言（页106）。虽然也曾简略地提到过巴泽雷克墓葬，但对从欧亚草原带西端的斯基泰人直到其东端匈奴人的考古资料的比较研究，似乎基本没有进入拉铁摩尔的视野。因此他干脆没有受到过以下这类问题的困惑，即匈奴人的游牧方式是否可能源于欧亚草原中西部游牧文化由西向东的传播？狄·考司摩根据较新的考古研究成果推测，南西伯利亚和哈萨克草原—阿尔泰地区，也许是最早的游牧人群的形成地（《古代中国及其强邻》，页40）。那么，蒙古草原周边的各种半游牧人群，是否可能是受到从它西边邻人中间发展起来的最早的完全游牧技术刺激，而得以大踏步地从各个方向深入草原内部，迅速膨胀成一个巨大的游牧部落群，并很快与汉地社会发生接触的？这样一条文化传播路径确实早就存在了。我们知道，从赤峰到南俄，从西伯利亚到黑海沿岸的环草原地带，广泛分布着与"鄂尔多斯剑"和大角鹿母题金属牌饰等在形制、风格和制造技术上都十分相似的青铜制品。"表现在所有这些地方的青铜工艺之间的共同性，都要多于这些地方与在距离上更接近它们的各南方邻人之间的技术共同性"（Gideon Shelach, Early Pastoral Societies of Northeast China: Local Change and Interregional Interaction during C. 1100—600BCE, in R. Amitai & M. Biran edit., *Mongols, Turks, And Others: Eurasian Nomads and the Sedentary World,* Leiden: Brill, 2005, 页 33）。

不过事实上，我们至今没有在阿尔泰、图瓦和哈萨克草原寻找到可以称得起最古老游牧人群的考古学证据。著名俄罗斯考古学家库兹米娜写道："朝向流动畜牧的转变并不具有自发跨越式的特征，而是一个由草原生态诸特殊性和畜牧经济演化的整个进程所导致的持续数百年之久的漫长自然过程。这个过程最终产生的，就是流动畜牧形式，即游牧经济在斯基泰时期的确立"（E. E. Kuzmina, The Prehistory of the Silk Road, Edited by V. H. Mair, Philadelphia: University of Pennsylvania Press, 2008, 页 66）。那些留下了"神秘的大墓，或者所谓'库尔干'"的斯基泰人，依然是迄今可以确认的最早的游牧人群。因此，看来我们应该将活动于蒙古高原的主体人群及其所拥有的游牧文化的起源当作两个不同的问题，分别加以处理。而后一个问题，即蒙古高原的游牧文化究竟源于何方的问题，恐怕还不能说已经解决了。也许我们根本就不应当以这样的方式提出问题。正如克立伯所说："游牧经济是一种以最大注意力从事于畜牧的不稳定、不规则现象，因而我们最好还是去研究导致它兴起或衰落的那一系列条件是什么，而不再追问它的诸种起源，或试图建立种种因果模式"（R. Cribb,

*Nomads in Archaeology*, Cambridge, New York: Cambridge University Press, 1991, 页 1、9）。由此看来，拉铁摩尔当初无意汲汲于探究游牧经济的进路在蒙古高原的起始地点，似乎是有先见之明的。

## 三　中国疆域结构的二分化："胡焕庸线"与"拉铁摩尔线"

1935 年，中国地理学家胡焕庸提出一条反映中国人口密度特征的"瑷珲—腾冲线"。1987 年，他又根据中国疆土及人口变迁的新数据，对这条被更改为今名的"黑河—腾冲线"重新描述如下：在该线以东，占国土总面积 42.9% 的土地上承载了 94.4% 的中国人口；而在占国土总面积 57.1% 的西部中国，只分布着 5.6% 的全国人口。故知中国东西部的人口密度之比大体为 22∶1。这条线在国外学术界被称为"胡焕庸线"或"胡线"。我们不太清楚拉铁摩尔是否听说过这条"胡线"，但他在《内亚边疆》一书中刻画出另一条不怎么连贯平直的分割线，却与"胡线"有异曲同工的功效。

按照他的估算，当日中国疆域内属于长城以外的各地区（今蒙古国及俄属唐努乌梁海也被他计算在内）及青藏高原的总幅员，约为三百万平方英里，长城以内各地的总地域面积则约为一百五十万平方英里。但生活在这两部分版图上的人口，却分别是四千五百万和四亿至五亿之间（页 7）。由此推断，二者间的人口密度比约为 1∶22。拉铁摩尔按当日习称把"长城内各地"叫作"中国本部"（China proper），可能引起当代中国读者的不快，以为其中暗含着"只有长城之内才算中国"的阴谋算计。但它实际上只是在清王朝把治下版图划分为"内地"十八直省和边疆各"藩部"这样两个部分的历史语境中，对"内地"一词的意译。严格地说，他亦未曾把上述划分明确地界定为一根连贯的线条。不过如果需要画一根线出来，那么它的上半段就是蜿蜒曲折的长城，而下半段则从明长城西端嘉峪关横切河西走廊，沿祁连山北麓东南行，由青藏高原的东缘界线所构成。基于这样一种二分法的分析，拉铁摩尔设问道：虽然挤满了"内地"的汉人可以由陆地直接到达地域广阔、人口稀疏的西部中国——他将它冠名为"长城边疆"（the Great Wall frontier，页 15），但在几乎整个历史时期，"汉族却没有永久性地成功移民于长城之外，这是为什么？"（页 7）。他用这样的提问来引出全书有关东西部中国之间充满张力的历史关系的讨论，真可谓意味深长。

《内亚边疆》一书的内容，或许可以用"两极、三时段、四部分"予以概括。所谓两极，是指由东部中国的雨养农业环境（拉铁摩尔的原文称之为 the river lands of China，译言"中国的大河流经之地"）所培育的汉族农业社会基本形态和植根于蒙古草原的游牧社会形态。两种形态所代表的，大体上是在同一个中国内部的汉族中国与少数民族中国之间的划分。毛泽东曾经说过一段大致相同的话："都说中国地大物博，人口众多。其实是汉族人口众多，少数民族地大物博。""长城边疆"区域之内的其他环境也很重要，但它们所培育出来的，只是处于上述两极之间的各种"过渡性的、次要的社会"（页 163）。该书第一部分分头论述长城边疆各地区和黄土地带的历史地理特征，指出长城边疆各地区之间是如何不同，却又如何相互联系（页 15），以及汉人社会如何可能顺利地向南扩张的问题。接下来的三个部分，又进一步分"传说时代和早期历史时代""列国时代"和"帝国时代"三个时段，去追述中国历史形态之两极间的紧张与互动关系。

"长城边疆"所呈现的人类生存环境本身是多样的。但按拉铁摩尔的见解，"东自满洲的混合型地理环境，西至中国突厥斯坦的绿洲和沙漠，乃至西藏的寒冷高原，起源于上述诸地域内各种社会的历史角色，最宜于被看作基于蒙古草原历史的一系列变型"。在此种意义上，蒙古草原的历史成为"所有边疆历史中最典型的篇章（the locus classius）"（页 37）。之所以如此，是因为从中国内亚边疆诸地域发育而成的社会，都具有某种共同的"绿洲"背景：从新疆北部和青海的草原绿洲，到南疆的沙漠绿洲，再到西藏高原被山岭而不是沙漠包围的绿洲——"新疆中部的盆地及其周围的绿洲，正好与西藏中部隆起的高地及其周围的河谷村落相对照"（页140）。从草原到草原绿洲、沙漠绿洲，再到被山岭包围的绿洲，长城边疆各地域社会的这一生存环境的连续性或共同性，使它们"更易于接受来自草原而不是来自中国的影响"。就这样，凭据"抵拒汉人渗透的最主要环境"——草原，以"最执拗顽强地对抗中国社会"的草原社会作为中坚，蒙古草原游牧部落与长城边疆的其他人群组成了中国内部与汉人社会持续对抗的联合阵营（页179）。结果，从中国历史的"主要中心"即黄土高原这片最容易耕作的土地上成长发达起来的汉文明，可以先把水患频仍、沼泽丛生的华北大平原合并为它的一部分，接着又将较大规模的经济经营、社会组织及政治统一的制度文化传播到南方，最终将长江流域及其以南作为"一个完整区域合并到更大的整体区域中"；但在另一个方向上，汉人对无法从事雨养精耕农业的长城边疆却难以实现类似的"合并"，而只能做到"从远处使之臣服并加以控制"（页21至24、110）。

《内亚边疆》一书对构成一个整体中国的这两大板块的分析，很容易使我们想起清朝在征服漠南蒙古和后来被称为"内地"的汉地社会之后，继而将漠北蒙古、青海、西藏、准噶尔盆地、塔里木盆地等处收入版图的历史过程。清政权在延续三朝之久的这场领土争夺中，有一个几乎自始至终的对手，那就是漠西蒙古部。游牧的蒙古部成为对抗形势中另一板块的轴心力量，或可印证拉铁摩尔有关"典型篇章"的上述说法。

现在看来，就认识中国内部各民族间相互关系的历史格局而言，"拉铁摩尔线"似乎比"胡焕庸线"更贴近不同生态—人群—文化区域的实际分布形势。"胡线"所界划的东部中国，将今吉林和黑龙江大部划入东部中国，就绝对不如"拉铁摩尔线"把它们划出"内地"范围，并将之作为"长城边疆"的一部分来处理显得合理了。在东北，只有南部的辽河下游及沿渤海海岸各地，其气候、作物和农业条件与黄河流域较少区别；因此尽管由于其"半孤立性，使其可能在政治上与汉地分离"，那里的社会、政治组织都与华北相同，可以成为"中国本部之延伸"，成为"从华北向前突入的狭隘的前沿阵地"，甚至"时时有变成'小中国'的趋势"。但是东北的西部平原与蒙古的联系更为深远，东部的山林地带是朝鲜半岛环境的延长，而其北部的高山及密林，直到 17 世纪还不能自别于西伯利亚（页 69 至 73、166）。汉人进入东北腹地从事农业活动，只是近代以来的事情；其移民形式"不完全是中国历史的老方式"。"汉人从辽河流域大量移民到北部的通古斯森林和西部的蒙古草原，则完全是古代中国所没有的铁路、新式军械、金融、工业及贸业活动的结果"（页 8、9）。在传统时代，这个地区处在汉地农业社会之外，但它对汉地中国具有极重大的历史影响。清政权从这里走向君临全中国的权力巅峰，其中乃有一定的历史因缘在。下文还将回到这个话题上来。

## 四　两片领土板块的整合：对清统一成就的低估

然而，恰恰是清王朝征服和治理汉地及长城边疆的划时代成功，似乎动摇了拉铁摩尔对中国内部这两个板块之间存在无法调和的冲突和对抗性机制的反复强调。

他写道："典型的草原社会与典型的中国社会代表的是两个极端。"（页 347）"中国内地与蒙古草原的最大差异是：草原的原始农业文化没有能够发展到大农田粗耕制，或农耕与畜牧并行的混合经济。游牧最终成为占统治地位的制度。"（页 37）这就是说，支配着草原和汉地社会的，是两种互相难以调和的经济制度。"乘马的游牧经济技术起源很晚，而且是在外围边疆，从未能与中国文化调和。"（页42）于是"在草原社会主体及中国社会主体各自发展其固有的特征及专门的政治体制后，它们便随着这种发展而互相对立了"（页303）。

对立之所以发生，首先是因为双方的内在条件或社会特质"使它们不可能混合成一个在经济上既有精耕也有粗放，在政治上既有集权又有分散的社会"。其次，这两种无法统一的社会，既不能凭依"事实上永远不能完全实现"的"长城式的绝对固定的边疆"而互相分离，又不能由任何一方吸纳或永远控制另外一方，"由此就产生了没完没了的斗争"（页328、304）。基于这样的理由，他相信在传统时代，汉地与草原是不能调和的。"唯一可以真正整合以农业为主和以畜牧为主的社会的桥梁是工业化。"（页38、351）这一观念也表现在他对未来东北整合的期望中："用过去所缺少的工业技术来联系整合农田、草原和森林。这样就可以在亚洲历史上第一次取消那种不同环境造成不同经济的情况，消除社会间的互相敌视。"（页93）所以他又说，"未能发展工业化，是中国亚洲边疆消长起伏的历史关键"（页329）。

现在的问题是，清王朝所确立的广袤的中国版图，难道还不能看作上述两种对立社会制度，或者更准确地说，是中国的内地和长城边疆两大板块之间的统一与整合的历史成果吗？清军的军事征服固然使用了较新式的火器，但它基本发生在前工业化时代。可见传统中国内部两大板块之间的对立，被拉铁摩尔不适当地绝对化了。

不过本书的卓越之处也在于，即便在做出稍有过当的断制时，它的陈述仍然会包含某些合理的、极富于启发性的思想因素。就目下的讨论来说，这种灵感火花至少在两个方向上有力地激发着后人将思考进一步向前推进：一是对植根于汉地农业社会的专制君主官僚制在长城外各边区发挥其功能的极度有限性的认识；其二则与超越两大板块之经济—政治—文化制约的国家建构模式何以可能出现的问题有关。

这里先说前者。

在谈到中国历史上国家版图的拓展形式时，拉铁摩尔指出："这里，我们必须区别两种情况，一种是一个社会向新的地区的发展，另一种是政治力量对并未实际占领的地区的深入。"（页303）很清楚，根据这样的区分，长期以华北为其统治中心与根据地的华夏—汉族国家，只能在它的南面才找得到"开阔并有无限深度的边疆"，可以依赖用汉文化对那里实施同化的方式来保障在这个方向上的疆域扩张成果。而在其他方向上，征服的成果却无法通过渐次跟进的汉人的大规模移民运动而获得巩固。版图的膨胀只能借由政治—军事力量"伸入"各个"并未实际占领的地区"的方式达成。这是因为汉人的社会及国家只能建立在被限制于某种地理环境内的农业技术上。"蒙古和东北西部的那些草原以及西藏诸荒原都缺乏汉族从事精耕和灌溉农业所最必须的条件。而东北东部及北部的丛林莽原和零碎的新疆绿洲又不能有适合〔汉人〕政治及经济需求的集中人口。"（页157、158）在那里，传统时代的汉族社会无法再施展像铺地毯一样地开辟自身生存空间的顽强努力：西藏是"难以逾越、无法侵入"的；北方是一片"想要关闭却未能真正关闭的边疆"，即便有少数汉人得以深入草原环境，那也只会在他们中间产生异化和离心的倾向；中亚绿洲倒是较易接近并可能被战胜和占领的，但那里的文化与族裔与汉族完全不同，而汉地社会的影响则由于距离它太遥远而减弱，因此它们虽然可能从远处征服控制，却无法被同化（页135、318、110）。

汉地社会对长城边疆采用的这种"不依赖移民占领而从外面将统治伸入其地"的控制方式，作为专制君主官僚制体系的一个组成部分，在唐朝形成以朝贡和册封为核心的制度化框架。今中国新疆及其以西地区和蒙古高原都曾被纳入这个制度化的治理框架之中。唐王朝靠这套羁縻制度间接统治蒙古高原，大概有四十年时间（7世纪30年代至60年代）。它维持对西域的控制，则前后大约有一百一十年

（630—670，693—760），加上此后唐军困守龟兹、北庭等孤城又有三十余年（760—792），它对西域实行间接统治总共一百四十年左右。唐王朝之后的一千年中，汉式专制君主官僚制国家再也没有过统治这两个地区的历史记录；它与西藏之间的政治关系亦大体如此。

两宋和明朝相加，持续超过六百年。它们虽然未曾据有长城边疆（明代曾一度对辽东边外及藏地维持的体系除外），却继承了唐代那套朝贡册封制度，主要用来控御环绕于汉地社会周边的各种少数民族区域。如果说唐代的羁縻体系本来或许含有朝着不止一个方向演化变迁的潜在可能，那么宋明时代的制度实践却只向它展开了单一可能的发展空间，这就是沿着从羁縻制到土官、土司制度，进而再通过土流并置、改土归流，把所治理的地域最终纳入统一施行于内地的府县制体系之内。

但是中央政府遵循此一过程完全"消化"边缘性人群，还需要有两个必须的前提条件。一是它们必须位于紧贴在汉地农耕社会外缘地带，并且尚可从事农业垦殖的区段；二是其地域及人群规模都不能过大。唯其如此，才可以在那里培育出一定数量的由汉族移民和被汉化的当地原住民混合组成的编户齐民，从而为将该地区整合到府县管治体系之内造就必不可少的政治文化及社会响应的基础。不难看出来，这个原本服务于按"从外面将统治伸入其地"的策略来攫取新领土的羁縻体系的制度框架，实际上已演变为通过旧有汉族社会向外推进其边缘线来包纳和融化新地区，从而实现对外扩张的依赖路径。正因为如此，此种依赖路径所能适用的空间范围又反过来受到上述两项前提条件的严重局限。而停留在长期与中央政府维持朝贡、册封关系层面上的那些更为外围的附属地区和人群，既然不能被置于有效的国家治理之下，就完全有可能最终摆脱受羁縻册封的地位，朝着相对独立的政治—文化实体演变。

由以上分析可以知道，在儒家拟想中的"天下"之内，可能被外儒内法的专制君主官僚制国家机器牢固地纳入中国版图的边界，理应位于期望中得以通过改土归流而内地化的土司建制地区，与无法推行土司建制，而只能与之维持松散羁縻关系的那些更带边缘性的原住民地区之间。很明显，除了伸入到青藏高原东侧部分的土司建制地区外，属于长城边疆的大面积地域并没有被囊括在这条边界之内。

既然如此，传统中国凭什么能大幅度地跨越"拉铁摩尔线"，并最终将长城边疆各地区牢固地转化为自己的国土呢？拉铁摩尔是不可能从这一角度思考这个问题的，他甚至认为工业化之前这是不可能的事情。但是他在本书中的论述，事实上已经为我们回答这个问题提供了某些重要线索。

## 五 "内、外边疆"和"贮存地"：分析概念的有效性与欠缺

关于传统中国的国家建构模式问题，《内亚边疆》一书中包含一个极富启发意义，但还需要加以进一步澄清、修正和完善的原创性观念。它指出，"在中国历史中，可以看出有一种显著的'边疆格调'：或者是一个王朝建立在边疆以外或边疆之上，然后向内地推进，建立起它对中国的统治；或者是在中国以内建立王朝，然后向外推进，建立起它对边疆及边疆以外的统治"（页264）。这里讲到的后一个"或者"，无疑指的就是汉式的外儒内法专制君主官僚制的国家建构模式；而对于前者，作者分别采用"边疆王朝"（页87，英文原文作 a frontier dynasty）或者"边境王朝"（页349，the border dynasties）、"边境起源的王朝"（页81、350，dynasties of frontier origin, dynasties of border origin），乃至"'游牧'王朝"（页348，"nomad" dynasties）来命名之。它们往往"在中国的边缘赢得一个根据地，部分地被它的汉族臣民所同化，然后将其依然保留着的蛮族的活力与他们已获得的汉文化的温文老到结合在一起，向内推进，建立一个统治当日全部中国的王朝"

（页 228）。

在拉铁摩尔看来，中国历史之所以会形成这种“边疆格调”，与位于分别接近草原和农业中国的两种不同的过渡地区有密切的关系（页 265）。在书里，他可以说是再三再四地提及这个概念，尽管所使用的名称并不完全统一，诸如“边缘领土”（marginal territories，页 264）、“边缘地区”（marginal region，页 271）、“边缘土地”（marginal lands，页 272）、“边缘地带”（marginal terrain，页 272）、“边缘区域”（marginal zone，页 316），等等。本书汉译文本几乎把它们全都翻译为“过渡地区”或“过渡地带”，此种对译是深得要领的。因为“过渡”，或者说“中间性质”（midway in character，页 103）、“中间地位”（middle position，页 103），确实是这些“边缘地带”最显著的共性。

不过关于这种过渡地区，拉铁摩尔在本书中的界定带有某种模糊之处。也许在他的心目中，实际上它们有时候是就其狭义而言，而有时候又是广义的。他写道，自从游牧社会成熟之后，便有两种不同的过渡地区从两套地理环境系统中产生出来：在农业中国，由南向北依次分布着“形成早期汉族农业发展的良好土地”“当灌溉及其他技术相当发展后也能与良好土地一样有利的次等土地”，以及“汉族农业的渗透未及其地的‘过渡地区’”；从蒙古草原方面由北向南伸展的，则是“只能支持游牧业的真正草原”“游牧业比粗耕农业或农牧混合生计都占优势的‘次草原’”，以及“必须依靠实践来确定农业与畜牧孰优孰劣的过渡地区”（页 266）。这样两种有差别的过渡地区，虽然都具有“混合经济”的形态，但仍拥有各自不同的特征。其中一种“容有较多的汉族特征”，而另一种则“容有较多的游牧特征”（页 316）。可以想见，双方的过渡地区位于长城两侧幅度并不会太宽的地带。因为“在中国内地及蒙古之间，长城把传统中国生活方式比草原游牧方式更占优势的地区都划给了中国。在这些地区中，有些东西会削弱汉族农业的特征，但是最成问题的地区都在长城以北”（页 318）。

而另一方面，在长城之外，今内蒙古有相当大的地域面积至少可以看作属于"次草原"。

可是在书里的另外一些讨论中，位于长城之外的内蒙古又被整个地当作同一个地理单元来处理。长城的修建意味着"汉族的扩张已经达到真正草原边缘"（页249）。而在长城以外，"边界本身的自然结构，即内边疆区域和外边疆区域，在长城和内、外蒙古之间的关系中表现得最为清楚"（页161）。相对于"内、外蒙古"作为内边疆和外边疆的这种区分，也存在于"宁夏及甘肃西部的次绿洲地区"（sub-oasis areas，页128）与新疆之间。作者补充说，宁甘地区可以灌溉的土地"不能叫绿洲，因为它们并不很孤立，但它们又很像绿洲，所以最好叫作'半绿洲'"（semi-oases，页270）。因此作者以为，甘肃西部和宁夏"之对于新疆的关系，如同内蒙古之对于外蒙古的关系"（页101）。如果要说二者之间还有什么不同之处，那就是"内蒙古地区，即外蒙古大草原的门户，在长城之外，而'内中亚'却在长城以内"（页318）。这就是说，相对于长城外的新疆中亚，长城之内的陇西和宁夏庶几可视为"内中亚"。读到这里，我们便能对上面引述的页161中那段话里"在长城和内、外蒙古之间的关系"一语理解得更透彻了。长城既可以是内地和边疆之间的界线，也可以成为内边疆与外边疆之间的界线。此外，今青海、四川和云南的藏区，"形成了一个'内藏'地区，与内蒙古相似，而拉萨所统治的'外藏'则与外蒙古相似"（页151）。

拉铁摩尔在本书中似乎没有非常明确地论述过，所谓"过渡地区"与内、外边疆的判分之间究竟是什么样的关系。只有一处，当他说到宁甘半绿洲地带时，他又径称该地为"过渡地区"（marginal region，页271）。但是我们几乎可以肯定，他所说的过渡地区，在大多数情况下，都指内边疆而言。

内外边疆的概念，可以用来非常有效地解释很多现象。比如拉铁摩尔指出，由于汉人比草原人更容易掌握类似绿洲的河西走廊，该地终究被汉人所控制。在这个过程中，汉族生活方式（注意：他在这里说的是汉族的"生活方式"，还不是汉族这一人群本身）"在甘肃次绿洲地区渐占优势，一步步把印欧语系诸部从他们最东方的地方挤走"。但是另一方面，由于距离、交通以及中间非汉族居地的阻隔，又使这里难于和汉地完全结成一体。因此按他的看法（这个看法实际上不完全正确），该地"表面上虽被中国文化同化，但其内部还多少保留着一些地域的、社会的及政治的分离主义特征"（页109至110、116）。

又比如，与外边疆草原"多半时期是由一个普遍和谐的游牧社会占着优势"不一样，"掌握内边疆的游牧人则有时依附于草原上的同宗，有时却依附于中国的农业和城市"（页162）。这就使汉式的专制君主官僚制国家有可能谋求内蒙古各游牧部落的中立化，使他们既不对边界产生压迫，也不退出维持着该边界的汉式王朝国家对他们进行干涉调解的地域范围。这也就是向那些本来应当被边界隔绝的部落谋求帮助，"使他们调转方向，背向边界而不是面向边界"（页160）。这段话将长达一千三百余年间，内蒙古与漠北蒙古草原之间的历史关系以及二者间不同历史定位的区别，用很简洁、准确的语言概括出来了。自匈奴被汉武帝逐出漠南直到元统一漠北和漠南草原为止，内蒙古草原曾长时期地成为离析于中心之外的边缘游牧人群为中原王朝防卫来自外边疆的游牧社会主流人群南侵所凭依的缓冲带。不仅如此，在明政权建立之后，"北方远离中国内地的蒙古人与居住在内蒙古的曾与蒙古人统治中国的机构有密切关系的蒙古人"，仍有明显不同（页53）。直到明中叶，蒙古部活动重心才再度南移。

借助于内边疆的概念，我们也得以更好地理解为什么土司制度能在甘青和四川藏区长期维系下来。这不但是因为"柴达木和青海高原没有一个足够富裕的牧场来支持一个大型独立的游牧社会"（页323），也与清王朝能越过这个地区而将西藏、新疆纳入版图具有密不可分的关系。正因为巩固地确立了对上述"外边疆"的统治权力，清王朝才得以成功地消除可能诱发川、甘、青三省藏区离心倾向的外部渊源。同时，清朝在青海草原和硕特蒙古部设立的札萨克制，也是对青海各藏人土司的一种重要制约因素。因此，不应当把清对川、甘、青藏区的有效治理，看作仅仅是由于土司制度所发挥的功能。此地作为一个"内边疆"地区所具有的特别属性，也是在其中起到极关键作用的因素。

与内边疆概念紧密相关，本书还提出了一个叫作"贮存地"的概念。在长城以北的方向上，这个"贮存地"指的也就是内蒙古，在它的更北方则是"顽固不化的土地"（"lands of unregenerate"），即作为外边疆的漠北草原。在北方游牧人群入主于部分乃至全部汉地社会时，这个人群不会完全移入汉地之内，而总是会有一部分驻扎在北部邻近长城的地区。后者担当起其入侵同伴们的"后卫"，既负责保卫被征服的汉地，以免它遭受从更遥远的北部南下的敌对部落的攻击，同时也是为统治汉地社会的同伴提供源源不断的官吏与守军的资源地（页162）。在这里我们又仿佛看到了隐然存在于"贮存地"与"过渡地区"之间你中有我、我中有你的关系。确实，拉铁摩尔强调说，"贮存地"的文化与"过渡地区"的文化一样，具有"混合文化"的属性，因此它会"自限于可以容忍混合文化的环境范围中，不再深入草原"（页351）。这个"可以容忍混合文化的环境范围"，不就是"过渡地区"，或者就是"内边疆"的范围吗？

引入这么繁复的名词概念，对拉铁摩尔的叙事框架果真是必要的吗？平心而论，他在这方面难免有过于随意的嫌疑。但他既然已经把它们都提出来了，那就迫使我们不得不对这些概念及其相互关系进行细心的梳理。只有在这样的基础上，才可能从略显含糊其词的陈述中，把属于他的一项最带原创性的精辟见解发掘出来。

## 六 "边疆王朝"："长城边疆地区"对中国历史的重大贡献

纵观《内亚边疆》全书对"边疆王朝"的界定，大体包含如下一些主要内容。一、它是指的自外边疆将其统治推向部分的或全部汉地社会的王朝。二、它的创建者往往不是来自严格意义上的、"纯粹"的草原社会，而是来源于草原边境的混合文化社会。三、它虽然来自外边疆，却会把内边疆当作防卫基地和人才资源的"贮存地"。四、统治人群分化为进入汉地社会和留驻"贮存地"这样两部分的结果，是"原来建立帝国的人，现在成了他们自己帝国的牺牲者，而另一些变得像被征服者的人们，却享受最大的利益"。当逐渐增大的差异终于撕裂了那个混合国家时，边地游牧人就会在政治上"回到游牧制度去"。五、由于边疆之内汉族经济是最有利的方式，进入汉地的草原统治者及其政权多半会变成汉式的统治者和汉式政权。本书或详或略地讨论过的像这样的边疆王朝，有北魏、辽、金、元和清等国家（页162 至 163、334、347 至 350 等）。但这个"清单"却存在三个互有联系的非常大的问题。

第一个问题是，能否将内边疆和"贮存地"等同看待，或者说二者是否必定要位于同一地域范围的问题。这一点最清楚地反映在清东北方向上的内边疆和"贮存地"互不一致的情况中。拉铁摩尔自己使用以下措辞来划分该地区的内、外边疆："长城、汉人边区、柳条边；加上它西部和西北部的蒙古人，以及它东部和东北部的满洲人。"（页161）这也就是说，山海关之外的辽东汉文化地区按上述界定属于内边疆，而其外边疆则位于分别从西—西北和东—东北方向将辽东封闭起来的柳条边之外。那么清朝的战略"贮存地"又在哪里呢？拉铁摩尔在最初提出"贮存地"概念的《满洲：冲突的摇篮》

（*Manchuria: Cradle of Conflict*, New York: Macmillan Company, 1932, 2nd edit., revised, 1935）一书里，把柳条边内外，也就是清朝在这个方向上的内外边疆都看作它的"贮存地"。柳条边以内是"汉军八旗的最初'贮存地'"；其外两侧分别是"蒙古'贮存地'"和"满洲'贮存地'"。更粗略、更一般地说，那么"东北的'贮存地'区域也许可以界定为整个辽宁省（奉天），以及位于北纬四十六度以南的吉林省"（*Manchuria: Cradle of Conflict*，页42、105；并参书末所附"各盟旗'贮存地'"地图）。如果硬要对被包含在这个"贮存地"内的各地域的重要性之间进行比较，那么其中最重要的，当然不会是位于内边疆的汉八旗所在地。另外，拉铁摩尔虽然从未指实过元代蒙古人的"贮存地"究竟在哪里，但它显然也不能认为仅仅是内蒙古，虽然为了军事指挥的需要，进攻中原的司令部曾经设立在那里。蒙古人心目中的"祖宗根本之地"，则一直是以漠北为中心的。

第二个问题在于，"贮存地"和内边疆非但就其所在地域而言并不重合，而且具有完全不一样的政策实施目标。拉铁摩尔用非常生动、明确的语言把可以在边疆实施的政策区分为"面对内里和面朝外方的政策"（inward-facing and outward-facing policies），它们的目标分别是为治理腹地提供出身于特定族群的政治或军事精英，以及为抵拒来自外围边疆的蛮族入侵提供军事防卫资源（见 *Manchuria: Cradle of Conflict*，页110、181）。但他以为"贮存地"（在他看来，这个概念与内边疆几乎是一物两指）可以同时承担满足对内需求的人力资源库和防卫外来侵入的军事资源库功能，却与历史上的各种实际情况都不相符合。

辽、金、元、清四个边疆王朝各自的"贮存地"，分别是以"平地松林"著称的辽西草原—森林地带、松嫩流域的河谷—森林地带（金初称上京为"内地"）、整个蒙古高原（元初视居庸以北为"内地"），以及东北的"白山黑水"之地。它们都位于外边疆地区，或者至少不限于内边疆，并且总的说来也没有替各自的中央王朝阻挡来自"顽固不化的土地"上的蛮族部落入侵中原汉地的作用。若言及兼有"面对内里"和"面朝外方"两项功能的内边疆，最容易使人想起的，似是北魏平城时代的"六镇"。除了屏障首都平城的主要功能外，六镇将领一度是北魏统治集团汲取军事人才的重要资源所在。但这种情况只发生在平城时期近百年中。随着迁都洛阳，拓跋集团在深入汉地和进一步汉化的过程中，差不多完全失去了对外边疆的控制。它利用安置在内边疆的部落来阻拦更北方的柔然骑兵南下，与它之前的汉政权利用降附的南匈奴抵拒北匈奴侵扰汉边，已经没有太大的差别。在此之外，六镇再也不被看作向中原供给政治及军事精英的资源库，至于其所在的雁北外围，更是从未成为过拓跋集团在族裔及文化认同方面的根据地。所以六镇的作用，最终还是面对外边疆保卫华北的一片缓冲地带。它曾部分地拥有过的"贮存地"功能，更宜看作北魏政权在形成为充分发展的成熟形态之前的非典型表现。

木书还提到被称为"成吉思汗边墙"的金界壕—边墙—边堡系统，似乎认为可以用它来证明金朝的"贮存地"兼有抵拒游牧民族自外入侵的内边疆功能。金界壕系统的目标是保卫作为女真人根据地的外边疆，亦即其"贮存地"本身，所以他正确地称之为"贮存地围墙"（页350）。既然如此，它就与内边疆以及内边疆作为中原汉地防卫来自外边疆侵入的"贮存地"功能完全不是一回事。而在内蒙古长城一线，被金朝降服后替它守卫边墙的汪古等部，并不被视作与金人同族。他们连北魏前期"六镇"那样的地位都没有。金在该地带的边防措置，也与汉式的专制君主官僚制国家戍守长城的做法一脉相承。总之，内边疆或者担负的是"面朝外方"的防卫功能，或者需要与外边疆合二而一，承担"面朝内里"的"贮存地"功能。无论如何，我们找不到历史实例来证明，内边疆可以同时兼有"面对内里"和"面朝外方"这样两种功能。

那么拉铁摩尔为什么会刻意将"贮存地"观念与他稍晚提出的内外边疆观念——这两类观念各自都非常有用——颇不协调地整合在一起，并由此把"贮存地"和内边疆混为一谈呢？内外边疆概念主要来源于对汉式王朝领土结构的分析。而在拉铁摩尔看来，边疆王朝在进入汉地社会，并在那里立住脚跟后，必将逐渐蜕化为一个汉式王朝。很可能出于这样的原因，他才会觉得，用于汉式王朝领土结构的解释框架也完全可以原封不动地移用于边疆王朝。

这里就涉及本书枚举边疆王朝诸特征的清单里所存在的最后一个问题了，即对这些边疆王朝最终都将被汉化的断言。所谓"汉化"，至多可以用来描述边疆王朝越来越多地在统治汉地社会方面采用汉家制度。但尤其是对于元、清这样的政权，处于其有效治理之下的疆域已经大大超出汉地范围，怎么还能如此以偏概全地用"汉化"来界定它们的整个统治体系的性质或特征呢？

实际上，本书已在不少地方揭示过清政权充分利用东蒙古势力征服汉地，揭示它以极小的战争代价收服了"差不多所有的蒙古民族"，它"在蒙古和西藏都成功地控制着部落与地区的权力变更过程"，由以保持帝国版图结构的平衡，"既不令边疆压迫内地，也不令任何利益团体越出中国内地而进入边疆的旋涡"（页 50 至 51、150）。作者在《满洲：冲突的摇篮》里甚至更加明确地宣称："事实上，满洲人所统治的帝国并不是一个汉式的帝国。它囊括了一片比任何出自汉族的王朝治下更大的领土，版图远大于最后一个纯粹汉族的明王朝所有。"（*Manchuria: Cradle of Conflict*，页 309）凡此种种，都不是最近一千年多内的汉族王朝想这样做并且做到了的。这些独特性，显然非汉家制度或汉化叙事所能涵盖。可惜的是，拉铁摩尔对这一点尚未给予足够的注意。

不过，前文揭示的那三方面的缺陷并非无可弥补。关键是在运用边疆王朝的重要概念从事历史分析时，还需要把它拆分成两个次类型来处理。前期边疆王朝以北魏为代表。拉铁摩尔所枚举的起源于边疆的非汉族王朝的那些特征，其实主要是它的前期特征，例如极高程度的汉化以及位于内边疆的对外军事防线。这与北魏在长时期向中原渗透的过程中逐渐被汉化，并由此失去了自身文化及族裔认同的资源所在地密切相关。10世纪之前统治过汉地的其他边疆王朝，如十六国、北魏的各继承政权，乃至五代时的后唐、后晋、后汉政权，也都可以大体归入这一次类型内。如前所述，它们在与外边疆的关系方面所扮演的角色，与纯粹汉族的王朝相比没有太多的区别。

另一类便是由10世纪起的辽、金、元、清所代表的后期边疆王朝。它们都是在相对短暂的期间内征服并统治了汉地社会一部分甚至是全部汉地，因此仍得以保留着自己所赖以兴起的原居地，把它变成帝国版图结构中的重要组成部分。相对于前期边疆王朝，它们最显著的特征可以说就是多元性格的国家治理体系和位于外边疆的"贮存地"。拉铁摩尔说，草原本身是游牧制度的"贮存地"（页351）。他实际上也已经看到，在他的分析框架中属于外边疆的女真发源地是金的"贮存地"。但他始终没有想到，对已经萌发于他心中的这些非常有解释力的念头，应当有意识地再往前推进一步，明确指出以"真正的"草原乃至其他外边疆作为自己的"贮存地"，乃是后期边疆王朝之所以区别于没有这样的"贮存地"，而只能退守内边疆的前期边疆王朝最重要的特征之一。

## 七　边疆王朝的历史分期问题：对拉铁摩尔思考的再推进

现在我们可以回到由那条将中国分为两半的"拉铁摩尔线"所生发出来的问题上去了。正是在后期边疆王朝中孕育和发展起来的国家建构模式，才使传统中国做得到大踏步跨越"拉铁摩尔线"，把西部中国的广大地域囊括在自己的版图之中！

后期边疆王朝的国家建构模式，自然有继承外儒内法的专制君主官僚制模式的那一个层面，主要表现在帝国中央政府的基本架构，以及治理汉地社会的主要制度体系中。同时它也有汉式的国家建构模式所不具备的另一种面相。这是因为后期边疆王朝不像汉族政权那样，把"车同轨，书同文，行同伦"，也就是用汉文化来覆盖王朝的全部疆域当作自己所追求的理想治理目标。因此它必须有另外一个管理系统，来维持对西部中国的有效统治。在清代，这个管理系统以理藩院为其核心组成部分。十分有意思的是，当清人力图证明自己的各种机构衙署渊源有自，由以彰显出清统治体系的政治合法性时，乾隆钦定的《历代职官表》却不得不承认，它无法在明、宋及五代为理藩院追溯一个前身。但再往前推，它却把唐朝的鸿胪寺与清代理藩院相比拟。

　　鸿胪寺本是专掌"宾礼"的部门。"鸿"，大之谓也，"胪"，陈序也；是"以大礼陈序宾客也"（孙逢吉：《职官分纪》卷二〇）。宾礼原有内外之分，对外的宾礼就是所谓"边仪"。据《唐六典》，唐鸿胪寺有关"边仪"的具体职掌是，"凡四方夷狄君长朝见者，辨其等位，以宾待之。凡……夷狄君长之子袭官爵者，皆辨其嫡庶，详其可否，以上尚书。若诸蕃大酋渠有封建，则受册而往其国"（见卷一八）。宋鸿胪寺的职掌与此相类。"诸蕃入贡"时，它还须负责照看"其缘路州、往来待遇，及供张、送遣、馆设之礼"（《庆元条法事类》卷七八）。在明代，鸿胪寺下设司宾、司仪二署，归礼部节制。可见鸿胪寺有关"边仪"的职责，实质具有准外交的性质。清鸿胪寺"所掌者惟傧赞及朝仪"；按《历代职官表》编撰者的说法，它原来承担的"宾客之事"，"则分属理藩院、礼部、会同、四译馆"（见卷一七）。因此，这本钦定著作不但将唐和比唐更早时期的鸿胪寺追溯为本朝鸿胪寺的来源，而且也把它列为理藩院制度的渊源所自。

　　"职官表"说前代鸿胪寺掌管的"宾客之事"为清礼部、会同及四译馆所分摊，这没有错。大体上凡涉内宾礼者属礼部，"边仪"则属之两馆。问题是理藩院分摊到的，又是它哪一部分的职能呢？理藩院对蒙青藏、南北新疆及西部四川的治理范围，包括涉及旗界、封爵、设官、户口、耕牧、赋税、兵刑、交通、会盟、朝贡、贸易、宗教等事项在内。"职官表"作者心里很清楚，这是一块"秦汉以来，德不及远"的地域，"故从未有设官以治之者"。可知谓清之理藩院乃自唐之鸿胪寺派生而来，是论殊不足取。但前引"从未"之说亦尚稍有未确，那就是它未能反映元代的情况。"职官表"事实上亦将元代负责管理西藏和全国佛教的宣政院列为理藩院的制度渊源。这是完全正确的。元、清在创建后期边疆王朝国家建构模式方面前后相连续的线索于此清晰可见。更准确地说，这一模式的发生还要早于元。它萌芽于辽，发育于金，定型于元，而成熟、发达于清。

拉铁摩尔有关边疆王朝之见解的原创性，正体现在由他最早提出来的以下论断中："我相信还没有人指出过，重大的'游牧人的征服'并非来源于大草原，而是来自草原边境。换句话说，侵入者并不是纯粹典型的游牧人，而是邻近内陆业洲边疆的各种混合文化人群。"（页347）换言之，"真正"的游牧者，"很少，或者就干脆不受贸易的影响，也不想统治定居人口"（页329）。中国东北地区的重要性就这样被凸显出来。在以辽河中下游为"动脉"的汉式农业区域以北，西侧是契丹等原蒙古语游牧部落以及后来的蒙古人活动的森林—草原地段，向北与呼伦贝尔草原相连，东侧则是通古斯—满语人群从事农耕、畜牧和渔猎生计所依赖的森林—河谷地带。由此往北到今吉林、宁古塔一带，农耕逐渐减少。进入黑龙江地区，渔猎、小舟和雪橇越来越常见。在更北面的西伯利亚森林和半北冰洋苔原，驯鹿取代马匹变成人类用于交通的主要牲畜；在那里，"雅库特族和通古斯族以一连串逐渐变异的经济与社会，把这个地区与满洲、蒙古及中亚的突厥族联系起来"（页71至75）。

位于辽河流域的汉地前沿之北，有很多河谷地带都适合于农耕。

迫使汉地社会的北进止于辽河流域的原因有三项。过于零碎分散的可耕地，致使那些河谷盆地即使合在一起仍不足以支撑一个能独立发展的农业社会；江河的流向以及辽东的半孤立性，都不利于自身能量不足的河谷居民把位于它南方的辽河沿岸汉地社会，并通过那里以华北汉地作为谋图发展的后盾；相反，每一片"有希望的"谷地都面对着邻近森林或草原居民的干扰威胁，因而显得过于脆弱（页72）。在杨虎嫩对东北的族群历史所由以展开的地形空间与自然环境的分区域描述中，我们依然看得到拉铁摩尔式思考的影响力（J. Janhunen, *Manchuria: An Ethnic History*, Helsinki, 1996，页3至11）。

拉铁摩尔指出，正是在"这片森林、河流和山地的世界之内"，不止一次地孕育出"真正重要的历史发展"，即边疆王朝的诞生与崛起。相邻不远的不同人群及其文化之间较易于互相渗透与交融，成为整个东北的最一般的共同性。此种共同性一方面具有被植根于不同区域内的不同文化之间的差异性所抵消的倾向，但另一方面它又可能变成一种"不固定的中介"，导致某一特定人群及其文化转换或融入另一特定人群及其文化之中，或者使二者混合为"一个新形式"（页75）。这种一般共同性与特殊差异性之间的辩证关系，使东北各人群的文化与社会天生带有朝着多种不同方向发展的可能。因此转变并不困难。它并不要求某一个特定人群突然地将自己的生活方式变成另一种全新式样，而只需要使之"偏重于他们原来经济社会组织的某一部分，同时放弃其他部分"。一个有能力大体均衡地同时驾驭农耕、游牧和渔猎畜牧人群的政权，于是从这里发展起来，继而成长为统治全中国的边疆王朝（页78）。我们看到，巴菲尔德在出版于1989年的《危险的边疆：游牧帝国与中国》中，用几乎整本书的篇幅来加以精彩论述的核心观念，即"满洲边缘地界"是中国大多数边疆王朝的真正摇篮，就脱胎于拉铁摩尔自谓"我相信还没有人指出过的"最早但很简略的表述。

顺便说说，在巴菲尔德的分析框架里，蒙元王朝的兴起看来变成了一个"独一无二"的例外，因为它的起源地显然不属于"满洲边缘地界"，而是完全的草原地带（巴菲尔德：《危险的边疆：游牧帝国与中国》，袁剑汉译本，南京：江苏人民出版社，2011年，页293）。他像拉铁摩尔一样，认为纯粹的游牧人无意于直接统治汉地人口及其社会，而更愿意采取通过战争和战争威胁的"外部边界战略"，榨取其所需的中原资源，同时不丧失其机动性（《危险的边疆》，页62至65）。拉铁摩尔或许也曾感到过同样性质的解释困难，因此他宁可说，成吉思汗原本"不是大草原的人，而是草原边缘的人"，不过"从小就被逐到草原"上而已。"当他返回到草原边缘时，有许多混合文化的下属，可以引导他从事新的征服，并在征服后立即将那里组织起来"（页349）。也有些学者，从分析蒙古社会文化中的森林狩猎人因素出发，强调在其中显示出来的混合文化属性。但是这样的混合成分，究竟是被完全的游牧方式在进化过程中所吸纳并已转化为属于自身的某种有机组成部分，抑或它反映出蒙古人并不属于纯粹的游牧部落，而是出于游牧及森林狩猎部落之间的"边缘集团"？我以为前者可能更接近历史的实相。

　　拉铁摩尔其实没有必要采用将成吉思汗和蒙古部"边缘化"的解释策略。在蒙古人从草原深处迅速走上征服汉地农耕世界的道路之前，位于"满洲边缘地界"的契丹人和女真人已经这样做过了。在中亚的东部穆斯林世界，原先游牧的突厥人也已经在他们以南的绿洲农业社会做过同样的事情。正像拉铁摩尔认识到的，蒙古人是在契丹、女真和突厥人的启发与协助下，才得以突破草原文化对其自身的限制的。就此而言之，蒙古人的成就，倒又不完全是一种"例外"了。

　　拉铁摩尔之前的中外历史学家们，恐怕还没有什么人从积极的意义上把长城边疆地区看作中国历史的一个重要推动力。"边疆王朝"观念的提出，是他对中国史研究的一项具有开创性质的巨大贡献。到今天，我们应该是比过去更容易看清他的这个贡献的意义所在了。

## 八　书里的其他精湛见解

这是一本厚重的书。信手翻开它，拈过三五页，就会有随处散落的真知灼见跃入阅读者眼帘。例如关于铜器对上古中国社会的主要影响，书里强调，农民没有铜器时代。因为"它并没有被制成工具以增加农业的产量"，而只用来制造武器、奢侈的装饰品及祭祀用品，作为武力和贵族价值的象征，以利于统治者增加其统治范围和效率（页176）。我们知道，这个见解在后来有关商代青铜器的考古人类学研究中被大大地向前推进了。在肯定疑古派对古文献中记载的传说材料的质疑态度同时，该书指出，对这样的材料"仍可以用新方法"加以研究。它们"虽然不能用来证实历史事件，但它可以表现那时社会的观念，甚至是那些已无法复原其政治事件的社会的观念"（页183）。这很接近于知识考古学的立场，它把有关传说的叙事看作一项"社会事实"，从中去发掘存在于叙事形成时期的那个社会的时代观念。关于中国从史前时代向文明的突破为什么发生在黄河流域，拉铁摩尔说，"第一个主要发展的地区并不是中国各区域中最富饶的地方，而是对文明初期发展阻力最小，并对最简陋的灌溉制度也能给以丰厚回报的地区"。北部中国在环境上的优良条件"显然能使人们优先进步到较大规模的经营经济、社会组织及政治统一"。由此造成华夏文明从南向北的扩张（页24至26）。

拉铁摩尔不太准确地用"非封建主义"来界定孔子的政治主张，但他的下述判断仍然是很有眼力的：面对秦以帝国制度取代封建制，"孔子的信徒们在那个时候太习惯于理想的制度，以致当一个真实的新制度诞生时，他们却不能认识"（页254）。不过他也没有因为秦立国的政策代表了一种"历史新趋势"便对它予以全盘肯定。他本能地不喜欢秦推行的"斩敌人的首级而获得奖赏的制度",认为它是破坏"文雅"传统的"冷血政策"（页255至256）。他可能不知道顾炎武在四百年前也说过类似的话："终春秋二百四十二年，车战之时未有斩首至于累万者。车战废而首功兴矣。"（《日知录》卷三）他更不会知道钱穆在差不多与他同时在西南联大的课堂上说的那些话。后者赞扬春秋时代的文化是发展到"极优美、极高尚、极细腻雅致"的古代贵族文化。而到战国时代，"浮现在上层政治的，只是些杀伐战争、诡谲欺骗、粗糙暴戾，代表堕落的贵族"（《国史大纲》，北京：商务印书馆，1994年，上册，页71至72）。他们的立场，与那些从线性进化的历史目的论出发，完全摈弃道德判断，而只是从抗拒或顺应历史运动方向的原则去解释人类行为，把道德上的善与政治实践中的成功以及胜利混为一谈，并与对赤裸裸地宣扬邪恶的法家学说赞不绝口的庸俗见解相比，不知道要高明多少倍。拉铁摩尔对儒家理念与它的制度实践之间严重脱节的评论也入木三分。他说，儒学的道德标准"在事实上的表现是几个模范官员两袖清风地退职，而大多数人却在告老时宦囊中饱"（页120）。被垄断的"'文化'成为一种最腐败（尤以贪污舞弊为盛），同时又最雍容多礼、知识高深（在某些方面）的特殊阶级的专利品"（页32）。他没有来得及看到的是，"文化"不幸还可以在"革命"名义下进一步堕落到"雍容多礼、知识高深"扫地以尽的地步，而只剩下"腐败"肆行，其不坏几如金刚之身。

用"绿洲"特征来凸显出不同地貌背景中的不同人群可能具有的生存状态类似性，这是需要丰富的想象力才能完成的一种逻辑运算。好像是沿着同一思考路径，弗拉艾进而把这一特征归结为整个中亚历史的属性。他写道，从近东的伊朗直到中国甘肃省的历史，"基本上是一部大大小小的绿洲的历史。甚至像费尔干纳和伊犁河谷这样的盆地，也可以被描述为特别巨大的绿洲，尽管二者的边界都由山脉而不是荒漠所构成"。他强调说，"无论如何，生活在一个绿洲里的感觉对所有的人都是一样的。可耕地的开辟基本是灌溉的结果。从发育于冰川的河水引流的沟渠，使中亚的大量人口能通过一直逼近到周围高山和沙漠之边的农耕，而生存下来并且取得繁荣"（Richard N. Frye, *The Heritage of Central Asia: Asia from Antiquity to the Turkish Expansion*, Princeton, NJ: Markus Wiener Publishers, 1996，页 13）。

不过《内亚边疆》作者观察南疆绿洲社会的特征，有一个稍微不同的关注点。他从对绿洲感知的共同性中发现的，不是绿洲地区作为一个统一的政治共同体由以生成的可能前景，而是它们"都很相似，却仍然彼此分离"。虽然每一个较大的绿洲与它背后山坡台地上的微型绿洲群之间存在着一定程度的物资交换关系，但主要各"绿洲间没有任何贸易的需要。因为这个原因，这些绿洲居民在族裔、语言、文化上虽是一体，彼此却完全漠不相关。……某个绿洲中所产生的剩余人口、粮食、器具及财富使它偶尔可以攻击并占领一两个其他的绿洲，但没有任何机制可以把它们结合起来"。基于绿洲社会像"原子"一样的同一性，从它们内部"很难建立起一个金字塔式的政治统一体"。因此，"对绿洲的有效的贸易和有效的征服，只能来自绿洲以外的中国或草原的势力"（页 110 至 111、321）。本书对冰川河流下游的大绿洲及其中游台地上小绿洲之间的经济联系，以及大型绿洲之间互相孤立的粗线条分析，在后来比如保柳睦美的著作里，获得了进一步的肯定（保柳睦美：《シルク・ロード地帯の自然の変遷》，东京：古今书院，1976，页 28 至 29）。

关于对"丝绸之路"上商业规模的估计，拉铁摩尔很冷静地指出，"除了可以承受高价运输的奢侈品外"，绿洲地区没有和汉地贸易的必要；而中国以外地区虽然需要丝绸，"但国内并没有增加出口的必要。因此，贸易多半是在中亚商队商人及中间商人的手里。也许丝绸的输出是由赏赐及补贴开始的，丝绸成了奢侈价格的标准，小国君主接受的这种赏赐、补贴太多，便把它们卖到更远的地方去"（页

314）。不久前出版的《丝绸之路新史》一书，利用晚近发现和获得解读的大量考古及古文书材料，对丝绸之路在它繁荣时期的商业规模进行了十分具体、翔实的实证性论述。它指出，在丝路上各绿洲社会内，市场虽然存在，但很有限。流通于其中的绝大部分商品是当地货物，而不是外来产品。大部分商队只活动在从自己所在的绿洲到下一个绿洲之间大约五百公里的地域内。这些市场的供给者只是那些以十到二十头驮畜组成的小商队。"拥有数百头驮畜的长途商队在各种历史记录中都很少提及，一般只见于国家间使团互访之时"。只有在755年之前的唐鼎盛时期，我们才看到，为供给西域驻军而从中原向今新疆的大量财富转运，给丝路各绿洲带来高度的经济繁荣，包括货币经济形式在内。按上引著作的看法，唐以后丝绸之路上的商业主角，转变为零售或沿街叫卖的商贩（Valerie Hansen, *Silk Road: A New History*, Oxford: Oxford University Press Inc., 2012，页237、106至107、10）。这些结论没有推翻，而只是更让人感觉信服地落实了拉铁摩尔见解的基本面。

蒙古高原的游牧人群是《内亚边疆》一书最关注的对象。它力图在一个比较复杂的互动结构中去展示"游牧生活不可能完全自给自足或独立"的属性。在和平的游牧环境中，"牲畜的过剩会多到没有意义。……在这种情况下，伟大的领袖就要利用他部下的机动性，趁中国衰落的时候侵略中国，或是在中国强盛的时候进行贸易"。任何在游牧社会里因消费不完而积聚起来的剩余物资，诸如牲畜、毛、皮之类，都可以用于和农业社会交易。同时，在农业地区的边缘地带生产的粮食，运到草原比运到汉地中心区域更便宜，所以能以较大的利润出售到游牧区。另外，促成没有内部贸易的经济必要性的草原社会去追求对外贸易的主要动力，不完全是经济性质的。"草原社会里必需品分配的普及性，造成了必须用来自这个社会以外的奢侈品来区分贵族与平民、统治者与被统治者"（页211、47、45）。

有时候，作者考虑问题的角度是非常独特的。例如他写道，虽然在牧民最难熬的初春季节，干草对越冬后体质特别薄弱又要生产幼崽的牲畜具有特别的价值，但"储草的方法却没有普遍而持久地实行过"。这是因为移动权比固定的居住权对牧民远为重要，因此游牧社会拒绝私有地产概念的发生发展。而"在牧场割草，会引起确定牧场所有权及限制迁徙等问题"。同样的理由也被用来解释下面的问题，即在有些大的草原，为什么"即使在好的季节也没有放牧的牲畜"？"因为这里需要较深较昂贵的井。在可以很容易挖井、任何人都可以用水的地方，可以根据需要去掘浅井，不会有什么问题。但是很深的井具有特殊的价值，也就有了固定的所有权，而固定的所有权并不符合社会的一般利益"（页 44 至 45）。不论这些几乎全然出自丰富的现场经验的"人类学"解释在今日是否需要修正，在读到它们的时候，我们仍然会情不自禁地感受到由蕴含其中的机智所传达的冲击力。

　　本书提出，藏传佛教给予蒙古游牧社会的影响中，有一项很少被人意识到。是即"召庙的不动产强化了为各旗及其首领划分疆界的稳定政策，打倒了作为草原游牧经济传统的移动性"（页 61）。这一点在漠南的内蒙古草原不容易很清楚地显现出来；因为正如拉铁摩尔所说，"俺答汗是一位筑城的王公。他所统治的土地不在草原的中心，它的经济形式是混合的"（页 54）。近来日本学者有关清代外蒙古中心城市库伦兴起的历史研究，证实库伦的城市化与哲布尊丹巴呼图克图的驻锡召庙从流动到固定（1778）的曲折过程紧密相关。召庙的固定不但导致了作为长距离交易商业中心的"买卖城"在库伦以东约十里处的建立，而且还形成一批在库伦和买卖城之间从事批零转卖的小商贩（"塔木诺尔臣"）。随之也就发生"民人"（汉人）进入库伦城内违法居住日益增多、屡禁不止的现象。道光末年，召庙从其定驻点移往别处（1839），长期没有解决的库伦城内蒙汉违禁混居的问题不了了之。1855年，召庙再度移回原地。为继续推行蒙汉分离的统治政策，混住在旧库伦城内的汉族商民几经周折，最终被完全迁出来。于是在库伦的东西分别形成两个称为"塔木诺尔臣"的商民居住区，分别叫"东营子"和"西库伦"（佐藤宪行：《清代ハルハ・モンゴルの都市に关する研究》，东京：学术出版会，2009年，页10至26、332至333）。由此可见，拉铁摩尔关于召庙对于城市在蒙古游牧社会中的产生所起到的促进作用的直感，是非常敏锐、富于创意的。

## 九　对边缘人群的同情与敬重

1975年，在为纽约AMS出版公司重印他的第一部学术性著作《满洲：冲突的摇篮》修订版所写的导言里，拉铁摩尔坦率地承认，他在写这本书的时候，曾受到斯宾格勒"带有悲观倾向的预言"的影响。"不过如果不是因为我的妻子，这种影响还会更严重。她不断对我说，不要太多地依赖于某种属于别人的思想。因为我已经表明我能够进行自己的思考，并且有时候它还不错。为什么就不能让它展开来呢？她还很真诚而慷慨地补充说，斯宾格勒也许从未听说过满洲之地，而我在那时已经比其他任何一个西方人都更了解满洲了"。这虽然是一段事后的追述，但我相信，它仍在一定程度上反映出拉铁摩尔的一个信念，即信任经验和自己的感觉，比追随任何一种理论都更加要紧。因此，即使是在真正奠定他作为一名学者，而不仅是旅行记作家地位的《内亚边疆》这本书里，我们也读不到甚至只是中等篇幅的理论性阐述。他主要是凭丰富的经验、敏锐的眼光与感觉来获取、组织和表达他对事实的洞见。

不过除此之外，拉铁摩尔对于我们今日所处认知环境的另一项弥足珍贵的启示，是他在观察、分析变动中的历史与现实形势时最念兹在兹的那种对受到不公正对待的边缘社会和其他类型弱者的理解的同情与敬重之心。他声称"中国一定可以收复东北"（页93），所表达的也可能主要还是反对德、意、日的同盟国立场。但是，当他批评列强在"各种约定条件"下豁免庚子赔款是"对中国事务的一种随意控制"时，当他满不以为然地写出下面这样的话时，确实没有人再能否认他是在为被欺负的中国伸张正义了："豁免赔款的各国无疑认为他们做的是'对中国再好没有的事情'，不过这只是从外国人的观点看来再好没有而已。毫不奇怪，中国人对此绝不会带着同样满足的热情而感觉兴高采烈。"（*Manchuria: Cradle of Conflict*，页 278）

遵循与此相同的观照角度，上古中国夷夏关系中的另一个层面也得以更清楚地再现出来。他尖锐地指出，"中国古代及现代历史家们"有关历史上的汉族只在抵御侵略和保卫自己文化时才从事战争、华夏与戎狄的战争都起因于戎狄攻击的见解，传达给读者的只是一种"肤浅的印象"。作者举出的最有想象力的例证是，伊水上游的河谷在公元前 5 至 4 世纪被来自北方和西北的戎人占据了，但这些部落恰恰是由于秦和晋从两个方向上的领土扩张而被排挤出他们位于陕西东北部的原居地的。他们之所以侵入东迁后的周室，"是因为他们被迫从秦、晋之间退出来，而并非因为他们是单纯的侵略性游牧民族"。这是一种"退却的侵略"；"事实上是被迫把较好的土地让给一部分汉族，而向另一部分汉族取得较贫瘠的土地"（页 221 至 232）。拉铁摩尔因此同意马伯乐的见解，以为北狄"在人种学上和中国北部居民是同一民族，他们是被在中国北部进步到较高农业经济的中国人排斥出来的"（页 38）。此一"排斥"包含两种不同过程。一方面是把"一个一个的少数民族部落……合并到逐渐扩大的汉族中来"（页 178）——这种同化过程当然不可能是完全和平、非暴力、无压迫性的。另一个方面就是把未能被同化的各种非华夏人群边缘化，即从原先由它们与华夏共享有的华北核心地区逐渐驱赶出去，最终在华北形成"内夏而外夷"的空间分布格局。如果有人对上述空间格局的产生过程所内含的不公正毫无意识，那就只能认为，他们还未能摆脱至今弥漫于汉族社会的族裔中心论和"物竞天择"的社会进化论思潮的支配性影响。

在这个意义上，甚至长城也不能再理解为是汉族农业社会保卫自身安全的纯粹防御性建筑。用类似"圈地"的方式把被排挤出宜农地区的边缘人群阻隔在外，至少是最初修建长城的动机之一。

由此可以得出以下两个结论："第一，虽然文献记载的目的是强调汉族在自卫，但对具体的攻击、征伐及扩张的记载中，却表现出汉族主动侵略的时候比他们自卫的时候要多。第二，在这个时期，汉族所统治的土地无疑是在增加。这个过程是与中国'封建列国'间均势的时常变迁并行的。称霸的国家就是对少数民族战争最多、掠地最广的国家。"（页223）由此还可以看到，"胜利者"书写的代表了支配者言说的历史是如何靠不住："一个自命为文明的民族，虽然事实上是在侵略一个落后的民族，但仍说自己不过是'巩固自身的地位'。另外，尽管少数民族实际上是在自卫，但其战争的方式却是突袭，于是常常被编年史记载为'攻击'，使优越民族进一步声张自己的权势变得合理合法。"（页225）

对20世纪蒙古民族主义的同情，充斥于本书和作者其他著述内相关篇章的字里行间。有很多原因共同导致了蒙古社会在近现代的衰落。清政府实行的旗地划分政策，把蒙古各部变成了"游牧附庸"。它不但减少游牧人移动循环的规模，"而代之以比较严格的土地制度"，因而非但有效地阻止了各部间的联合，更以严重违背蒙古社会传统的方式，把蒙古土地在事实上变成了蒙古王公和藏传佛教高级僧侣们个人所拥有的财产。蒙古的对内和对外贸易逐渐被来自汉地的商人们垄断。这种垄断得到蒙古本土上述两种统治势力的支持与协助。蒙古王公通过对其部属的控制阻碍了蒙古商人阶级的兴起，同时充当汉商保护人，并进而通过向汉商投资和合伙经营来分享汉商的贸易利润。此外，早在旗地正式开放之前，他们就开始以牺牲蒙古游牧人利益为代价，把土地出让给汉族移民耕种。蒙古社会里的藏传佛教教团使将近一半的当地男子成为僧人。召庙非但参加到与汉商分取商业利润的活动中去，他们掌握的不动产也加强了在各旗及其首领之间分疆划界的趋势。与王公贵族和高级喇嘛"对社会的功用越来越少，而其所积累的财富却越来越多"相对应，游牧经济中的直接劳动者在丧失游牧经济的若干利益同时，"却没有丧失他们理论上的游牧民族的义务和职责"（页51至59，并参James Cotton, Owen Lattimore and Chinese Frontiers, in D. S. Goodman edt., *China And The West: Ideas and Activists*, Manchester & NY: Manchester University Press, 1990, 页152）。

尽管如此，直到19世纪末期之前，"穷蒙古人总要比穷汉人多少吃得好，穿得好，住得好"（页60）。在这之后，又有三样新因素的加入，使蒙古人的境遇变得越发糟糕。铁路这种在"整个中国体制中还没有过的经济与政治力量的新产物"深入蒙古（在满洲发生的情况也与此类似），完全改变了生产于边疆的谷物产品去向。此前在边缘的农业地带生产出来的粮食，运往草原的成本低于运往汉地；而游牧人对粮食补给的需求有限，则限制了粮食生产规模的肆意扩大。因此这可以说是一种有利于游牧社会的生产活动。铁道运输的出现整个地改变了谷物运输的方向，因为现在卖往汉地市场变得更有利可图了（页89、211、62）。于是接着就产生了第二项新危机，即汉地贸易经济控制蒙古经济的现象，在20世纪转变为由大量农业移民而导致的"汉地农业经济代替蒙古游牧经济"的局面（页61）。其三，自1928年以后，国民政府实质上改变了孙文关于"五族共和"的民族主义政策，转而利用铁道和火器，对蒙古民族实施一种被拉铁摩尔称为"次帝国主义"或者"亚帝国主义"的统治路线。它在蒙古地区的具体做法之一，是"以没收土地的方式加强对蒙古人的压迫"（页63、91）。当然，他也没有忘记立即补充，他并不是想使人把整个中国误解为是帝国主义。其实只有几个中国阶级是如此，他们的权益与整个国家利益并不一致（页 133，见注 67）。

所以，在现代蒙古问题上，拉铁摩尔其实是站在越来越沉重地遭受无情剥夺的蒙古普通民众一边的。他不满意蒙古王公和高级僧侣忽视本民族的根本利益，与汉商合谋压榨一般蒙古部众，变成接受政府补贴的国家政策的工具。他用事实揭示出汉商对蒙古大众骇人听闻的巧取豪夺。1911 年，清代外蒙古诸部积欠于汉商的全部债款约一千五百万两白银，平均每户牧民欠债五百两。归化一家著名商号"大盛魁"，每年收取的蒙人债务利息达七万匹马和五十万只羊。他用几乎像是在控诉的语调写道："事实上，整个旗（部落土地单位）的总债务会成为一笔转账，商人可以因此逐年把全旗剩余的产品完全拿走，另以高价换给蒙古人以刚刚够用的衣料、用具、商品和冬季需要的谷类和面粉，使这个社会能够生存下去。这一笔复利账因利息过高而逐年增加，变成商人在这个社会中的合法地位与权利的象征。保留蒙古人的债务极为重要，即使一个旗愿意完全把债务偿清，汉商也不愿意收，而情愿把债款留在那里。利息有时高达百分之五百。"（页 59）

他拿这些实地感受以及其他源于间接渠道的闻见，与缺乏真正透明性、有限而并不完全准确的当日苏联的有关信息进行对照。正因为太轻信那些半真半假、半遮半掩的不实报道，拉铁摩尔才会对苏联的民族政策予以非常积极的认可。与罗曼·罗兰、萨特等访问过苏联，并且对那里的异常情况有所意识，却终身对此缄口不言的西方知识分子相比，他完全有权利获得今人更多的理解。

对于清代外蒙古从中国脱离出去、独立建国的问题，拉铁摩尔的分析也值得引起我们的思考。他在为一本出版于 1949 年的专著《外蒙古及其国际地位》所写的"导论"里指出，概括地说起来，沙俄的蒙古政策是维持蒙古作为俄、日势力范围之间缓冲地的地位；而有关苏联政策最清楚的迹象，也是指向把蒙古当作缓冲地来处理的。甚至早在 1911 年之前，从清代外蒙古人自己的观点来说，他们面临的最急迫的威胁，并不是遭受代表着某个外国政府的少数外国人的"殖民"统治，而是那里的最好土地被来自汉地的定居农民实施在最真确意义上"殖民"的危险。他们将不是被臣服，而是被替代。他们的命运将不像印度，而更像是美洲印第安人（Owen Lattimore, *Studies In Frontiers History: Collected Papers 1928—1958*, London: Oxford University Press, 1962，页 276）。毫无疑问，他是同情并支持这个民族主义运动的。

不过与此同时，他并没有忽略中国人的态度和感受，仍然对中国表达出充分的尊重。在发表于 1946 年《外交事务》杂志上的论文《外蒙古的状况》里，他强调中国对当日蒙古人民共和国的承认具有重大的意义。这个承认的基础是在中方未出席的雅尔塔会议上奠定的。"我们不知道承认外蒙独立的压力是苏联施加的，或者是苏联的盟国为促使它参加对日战争，而把建议承认蒙古人民共和国作为一种交换条件提出来"。无论如何，蒋中正在 1945 年 8 月 24 日最高国防委员会和国民政府中央执行委员会联席会议上发表的讲话里，已经明确承认了这一事实。拉铁摩尔援引会议次日由中央新闻社在华盛顿 D.C. 发布的专号称，蒋中正宣布：本着中华民国自身的"革命诸原则"，必须"以果敢的决心，通过法定程序，承认外蒙古的独立"。不多几个月之后，在那里举行了由中国官方视察员出席见证的公民表决，一个新国家就这样最终确立了（*Studies In Frontiers History*，页 266 至 277、260）。对蒋中正的这番话，或许会有一些当代中国人不予赞同；他预备通过这个决定的"法定程序"，后来或许也始终没有履行。一个最高当局者的承诺并没有真正代表他理应代表的并必须通过法的形式予以确认的国家意志；但它却被国际社会视同那个国家的立场。这样的事情发生在中国现代史上绝非一次而已。无论如何，蒙古国作为今日中国的一个邻邦，已经是谁都不可改变，也不应当再想去加以改变的铁的现实。在这个问题上抱持任何一种与此不同的态度，除了严重损害两国间的友好关系以及中国自己的国际形象，是不会有什么其他结果的。

与以上讨论相关，我们可以从拉铁摩尔的思想遗产中获得的另一个启发，是他对同一个国家内部存在着诸多历史地形成的不同人群以及分别属于他们各自的历史居住地这一事实的高度重视和尊重。重视和尊重这样的事实，对他来说就意味着重视和尊重这些不同人群，尤其是其中人口较少的边缘人群在他们世代生活的那片历史家园里保存并继续发展属于自己的语言和其他文化传统的合法权利。今天，是不是承认在中国的版图之内还存在着诸多历史地形成的属于各不同民族或族群的家园，对于理顺汉族与其他各民族，乃至与生活在某些特别地区的人们之间的关系，很可能是一个具有关键意义的问题。

这里必须补充强调的是，对历史家园的承认，意味着我们要承认的，是某个特定人群在某个特定区域内可以行使的某些特定集体权利，但它是一种内生于国家宪法基本框架之下的集体权利，它不能违反宪法和国家的其他基本法律、制度和规定，不能否定生活在其中的该特定人群以及任何其他人群的任何成员作为一个国家公民所拥有全部个人权利和个人自由。人群的迁徙移居在任何地方都一向存在。中国很多的少数民族历史家园内的人口比例中，有相当大一部分是汉族及其他民族人口。他们之间的关系，只能是共生和互补的关系。不过我认为现在的关键，仍然在于我们究竟有没有这样一种心胸去面对如下事实：共生互补本是可以适用于无关乎历史家园问题的任何一个地区内处理人与人之间相互关系的原则；但在那些特定地区，还需要承认其地方治理权能所具有的"非均衡性"特征，亦即承认它拥有为维护特定人群的集体权利所必需的溢出于相应层级一般地方政区治理范围的某些特殊权限。这种非均衡性是绝不可忽略的，因为我们必须实事求是地认识到，"国家可以用多种方式不必践踏个体公民权和政治权利就可系统地削弱少数民族的权力"（威尔·金里卡：《少数的权利：民族主义、多元文化主义和公民》，邓红风汉译本，上海：上海译文出版社，2005年，页251）。

在结束全书时，作者提出，展开在本书中的研究，最终是为了"使我们能够积极参与促成我们这个时代的各种发展，而不只是消极地等待它们"。历史研究的性质决定了研究者必须眼望过去。但是因为历史研究者永远做不到，也根本不应该试图做到"价值中立"——超越被研究对象的价值观本身并不意味着研究者因此就能以"价值中立"自命——他们心中所怀有的根本价值关怀，总是可以使他们所研究的过去能在与当下乃至将来之间的相互贯通中获得解读。历史学家绝无预言未来的能力。但是他们应该有参与和促成时代发展的积极性和责任感。或许这也是拉铁摩尔这部书之所以具有如许生命力的根本原因之一。

（原载清华国学院编：《清华元史》第3辑，

北京：商务印书馆，2015年）

# 可以从"新清史"学习什么：

## 《清帝国性质的再商榷：回应新清史》读后

一

不论人们是否同意把美国"新清史"研究看作一个"学派"，它所倡导的那种风气无疑反映出某些非常有自身特点的共同的学术旨趣和主张。

中国学术界对"新清史"的评论，一般说来是贬多褒少。记得几年前曾在网上看到过一段议论，说中国学术界除了一个"业余学者"（这是在指责我讨论满族史属于业余水平），几乎无人搭理"新清史"（大意如此）。最近读到新出版不久的《清帝国性质的再商榷：回应新清史》（汪荣祖主编，台北：远流出版，2014），亦言及"在2010年前后涌现〔针对新清史的〕批判的声浪"。本书的出版，似乎也可以看作这一"批判的声浪"的后续动作。收入本书的八篇论文里，只有一篇对"新清史"有比较具体的正面肯定，还遭到主编者在"导论"中的长篇批评。

至少在我印象里，对"新清史"的评述似乎经常带有如下特点：它往往隐含着对于"政治不正确"的高度甚至过度猜疑；评论中的学术取向越强，批评就越显得心有余而力不足；即使是学术性很强的评论，也率多脱离西方知识界的共同认知背景去解读"新清史"的研究成果，因而很容易使读者产生对研究人"别有用心"的误会。"新清史"本来就不需要有什么人去为它辩护。问题在于，如果它也可能对我们步步深入地认识中国历史文化有所助益，那就不应当拒绝这一借鉴的机会。

二

标志着"新清史"在学术界现身的一个纲领性文件，或许就是罗友枝发表于 1996 年的《重新想象清代：清时期在中国历史上的重要性》，尽管文内并未使用"新清史"，而只用了"学术新思路"（the new scholarship）这样的提法，也尽管作者在文中所倡导的那样一种清史研究新趋势在其时业已初见端倪。这篇文章引起何炳棣的强烈不满，他的应答以《捍卫汉化》为题，同样发表在稍后的《亚洲研究杂志》上。

何文将罗友枝的主张归结为"在汉化和满族及内亚诸非汉民族关系之间生造出一个错误的二分法"，由此指责罗友枝强调清王朝的满族特性，就是要全盘"拒绝接受汉化的观念"。但是细读罗文便不难发现，这实际上绝非罗友枝的原意。她诚然说过，辽、夏、金、元等朝在任用汉人官僚的同时"却都抵制汉化"；她的确提出，"将汉化从中国历史编纂学的中心议题位置上挪移开去，乃是今后的研究应予以集中关注的事"。但这里所谓"汉化"，是有着特定含义的。同样用她自己的话来说，这是指下述命题而言，即"所有进入汉地范围的非汉人群最终都会被同化在汉文化之中"。而这正是何炳棣所坚持的观点。他为此写道："中国的游牧征服者们都不可避免地要被汉化的见解，似乎已经被亨利·玉尔、沙畹、斯坦因，尤其是伯希和等汉学或语文学泰斗们一再地详细说明过了。"虽然他又补充说，这个说法有点"简单化"。也正因为如此，罗友枝才会用辽、夏、金、元都创制了自己的民族文字，并且都采用双语或多语作为官方语言，用清代表了东亚和中亚融合的"最高阶段"，来作为它们拒绝全盘汉化的证据。抵制全盘汉化当然不应该被等同于对汉化的全盘否定，尤其是否定在事关汉地治理时采纳一系列汉制的必要性。事实上，我们在许多地方看到罗友枝强调"清王朝代表了内亚和东亚相统一的最高阶段"，强调"他们将内亚与汉人的种种意识形态母题结合成一种新的统治体系，这正是他们能获得不寻常成功的关键所在"，强调"满洲统治者们所创造的各种意识形态同时从汉和非汉文化中抽取资源"，强调"没有人能否认满洲人将他们自己打扮成汉人的统治者，问题在于它是不是清代帝制的全部形象"。她再明白不过地指出，新的研究要修正的，只是何炳棣的这一陈述：就清政权的成功而言，最要害的关节点在于"早期满洲统治者们采纳了一整套系统汉化的政策"。与何炳棣的见解相反，她认为至少在帝国构建方面，清王朝巨大成功的关键恰恰在于它维持并发展自己与内亚诸非汉人群之间文化联系的能力，以及用不同于治理前明诸行省的方式来管治各个非汉族大型地域的能力。

根据站在局外对这场争论所进行的事后观察，有以下几层意思需要提出来略加申说。

第一，罗友枝提出的解释框架，似乎已将在汉地治理及中央国家机器的创制方面吸纳"汉化"成分的问题包括在内，但它又没有把眼光仅仅局限在汉化问题上。清帝国的疆域远远超出汉地范围之所及。对那些地域施行多样化的管治体系，是清朝能够有效地把被征服的广袤领土及时、成功地转换为巩固的国家版图的最重要保障。相比较于"汉化"这个早已被人们重复过无数遍的众所周知的老故事，新故事即使未必更具重要性，也仍然值得加以讲述。詹姆斯·斯科特的《弱者的武器》一书，把偷懒、装糊涂、开小差、阳奉阴违、偷鸡摸狗、流言诽谤、暗中捣乱等日常行为，当作处于弱者地位的马来西亚农民在反抗对他们无情剥夺时的常用武器来加以分析阐释。他指出，他之所以要这样做，并不是因为这种斗争形式比农民的其他各种斗争形式更重要，而只是因为还没有人从这样的角度去考察和讨论过那些日常的反抗行为。斯科特的后一部著作《逃避被管治的艺术》，实际上也是遵循同一研究路径来展开论述的。学术研究与为提高演算能力而进行的反复操练不同，它需要把关注力聚焦在对新认识领域的开拓上，而不能无休止地去论证某些早已被人们接受的结论。这样做丝毫不意味着对旧有认识的全方位否定。新清史的情况与之颇有类似之处。它试图讲述的，是除"汉化"之外掌握在清统治者手里的另一门尚未引起人们足够注意的"强者的武器"。

第二，上面这么说，并不意味着以"汉化"为主题的故事因此就完全变成不值得再拿出来讲述的"老故事"了。艾鹜德在发表于2000年的一篇论文里指出，尽管清统治下的臣民由诸多不同人群构成，清朝诸帝并不总是以汗、文殊化身、皇帝等不同身份出现的。至少在忠诚于清廷及皇帝的观念方面，他们对满洲人、蒙古人和汉人所使用的其实是同一种语言，作者称之为"颂恩修辞"（grace-rhetoric）或"颂恩情结"（grace-complex），表现在国家礼仪中的谢恩、自我贬责和戮力报效等修辞主题中。作者证明，蒙古语的kisig一词经由借入满语的kisi而重新进入蒙语，因而被赋予了与过去完全不同的"君主圣恩"的含义。此种修辞主题经过满译和蒙译的《三国演义》《水浒传》《喻世明言》等小说广泛流播于晚清蒙古社会，由此才在蒙古语文献中产生出完全不同于以《元朝秘史》《蒙古源流》及《阿勒坦汗传》为代表的历史书写传统所使用的表达忠诚的修辞新形式（见艾鹜德：《拜谢圣恩：清代蒙古表达忠诚的语言》，《清史问题》21·2，2000）。这一研究表明，继续将"汉化"主题拓展到过去未曾涉及过的那些层面，讲出人们还没有听说过的种种新故事，仍然是十分必要的。

第三，既然罗友枝已经揭明，清的统治模式是"内亚和东亚的统一"，我们便没有理由再像《清帝国性质的再商榷：回应新清史》一书中的一篇论文那样，把新清史聚焦于"以'东北—内亚'的地理视野为核心来解释清朝的统治"的尝试当作它只认可这一核心视野的立场强加在它的头上。如果不避重复，那么我仍然要说，新清史强调来自"东北—内亚"的资源之重要性，不应被理解为它要否认东亚资源是同等重要的。它要把"汉化"从中心议题的位置上"挪移"出去，也并不是因为汉化的故事不重要，而是因为相对于这个已为我们非常熟悉的旧故事，还有另一些至少同样重要的新故事更需要讲述。上引论文很少见地对何炳棣偏执于一种视角的立场提出了委婉而完全正确的批评，它主张兼容两种视野以期"达致合璧的解释效果"也是完全正确的。但为了用此种兼容之论（其实这正是新清史的观点）来批评新清史，它在把罗文的主张推向极端，把它强说成只见内亚、不见东亚方面，就又与何炳棣的做法没有多大区别了。

不止如此，这里还涉及一个比罗、何之间孰是孰非重要得多的问题：事实上，新清史对我们调整或深化如何在中国历史进程中更准确地为元、清等王朝定位问题的惯常认识，具有十分积极和非常重大的促进意义。

三

目前流行的关于中国历史的标准叙事，基本上是把两千多年以来中国国家形成与发育的历史，描述为由秦汉确立的外儒内法的专制君主官僚制这样一种国家建构模式在被不断复制与向外延伸的过程中逐渐调整、充实和进一步发展的过程。但是这样的解释存在一个巨大的缺陷。它虽然足以说明汉唐式的国家建制如何跟随在汉语人群向淮河和秦岭以南地区的大规模移民行动之后，最终将南部中国的广大地域纳入有效的府县制治理范围，却也反过来向我们证明，在无法从事雨养农业，因而为汉语人群如铺地毯般的渗透式移民活动所不可企及的西北中国，上述国家建构模式的施展空间，就会因为缺乏由汉族移民及被汉化的当地土著构成的有一定人口规模的编户齐民作为社会响应的基础，而受到致命的压缩。

汉唐两朝都留下了向汉地社会以西和以北大规模拓展国土的辉煌记录。唐代统治那些地区的羁縻体系，其核心成分是以经济引力和军事弹压为后盾的朝贡和册封制度。维持这样的统治需要巨大的经费支持。最近的研究表明，丝绸之路新疆段上货币经济最发达的时期，恰恰就是唐政府对那里进行巨额财政投入（以军费和行政费为主项）的时代。此种时间上的重叠绝不是偶然的。即使花费了这么大的代价，汉唐政府事实上还是难以把那些没有汉家"编户齐民"作为统治基础的地区巩固地纳入国家版图。中央政府一旦撤走，它在当地统治过的痕迹便很快湮灭，大约连亚历山大东征对中亚的历史影响也难以比拟。

论者往往以为，汉唐以后传统中国管治郡县／州县建制下汉地社会之外的广大疆域的制度，就是至唐代已臻完备的羁縻体系自然而然的延伸或发展。其实这是一种误解。宋和宋以后列朝的确都继承了唐朝的羁縻体制，并在合适条件下将它不断向前推进。但是处于这一体制下的人群或地域与中央王朝的关系，可能朝着两种很不相同的方向演变。它们可能沿着土官—土司—土流并置—改土归流的演变路径，最终转变为与内地相同的施行府县制的地区。而长期停滞在与中央王朝维持册封与朝贡关系的那些人群和地区，就可能从原先所在的羁縻体系中脱离出来，最终转变为完全独立的政治体。决定某人群或某地区究竟会朝哪个演变方向越过"分岔点"的关键因素，仍然与那里能否容纳汉人移民的问题息息相关。从对原来的纯粹土司区实施土流并置，到取消土司、改土归流的基本条件，还是要在那里培植出一批由移民和被汉化的土著人口共同构成的国家编户。所以，通过土流并置、改土归流的途径被并入府县制管制体系的地区，就只能被局限在一个极有限的空间范围内：它们必须位于紧贴汉地社会外部边缘，其自然环境尚能支持雨养农业，并且在人口、活动地域和自身政治整合诸方面又不十分发达。由此可知，除青藏高原东侧在特殊历史条件下可以长时期维持土司建制外，占中国国土大部分的西部地区显然不可能依赖唐代羁縻制度的历史路径而被稳固地纳入国家版图之中。

既然如此，大半个西部中国又是怎样变成中国领土不可分割的一部分的呢？

新清史的成果所具有的巨大启发意义，可以说就在这里充分地显现出来了。过去有关元史和清史的叙事，多将元朝和清朝的成功，归因于它们的统治者能主动学习仿效"先进"的汉文化。而它们的失败，则在于它们还不够汉化。在这样的叙事中，中国各边疆地区永远处于被动地等待被中心地区"收复""统一"或"重新统一"的地位。新清史实际上是追随着拉铁摩尔的学术思想，把"内亚资源"放在正面和积极的位置上予以评价。依据新清史的看法，至少是在国家建构方面，元和清的成功，恰恰来源于它们在主观上就拒绝全盘汉化。在评论新清史的时候完全看不到这一点，无论如何是不应该的。这不是我们在对待别人的研究成果时所理应持有的学术气量和为人态度！

四

如果要把新清史的见解再向前推进一步，那么我以为，它所强调的清代在国家建构方面的内亚资源，其实并不抽象，而是一个非常具体实在的东西，即从汉唐式帝国的边疆区域产生壮大起来的内亚边疆帝国的国家建构模式。这是除外儒内法的专制君主官僚制之外，存在于中国历史上的另一种国家建构模式。在唐亡之后长达一千年的时间里，先后将西部中国纳入中央王朝疆域并对它施行有效的国家治理的，正是两个内亚边疆帝国，即元和清。它们对处于其版图之内的汉地社会以及汉地边缘可以采纳传统羁縻建制来予以管治的地区，基本上沿用汉唐式的外儒内法的专制君主官僚制模式。但它们对分布在今日中国占国土面积一半以上的西北部各大型人群实施治理的体系，则源于另外的资源。

在清中央政府内，负责处理上述各人群、各地区日常政务的机构是理藩院，其管辖范围包括旗界、封爵、设官、户口、耕牧、赋税、兵刑、交通、会盟、朝贡、贸易、宗教等各项事务。尽管由于史料的欠缺，我们已无法知悉汉唐中央政府对各羁縻地区的管辖细节，但有一点还是可以肯定的，它们从来没有甚至也没有想到过要像清政府这样名副其实地、深入地对西北部中国行使其主权。事实上，在汉唐国家建构模式里，无论如何也找不到一种政务机构是用来承担类似清代理藩院的治理功能的。这个事实，也很有趣地反映在一部由乾隆钦定的政书类著作《历代职官表》里。

《历代职官表》一书的编纂，本为显示清代各种机构衙署无不渊源有自，通过"自古以来"的论证来烘托清朝统治体系的历史合法性。可是恰恰就在为理藩院追溯一个前世来源时，这部书不得不承认，在明、宋和五代都不存在可以与此相匹配的机构原型。再推前到唐朝，"百官表"便把当日鸿胪寺拿来与理藩院相比拟。

鸿胪寺是专掌"典客、司仪"的中央政府部门。所掌对外的"宾客"之事就是所谓"边仪"。《唐六典》记鸿胪寺有关"边仪"的具体职掌为："凡四方夷狄君长朝见者，辨其等位，以宾待之。凡……夷狄君长之子袭官爵者，皆辨其嫡庶，详其可否，以上尚书。若诸蕃大酋渠有封建，则受册而往其国。"宋鸿胪寺的涉外职掌与此相类。"诸蕃入贡"时，它还须负责照看"其缘路州、往来待遇，及供张、送遣、馆设之礼"（《庆元条法事类》卷七八）。在明代，鸿胪寺下设司宾、司仪二署，归礼部节制。可见鸿胪寺有关"边仪"的职责，实质具有准外交的性质。清代的鸿胪寺所掌，主要是涉内朝会仪礼，也包括在皇帝接受"诸蕃入贡"时负责"引奏"。而归入前代鸿胪寺职掌之内的"宾客之事"，"则分属理藩院、礼部、会同、四译馆"。

"职官表"在这里的表述有欠准确。实际情况是，前代鸿胪寺所管的涉内宾礼，大体属于礼部，而其对外宾客之事则归两馆。理藩院所理，非但原不在鸿胪寺的职责范围之内，而且事实上它是宋、明等朝从未管起来过的事项。对此，"职官表"作者的心里其实很清楚。所以在言及"外藩"诸地区时，本书写道，那里自"秦汉以来，德不及远""故从未有设官以治之者"。"从未"之说也有点问题。因为元代治理西藏和统领天下佛教的"宣政院"，就正确地被"职官表"列为理藩院的制度渊源。元、清在创制内亚边疆帝国的国家建构模式问题上前后相继、一脉相续的历史线索，在这里难道还不清晰可见吗？这条一脉相续的线索还可以再往前追溯。这种国家建构模式的形成，实则萌芽于辽，发育于金，定型于元，而成熟、发达于清。

## 五

中国历史上的这两种国家建构模式，在其理想的国家治理目标上也有很大的差别。汉唐式国家的理想治理目标，用出于《礼记·中庸》的经典表达，即是"车同轨，书同文，行同伦"。"三者皆同，言天下一统也"。这里的"同文""同伦"，分明是指的汉文和儒家伦理。这一主张的要害，正是内亚边疆帝国模式所反对的"全盘汉化"，即用汉文化去覆盖全部的国家版图。

拥有内亚资源作为凭依的立国者，并没有在不同人群和不同文化间维系相互平等的现代观念。但为防止不同族群，乃至同一族群中被分隔的不同群体联合起来从事反抗活动，也为了防止跨族群的相互干扰所最易引发的族群间冲突给政局带来的破坏扰乱，他们推行的将各大型人群的社会活动限制在各自地域范围之内的政策，以及他们试图将最高统治者塑造成兼具皇帝—大汗—文殊菩萨化身等身份的努力，都在客观上有利于一国之内各族群的文化在相对自主和宽松的格局下争取各自的生存和发展的种种机会。元代兼行蒙古文、汉文、畏兀儿文、藏文和西夏文；除西夏文外，它们都是当日通行的官方行政语文。清代官颁的《五体清文鉴》，表明满、汉、蒙、藏、"回"（即用阿拉伯—波斯字母拼写的维吾尔文）五种语文皆为"清文"。这样的眼光和气派，又岂是在汉唐式帝国体制下容易看得见的？

　　上面说到的这些意思，其实就是新清史的研究所力图凸显给它的阅读者的。当然，如果向前追溯的话，我们会发现，其实满洲统治者自己才算得上是最早指出这一点的人。雍正帝说："中国之一统始于秦。塞外之一统始于元，而极盛于我朝。"（此语见《东华录》，邹逸麟已揭出它源出于《雍正起居注》，见《椿庐史地论稿续编》，页214）康熙对明太祖之评论，则谓之"治隆唐宋"。在他们心目中，汉、唐、宋、明是一种"一统"，元、清又是另一种"一统"。给这个论断增加如下的补充，我想不为过分：前一种"一统"，就是古人所表达的"三者皆同"之"一统"。其版图再辽阔，实际上还不免是属于一种文化、一个人群的小"中国"。后一种"一统"，才是真正的"大一统"。这是一个"大中国"，既包含汉族的"中国"，也包括中国许多其他大型人群生于兹、长于兹的"塞外"寥廓地域。

　　这样看来，中国在东亚这块土地上形成、发育和趋于成熟的过程中所经历的空间变迁节奏，可以用"自北向南"和"从东到西"这样两个语词来加以概括。"自北向南"是指汉语人群在华北形成和发展起来，再从华北向南部中国迁徙，以及整个东部中国被汉文化所整合的过程。"从东到西"则指汉地和中国西部被整合到同一个国家版图之内的过程。后一过程在最近的一千年里所取得的显著成果，真正为今日中国的疆域奠定了基础。由此反观中国历史的标准叙事，它虽然也肯定元和清在疆域拓展方面的贡献，但这种肯定对于其贡献的独创性几乎完全没有意识，所以显然还远远未曾到位。

# 六

但是，超越"三者皆同"的"一统"所带给清帝国的那种族裔、文化和政治合法化论证上的多样性，也使我们在认识清代国家属性方面产生了某些困扰。新清史对清朝能否与"中国"相等同的见解，于是成为最容易触发中国读者敏感的一个问题。

新清史研究中有些（并不是全部）学者认为，清朝的疆域包括"中国"在内，但还要大于"中国"，它是一个大于"中国"的帝国。所以不能把清朝和"中国"相提并论。他们的看法不能说毫无根据。

"中国"这个名词在历史上有过很多含义。它从最初用指登封、洛阳一带的"土中"（此其一），以后演变为对中原，后来又扩大到对包括关中在内的全部华北地区的指称（此其二、三）。还不只如此，自秦统一以后，"中国"又可以用指将首都设在华北或从华北搬迁到南部中国的中央王朝所辖的全部版图，虽然最初生存于南部中国的土著主体并不是汉语人群。这可以说是它的第四层含义。最后，即它的第五层含义，还可特指在含有非汉语人群地域的国家疆域之内的汉语人群和汉文化地区。如万斯同叙述明代云南非汉各族群的习俗时就说："大抵诸夷风俗，与中国大异。"（《明史稿》，卷四一一）关于"中国"的后两层含义，一直使用到很晚近的时代。英语里的 Chinese 兼有"中国的"和"汉语的"两种意思，就与"中国"一词在汉语里的两项不同词义有关。新清史研究仅在上述第五层含义上使用"中国"一词，而问题就出在这里：他们未经考察清朝人，尤其是满洲人自己如何使用"中国"的名称，便硬要根据自己选定的那项语义来界定清朝和"中国"的关系。

《回应新清史》一书里写得最言简意赅的是吾友甘德星的文章。康熙帝在满文遗诏中自称"皇帝"，尚可解释为他欲强调的是自己在面对汉人臣民时的中华皇帝身份。但他在对西洋传教士的训谕中说他们"在中国年久"，便显然是在使用上述第四层含义上的"中国"之名称，这个"中国"毫无疑问乃是"大清国"（daiqing gurun）的等义语。满文里有 dulimba-i gurun，译言 The Middle Kingdom，是即汉语"中国"的满文对译词，已见于罗杰瑞的《简明满英字典》（页 66）。出版于 1849 年的科瓦列夫斯基《蒙俄法辞典》第 3 卷收入了蒙古语的 dumdatu ulus（页 1865），译言"中国"。我猜想它应该是从满语的 dulimba-i gurun 转译过去的。中见立夫认为该词的出现是在辛亥革命之后（见氏著《"满蒙问题"的历史背景》，页 7），恐不确。甘文更揭出《中俄尼布楚条约》的满文本已使用 dulimda-i gurun 的译名。在外交场合使用"中国"以自称最能说明问题。因为在面对作为"他者"的别国时，它更加确凿无疑地可以被看成满人皇帝和清政府对国家的自我命名。雍正在《大义觉迷录》里也说，清朝"并蒙古极边诸部俱归版图，是中国之疆土开拓广远"。此处的"中国"，也只能是大清国的等义语。由此可知，说"中国"在清代亦可用指前文分析中的"小中国"，这并不能算错。但若说它只能指"小中国"而言，因而只能被看作"大清国"的一个组成部分，那就不符合事实了。

## 七

满人皇帝和清政府自称其国家为"中国"固然重要，然而它对我们判断清朝是否为"中华帝国之延续"，其实并不见得是一个绝对必要的理由。认识这一点的意义，在我们思考元朝在中国历史上应该怎样定位的问题时，变得尤其重要。

韩国学者金浩东在几年前发表的一篇文章里指出：元朝的国号"大元"其实就是自成吉思汗时代已成立的"大蒙古国"（yeke mongghol ulus）的汉语对译名词；在"乞塔惕"（即北部中国）、"唐兀惕"（西夏）、"蛮子田地"（南宋故土）、"达达田地"（蒙古地区）、"土波"（藏地）、"哈剌章"（大理国故地）、"茶罕章"（云南丽江）等地域之上，元代蒙古人没有产生过超越于所有这些地方之上并将它们整合为一个政治地理单元的"中国"观念；因此，尽管元代汉语人群把本朝称为"中国"，但这个"中国"在蒙古人的概念里是不存在的，"大元"对他们来说，其实还是原来的那个"大蒙古国"（金氏此文的汉译文本见《清华元史》第2辑）。

尽管事实上无法证明"大元"一语本身即是对"大蒙古国"的直译，正如同"大辽"之"辽"未必就是"大契丹"之"契丹"的直译，说"大蒙古国"与"大元"在"所指"的层面上意义相等，这个见解或许可以成立。现在确实也没有证据表明，元代的蒙古人曾有过合并上列诸地区为一整体性"中国"的观念。而 dumdatu ulus 之名的出现，则恐怕不早于清代。那么，我们还能不能说元朝与清朝一样是历史上"中华帝国之延续"呢？新近的研究很正确地指出，在一个非汉王朝统治下，不应该仅仅把被统治的汉语人群（包括其高级官僚成员和知识精英）的感知与认识当作那个时代的全部支配性意识。问题在于，我们因此就可以反其道而行之，把非汉人皇帝与他的非汉统治精英的感知与认识当作全部支配性意识来看待吗？

中国历史的空间范围，只能用当代中国的边境线来界定。元代版图的大部分与今日中国的疆域重叠。它的政治统治中心，即大都和上都，从一开始就都在今中国境内。它的人口、经济和文化的重心也自始至终在今中国国土之上。当今世界上的蒙古族，其大部分人口生活在中国，构成中国国内一大民族。就此意义而言，由蒙古族建立的元王朝，绝不宜看作一个来自中国以外的统治政权。元政府的官方文书（虽然用汉文书写）宣布自己接续的是它之前中原王朝的统绪。占元代人口绝大部分的汉人臣民也承认他们自己的国家是"中国"。从所有这些方面看，元代无疑是历史上的"中华帝国之延续"。像汉、唐、明一样，它完全当得起被用于标举中国历史上的一个时代——"元代中国"或中国史上的"元时期"——的品格与定位。

必须指出，主张元、清都是"中华帝国之延续"，不是要重新纠缠于传统时代有关"正统论"的讨论。但是我们却必须承认，两者都同样带有人为"构建"的属性。中国历史上其实从来没有过一个叫"中华帝国"的王朝国家。究竟哪些朝代有资格被列入"中华帝国之延续"的序列中去，也在很大程度上是由人们主观赋予的。例如中国近现代最了不起的一位历史学家吕思勉就这样评论元朝的地位："蒙古人是始终并没懂得中国政治的——而且可以算始终并没懂得政治。他看了中国，只是他的殖民地。……罗马人的治国，就是如此。"(《白话本国史》下册，页453)他决不会认为元朝可以算是"中华帝国之延续"。今日在网上持"崖山之后无中国"之论的人，也不会这样认为。如果说他们的态度带有某种"民族主义"倾向，那么"正确地构建"就肯定不是出于另一类型的民族主义立场吗？

新清史倘若揭示了以清朝为中国的陈述带有从民族主义立场出发的构建成分，其实不算大错。真正需要加以争辩的，是不同的构建中何者更合情合理，以及从背后支撑着这些不同构建的，究竟是正当的还是不正当的民族主义理念，而不是它究竟是一个完全外在于人们主观意志的客观事实，抑或带有人为的有意识"构建"性格的问题。从这个角度出发进行思考，我们发现，尽管新清史的看法肯定有应予纠正的地方，它仍然给进一步的讨论带来了诸多积极的贡献和启发。任何新见解都会带有不足和缺陷。学术的进步就是靠在肯定这些新见解的合理部分的同时，对其中的不足和缺陷加以修订补正来实现的。满眼只看见别人的"谬误"，把"回应"变成一场声势凶猛的讨伐式"反驳"，对这种态度可能需要有所检讨。

## 八

新清史学者中有人认为，清帝国具有某种殖民政权的性质。这也是激起中国学者对它普遍反感的重大因素之一。但是如果把它放到当代西方学术界有关殖民主义的普遍认知框架，以及后殖民批判对西方中国学的强大影响的背景下予以考察，就很容易发现，我们很难从中看出一种具有鲜明针对性的要"抹黑"中国的敌意，或者是执意要将清代中国与西方帝国主义和近代殖民主义相提并论的特别用心。

后殖民研究起源于反殖民主义的政治斗争。它可以追溯到曾变身为"极端布尔什维克主义者"的萨特影响下的法农、梅米，以及杜波伊思、葛兰西等人，他们大都受过马克思学说的启发。也有人把萨特本人看作从反殖民主义到后殖民批判的枢轴。它的形成也受到欧美文学批评向"文化研究"转向的推动。西方历史学界从着重关注白人、男人、富人到开始讲述黑人、女人、穷人历史的风气改变，就与上述转向不无关联；历史研究的主题于是从政治史、外交史等范围逐步向社会史和文化史等领域倾斜。不过对后殖民批判来说，最为关键的观念性武器，还是来源于符号人类学及某些后现代主义学派，其中尤为重要的是福科的后结构主义理论。

从萨义德和斯皮瓦克、霍米·巴巴等人在后殖民批判诸领域内取得突破性进展至今的三十多年里，这一思潮通过分析知识与权力的关系、身份认同的建构与易变属性、现代性的多元可能、全球化机制中的非西方元素、性别与女权主义等基本话题，越来越广泛地浸入到西方学术主流之中。它揭示出，殖民主义的遗产给"现代"知识生产及其思想成果打上了随处可见的欧洲中心论印记。因此德里克说，后殖民批评的主要任务就是批判欧洲中心主义。它要"取消中心与边缘的区别，以及所有那些被认为是殖民主义思维方式遗产的'二元主义'"（引文见汪晖、陈燕谷主编：《文化与公共性》，页443至444）。中国读者如今已相当熟悉的"黑色雅典娜"的故事，对西欧以外各国（如奥斯曼土耳其、伊朗萨法维王朝以及明代中国）"现代性"的本土来源的顽强发掘，对近现代中国史的叙事从"冲击—回应"论向"在中国发现历史"的视角转变，以及有关"世界体系"和"全球史"的书写实践，所有这些都反映了西方学术界对遗留在自身意识形态中的"后殖民性"污点所从事的反思和校正。

当然，人们未必会完全同意产生于这次风气转变的所有各种具体结论或认识。例如柯珀尔就指出，如果只就福柯所言"统治能力"（govern mentality），即就政府有关监控和干预臣民个体的各种制度实施的那些最基本方面而言，它们确实在中国很早就已发展起来了，尤其是像人口和地籍的调查、官学和常平仓制度等。但这种"帝制现代性"（imperial modernity）实质是很古老的，与真正意义上的现代性不是一回事。把两者相等同的见解，在柯珀尔看来是在"非历史地"从事历史的阐释（《殖民主义批判谶疑》，页 163、17）。尽管如此，我们仍不能不承认，这样的反思和校正所体现的，远不只是学术上的求进求新，而且也包括了一种力图平等地看待各种非西方人群及其历史与文化的善意和良知。

中国研究在西方学术界历来是一个很边缘的专业领域。西方中国研究中不少孤立地看起来似乎十分独特的见解，实际上往往是以比那里的其他人文社会科学专业更迟缓的节拍，受影响于作为整体的西方学术背景的产物。从"汉学死了，中国研究万岁"所强调的中国学要社会科学化的主张，到有关人文—社会的各种"宏大理论"被引入中国学领域，情况无不如此。而后殖民研究的反西方中心论立场，在东亚语境中很容易被欧美中国学"转译"为对汉族中心论的批评。这种"转译"所具有的积极意义，我们在前文中已经做过分析。此处拟着重谈一谈清统治是否具有殖民统治属性这个令人颇感迷惑的问题。

中国语境中的"殖民主义"，往往与"资本主义"体系下国与国之间的关系紧密联系在一起。《辞海》"殖民主义"条把它界定为："资本主义强国压迫、奴役和剥削落后国家，把它变为自己的殖民地、半殖民地的一种侵略政策。"从"殖民主义"一词要晚至 19 世纪才见于使用的事实来看，这样的界定似乎不无道理。据此，清朝的统治既无涉于国与国之间的关系，更与"资本主义"无缘（最多有一点"资本主义萌芽"），则说它是"殖民主义"，若不是存心搅乱，还能是别的什么吗？

不过，"殖民主义"系由"殖民地"一词派生而来。后者的词源可以追溯到罗马时代的 colōnia，指罗马公民在敌对的或被征服的国家的共同定居地，在那里他们保留着各自的罗马公民身份，被授予土地，并多以退役老兵的资历充任镇守该地的主要军事力量（此据《牛津英语词典》"殖民地"条）。在此意义上，"殖民主义"被西方学术界倒溯地理解为就是支配殖民地的制度体系，而"殖民化"即通过人口的集体移居而创建殖民地的活动或过程。在更宽泛的意义上，殖民化的历史内容还不只是殖民帝国的兴衰和对外国的政治支配，而是一个"世界由以被发现、被开发和被人居住的庞大进程"。因此"殖民化的历史就是人类本身的历史"，以至于法国百科全书派要说："全部地球都是作为殖民地而被人住满的。"（G. 内德尔、P. 柯尔梯思：《帝国主义与殖民主义》，页 29）

可是上述那种宽泛的界定严重忽略了与殖民化不可分离地相随相伴的一个重大特性。在新土地上形成移民共同体的过程，必然地意味着对原先早已存在于那里的各种世居共同体的"拆散（un-forming）或重塑（re-forming）"。因此"殖民主义可以被界定为对其他人群的土地和财产的征服与控制"。它远不只表现为欧洲列强自 15 世纪以往在亚洲、非洲和南北美洲的扩张活动，而是一种反复发生和广泛分布的人类历史的特征（A. 卢姆芭：《殖民主义 / 后殖民主义》，页 8）。荣格尔·奥斯特哈迈尔（Jürgen Osterhammel）因此把历史上的殖民化分为六种主要表现形式：全部人群或社会的整体性迁移（因为没有扩张的政治中心留在迁移者的身后，所以这一形式不会产生殖民地）；数量众多的个体迁移，并不自行创建新殖民地，而是以某种高度发达的社会文化聚居圈的形式参与到当地既定的政治和经济结构之中（如海外的"唐人街"）；边境殖民化，即在定居地区的外围地带把某一"边疆"推进到"蛮荒之地"；海外移居殖民化，包括"纽英伦类型"、"非洲类型"和"加勒比类型"；建立帝国的征服形式；建设海上网络的形式。

通过上述类型学的结构分析，作者指出，我们不宜将殖民地和殖民化过于紧密地等同视之。在两者间关系的一端，是不建立殖民地的殖民化。而在另一端形成的则是没有殖民化的殖民地，亦即起源于军事征服，而非起源于殖民化（人口的集体移居）的殖民地（见《殖民主义：一个理论上的概述》，S. L. 傅理彻英译本，页4至10）。按照这样的理解，"殖民主义"的含义便大大冲破了它在中国语境中的范围限制：它可以被追溯到资本主义之前的各时代；它不再仅仅被赋予对外政策的特性；它也不再与集体移民活动完全挂钩。中国历史上的汉语人群向淮河以南地域的大规模人口迁徙，在此种意义上可以看作未产生殖民地的殖民化过程。而元朝或清朝对包括汉族在内的诸多民族地区的统治，虽然不涉及巨大数量的集体移民活动，但按照"殖民化最主要的含义"即"某个人群统治各其他人群"（柯珀尔书，页27）的界定，便也带有殖民帝国的性格。由于这种"殖民主义"发生在一国之内，所以又被称为"内殖民"。M. 赫克托出版于1975年的那本讨论英国与其"凯尔特边地"（威尔士、苏格兰和北爱尔兰地区）之间关系的名著，即以"内殖民主义：不列颠民族国家发展中的凯尔特边地，1536—1966"作为书名。

当然还必须强调，把殖民主义的分析观念推向前资本主义各时代，并不意味着因此就要抹杀从资本主义演变到帝国主义时代的殖民制度和在此之前的殖民主义之间所存在的巨大差异。柯珀尔说，如果19世纪和20世纪的帝国相比于它们的前辈变得更加"殖民"，那不是因为现代殖民主义更残酷、更带奴役性、更疯狂地攫取土地、更贬低土著人群的文化，或者更带强迫性的宗教皈依运动，而是因为它在宗主国和殖民地之间画出了一条更尖锐的界线。据此，只有欧洲公众才享有公民身份和权利，而外部边缘地区的居民则没有同等资格。"身处依附地位再也不是任何人都可能遭遇的一种命运，而变成指派给特定人群的一种身份"（柯珀尔书，页28）。卢姆芭则遵循马克思的思想路径指出，现代殖民主义是与西欧资本主义一起形成发展起来的，它不仅从被征服国家抽取贡赋、商品和财富，而且重新安排了后者的经济结构，把它们拖入到一种复杂的与自己的相互关系中，导致人力和自然资源在二者之间流动，并且总是使利润流向宗主国方面（卢姆芭书，页9）。

根据这样一幅知识地图，大部分西方学者事实上都把传统中国时期的许多统一王朝认作旧式的殖民帝国，包括被他们视为"早期现代帝国"的明、清王朝在内。例如狄·考斯莫就这样看待清政权。他恐怕不能被划入"新清史"的学者群里。上举几种基本不涉及中国问题的讨论殖民主义的书，在偶尔提及中国的场合，也都抱持如此认识。但这丝毫不等于说，西方学术界试图把元、清乃至传统中国的其他统一王朝与资本主义时代的西方殖民主义，更不用说与列宁定义的帝国主义国家混为一谈。

人们当然有理由继续就应否把旧式帝国的统治体制挂在殖民主义谱系之上的问题展开学术的论争。例如也许有人会争辩说，如果殖民化不再与集体移民行动具有必然联系，那么在征服型帝国和殖民帝国之间到底还有没有什么区别？但我们也许没有必要赋予这样的讨论以太多的现实政治意义，或者去凭空猜疑究竟会有什么样的玄机隐藏在这些讨论背后。

## 九

上文对"殖民主义"和"殖民化"的去污名化分析，绝不是要为任何形式的殖民体制进行正当性辩护。它只想说明以下两点。首先，像其他许多同样残暴、同样不人道的政治统治和经济剥夺方式一样，殖民行为是存在于各个民族、各社会阶段中的一种常态。其次，与资本的原始积累几乎同时发生的现代殖民主义之所以尤其显得丑恶和令人无法接受，是由于一种日益兴起的新思潮，即民族主义思潮对它开展的充满正义感的批判，终于使它完全丧失了自己的历史合法性，正如民主一旦成为世界潮流，专制就变得愈益丑陋一样。

与此有关的另一项针对新清史的批评，以"欧亚大陆近似理论"为聚焦点。所谓"近似理论"的要害，被认为是研究者把清朝在西北方向上的大规模领土拓展放在清—准噶尔汗国—俄国三大政治势力争夺内亚的国际背景中从事分析时，不加区别（甚至还是不怀好意）地将清朝和俄国的扩张行动等量齐观。《清帝国性质的再商榷：回应新清史》一书里有专文对此进行批评。它的主要对象，则是濮德培的《中国向西挺进：清对中央欧亚的征服》（2005）。该文将清统治下的喀尔喀蒙古部、西藏等认作"内藩"（事实是清政府都把它们列为"外藩"），而把今中国境外的清朝属部、属国称为"外藩"，似是不该发生的误解。前面提到的甘文其实已指明理藩院满文名称中的"tulergi 一词即外面之意"。按理藩院的满文全名写作 tulergi golo-be dasara jurgan，译言"对外部地区〔进行〕治理的部门"。汉文译作"藩"的 golo，满语译言为"地区、省份"，《五体清文鉴》径译为"省"，故在满文里亦用指汉文称为"内地"十八直省的地区（如所谓 tulergi golo-i hafan 或 golo-i hafan，即"外省底官员"或"省底官员"之意）。所以外藩（tulergi golo）与外国（满文作 tulergi gurun）完全是两回事，它是用来指称与省制不同的另一种国内政区类型的专名。

但这还不是太大的问题。作者把那个时期的俄国归入"西欧型近代殖民主义"国家，并且宣布"20 世纪前 80 年的政、学界的共识是，西、葡、英、荷、比、法、俄、奥匈、德、义（引者按：此指意大利）、日、美等具近代资本主义性质的国家是殖民主义国家"，恐怕就更有鲁莽之嫌了。

说俄国是一个"殖民主义国家"，就上述泛化的殖民主义观念而言，当然没有问题。但它具有"近代资本主义性质"则无论如何是更为晚近的事。俄国向东方的殖民扩张大体可以分三个时期。它将喀山和阿斯塔拉罕汗国并入今"俄罗斯核心地区"，是在16世纪50年代。在此后将近两百年内，俄国的扩张行动主要发生在今俄属西伯利亚地区（它于17世纪30年代到达鄂霍次克海），然后自北向南进入今俄属"东部边疆"的布里亚特—贝加尔地区（17世纪70年代）和"远东区"，并在那里与清的势力相遇（17世纪80年代）。俄国在中亚扩张的第三阶段大体发生在19世纪中叶及稍后，先后将哈萨克各部纳入版图（19世纪中叶），把布哈拉汗国（1862）、乞瓦汗国（1873）收为保护国，再吞并浩罕汗国（1876）。

根据我的阅读，西方学术界一般把俄罗斯罗曼诺夫王朝看作与奥斯曼土耳其、奥匈帝国，乃至与清代中国相类似的旧式帝国。至于它"具近代资本主义性质"，则最多也只是自19世纪以来的事情。濮德培书所讨论的时段是在1600年至1800年。发生在那个时期的俄国扩张，在性质上只能是旧式陆上帝国的对外扩张及其后续行为。在此意义上，将它与清王朝的疆土拓展看作同属旧式帝国的对外扩张，这一点并没有什么错。批评者自己也承认，"俄国在第一次全球化尖峰期的19世纪中叶征服中亚，相较于以往的扩张"，已有很大的不同。但这种与先前不同的征服行为，已经超出了"近似理论"所讨论的时间范围。在这里，评论者的话题似乎已经脱离了它原先所欲针对的批评内容，因而变得有点不知所云。

当然，清在西北部的军事行动，主要并不着眼于那里的自然或经济资源，它总的说来也没有在那里推行强制性的"教化"动员。新清史成员之一的米华健事实上已经揭示过这一点。然而即使把清的征服说成纯粹属于防御性质，也无法否认它依然是一种不折不扣的军事扩张。于是我们面对的问题就变成：出于纯粹防御动机的扩张，是否就是一种应当予以肯定的扩张，或者是否至少比出于经济动机的扩张拥有更多的正当性？

其实，所谓清向西北的"挺进"完全出于防御的需要，这个说法本身也颇为可疑。其兵锋所及，大多是正处于清与准噶尔汗国反复争夺之中的那些归属未定地区。换句话说，那些地方大部分还没有完全演变为可以由清稳固地行使有效主权的国家疆土。准噶尔汗国"强力介入"西藏政治，远在清朝之前。不能以为清的势力一经伸入西藏，准部试图在那里挽回败局的反扑就成了一桩必须被后世的史学家全盘否定的事情，尽管站在清朝立场上看，准噶尔确实对它构成了"重大威胁"。

在认识这一段历史时，中国读者常常还会遇到一个特别的思想障碍。他们从中国历史的空间范围必须由当代中国的疆域来界定这个完全正确的见解出发，很容易滑向一个顽固而难以改变的非历史观念，即从当代中国版图内自远古以来的全部历史都是中国历史不可分割的一部分的正确主张，错误地推导出如下的论断，即自古以来就一成不变地存在着一个与今日中国版图相同，或者只能更大而绝不能变小的中国。在这种观念的影响下，清对准噶尔的战争就很容易被看成清完成自己统一使命的国内战争，而绝不允许把它视为两个曾经并存和互不归属的国家（虽然准噶尔汗国的东部从一开始就伸入到今中国疆域之内，但当初并不存在像今天这样一条将今新疆维吾尔自治区囊括在"中国"之内的边界线）之间的争夺与冲突。俄罗斯与准噶尔之间的交往，于是似乎也就变成了对清朝内政的干预，甚至是力图分裂中国的阴谋。在对"近似理论"的疑惑背后，可能就有这样一种观念在起作用。

然而事实的情况是，自公元 9 世纪末唐从西域撤退直到清完成军事征服的近千年间，除元代统治过藏地，以及它曾控制过东部天山部分地区约有数十年之外，今日中国的西北边地长期不在当日称为"中国"的列朝疆域之内。虽然准噶尔汗国曾拥有的部分疆域毫无疑问是在中国史范畴之内，但这一点并不应该妨害我们以清朝、准噶尔和俄国三个一度并存的对等政治实体之间的关系为背景，去解读那一段历史。在此意义上，我们可以说清"统一"了后来成为其西北边疆的那些地域，但也完全可以说它是通过扩张性的军事行动"兼并"了漠西蒙古各部、回部和藏地，从而把这些地方转变成"大清"的西北边疆。"统一"是通过"兼并"实现的。在这个例子里，二者是同一历史事件的两个不同面相。

## 十

在否定新清史的诸多批判性文字里，钟焓的长篇评论《北美"新清史"研究的基石何在》（达力扎布主编《中国边疆民族研究》第 7 辑，2013）写得最见功力和最有力度。与不少作者只是在阅读被译为汉文的少数有关著述的基础上来谈论新清史相比，它分明高出一头，因而非常值得一读。然而此文本身的片面性也极其明显。

首先，如果新清史在揭示内亚模式对传统中国政治、文化与历史的贡献方面果真有发覆之功，那么我们就不能对此不置一言。任何一种学术见解，即使完全不存在"硬伤"，也难免遭遇随人们认识的向前推进而变成被修正对象的命运。但在从事这种修正（包括指出先前讨论中出现的种种"硬伤"）时，不应该看不到包含在该见解之内的合理成分及其积极意义。

其次，新清史的学者们究竟是要全盘否定"汉化"的存在，还是意在反对仅凭"汉化"论来解释元、清等由边疆人群建立起来的"大中国"的统治体系乃至其全部历史？对这个问题，钟文也没有进行任何必要的解析。它只是摘译柯娇燕在一篇论文里的某些话，便过于轻易地将柯氏评估为"坚定的反汉化论者"。细绎柯氏原意，可以发现它与钟文归纳的意思其实是有出入的。为便于读者理解柯文的本意，现将其中最关键的一段话照译如下：

> 如今把族裔性视为中国的一种现象，并且把它当作一种分析工具来使用的偏好，毫无疑问产生于这样一种意识，即从过去几代研究中国的学者那里传袭下来的关于"汉化"的老生常谈在观念上是有缺陷的，从思想上看显得呆板化，并且无法将它应用于〔阐释〕真实的历史。汉化不仅是用于描述被涵化或同化于汉文化的一个习见语词，而且是解释文化变迁在亚洲极广袤的地域内之所以发生，乃至其种种表现的一系列想当然的预设见解。……汉化论在观念上的缺陷源于其循环论证法。被"汉化"就是变得"像汉人"，而后者自身也只是更早先已被汉化的人们。鉴于下述原因，这种看法显而易见是反历史的：以颇有争议的"汉化"为其特征的汉文化本身向来就处于一个从未间断过的更新过程，其部分原因正出于各种〔非汉〕土著的、边境的或非正统文化的挑战与异态效应。"汉化"论最不加修饰的含义，是把汉文化看作全然自我生成、刚硬不变和排外的，它在与其他世界相接触时，要么摧毁他者，要么就被他者摧毁。其次，它也意味着通过汉文化不可比拟的巨细无遗的绝对魅力，所有其他文化中人都会被中国和它的社会所深深吸引，无可抗拒地熔化在汉化的熊熊烈焰之中。事实上没有一个老练的专家会在采纳"汉化"理论时完全依赖于这些如此简单化的归纳性陈述，于是"半汉化""部分汉化"或诸如此类脱胎于老概念的花样翻新便层出不穷，尽管真实情况是通过有限度的（gualified）汉化很难真正实现汉化，而最终则可能变得完全地

没有意义。

柯娇燕在论辩中采用把"汉化"论推向极端的归谬法自有其不周之处，事实上很少有人会像她描写的那样绝对地理解"汉化"观念。但是她的主旨还是清楚的，就是要反对用全盘汉化论来掩盖或抹杀对于非汉化的那一"半"或那一"部分"事物及其性格特征从事分析讨论之必要性的倾向。正是从这样的立场，以及从清代满洲人群即使在丧失了自身文化的最重要特征即满语和骑射技能之后也从未变成汉人的认识出发，她宣称：若要对满洲人群集体身份的自我意识范畴所经历过的从"种族"到"族群"，再到"民族"的演变过程做出历时性分析，就需要突破包括汉化在内的诸多源于西方汉学遗产的观念；因为这种新视野与全盘汉化论及其他相关观念之间，存在"无法调和的不相容性"。我相信，如果这里的概括确实反映了柯氏论说的真意，那么钟文的评判似乎就显得不怎么全面了。

复次，好像是有意响应和遵循何炳棣本人身陷其间的"错误的两分法"论述路线，钟文也把包括"伯希和再传弟子"在内的许多优秀的欧美中国学家拉入"捍卫汉化"的阵营。但是，尽管被征引的那些洋洋洒洒的论说宣称金、元、清等王朝为统治汉地社会而大规模"吸收汉家制度与文化体系"，宣称在这些王朝治下出现了"汉文化以空前的规模辐射到周边"，或曰"汉文化对内陆亚洲民族的深度影响"，出现"康熙或乾隆那样的汉文化修养更高的君主"，出现"孝"的观念向元代蒙古人群的渗透，等等，所有这些，是否意味着论说者因此就是在断然否定上述诸王朝在国家建构与国家治理各方面所凭借的政治文化资源及其方针政策的多样性特征？"捍卫汉化"的立场并不必然与积极肯定内亚模式的立场势不两立，更不必然可以直接等同于反对内亚模式论的立场。钟文也承认内亚史的"知识—立场"与汉化论并不"截然对立和冲突"。然则罗列"捍卫汉化"的言论到底意在向我们说明什么，岂不反而变成了一个使人感到"无厘头"的问题？

钟文结尾处提出，评价外国学者的研究成果应本着"不唯洋，不唯奖"的原则。我觉得其中或许还应该再加上"不唯大师"一条。即使那一大群如星汉闪耀般灿烂的汉学及西方中国研究大师们从来没有意识到内亚帝国模式在中国史上的积极意义，而最多也不过具有某种"内亚史的知识—立场"而已（实际情况并非如此），它也不应该成为后学不能够再讨论这个问题的理由。

再次，钟文用新清史很少挖掘出具有独特价值的满文史料的事实，兼用中国、日本以及欧洲学者在满文文献的整理译注方面所取得的成绩作为反衬，反讽新清史"在宣传满文史料价值上的高调行事"。这样的批评似不够中肯。

实际情况是，按传统的语文学和文献学方法来整理和译注满文文献的工作虽然一直没有中断，但在很长一个时期内，学术界在如何充分地把这一工作的成果与历史研究更有机地结合在一起的问题上，确实没有形成足够的意识。例如日本学者在对旧满洲档的译注过程中发现，"满洲"的名称早已出现在天聪九年（1635）之前的满文旧文书里，可知它恐非出于皇太极的臆造。这一发现早在 1972 年就被神田信夫发表在他的论文《"满洲"国号考》里。1993 年它又被译成汉文，收入《日本学者研究中国史论著选译》第 6 卷。但在此后长达十多年的时间里，中国的清史教学与研究在"满洲"国号问题上仍一如既往地重复从前的老故事，对神田的考证既不加辩驳，也不予引述，就好像什么也没有发生过一样。文献的整理、译介与刊行是一回事，应用它和有关它的尽可能多的细部考据来丰富、修正和重建宏观历史叙事又是一回事。新清史强调的正是后者。那是完全正确和必要的。它与钟文所谓"中国的满学界在开发满语资料这座历史宝库的工作上已经取得了辉煌成就"不完全是一回事。

满文史料对清史研究的重要意义，如今正在为越来越多的人们所认识。新清史在这方面确有倡导之功。何炳棣曾认定，军机处满文档案"虽然涉及广泛，但与汉文档案相比，其重要性也许就逊色得多"。他还以为用傅礼初关于清代试图维持满文作为最重要官方语文的努力最后"以失败告终"的论断，可以佐证满文资料其实并不那么重要。现在看来，他的说法很难令人赞同。尤其是在研究清朝将今新疆、青海和西藏纳入版图的那段历史时，各类档册中的满文、蒙文和藏文文书的巨大价值，是汉文史料绝对无法替代的。从提出一种主张到将它充分落实在研究实践中，可能需要一定时日，而且可能不是由一代学人就可以完成的。新清史尚未很好地在具体研究中把自己的主张转化为实际成果，绝不能成为由以贬低他们提出的此种学术主张本身所具有的正确性和必要性的理由。

最后，如何在批评别人时防止苛责和贬低被批评对象的情绪滋生，是我们每个人必须十分注意的事情。钟文到底是真的以为司徒琳"也许不知道"傅海波是"具备多语种史料研习考释能力的大家"，抑或只是借此说法来表达作者的讥讽？无论如何，这样的句法都是不妥当的。柯氏书里对有些人名的拼写本来不存在错误。它采用的是西方学术界流行的转写方法或自霍渥思的《蒙古人史》以来逐渐变得约定俗成的拼写方式（如把"满都鲁"转写为 Mandaghol）。特别是在译写藏语人名时，除为进行专门性的正字法或词源学讨论外，一般不采用依原有字母逐个进行转写的"治目"之法，而只依照"治耳"原则，即只按藏语语词的现代读法来记录它的实际读音。钟文把此类情况当作"错误"来加以纠正，如它认为应把 Sangye gyatso（桑结嘉措）改为 Sangs rgyas rgya mtsho，把 Gompo（藏语译言护佑者）改为 mGon-po 等，实属多此一举（也有些纠正是正确的，如林丹汗不宜译写为 Linghdan khan）。

柯书关于阿睦尔撒纳在突厥斯坦发动反清战争的说法也遭到钟文的指责。按照后者的意思，似乎只有天山以南的回部地区才是突厥斯坦。批评者依据的也许是傅礼初在《剑桥晚清中国史》里的定义。事实上这个历史地名所涵盖的地域未必始终与该词的本意即"突厥人或讲突厥语的人们的地方"相符合。巴托尔德写道：它的原意指"穆斯林领域与中国之间分布有突厥与蒙古游牧人的地区"；而与新疆西北相邻的突厥斯坦西半部分一直伸延至原俄属"七河省"（即今与中国新疆相邻的哈萨克斯坦国东南和吉尔吉斯斯坦国东方地区）为止。按照这个意思，"七河省"之东同属于漠西蒙古根据地的今中国伊宁乃至准噶尔盆地，当然就构成东部突厥斯坦的一个组成部分（见《蒙古入侵时期的突厥斯坦》汉译本上册，页1）。在一部面对西方非学术读者群的通论性著作里，把事件发生的所在地宽泛地称作突厥斯坦，并没有什么不对。

至于钟文批评柯氏过于夸大五世达赖的影响，则更可能与中国学术界向来对他在蒙古历史上曾起过的作用估计偏低有关（而西方学术界在同一问题上则又可能有估计过高的偏向）。康熙帝"不能允许外藩蒙古悉为达赖喇嘛之言是听"，恰恰反映出这样的事实，即五世达赖曾对蒙古社会拥有远超过一个最高宗教领袖的权威。最显著的例证就是在固始汗去世以后，他干预过和硕特部首领王公的继承人选问题。五世达赖对蒙古各部的政治地位并没有被完全制度化。他能做的，主要是利用蒙古各部之间的罅隙以及准部与清廷之间的战争来施展自己的政治影响力。其间种种复杂过程，如果不仔细阅读第一手满、蒙文的相关材料，是难以做出实事求是的平衡判断的。钟文所传达的中国史学界对五世达赖的一贯历史定位，是否需要以及在多大程度上需要通过与非汉语文献的对读和互证予以调整，本身还是值得进一步探究的问题。

我与钟焓兄相识甚久，相交甚有契合之感。已发表的他的这篇评论，只包含了他写作计划中的一半内容。我已与他约定，希望他把接着将要完成的另一半文章交给由我参加编辑的《清华元史》刊发。因为与他非常熟悉，使我愈加觉得不必回避率直、真诚的相互批评。在全面检阅针对新清史的各种评论时，事实上也无法回避这篇令人印象深刻的文章。对新清史作品中的细节缺失作逐一清理和纠正，是一项极有价值的工作。不过在从事学术批评时，针砭尺度宜缩不宜增，丝毫不可效尤过去政治大批判中盛行的那种肆意拔高、无限上纲的作风。至若有心追求"放大效应"，以此呼应或加入一场从表象看来"政治正确"，但充满虚言求胜的浮躁习性的学术声讨，则与采取说理的方式实事求是地指出声讨中种种不实之处的选择相比，虽说要安全甚至有利得多，终究不如后者更让自以为有责任心的学者感到义不容辞。

## 十一

说到底，在中国读者对新清史相当普遍的不满背后，隐然存在一种政治焦虑感。当我们久已习惯地用比较简单化、标签化的固有观念来加以阐释的世界图景与来自另一种语境的不同见解发生碰撞时，我们往往本能地将这种碰撞看作尖锐复杂的政治斗争在思想文化领域内的反应，而在它背后，则必定潜伏着某种意欲加害于中国的现实政治意图。可不是吗？说元朝、清朝都不等于中国，不是在蓄意斩断中国自古以来绵延悠久的历史性吗？说清朝也是殖民主义，不是要把中国与近代以来干尽坏事欺辱中国的西方殖民主义列强相提并论吗？把清朝对中国的重新统一说成是它对于相对独立的各毗邻政治实体的侵吞扩张，不是更赤裸裸地暴露了敌对势力试图分裂中国这个多民族统一国家的狼子野心吗？

中国人对影射史学至今保持异常敏感的戒备之心、切肤之痛，自有其历史根源。但我们能否因此戴上有色眼镜，用这种生成于过去"全面专政"、高压政治时代的特殊体验去审视产生在不同言论环境中的各种学术讨论和文艺创作？这是一个值得引起我们反省的问题。"利用小说反党"并不是作家们在从事文艺创作时常有的心态，而以此律之于各个学术领域内的创造性思想活动，只会使我们自己变得不必要地脆弱多疑。

新清史研究中当然还有很多值得再讨论的问题或者错误。上面提到的钟焓评论就揭示了存在于其中的许多硬伤。我想本文也已证明，元朝和清朝不等于中国的说法是不能成立的，即使在元代蒙古人的思想里确实不存在"中国"这样一个观念，也无以动摇元朝是介于金、宋和朱明之间的一个中国王朝的事实。新清史对这个问题的看法有误，或许因为他们自己其实也受到被他们强烈批评的"民族主义"史观影响，把国家与其政权的特定民族属性之间的对应联系不适当地追溯到民族主义思潮产生之前的各历史时代，因而以为可以完全用满洲人群的"族裔主权"（ethnic sovereign）来对清代国家进行历史定位。这个问题，是完全可以在学术层面上争论清楚的。

对中西方有关殖民地、殖民化和殖民主义的不同认识，则可以经由对概念的通约化路径而增进相互间的理解。现代西文中"殖民地"一词虽源自拉丁语，但西欧的殖民活动至少早在希腊时代就已经开始了；而维持母国与殖民化运动所产生的殖民地之间相互关系的殖民主义体制也早在西欧古典世界形成了。这样一种追本溯源的思考，应当可以在一方面把现代殖民主义纳入并定位在一个古已有之的谱系之中，而在另一方面又把自原始资本积累时期的早期近代殖民主义行径，以及19世纪以后由工业化过程所改造而成的现代殖民主义同它们的历史前身区别开来。

从中国学术界的眼光看问题，即使可以接受上述殖民主义谱系说，殖民主义性质转变最重要的关节点，也应当发生在从传统社会向原始资本积累时期转变的那个当口。但是把清朝的拓疆开土及此后对不同人群世居家园的治理体系看作殖民体制的西方学者，不但遵循着反"西方中心论"立场（认为现代性不只出现在西方，再从那里被传播到世界各地），称清朝为"早期现代帝国"，而且也把清的扩张与直到 19 世纪初为止的西方扩张看作属于同一类型。尽管已经有人认为，这个时期欧洲各帝国在其"非邻接的海外性质"，及其与各自殖民地之间缺乏跨文化接触与交流的"前历史"这两方面，与清帝国截然不同，它们也只能成为在同一类型之内再划出两个不同"亚类型"的依据而已。在西方学者看来，"早期现代帝国"是 1500 年至 1800 年间"全球整合"趋势的新历史产物，但他们的扩张方式仍带有旧式殖民主义的基本属性。而殖民主义更本质的变化发生在 19 世纪。工业化改变了欧洲，稍后再加上美国和日本扩张主义的动机、方式和效果，从而使现代资本主义以重大和多样化的方式把自己与满洲、欧洲诸列强，乃至早期近代任何扩张型国家的支配模式明显区分开来（M. 阿达斯：《比较视野中的帝国主义与殖民主义》，《国际历史评论》22·2，1998）。

应当承认，中国与西方学者在究竟怎样理解清帝国和西方早期现代殖民帝国之间的异同方面，还存在着相当距离的认识差异。不过无论如何，按照西方列强对中国的欺侮和侵犯始于 19 世纪中叶的标准观点，清在此前形成的"殖民主义"与在此之后西方不公平地对待中国及旧大陆其他被奴役地区的殖民主义，即使在西方学者的眼里也具有完全不一样的性质。阿伯内西（D. B. Abernethy）把近代欧洲的殖民活动划为五个阶段。其中第一阶段（1415 至 1775 年）殖民扩张的领土焦点在美洲，而 1775 至 1825 年的第二阶段是殖民活动的收缩时期。第三阶段（一般称作"帝国主义"时期）从 1825 年延展到 1914 年，是欧洲在非洲、亚洲和太平洋地区大肆扩张的时期（见《1450 年之后西方殖民主义百科全书》，底特律，2007 年第一版，序言页 15 至 16）。而奥斯特哈迈尔在对近代以来西方殖民主义进行分期时，则把 1760 至 1830 年（大体相当于阿伯内西分期中的"收缩"时段）界定为"欧洲对亚洲领土统治的开端",而把其后"旧大陆殖民地建构的新浪潮"、"殖民地出口经济的全盛",以及"第二次对非洲的殖民占领"三阶段的时间分别划定在1880至1900年、1900至1930年,以及1945至1960年。他强调指出,尽管在1830至1880年的"自由贸易帝国主义"时代,中国、日本、暹罗,更不用说奥斯曼帝国和埃及被迫向西方开放了它们的门户,以至于"在接近1870年的时候,后来的殖民地边界已经可以看得相当清楚了",但19世纪70年代前后"依然标志着一个新时代〔的来临〕"。也就是说,西方殖民主义的重大变化是发生在19世纪下半叶前期,比阿伯内西分期中的相应阶段还要晚数十年(《殖民主义》,页33)。对话和不同看法之间的交流和相互辩驳,应当也完全可能在学术讨论的范围里通过摆事实、讲道理的方式,在保留各自不同意见的同时尽可能增大重叠共识。如果思想的交锋不是在这里展开,却被转移到政治斗争领域里去,结果是不会有助于学术问题本身的澄清的。

这里还要不避重复,再谈一谈清"向西挺进"究竟是统一中国,还是兼并他国的行为的问题。清与被它征服之前的准噶尔的南部疆域,包括新疆、青海和西藏地方都处在今日中国的疆域之内(此处暂不讨论如何看待准噶尔势力范围内超出今中国边界的那些地区的问题),它们的历史都属于中国历史不可分割的一部分。因此中国史叙事不但需要讲述清与准部及西藏的交涉或和战关系,并且还必须交代新疆、青海和西藏历史中与对清关系没有直接联系的那些方面的内容,如它们各自社会的内部关系、经济、宗教与文化状况等等。而中国史在叙述对日关系的相关史实时,就可以在有关外交关系的背景资料之外基本不谈属于日本国内历史的上述那些层面。这是因为一度属于准部版图的今新疆、青海和西藏都处于根据当代中国边界线向前倒溯至过去全部时段的中国史空间范围之内;而日本则没有在此一空间范围里。但是承认这一点并不意味着,在过去各时代中始终存在着一个一成不变地可以用当代中国边界线来界定的"中国"，或者说这条边界线的存在本身就是自古以来一向如此的历史事实。准部和西藏一度是相对独立于清朝的政治实体，这个事实与新疆、青海和西藏诸地区的历史自始至终与清朝历史一样是中国历史不可分割的一部分的事实同等明显而无须回避。不仅如此，清对南疆回部的主权事实上也是从被它击灭的准噶尔汗国继承过来的。由准噶尔培植起来的可以在穆斯林和身为"异教徒"的蒙古统治者这"两个世界之间"周旋的伯克集团，在准噶尔政权瓦解后继续受清委任，承担维持回部社会内部秩序的功能。正因为如此，清政府才得以在本身不必具备"一副穆斯林面孔"的前提下收拢回部人心（D. 布罗菲：《准噶尔蒙古的遗产与清代新疆忠于国家的语言》，《哈佛亚洲研究杂志》73·2，2013）。清并吞了处于它当日疆域之外的准噶尔汗国的事实及其性质，并不会因为准噶尔所辖的新疆、青海和西藏与清同属于今中国版图之内而有所改变。

历史研究者不可能完全不把区分好坏、对错、是非、黑白的基本价值关怀投射在他的研究对象之中。就这个意义而言，任何研究成果都不可能不反映研究者的政治立场。因此学术见解的不同也可能反映了政治立场之间的差异。在这种情形下，学术论辩就经常会带有不同政治观点之间相互碰撞、冲突和交流的性质。非常值得警惕的是，我们与他人在政治观点上的不同，绝不能就自动地证明对方暗自怀有某种十分现实的不良政治意图。讲道理的讨论方式是声势再汹涌的对于不良政治意图的讨伐也无法替代的。而究竟有没有这样的不良政治企图，则又不是可以用"牧童遥指杏花村"的方式，或者凭一厢情愿的主观想象构设出来的一条所谓"隐秘的逻辑链"，而是必须用每一个逻辑环节上都切实存在的事实作为依据，才能够加以判定的。

现在，请允许我再度引用先师韩儒林教授20世纪80年代初在国家古籍整理委员会一次工作会议上的书面发言中的几句话作为本文的结束语。他说:"中国的历史和文化,绝不仅仅是汉族的历史和文化;中国的历史和文化,不是在与毗邻地区和国家相互隔绝的情况下孤立地发展起来的;中国的历史和文化,也不是只有我们中国人自己在研究。"在如何看待新清史的问题上,也许我们还需要把自己的心态调整得更理性一些。

(原载《东方早报》2015 年 4 月 5 日、4 月 12 日"上海书评")

# 略芜取精，可为我用：
## 兼答汪荣祖

中国学术界近来有关"新清史"的争论，其最核心的问题，并不在于新清史的诸多著述中是否存在，或者存在多少讹误与失察。我以为，这场争论所围绕的核心问题主要有三个。

第一个问题是，根据被揭示出来的所有那些不周之处，是否已经有足够理由全面否定新清史的研究成果，因此可以把它们看成一堆不具有任何积极的正面意义的垃圾？就此而言，即使把那些林林总总的错误枚举得再翔实有据，甚至像上海说唱"金陵塔，塔金陵"那样动听地将七层宝塔从下往上层层数落一番，能够说明的意思仍然很有限。我们更需要的是另一类型的批评。它应当很具体地指出，其中那些关键性的错误，究竟是如何以及在多大程度上已经损害了原作者用以支撑其中心论点的基本证据，从而使中心论点变得必须加以调整充实，甚至不再得以成立。这样做，对史实失真的批评就能够超越针对史实本身的争议层面，进入对史实背后的意义从事追问的讨论。没有这样的追问，批评就很容易变质为对别人"不识字""未读懂"的指责，变成对别人有无资格从事学术思考的傲慢裁判，而与理应针对具体问题所展开的不同认识之间的平等论辩渐行渐远。

事实上，在同一学科领域内，由为数不少的学者（虽然他们拥有较一致的学术取向）从各自的独立思考出发而写出来的众多论文与著作，竟然都一模一样地毫无价值可言，或者用我们至今还耳熟能详的那句话来说，唯有"化毒草为肥料"的利用价值，这在正常的学术史上恐怕反而是一种难得遇见的非正常现象。我们能不能抓住少数几部在相关史实的细节描写方面失误较多的作品，就以一概全地从整体上去否定被冠以"新清史"之名的一群学者们的全部学术成果？

在这里，四库馆臣的平实心胸很值得我们仿效。对于"瑕瑜并见"的著述，他们主张"在读者择之而已"。"瑕瑜并见"显然是绝大部分著述的共同特征。即使是"白璧之瑕，固不必为之曲讳矣"。但"择"的原则，总的说来是"宜略其芜杂、取其菁英焉"。略者，简略、省略也。据此则"固不必为之曲讳"的意思，其实未必是在主张凭一得之见就孜孜不休于拿捏住别人的误失以计斤较两。正相反，更可取的态度还是得饶人处且饶人。凡属"芜杂"而可予忽略者，略去之即可。而对其中之"菁英"，则凡有六分可取者就决不取其五分而止。汪荣祖说，学术论辩在外国"往往是不留情面的，是有增无缩的"。我不如他见识广，唯窃以为无论外国中国都会有两种风格、两种人品。求仁得仁，近墨者黑，"习相远"者，此之谓也。

从史实失真的角度出发全面否定新清史见解的基本逻辑，是用罗列一系列史实失真的方式来暗喻它的论述不具有任何必要的实证基础，由此凸显新清史的"着力点不在史实重建而在话语构建"，因而也就一无价值可言。此处所谓"话语"，已不是福柯原意中那种使这样那样的陈述得以形成、确立，或使一组相关陈述得以构成一定秩序，或使某些陈述之由以被判定为正确或错误的那一系列法则。"而当一组这样的法则被确认时，你就是在处理一个推理的结构，或曰话语了。"按照福柯的意思，话语是一个可能性的系统，它使一个知识领域能够成立。但是话语的法则并不是任何个人能有意识地加以追求的那种法则，它不是一种追问的方式或规范，它们只在每一种特定话语的言说者"背后"默默地影响他（Quentin Skinner 主编：《人文学科内宏大理论的回归》，剑桥大学出版社，1985 年，页 69）。我们只能从既已存在的理论体系或意识形态中去发掘其潜在的"话语"结构，却无法在那个潜在层面上去直接从事"话语构建"。在此意义上，说某人意在"话语构建"，其实是一句不通的话。既然如此，说新清史重在"话语构建"究竟是什么意思呢？我想它的真正意思是在批评新清史只有理论（而且是靠不住的理论）而不知考据。

这种批评带有强烈的实证史学偏见。即使新清史没有回答老一辈提出来但尚未解决的那些"重要实证课题"，或者没能纠正从前的"错误考证结论"，它又能说明什么呢？"课题"自身是会随着时代及学术风气的变化而转移的。后人有权发现和提出属于自己的新问题，本不必老是跟在前人遗留下来的那些问题的屁股后面转。把被认为是完全不以事实为依据或凭证的主观臆说等同于理论"构建"，又表明理论在批评者心目中的地位是何等地受到蔑视、何等微不足道。

崇尚考据本来是对的，但光凭考据无法完成"史实重建"的任务。正如柯林武德很早就指出过的，实证史学留给近代历史编纂学的消极遗产，"就是空前地掌握小型问题和空前地无力处理大型问题这二者的一种结合"（《历史的观念》，何兆武、张文杰汉译本，页149）。说到底，"实证史学"本身也从未真正离开过对理论乃至理论背后某种话语的依靠。根据这种"话语"，人们有能力认识无数"真实具体"的史实，通过"史实重建"，人们也就得以重建历史本身，亦即自然而然地把握和参透由这些史实所构成的纯粹外在于人们主观意识的"客观"历史。然而整体不只等于部分之总和，相反总是超过这个总和。此外，"部分"本身是无法穷尽的。你采取了哪些"最能说明问题的部分"来做加减乘除，其中就含有超越了"实证研究"的东西。只见树木，不见森林，就很可能在自以为无须理论相助的同时，受到最陈旧理论的支配，甚至受其奴役而略不自知。

新清史既不是什么"话语构建"，也不是在从事纯理论的构建，它就像被我们称为"历史研究"的所有其他作品一样，是建立在一系列大大小小的陈述基础之上的历史叙事。克劳斯薇（P. Crossley）曾在她的好几种著述里，力图追溯"满洲人"在乾隆朝如何从最初的"文化共同体"转变成一个"种族"（race），而在晚清政局刺激下又如何最终演化为"族群"的"历时性变迁"。被她界定为"种族"的满洲人群体，在我看来实际上就是存在于该群体之内的集体身份意识业已发育为共同血统观念的历史民族，这个历史民族而后又在清末民族主义思潮的冲击下变身为现代族群。克劳斯蕬已敏锐地意识到，《满洲源流考》对于官方塑造"谁是满洲人"的世谱化集体记忆有重要作用。可惜她把满洲人"变成一个能清楚地以人种来自我确认的人群"的时代订得偏早，以致丢失了一个本应属于她的把故事讲得更完善、精彩的机会。欧立德着重分析的，是乾隆朝的满洲人在面临满语、骑射全面衰退的严重危机时，怎样通过重新定义何谓"满洲之道"来继续维护满汉界别。路康乐则从芮玛丽有关满汉矛盾到咸同时期已基本解决的论断出发来开始新的讨论。他强调，从清末一直到民国初年，甚至在八旗制能给予广大下层旗人的特殊权益已丧失殆尽的情形下，满洲认同也没有消失。如果拿这些见解与我们总是习惯于把民族的形成作为一个漫长历史过程的最终结果倒追到那个过程的开端阶段，习惯于把一个民族的共同语言或其他显著特征的消退看作那个民族本身的消亡之类的广泛误解相比，它们难道真的就丝毫不值得被中国人学习？难道所有这些历史叙事都不含有任何真凭实据和有效的考证过程，只是一团向壁虚构的梦呓？把新清史若干研究作品中考据不足的局部缺失夸张成一幅整体坍塌的可笑图景，这种做法的片面性实在不足取法。

这场争论所围绕的第二个问题，是如何定位清王朝在国家治理方面的基本建树。需要着重指出的是，争论的焦点并不在于清代国家制度是否具有"汉化"的属性，而在于它是否只有汉化这一种属性。也就是说，新清史与传统汉化论的真正分歧在于：除了汉化之外，来自内亚的政治文化资源是否也在清朝国家建构中产生了至关重要的影响？如果回答是肯定的，那么内亚属性在清国家体制中所占有的重要地位，是否有理由使我们把它与汉、唐、宋、明等帝国的统治体制区别开来，以便对它从事进一步分析？

何炳棣《捍卫汉化》一文言及清朝征服与治理"西域和青海的广大地区"的历史，只在用一条注解引述三种研究文献的同时一带而过地写道："关于主要事件和在这个极其复杂的民族地区建立多样化的行政管理制度，已有了研究成果。"而他本人在论述"非凡的清朝帝国构建对中国的整体影响"时，强调的仅仅是对边疆地区实行"我们所称的汉化最基本的方式"，即"用千百万的汉人充实该地区"的政策。"汉化"的确只是他概括地体现清代成就的五个卓越方面之一。但是清朝究竟为什么能"缔造中国漫长历史上最大的、巩固的、有效管辖的多民族帝国"呢？他的回答是，尽管"满族对于汉族行为准则和思维方式的认同无须排斥对其他形式的认同"，尽管"他们和非汉民族的联系，也许与唐朝以来汉族统治的传统观念有所不符"，但他所论证的清朝能取得上述成就的唯一原因，仍然是满族统治者"运用了汉族传统的政策和制度"，或曰"其统治政策的核心"所依据的是"汉族的政治原则"。因此，在他的观念里，清朝之所以能在建立一个多民族统一国家方面创造空前功业（即前述五个卓越方面中的第一条），实在还是第三条，即"制度性的汉化政策"带来的历史成果。所以他又强调说："汉文明随着时代变迁而演化，一方面是内部发展的结果，另一方面则是由于与那些汉化民族的接触扩充了汉文明的内涵。"（刘凤云等编：《清朝的国家认同："新清史"研究与争鸣》，北京：中国人民大学出版社，2010年，页43至45、21）汪荣祖指责别人"单挑'汉化'"，在我看来，其实是双方都抓住了问题的关键。

为了更好地进行比较，我不得不把过去已举证过的罗友枝的几段话在这里重复引述一遍。她的确提出，"将汉化从中国历史编纂学的中心议题位置上挪移开去，乃是今后的研究应予以集中关注的事"。但用她自己的话来说，这里的所谓"汉化"，是指"所有进入汉地范围的非汉人群最终都会被同化在汉文化之中"的观点。罗友枝用辽、夏、金、元都创制了自己的民族文字，并且都采用双语或多语作为官方语言，用清代表了东亚和中亚融合的"最高阶段"，来作为它们拒绝全盘汉化的证据，但她并不因此否定清朝在事关汉地治理时采纳一系列汉制的事实及其必要性。罗友枝不断强调"清王朝代表了内亚和东亚相统一的最高阶段"，强调"他们将内亚与汉人的种种意识形态母题结合成一种新的统治体系，这正是他们能获得不寻常成功的关键所在"，强调"满洲统治者们所创造的各种意识形态同时从汉和非汉文化中抽取资源"，强调"没有人能否认满洲人将他们自己打扮成汉人的统治者〔，〕问题在于它是否为清代帝制的全部形象"。她再明白不过地指出，新的研究要修正的，只是何炳棣的这一陈述：就清政权的成功而言，最要害的关节点在于"早期满洲统治者们采纳了一整套系统汉化的政策"。与此种见解相反，罗友枝认为，至少在帝国构建方面，清王朝巨大成功的关键恰恰在于它维持并发展自己与内亚诸非汉人群之间文化联系的能力，以及用不同于治理前明诸行省的方式来管治各个非汉族大型地域的能力。

何先生在研究中国历史文化方面的成就与贡献远非一般历史从业者可以比拟。我们既不必以事事绝对正确去苛责于他，故亦不必讳言其"尺有所短"之处。仔细比较双方的论述便不难看出，"在身为满人和成为汉人之间断取了一个错误的二分法"者，其实不是别人，而是老先生他自己。

汪荣祖对新清史所欲揭示的清朝内亚属性的态度，最典型不过地反映在下面这段话里。按原样引征虽较费文字，却可避免断章取义之嫌（汪荣祖主编：《清帝国性质的再商榷：回应新清史》，台北：远流出版事业股份有限公司，2014 年，页 30 ）：

于此可见"新清史"刻意要凸显清朝在政治与文化上不同于中国的传统体制。他们甚至相信清代体制的建置，多受蒙古与中亚游牧社会的影响。清朝不断向西北扩张，对边疆民族具有一定的意义。清帝国实融两种不同的传统为一，因而不能仅仅依赖汉籍资料与汉人观点来论断。这些观点如果能够成立，不仅是对清史的大翻案，清代不再是中国的朝代；而且是对中国史的大翻案，中国历史上居然有那么多的"外来政权"，中国史上不时出现"外国史"的怪现象。

根据汪先生自己的概括，"西洋人"认为，"清帝国实融两种不同的传统为一，因而不能仅仅依赖汉籍资料与汉人观点来论断"；而他把这种见解看作对清史和中国史进行双重"大翻案"的奇谈怪论。在他看来，似乎只有汉族的秦汉体制才可以算"中国的传统体制"，如果受到内亚政治文化的影响，即使是"融两种不同的传统为一"，那它也不再是"中国的朝代"，就转而变成了在中国土地上的"外来政权"和"外国史"。汪荣祖在"敬答"一文中愤愤然写道，中国不等于汉，"很多外国人不知道"。在我看来，其实连他自己有时候（例如他在写下我刚刚引述的那段话时）也不知道。

这段文字颇令人咋舌，但绝不能被看成突发性思维错乱的产物。正相反，它反映出某种相当一贯的内在思想倾向。比如他说：清代最初虽"双管齐下"，满、汉法兼用之，"以求稳固少数民族政权。然而承继中华传统部分愈来愈坚实，持续满洲传统部分则愈来愈难以为继"（同上书，页30）。此语以"中华传统"与"满洲传统"对举，足见在他心目中，满洲传统根本就不属于"中华传统"。他还说，"入主中国的清朝，采用的又是中国政制，尊崇儒学，并借中国之人力与资源扩大帝国的版图。清廷向西拓疆，直至中亚地区，诚如何炳棣所说，有赖于中原地区人力与资源的支持"（同上书，页39至40。）这里以"中国之人力与资源"和"中原地区人力与资源"相对举,可见中国与中原是一回事。他说,"对清帝国而言,汉化除仰慕中华文化之外,更有实际的政治需要"(同上书,页45)。这里仍然把中华文化直接等同于汉文化。他评论另一个"西洋人"认为不应将金代女真人的"文明化"等同于"汉化"的观点时更说:"然而所谓'文明化'之'文明'非即'汉文明'乎?若然,则所谓'文明化'岂不就是'汉化'的代名词而已。"(同上书,页24至25)

新清史提出要反思这样的汉化观,究竟有什么不对?我说新清史反对的实质是"全盘汉化"论,究竟又有什么不对?汪荣祖自己也说,欧立德所不同意的,实在是"全盘汉化"(同上书,页54)。也许是我孤陋寡闻,我印象里欧立德本人也没有用过 wholesale sinicization 一类语词来表示他的意思。但这不妨碍汪先生自己用"全盘汉化"来描述别人的主张。而轮到我这样做的时候,为什么就会变成"用心良苦"云云呢?在"敬答"一文里,他自问自答道:"请问乾隆有没有汉化?当然有。请问乾隆有没有'全盘汉化'?当然没有。"他对前一问的回答,无人不同意;问题出在第二问。接着"当然没有",我就要继续"请问":既然没有"全盘"采纳汉家体制,那么清朝用什么去替代"盘子"里剩下的那部分制度空缺,又如何去实现清朝所必须具备而汉法又从未提供过的某些国家治理功能?换句话说,乾隆究竟有没有"融两种不同的传统为一"?假如答案只能是肯定的,那就还要"请问":清朝到底还算中国吗?

公正地说,用汪荣祖上面所说的那些话来证成他的基本见解,可能还有失完整。这里至少需要再作两点补充。

第一,汪文中也有不少"一体多元的中华民族及其文化"(同上书,页39),"汉人已不能等同中国人,中华民族亦非仅汉族"(同上书,页41),"包含各族文化的中华文化"(同上书,页55),以及诸如此类的议论,恕不具引。到底怎样才能将这些话与上面段落中引述的那些文字放在一个互不矛盾的框架里去理解，我至今百思而不得其解。现在我只能说，作者的思想在这个问题上处于断裂状态。他于观念上是有"中华民族"非仅指汉族而已的抽象认识的。但每一进入相关具体问题的讨论，在他脑子里更为根深蒂固的那种排他性的汉族主体意识的局限性，就立即与他的单线型进化的目的论历史观（认为中国和中华文化的最终走向，将是通过把汉文化覆盖到全国版图而实现"汉化"的大一统）不由自主地紧密结合在一起，并支配了他的言论基调。这种局限性久经潜移默化，已于汉文化中随处可见。举一个与本文主题不太直接有关的例子。中国的历史书写传统历来都倾向于从华夏边缘的农牧混合带这个错误方向上，去找寻匈奴核心人群的起源。汪荣祖也作如斯说（同上书，页52）。

他又说，"'中国'这个名词没有姚先生说〔的〕那么复杂"。我却以为，正因为无意于分辨历史上的"中国"概念所具有的复杂性，所以他才会一面批评新清史"称清代为'外国统治'"，一面又断然拒绝清代国家建制从内亚汲取政治文化资源（哪怕是部分地从内亚汲取资源）的事实，坚称否则清史就将变成一部"外来政权"在中国演出的"外国史"。"西洋人"把清帝国说得大于"中国"，因此断言清朝不等于中国。对这一错误的看法，我在前一篇文章里已有评述。汪荣祖说只有被汉化才能算中国，则中国在清朝的范围不能不退缩到以汉制来治理的疆域部分。两者殊途同归，所达成的逻辑结果究竟还有什么两样？

汪荣祖主张的若非汉化、即成外国的说法，与现代中国最有成就的历史学家之一吕思勉对元朝的评价颇接近。可是他又说，吕思勉既然把元时期写在"本国"史里，即表明他认为元朝就是中国。这显然不是吕著的本意。吕先生未留意元朝与罗马帝国政治遗产对今日之意义殊有不同，故以罗马类比元朝说："罗马人的治国，便是如此。始终是朘削他的殖民地，以庄严他的罗马。"既然"他的罗马"与"他的殖民地"判若二者，则元史亦应视为中国被殖民的一段历史。所以在他看来，元朝焉能与被殖民的中国相互等同？汪荣祖似乎很赞同被他误读的吕思勉以元朝为中国的断制。然而这不就变成了用与吕思勉原意相反的意见来曲为之解，然后又用被曲解的吕思勉反驳汪先生自己，反驳他自己关于清朝若非全盘继承汉家传统，即失去代表中国之资格的论调吗？同是两个非汉族的王朝，同样都在其国家体制中采纳了内亚政治文化资源，汪荣祖可以肯定元为中国，而对清则务欲排除其内亚属性而后快，否则便只好认其为"外来政权"。顾此失彼、自我唐突，何以一至于此乃耳！

第二，在"敬答"一文里，我们第一次又惊又喜地看到汪荣祖承认："大清帝国的疆域涵盖内亚，没有错，'清王朝代表了内亚和东亚相统一的最高阶段'，或'清的统治模式是内亚和东亚的统一'，也没有错。"尽管用的仍是"但书"口气，他毕竟已略带勉强地肯定："'新清史'的'内亚视角'固然有其价值！"可以说，这是他已经从原先所持的断然否定"清帝国实融两种不同的传统为一"的立场上悄悄后退，又是他的见解暗中向前走了一大步的重要宣示。但紧接着这个宣示，他却把话锋一转，将议论引到"中心在东亚还是在内亚"、中原是否因此"就成为内亚的附属"之问题上去了。现在我不准备在这里继续讨论这些问题。一因限于篇幅，二也因为提出帝国"中心"何在的问题本身须以承认清具有内亚属性为前提，所以它意味着我们之间有关新清史的争论所围绕的第二个问题已经有了答案。

汪先生勇于承认和修正自己错误的气量，让我深感敬佩！只是我心里未免还有点纳闷：他在业已改变了基本看法的同时，怎么还可以坚持对实际上已被自己接纳的观点展开不依不饶的抨击？

第三个核心问题，事关能否从殖民帝国和早期现代帝国的比较史学视角来分析清代中国的国家性质。

中国语境中的殖民主义，长期被界定为是属于资本主义国家，而且主要是西方资本主义列强（日本是其中几乎唯一的例外）的一种特性。中国在近代以来饱受西方和日本欺凌。所以用殖民主义概念来分析中国历史和中国历史上的国内制度，很容易被中国读者视为别有用心。但是殖民主义的历史在西方学术语境中可以一直追溯到遥远的古典时代。新清史采纳这一分析视角，不过是把西方全球史研究中已经十分流行的做法施用于中国史领域而已。像这样讨论殖民主义，并不意味着西方学术界至今仍试图否认殖民主义，包括近现代殖民主义乃至古代殖民主义体制的道德污点和伦理上的非正当性，更不意味着他们至今还对19世纪以后"新帝国主义"阶段的殖民主义持肯定态度。

关于殖民主义的这两种不同认识之间的差别主要在于，中国式理解主要强调以资本主义性质来观照殖民主义，西方学术界则在一个更长得多的历史时期中，根据殖民主义的表现形式将它划分成两大阶段，即15世纪之前的殖民主义和15世纪50年代之后的殖民主义。后一个阶段的显著特征，是"西方的海外帝国在从它们起源的15世纪中叶直到其最终解体的20世纪中后期这半个多千纪中，形塑了各大陆以及全世界各人群的历史"。它又可以被再分为两个主要阶段，而以1825年为时间上的分界线。西方殖民主义在这前一个时期内经历了一个由扩张（1415—1775）到收缩（1775—1825）的过程。其扩张主要专注于大西洋海域沿岸。在东方（包括东非、阿拉伯、印度、中国、香料群岛和日本），欧洲商人和传教士主要致力于将自己整合进印度洋和南中国海海域内那些更大、更富裕的经济体中间去。在本时期最后五十年的"收缩"期中，位于美洲的欧洲移民群体，分别在美国、前西班牙和前葡萄牙美洲发起反抗母国、建立独立民族国家的斗争。这些还不是"大西洋革命"的全部；美洲土著、土著与白人的混血后代，以及美洲黑人与白人的混血后代，也都投入了当日斗争。而在下一个主要阶段，尤其是在其中的1825年至1914年间，西方殖民主义进入了它瓜分世界最疯狂的"现代帝国主义"，或曰"新帝国主义"时期（参见《1450年之后西方殖民主义百科全书》，底特律，2007年第1版，序言页15

至16）。在这个时期，对利润、市场、原材料资源和资本输出地盘的占夺才成为殖民主义最核心的扩张动机。

在这样的叙事中，殖民主义在19世纪的重要变化很容易被与工业革命互相联系在一起。但也有经济历史学家指出，英国经济的发展实际上并不与工业革命同步，而所谓"乡绅派头的"资本主义（gentlemanly capitalism）在那个时期的经济发展中起了更重要、更持续和更独特的作用。因此，在他们看来，对帝国主义的阐释，还应当从对英国经济结构及其变迁的更严密研究开始。尽管如此，这种较新颖的看法同样把近现代英国殖民主义分为"旧殖民主义体系"（1688—1850年）和新帝国主义（1850—1945年，见P. J. Cain & A. G. Hopkins，《乡绅派头的殖民主义与英国海外扩张Ⅱ新帝国主义时期，1850—1945年》，《经济史评论》40·1，1987，2；又按：当代国际关系中的"新帝国主义"与本文无涉）两个阶段。这与前文介绍的分期别无二致。

现在我们看到，按照西方学术界的理解，现代殖民主义的起源固然可以追溯到15世纪，但它的资本主义性质被决定性地凸显出来，则要晚至大约19世纪中叶。因此也就有可能将在此之前的西欧殖民主义与其同时代其他形式的殖民主义进行比较。如果有人从根本上反对做这样的比较，那也可以从学理上把为什么这样的比较不可行的见解充分地表达出来，好让我们这些需要了解有关事实，又没有能力靠自己把它们一一摸索和梳理清楚的人，可以在两种或几种不同意见中进行比较，择善而从。可惜我现在还没有看见用讲道理的方式平实有力地展开另一种看法的著述。

相对于现代帝国主义或新帝国主义阶段，在此之前早已出现的殖民帝国于是就可以被称为"早期现代帝国"。在很大程度上，它指的就是从大约15世纪之后到现代帝国主义阶段来临之前的那些旧式殖民帝国。正是在这样的认知结构中，后半期的明帝国和晚至18世纪末的清帝国，与俄国以及奥斯曼土耳其帝国、莫卧尔王朝、哈布斯堡王朝，乃至西欧的若干殖民帝国等都被列在一起，被纳入比较研究的学术视野。这与"加州学派"主张以英国为先行者的西方国家自1800年起才与世界其他地区发生历史轨迹"大分叉"的见解，似具有某种内在的逻辑关联。事实上，恰恰是被中国"实证"史学派极其崇奉的傅礼初，成为新清史所持"早期现代帝国"论最直接的学术导师。傅礼初曾力图揭示出，在1500至1800年的欧亚旧大陆各国社会中，可以观察到七个方面的"平行现象"（parallels）。他据此推测，或许有某种"横向的连续性"存在于一部"整合的历史"之中（J. F. Fletcher，《整合的历史：平行现象与相互关联性》，载《中国与伊斯兰内亚研究》，汉普郡，Aldershot：Variorum，1995）。无论像这样置清朝于"整合的历史"框架中去加以考察是否合理，它都不是一种有意针对中国而安排的设计。

"敬答"一文在这方面对我的质问，主要集中在能否从"早期现代帝国"的角度将清朝与俄罗斯相提并论的问题上。汪文的意见大体有以下两点：俄罗斯早已属于资本主义列强，故与清代中国不可同为旧式帝国；俄罗斯扩张的主要目的"仍是资源，特别是皮毛、贵金属"，而清代扩张则是"从帝国的安全"出发。因此两者"貌同心异也"；将它们互为比拟，乃"似是而实非也"。

汪文说："姚先生认为俄国'具近代资本主义性质'是19世纪以来的事，用他自己的话说，是相当'冒失'的，因为到19世纪，俄国与其他欧洲强权已从资本主义发展到所谓'新帝国主义'时期了。"那么汪荣祖根据什么才认为俄国早已是资本主义国家的呢？

据我所知，西方学术主流从没有把甚至晚到19世纪末叶的俄国看成资本主义国家，尽管他们认为它确实早就是一个奉行帝国主义政策的帝国。柯亨（Ariel Cohen）在他的《俄罗斯帝国主义：发展与危机》（康州，西港：普莱格尔出版坊，1996）里明确指出，"与西欧的各殖民帝国不同，利润、市场和原材料资源并不是〔俄国〕扩张的各种中心动机"；"俄罗斯未能成功地发展出西方式的由资本驱动的帝国主义"；它的"经济基础建立在一个贫瘠的农业部门之上〔，〕而它的工业化则以资本进口为基础，并且无力支持不断向前发展的帝国主义政策"（页 60 至 62）。Dominic Lieven 则说，在来自西欧列强的安全威胁下，俄国尽管在 17 世纪已开始持续但不平衡的现代化和西方化，在西方人的眼睛里，俄国只是一个专制的和集体主义的"非欧洲"帝国。在它历史上的大部分时间里，俄国专制政体从政治上和文化上一直被贵族出身的武士—土地所有者所支配。它的半贵族政体在 19 世纪才向官僚制国家转变，何况这个转变始终也没能完成。所以，罗曼诺夫王朝只在它最后的几十年中，才从王朝—贵族领主制转向一种具有俄罗斯民族主义情感诉求并反映俄罗斯利益和文化价值的政体，从而开始与当日成为它对手的欧洲其他帝国变得比较相似。俄国在穆斯林中亚的扩张使用了各种欧洲技术与组织方式，但私有经济乃至金融利益集团在创造大英帝国过程中所起的作用要远大于它们在俄国的表现（《作为帝制政体的俄罗斯帝国和苏联》，《比较历史研究》30·4，1995）。Svat Soucek 也认为，从殖民扩张的时间、方式和目的看，俄国对中亚的征服可以分为前后两个不同阶段。只是在 19 世纪 60 年代开始的第二阶段中，俄国才与同时代的那些欧洲对手变得比较相像（《中亚史》，剑桥大学出版社，2000 年，页 195）。可见俄国从旧式殖民帝国转化为新帝国主义国家，只能是在 19 世纪中叶。

中国有关世界史的标准叙事，亦不认为直到 19 世纪末的俄国是一个资本主义国家。2010 年版《辞海》的"俄罗斯联邦"条目称，"19 世纪末俄国成为军事封建帝国主义国家"。这段话在同书 1999 年版的文字里原作："19 世纪末俄国进入帝国主义阶段"。如此改动的缘由，只能是因为按照列宁有关帝国主义是"资本主义最高阶段"的定义，《辞海》原先的写法很容易被读者误解为 19 世纪末之前的俄国已经是一个相当发达的资本主义国家。为了避免这种误解，所以才需要把"帝国主义阶段"改为"帝国主义国家"，并且再在它前面加上一个"军事封建"的限制词，以强调此处的"帝国主义"，不是作为资本主义最高发展阶段的帝国主义。虽然这个说法与列宁关于帝国主义的界定在性质上是矛盾的，但它至少可以在讨论俄国史的特定场合中让读者明确了解，还不能说这时候的俄国已是一个资本主义国家了。相比之下，西方学术界的分析框架，反倒避免了在是否可以将19世纪下半叶的俄国纳入帝国主义范围的问题上所存在的逻辑上的扞格之处。

我不知道汪荣祖是不是一个社会发展五阶段论的追随者。但他坚持俄国早已具备资本主义国家的性质，看来只能是从列宁的理论中机械地推理出来的。因为既然到19世纪，俄国已经是一个帝国主义国家，即已进入资本主义的最高发展阶段，那么它在此之前早就应当进入资本主义阶段了。如果事情不如我的主观估测，那么他如此说的依据到底又在什么地方呢？愿汪先生由以教我。他讽刺我说：我以为俄国在19世纪前还不是资本主义国家，"用他自己的话说，是相当'冒失'的"。实际上这段话更适宜于用来讽刺他本人。

至于问到扩张的基本性质是否会随着不同的扩张动机而改变，这已经非常接近所谓"义利"之辨了。强者总是可以挟施暴的优势宣称其动机是"善良"的，而遭受扩张之害的一方则永远不会同意说，那是一种动机善良的扩张。究竟应该由谁来判定动机的或善或恶呢？汪荣祖既然坚持"殖民的性质必须厘清"，就需要回答出于"纯粹防御"的扩张是否就变成了正当扩张的问题。他自己不做正面回答，却代替"美国人"给出一种态度。然后他说"美国人应当理解，但濮德培并不理解"。好像濮德培不是"美国人"，而他自己却变成了"美国人"！


我想写一篇评论中国大陆学术界针对新清史的一系列见解的文章，已有很久了。《清帝国性质的再商榷：回应新清史》一书虽然是台湾召开的一次研讨会上的论文集，而且又是在台湾出版的，但本书的许多论述，却很集中地反映出在大陆知识界及非专业读者群内相当流行的一些观点。因此我选择从这本书切入自己的讨论。新都宝光寺那副著名对联的下句说："世间人法无定法，而后知非法法也"。从没有人规定过，书评一定要遵循这样那样的固定训条去写才算合格。事实上，当时我既无意于专门"针对"汪荣祖，心里更不存在敢不敢"明言"的问题。学术讨论本来就应当对事不对人，只论其文而勿论其人。没想到汪先生为此竟会发那么大的火气。现在我仍然愿意相信，他其实并不想对我深文周纳、巧言罗织，至多不过是情急于衷、严词争胜而已。他说他"在台湾出这本书，未必'政治正确'"。我也相信此言绝无邀功之意。可是他真的不应该不知道，"代言""两国论"之类的责言，是可以变成对一个人的入罪指控的。我无须自作多情去为人代言，也没有任何人需要我的辩护。我只是不懂，明明可以从新清史那里有所获益，我们为什么就是不能通过平心静气的学术商讨略芜取精，以为我用？

汪荣祖谆谆以"要读懂"告谕别人。但他自己粗枝大叶，不少地方都弄错了我的原意，还要反过来指责我。以下举其大者作一点回答。因为学术批评若想将认识层层向前推进，就必须对别人提出的问题做出正面回答，不然就会把论辩变成一场不断重复自己意见的"聋子对话"，把学术讨论变成一场个人意气之间的缠斗。为自律起见，此文刊发以后，若无重大的认识上的改变，我今后不准备在这个问题上再写文章，重复申述已经表达过的见解。

我言及的对于何炳棣"提出了委婉而完全正确的批评"的人，并不是罗友枝，而是《清帝国性质的再商榷：回应新清史》一书所收论文"的作者之一。值得注意的是，该论文的批评，不仅针对何炳棣，其实也在委婉地与汪主编保持距离。细心检阅这本书便不难发现，在八名作者里，真正与汪荣祖同气相求的，不过两三人。汪荣祖每以"我们"自称。"究竟谁才是'我们'？"文化人类学中的这一设问确实可以显示出对厘清思想的强大效力。汪先生执于一偏的基本立场，在他自己主编的书里也没有获得多少人支持。

辽宋之战、三国争雄，既是发生在今日中国版图之内的中国历史上的国内战争，又是当日人们的心目中发生在"天下"的国际战争。我对这个认识没有什么疑惑。有点疑惑的是，汪荣祖写下这段话，到底是想说明什么？

他又问，我说"评论中的学术取向越强，批评就越显得心有余而力不足"，是否即认为我的"老友'心有余而力不足'？"此言原来不针对任何具体个人。但只要真正从实事求是的学术立场出发，对新清史的批评就难以收取一举而克之的全功。甘德星兄的论文揭示出康熙时已用满文"中国"作为国家称谓，这当然非常重要。不过似亦不必过分夸大此一发现的意义。我在上次的评论里已经提到过，元代蒙古语里可能不存在一个体现"中国"概念的词汇，但这并不妨碍我们认定元朝即中国。甘文在第一页上便连用两个"谬误"，对新清史不屑一顾的蔑视之情跃然纸上。我向来尊重老友的见识，等他将来把大文写出来以后，我一定会认真拜读、学习，若有疑问，也会向他竭诚请教。我不大懂，汪荣祖在这里拉出我的老友来，又是什么意思？

民族语文及域外语文资料对中国历史与文化研究的重要性，可以说到今日刚刚受到大陆史学界的应有重视。长期以来，对民族及域外语文的历史语文学与历史文献学研究虽然大体时断时续地延展至今，但对于如何将它与历史、文化研究更紧密有机地结合在一起的问题，一直没有很好地解决。这尤其反映在从事相关民族史的一流学者们常常不能兼具民族与域外语文学训练这一事实中。我绝无研究清史一定要看得懂满文的意思。无人想要质疑掌握汉文清史史料的高度重要性。但是至今为止，中国大陆清史研究的知名前沿学者几乎无人具备从浩若烟海的满文资料中提取信息的能力（直到最近几年，懂满文的少数更年轻的学者才开始崭露头角）。这究竟是不是一个值得我们重视的问题？几年前，我曾在《清华元史》的"发刊词"里写道："日本学者羽田亨在1917年就提出了被后人概括为'当地语文之史料第一主义'（现地语史料第一主义，gentigo shiryō daiiti shugi）的见解。从那时起，日本的内陆亚洲史研究花了五六十年时间，到20世纪60年代末才基本实现上述主张。就整体而言，中国学术界要完全解决这个问题尚待时日。"汪荣祖对历史文献学（也包含历史语文学）与历史学研究这两个领域之间的区分不很在意，这确实情有可原。在欧美学术界，两个领域似乎已逐渐合二为一。纯粹以历史语文学作为课题的博士学位论文已经很难获得通过，毕业后要在好的研究型大学里求得一职则更难。不过这并不意味着西方学术界对历史语文学训练的忽略与否定。满学在美国本无基础。新清史提出研究者要直接掌握满文阅读和满语资料使用的能力，也可以看作针对清史研究的弱点，力图在过去成绩的基础上将美国清史研究再向前推进一步的正确主张。关于这个问题，汪文也正确地指出："充分利用满文、蒙文、藏文等史料，求之不得。"可我还是不清楚，整个那一段话想要表达的，到底是什么意思。

把"我认识她""我所知的内情""与他有一夕之谈"之类的琐闻逸事引入学术批评，经常会导致学术讨论的八卦化。多谢汪先生指教，我才知道柯娇燕已不使用她的汉语姓名。那我们就名从主人，改称她为"克劳斯蕬"好了。她是一个"西洋人"，愿意使用什么样的名字来称呼自己，那是她的自由，旁人无权说三道四。对先师韩儒林的那段话，汪荣祖也是先捧后抑。紧接着两个"谁会说不是"，他真想说的话却是："真正的问题是，我们老是觉得远来的和尚会念经，连研究自己的历史与文化也不如人。"韩师之言所针对的，恰是历史研究中自筑营堑、关门称大王的封闭意识，以为既然研究的是本国的历史文化，即可以旁若无人。两种心胸，孰宽孰狭，自不待他人多言。像这样轻诬前贤，已非偶一为之。《陈寅恪评传》称，传主的西文程度"或亦不足为通解彼邦学术巨著之锁匙"。那么证据呢？证据居然是陈寅恪"自谓除本国文字外，余皆不能动笔作文"。因其自陈"不能动笔作文",而推论他其实看不懂"彼邦学术巨著",故又于"发明史学之理论"贡献殊微。我真的变糊涂了:像这样一番糊涂话,内中还能说存在讲得通的逻辑吗?

汪文在临近结尾处的某些段落,实在让人很难读懂。他谴责我"祭出'政治正确'的帽子",意思好像是说,我与"'新清史'诸君"同样,都在评述针对新清史的过当议论时"逾越了学术讨论的分际"。也就是说,是我以及其他人在把学术问题当作政治问题对待。但是作者紧接着就在同一段落之中大谈20世纪20年代日本的"满蒙非中国"之说,大谈现代的"所谓'疆独''藏独''台独',都已是当前必须面对的政治现实",大谈"当下美国的'亚洲再平衡战略'"。这么说来,"祭出'政治正确'的帽子"的,究竟是我,还是汪荣祖自己?他一面说:"我不相信他们有任何政治意图,美国学者对政治的影响也极为有限"。可是既然如此,新清史与汪荣祖所枚举的那些当年和当下的敌情之间又有什么关系呢?他回答说,"这些所谓理论足以为具有政治目的者张目"。既然如此,我说钊对新清史的批评往往含有指责其"政治不正确"的强烈意味,这么说到底错了没有呢?

汪荣祖似乎很熟悉"为某某代言""为某某张目"云云的思维方式。他既已否认"'新清史'诸君"本身"有任何政治意图",则其理论若为"具有政治目的者"用以"张目",那么该批判的就是"具有政治目的者",棒子就不能再打到新清史头上去。正如被大多数中国人接受的达尔文"生物进化论"被歪曲地用来为社会达尔文主义伪理论"张目",那责任不应由达尔文来担负是一样道理。我从未谈及过"不少西方政客"有无不良政治意图的问题。我相信至少他们中间有些人可能有这样的不良政治意图。但是,这与我们正在讨论的"'新清史'诸君",到底又有什么关系?

学术的政治化不是什么好事情。我的意思不是说学术可能脱离政治,或者学术之争不会反映和带有不同政治观点、政治立场之间的争论。可是即便如此，把这样的争论看作"学术领域内的一场政治斗争"、一场严重的阶级斗争，甚至发展为一种空言诋斥、辞气叫嚣的恶劣文风，就可能带来非常不好的后果，不但无益于一个社会的文化发展，而且对政治发展也很可能是十分有害的。学术问题只能在学术领域之内，通过学术争辩的方式来解决。过去有一句话，叫作把属于恺撒的还给恺撒，把属于上帝的还给上帝。如果宙斯与记忆女神所生的诸缪斯之一克利欧还在掌管历史，那么我们也许还应该再加上一句说：把属于克利欧的还给克利欧。

反映在针对新清史的批评声音里的汉族本位主义倾向，使我深感担忧。汪荣祖认为，所谓"厓山之后"是微不足道的"无聊之论"。实际情况并非如此。著名政治学家蒂里说过，一个多民族的大国在面对国内民族问题时，可能有三种选择。第一是在一国之内广泛推行文化的同质化，即通过文化控制、大众传媒、职位雇用、公共行政和移民等手段，将全体国民归并为同一人群。二是允许"被看起来是自成单元的这个或那个人群所控制的地域"不断地从现成国家中分裂出去。以上两种选择都致力于使族裔民族和国家的边界归于重叠。但是采取前一种选择所可能导致的"最黑暗的前景"，乃是把全体国民变成"对内绝对顺从、对外则富有侵略性的民族主义者"。而第二种选择的前途，则是人们很难看得出这一不断分裂的过程"将焉于胡底"。所以，蒂里本人赞同的是第三种选择，这就是将保持各民族的文化独特性与建立国家的原则依据分离开来，在统一国家的政治框架下维持各民族文化的共同繁荣。中国的未来，绝不应当是走向汉文化的一统天下，而只能以走向各民族的多元文化交相辉映，"各美其美、美美与共"为愿景。这一层意思，与围绕新清史的争论，并不是没有关系的。汪先生幸勿以"借题发挥"责我。

（原载《东方早报》2015 年 5 月 31 日"上海书评"）

# 关于"现地语史料第一主义"：
## 意义与文献处理技术

1917 年，后来写出那本被荣新江教授称赞为"伟大的小书"，即《西域文明史概论》的日本历史学家羽田亨，在他的演讲中指出："从来所谓东洋史（按：'东洋史'在此处是指中亚史或西域史的意思）的学问，除依据汉文记载来从事研究以外，似可说是别无他途的样子。"然而"在汉文史料里用精巧而缺少大眼界的方式所书写的这些记事，只是照亮局部的火把，还不是像足以映射出全部景象的日光那样的东西。换言之，那还是极其粗疏并存在很多谬误的材料"。他在介绍欧洲对新发现的中亚历史资料的研究状况后断言："对研究者来说，绝不可缺少的第一武器，就是语文学知识。若缺了这一样，要想如上述那样大规模地推进研究步伐，几乎是不可能的。"他的这一主张，被后人概括为"现地语史料第一主义"。在将近一百年之后再回顾这个看法，它的意义似乎变得更清楚了。

## 一 现地语史料、民族史研究中的主位取径与民族认同

羽田亨对现地语史料的重视，恐怕主要还是因为，这样的史料可以提供被格式化写作的汉语史书所忽略未载的许多有关当地社会、文化和人群的珍贵历史信息。而我以为，20 世纪 70 年代在族群研究领域内兴起的有关"主位"取径和"客位"取径的讨论中，它的意义实际上还获得了进一步彰显。

所谓主位与客位是起源于语言人类学的一对相应观念。两个希腊语词根分别被用来指称在族群研究、心理学、精神病学、社会学、民俗学、教育学、城市学、健康与护理学等领域内的两种不同的研究取径。它们在1972年就已经进入牛津英语词典。与etic取径主张采用外在于被研究群体的所谓"文化中立"的或"客观的"理论框架及分析范畴，去描述对象的行为和观念，因而经常倾向于将这些行为和观念与经济、生态等条件相联系不同，emic取径注重于描述现地人群如何去观想外部世界并将它范畴化，他们如何约定自身的行为规则，这些规则对他们意味着什么，他们如何想象和解释世界与万物。尽管把后一种取径叫作"局内人"取径实际上也有不太准确的地方，因为被采取emic路径的观察家从作为研究对象的群体内部抽绎和揭示出来的知识以及对于这些知识的阐释，很可能只是以无意识或潜意识的状态存在于被研究的人群之中，但是"局外人"和"局内人"似乎还是对这两种不同研究取径的最好的、最通俗易懂的"小名"。因此它成为1990年出版的一本著名论文集（*EMICS And ETICS: The Insider/Outsider Debate*, edited by Thomas Headlund, Kenneth Pike, and Marvin Harris, Beverly Hills, Calif.: Sage Press, 1990）的副标题。本书中参加讨论的多数学者都不把自己看作排他性地站立在etic或emic两者当中的任何一个阵营里，但这一区分已经属于今日人类学最重要的基本概念之一。

比主位／客位观念的形成稍晚，以"想象的共同体"以及"是民族主义创造了民族，而不是相反"的论断为标识的关于民族认同的分析，成为又一波学术热潮。这实际上就是采用局内人取径去处理一个叫作民族或族群的人们共同体如何形成有关"我们是谁"的集体身份意识的问题。

对族裔群体的集体身份意识如何形成的划时代研究，理应追溯到李奇发表于1954年的关于上缅甸克钦人的著作。正如C. Keyes指出过的，本书有力地证明，民族或族群并不是"生而固有的""宛若存在于自然界中的实体"，不是"大自然赋予的一项事实"。政治上、经济上聚合为一个共同体的人群，未必有共同文化和共同语言，但是其成员可能会感到他们彼此共享同一世系、同一历史和同一文化。至于外来观察者是否同意该群体自身的这一内在感觉，对后者来说无关紧要。直到二十多年以后，李奇的这些超前见解才开始被越来越多的人所理解。于是，关于共同集体身份意识的主位叙事作为界定族群的一个新尺度就这样被建立起来。这又迫使我们不得不回过头来反思脱胎于斯大林主义的民族定义。《辞海》关于民族的定义包含语言、地域、经济生活、文化、心理素质五项共同。在俄语文本里，主词就是五个"共同性"（общности）。

但这个定义存在很大的问题。五个"共同"具备齐全的民族并不普遍。意大利建国时，只有 2.5% 的国民在日常生活中使用意大利语。回族从一开始就没有共同地域，也没有共同经济，而他们的共同语言则是属于汉语的不止一种方言。更有问题的是第五个共同：没有人能讲清楚所谓"心理素质的共同性"（общности психического склада）究竟是什么东西。在英译文本里，它也被翻译为"心理结构的共同性"，但是"心理结构"与"心理素质"一样，还是一个不容易让人弄明白的词。

如果说斯大林还有某种摸对路的预感，那就是他在"心理结构的共同性"这个概念中毕竟还为民族的主体意识表达留出了一点点模糊的空间。但他枚举的那些要素并不处在同一分类层次上。若从"想象共同体"的角度加以思考，那么这些要素之间的关系应该如下：

A（共同的语言、地域、经济生活、历史记忆……）

　→ B（具有草根基础的共同的集体身份意识）

　　→ C（经精英有意提炼而形成的共同血统观念）

从 A 会产生 B，然后会有人从事人为的加工提炼，于是从 B 中就会产生 C，民族或族群的集体身份意识就是这样形成的。

这里有几点需要加以简单说明。

第一，在 A 的单子上还可以继续加入一些项目，例如共同的宗教信仰、社会生活习俗等等。但从 A 到 B 的观念形成并不需要以具备被 A 层面列入的全部共同性作为基础。或许有其中的两项甚至单独一项共同性就足够了。当然一个大型人们共同体也不可能完全从虚无中产生出来。

第二，如果说从 A 到 B 的过程是一个自发地产生某种带有原基性质的草根意识的过程，那么这种草根意识还是模糊的、片段的、局部的、零碎不全的，从中不会自发形成明确的集体身份意识。后者需要有该人群内的精英或准精英通过有意识的构建才会成型。这种构建，是对原初存在于朦胧状态中的集体经验进行选择、提升、放大、"发明"，而它们的反面，则是对另一部分集体经验的沙汰、主动失忆、掩盖和修正。

第三，提升的关键，在于使雏形中的共同集体身份意识以"共同血统观念"的形式呈现出来。这是族裔认同之不同于对其他形式的共同体的集体身份认同的关键所在。这样的共同血统当然是"想象"的。但是既然大家都认可这样的"想象"，它也就变成了一项"社会事实"。

第四，引入这一较新的认识，绝不意味着对过去民族史研究方法和有关知识积累的否定或颠覆，而只是对过去未曾被关注到的一些层面的补充。原有的方法和知识积累，非但不是不需要了，而且还必须更充分地加以利用。二者之间的共同性，明显表现在它们同样地重视对族名的历史连续性所做的追溯方面。不同的地方则在于，传统方法简单地把族名延续与演变的线索，当作某个特定人群血脉传承的基本依据。对他们来说，抓住了族名的线索，也就抓住了该族体在历史上延续的线索。他们从中看到的，是一个固定不变的人群在真正生物学意义上的世代延续。这样的思考路径，很容易把一个经历了数十、上百年的时间才建构起来的"事实"，倒追到这个过程的开端去。新近的人类学和民族社会学也把族名的延续与演变作为重要的分析线索，但他们力图从中去发现的，是人们如何通过延续一个符号来构建某种想象中的族体延续性的。也就是说，新方法更倾向于将族名的延续看作人们利用历史留下的资源来构建"想象共同体"的逻辑轨迹或心路历程。

第五，这里应当顺便提一下，主位取径与新近二十多年发展起来的以基因作为主要研究材料的分子生物学／分子人类学对人群起源、分化与融合历程的分析是否互相矛盾的问题。这门新学科的发展，已在相当大程度上改变了我们对人类起源的以往认识。直到20世纪80年代的体质人类学，还按有关人类起源的单线进化的解释框架，把人作为唯一的物种单独安放在"人科"中。以下是"猩猩科"，包括三个种别。可是在今天，人类被认为与两种猩猩一同位于"人亚科"之中，并且与上述三类猩猩共同属于"人科"。现代人不再被认为是两百万年前走出非洲的直立人的直系后裔。直立人的祖先在走出非洲之前就已经和我们的直系祖先分开了。我们是大约十到七万年前走出非洲的现代智人的直系后代。根据现在的知识，还有另外两种人与我们同属现代智人。这就是所谓"现代智人三分法"。走出非洲的现代智人在全世界形成六大遗传主成分。其中一种后来又返回非洲；加上留在非洲大陆的我们共同祖先的后代，现代人类可分为八个大的人群，当然他们之间从一开始直到现在，都在发生基因交流和人群间的混合。在Y染色体内的八大类遗传主成分在全球的流动过程中，所谓"早亚洲人"和"晚亚洲人"中的几支先后从西南或南方进入今日中国境内，时间大约在四万到三万年之间。他们是几乎全部现代中国人的祖先。那么，分子生物学是否为我们划分民族或族群提供了一种"科学"的工具？很不幸，这种认识是对分子生物学的最大误解。后者总是以对于不同人群的既有划分为其出发点，对他们各自的遗传结构进行检测，通过追溯不同人群间的基因交流来认定他们之间有无，或有何种程度的遗传混合关系。分子生物学从未试图根据遗传特征来界定和划分民族或族群。

　　已经用不着再多说，面对民族史研究的主位取径以及对于族群认同问题的新认识，现地语史料的重要性只会变得越来越突出。因为大量的主位叙事，以及与主位叙事密切相关的其他种种历史信息，事实上是蕴藏在现地语史料之中。在羽田亨提出他的主张约半个世纪之后，日本学术界已经可以说全面掌握了释读与中亚/西域史相关的各种非母语现地语文献的基本能力，虽然这支学术队伍的人数非常少。在美国，被我们标识为"新清史"的一部分学者提出满语文献的重要性问题，从此种角度似乎也可以看成他们对美国差不多没有满学的忧虑与不甘。但是正如我以下将要谈到的，这种情况目前已经有了一些变化。那么中国呢？作为一个大国，中国不仅应该推动以各种民族语言为母语的少数民族学者从民族语文和文献研究的领域大踏步地跨入历史学科，并由此进入历史学的主流空间，而且应该拥有一大批第一流的能流利地使用非母语的民族语文及西域语文（如波斯、阿拉伯语等）史料来从事高水平历史研究的人才。如果我们要让别人更看得起中国学术，那么我们就应当尽快做到这一点。

## 二　现地语叙事的重要性：两个例证

　　两个例证分别是：谁是"满洲人"和谁是"维吾尔人"？

　　满洲的名称出于皇太极的创制，我们的历史教科书一直这样说。但是这里有一个很大的漏洞。我们知道，明清之际的女真语各部都有各自的专名，如哈达、叶赫、辉发、乌拉、瑚尔喀等。那么被明人和当日朝鲜人称为"建州女真"的这个部落，它自己的专名究竟叫什么呢？事实上，不仅"建州"是外来的名号，就连"女真"也不是一个"现地语"本有的名称。具有久远的历史书写传统的明和朝鲜两方面，自然很容易将其界外的"建州""海西"等部看作金元女真人的后裔。人们由此很容易不言而喻地以为，被我们视为"明代女真"的社会之中也一定普遍地保留着对金元女真的集体记忆，而且以此进行自我历史定位。可是我们忘记了，对完全没有书面语传承的历史资源的"明代女真"人来说，有关金元女真的往事故迹并不是属于这个社会内部的知识体系所自然具有的；金女真的光荣与辉煌从一开始就没有进入过他们的历史记忆。满文资料把"女真"的名称写作 jioji，显然只是对汉语"女直"名称之音译。他们的自称是 Chusen，明代字典里音译为"朱先"，意译"女直"。努尔哈赤势力坐大后，方才从明朝和朝鲜那里获得关于金元女真人的历史知识。为了在东北亚国际关系中增强自己一方的威望和政治地位，他在建国时以"金"作为国号，这样就把自己政权的政治合法性一直上溯到统治过中国的金王朝。

不过这也带来一个问题。历史上北方民族建国后，往往以自己部落的名号作为国号，如突厥、契丹、蒙古都是如此。努尔哈赤没有选择以部名为国名的策略，使得被外称为"建州女真"的努尔哈赤所部的专名被稍后那段历史忽略了。历史学家们曾普遍以为，"满文老档"和以它为基本依据的《满洲实录》，把皇太极时才"发明"的"满洲"名称一直倒追到努尔哈赤的时代去了。但是，20世纪60年代末，台北故宫博物院藏"旧满洲档"，即"满文老档"所依据的原始档案，其中相当大部分是用皇太极改革之前的无圈点老满文书写的，开始引起人们的注意。参与整理这批资料的神田信夫发现，"满洲"名称早已出现在这批早于皇太极时代的文书中。它就是被外人称为"建州女真"的那个部落的本名。1972年他就这个题目写的论文发表；1993年此文被译为中文在中国出版。此后十多年里，中国学者仍按着老调子照样讲述关于"满洲"的故事，对神田的讨论既不辩驳，也不引证，貌似庄敬自重，就好像什么也没有发生过！

我们也许可以说，如果努尔哈赤接续金王朝统绪的政治与文化策略一直被继承下去，那么17和18世纪的中国所见证的，很可能就不再是满洲民族的诞生，而是那个古老的女真族的复兴了。但是征服东蒙古林丹汗的皇太极不愿意再把自己看作见灭于蒙古的女真后人，因此终止了努尔哈赤的既定方针。他将国号从"金"改为"大清"，那完全是一个汉语名称的满文音译。清政权后来又沿用"中国"的满文译名 Tulimbai Goron 作为本朝自称。而蒙古语里的中国名称 Dumtadu Ulus，即应转译自满文。

下一个例证有关维吾尔族群认同的历史变迁问题。9世纪40年代，立国漠北草原的回鹘汗国瓦解，大批回鹘人从蒙古草原迁居到在此前已经被他们征服的库车、吐鲁番及河西走廊的诸多绿洲。迁到高昌等地的回鹘人，逐渐从漠北时期信奉摩尼教改宗流行于其新居地的佛教或基督教东方教会，即聂斯脱利教。高昌回鹘国的地理范围，局限于新疆东部。在它以西，分别是于阗王国以及由葛逻禄部建立的喀喇汗国。后者是今日已知第一个立伊斯兰教为国教的突厥人国家。10世纪末、11世纪初，喀喇汗国先后征服喀什噶尔与于阗。于是我们看到，前后相差一百五十多年，从塔里木盆地的东端和西端相继开始的突厥化过程，全方位地改变了那里原有的印欧语人群的社会及其文化面貌。于阗（于阗文：Hvatana/佉卢字铭文：Yuti）和库车（Kuśi）的名称分别改变为"斡端"（Udun/Qotan，亦作"忽炭"）和"曲先"（Küsen），就是印欧语地名突厥化的生动例证。

15世纪之后，今新疆大致形成三个突厥文化区。北疆受突厥化的东察合台汗国留下的历史记忆影响，故被称为"莫卧勒斯坦"（Moghulstan，即蒙古地面）；南疆西半部称"额蒂·沙尔"（Elti-shahr，译言"六城"），是突厥—伊斯兰化的绿洲农业区；它东面的吐鲁番和哈密盆地虽然也在信仰伊斯兰教的突厥化蒙古人统治之下，当地人口却已然演变成入居该地后大面积改宗佛教的回鹘人群，故长期保有"畏兀儿斯坦"（Uyghulstan，即回鹘地面）之称。

随着伊斯兰教从南疆西部不断向东传播，"畏兀儿斯坦"的佛教徒越来越多地改变原有信仰，成为穆斯林。南疆东部伊斯兰化的结果，导致被穆斯林视为"异教徒"之同义词的"畏兀儿人"最终消融在向东扩张的"突厥人"（Turki）之中。"畏兀儿人"的名称出现在当地留下的文献里，最晚到17世纪上半叶为止。此后这个名称在新疆消失。又过一百多年，近代东方学再度将当日西域居民与历史上的"回鹘"人群及其语言和文化联系在一起。这一学术上的发现与17世纪初发生在俄罗斯的新疆移民人群中间，以及从那里又东传到新疆当地的民族主义运动结合在一起，推动了现代维吾尔族的形成。现在被包括在这个民族里的，不仅是古代"畏兀儿斯坦"居民的后裔们，还有"额蒂·沙尔"的古代穆斯林后裔（在"维吾尔"之称复兴时，这两者已拥有一个共同名称，即"喀什噶里"；而它们之间的差异则已经被绝大多数当事者们遗忘了），以及被西蒙古和清王朝从南疆迁往伊犁地区的"塔兰奇"人（Taranchi，译言"耕田者"）。

根据过去的研究，1921年在塔什干召开的"准噶尔与额蒂·沙尔劳工大会"用"维吾尔"作为"塔兰奇""喀什噶里"人和东干人（迁入新疆和俄罗斯的回族人后裔）的共同称呼，以及盛世才于20世纪30年代将维吾尔族列为新疆十四个民族之一，是在政治上"重新发现"回鹘/畏兀儿/维吾尔的两大标志性事件。但最近几年以来对维吾尔"现代起源"问题的进一步认识，大致体现在以下三个方面。首先，上述"标志性事件"绝不意味着维吾尔人群恢复对过去的集体记忆，是消极地拜赐于自上而下的苏联式民族政策"任意选择了一个业已死亡或正在死去的中世纪称谓"来命名一个中亚人群的结果。事实上有一种"存在于'将成为'维吾尔人的人群之中的前民族认同"，成为现代维吾尔认同之所以可能形成的深厚历史根基。其次，基于前述认识，一个处于被支配地位的地域性人群在创建或重新产生其现代认同过程中的主观能动作用便油然显现出来。在18世纪以来的两百余年里，通过对穆斯林圣徒传的撰写、反复大量的文本传抄和口头诵读，以及与之相关联的在全南疆范围内的圣墓朝拜活动，南疆绿洲人在缺乏一个可以用来排他性地指称其整个人群之共同名称的情况下，已经采用被他们区别为"他者"的各种外部文化因素构建起一道关于自己是谁的边界。尽管有关圣徒传、朝圣和民族主义的任何一种个别表现都非南疆所独有，但是对所有这些共有成分的特定组合方式依然足以体现出南疆绿洲社会的共同特点。正是它成为构建同质性区域认同的草根基础。最后但同样重要的是，与一般印象相反，苏联对20世纪20年代现代维吾尔认同的官方支持之"显著缺乏"表明：尽管"如果没有发生在苏维埃突厥斯坦的那些更广阔的变迁，一小群边缘的知识人很难有机会将他们对维吾尔民族的愿景投射到一个如此大规模的受众之中"，但是真正推动着这一认同形成的，其实是移居苏联的新疆绿洲人群中的共产党员们。

以上转述的，是在发掘大量波斯语、维吾尔语和俄语文献基础上获得的关于维吾尔认同形成的新认识，形成于比美国"新清史"学者更年轻一辈的学人们手里。这些成果，旨在把"重新发明"维吾尔族身份的贡献归还给维吾尔人群自身。"新清史"强调的要重视现地语文献的主张，在他们的学生和受他们影响的年轻一代学者的努力之中，正在逐步实现。

三 处理现地语史料的技术性问题

面对汗牛充栋的满文、蒙文和藏文档册文献，现在大概不会再有人坚持研究中国尤其是明清中国的历史文化，可以仅凭汉文史料来进行。而处理现地语史料的能力，首先就是读懂那门或那些语文的能力。我现在要通过若干比较有趣的例子，谈谈不同现地语史料之间的对读技术问题。

先还是回到皇太极把本人群与女真，以及被努尔哈赤与女真紧紧捆绑在一起的当日"女真"人的自称"诸申"完全切割开来的故事。他宣布：自己的人群从来不叫"诸申"（因而也就与女真无关，因为这两个名称已经被努尔哈赤联系在一起了）。那么谁才是"诸申"呢？他回答说："诸申之谓者，乃席北超墨尔根之族人也。"这里的"席北"指锡伯人。他说诸申是锡伯族一个名叫"超"的善射者的后代，究竟又是什么意思呢？冈田英弘在二十年前揭示出，所谓"超墨尔根"是明代流行于蒙古各部传说中极其著名的人物，即成吉思汗九个猛将（Yisün Örlüg）之一的"主儿赤歹楚墨尔根"（Jürchidei Chuu Mergen）。"主儿赤"是蒙古语里对女真的称呼。女真人楚怎么会变成皇太极嘴里的锡伯人超呢？锡伯人曾经附属于蒙古科尔沁部；应当是后者先把与他们关系密切的说通古斯语的锡伯部归类为女真人楚的后代。皇太极的五个正后妃里有三个，包括后来顺治帝的母亲孝庄皇后在内，都出于蒙古科尔沁部。皇太极指锡伯为超墨尔根后代，即源出于流行在科尔沁蒙古人中的观念。这样我们就看得很清楚了：皇太极废止"诸申"之名而将所属人群全部改称为满洲，就是因为诸申已被等同于女真，而皇太极恰恰想把自己与女真区分开来，因此需要辨明自己既不是诸申，也不是席北。

这个例子的复杂性，表现在不同现地语之间的流动或交流关系中。因此梳理这一类史料时需要有对读的技能。古人关于印度的名称说："捐毒即身毒、天竺也。本皆一名，语有轻重耳。"这个说法也对也不对。汉文资料里有两套关于印度的地名，分别属于伊朗语系统里Henduka/Hendu的汉字音写，如捐毒、悬度、天竺、痕都、印度等，以及印度语系统中Sindhavah/Sindha的读音，如身毒、新头、辛头、信图。捐毒之"捐"与悬度之"悬"两字之声母分别为喻四等（j-，发声相当于汉语拼音系统里的半元音y-）和"匣"母（γ-），音与h-很接近；天竺之"天"可读hen，古人早已有记录；"竺"读若duok，犹如"茶"字在闽方言里读tei。所以认为"捐毒"应读作"身毒"，其实是不对的。两套地名里最纯正的"现地语"，应该是后一套。可是最喜欢把与梵语不同的读法统统叫作"讹音"的玄奘，在这里却有点糊涂了，竟然认为前一组地名里的"印度"才是"正音"。

关于"吐蕃"之名的读音可以说明另一种复杂性。欧亚许多语言对西藏的称呼都与英语 Tibet 的读音相似。所以大多数学者认为"吐蕃"应当读为"吐播"。与 Tibet 读音相近的那组名称，全都直接或间接地来源于丝绸之路上的著名商业民族粟特人的语言。藏人自称 Bod，古代藏人把自己国家叫作"Bod chen-po"（the Great Bod，"大藏"），粟特语"伟大"读作 tu-，所以 Bod chen-po 翻译为粟特语就变成 Tu-bod。主张把"吐蕃"读成"吐播"的人，实际上是把"吐蕃"看成是对 Tu-bod 读音的记录。但这里存在很大的问题。一是可以找到的与吐蕃之"蕃"押韵的古代诗歌表明，直到清末为止的古人都把"蕃"字念作 fan，从没有把它念作"播"音的。胡三省把自己对《资治通鉴》的详细注解称为《音注资治通鉴》，可见他何等重视古字读音以及自己研究古字读音的成就。可是他在《资治通鉴》注文里从未对"吐蕃"之"蕃"注过音。这极有力地表明，在他看来这个字就应按其普通发音读作 fan，所以不需要特别加注。二是古人译音用字十分讲究，他们不会用一个元音结尾的"播"去记录有 –d 收声的 Bod 这个字。藏人的自称 Bod 与 Bon 可以相通；如"西藏之赞普"在古藏文里既写作 Bod-gi btsanpo，又可以写作 Bon-gi btsanpo。既然如此，the Great Bod 也就同样可以写作 the Great Bon，后者翻译为粟特文，就变成了 Tu-bon。汉文史料里的"吐蕃"，最可能就是从粟特语的 Tu-bon 翻译过来的。所以我的结论是，"吐蕃"之"蕃"，就应当读"蕃"字的本音，而不该读"播"。

我们已经涉及现地语词汇与古汉语记录间的关系这个重要问题。汉文不是拼音文字，因此汉字读音的变化，无法从它的书写形式上直接看出来。所以需要掌握汉语音韵的历史变化，才能避免用古音今读的错误方法去释读古汉语文献里记录的外来语词汇。现在拣其中特别需要注意的几点简单介绍一下。

12 或 13 世纪之前的汉语官话里，有分别以 –k、–t、–p 收声的入声字。突厥语称分封一方的藩王为 shad；汉语文献以设、杀、察等字记录其音，就因为这几个字都是以 –t 收声的入声字。前面说古人不会用"播"来记录 Bod 的语音，即因为"播"不是带 –t 的入声字。阿拉伯帝国在汉籍里记为"大食"，当然不是说阿拉伯人大吃大喝。它记录的是 Tājik 的读音，因为"食"正是带 –k 收声的。日本地名"涉谷"读音为 shibuya。"涉"的读音（shibu）正来源于带 –p 收声的唐音"涉"。

　　汉语官话里声母"日"（r–）的"儿化"发生在 12 或 13 世纪。在此之前，它的发音是 nj–，完全不卷舌。有人根据古人说"大月氏"的"月音肉"，就认为应该读"大肉支"。但古人说"月音肉"时，肉字还没有卷舌，故其声母与 nj– 相近。拿"日"母儿化后的读音去理解"月音肉"，收到的只能是欲益反损的效果。月氏就是月氏，根本不必把它念成"肉支"。几十年前在新疆发现过 9 世纪前叶一个叫"坎曼尔"的回鹘人手书的汉文白居易诗。大多数人感觉它是一件伪品，但却难以找到足够有力的否证。实际上，证据就藏在"坎曼尔"这个汉字人名里。它只能是从 Kāmil（译言"全美者"，今多译为"凯末尔"）这个阿拉伯 / 波斯人名翻译过来的。但那还远在汉语"日"母儿化的时代之前，所以当时的人是绝不会用"尔"字去记录 –l 的尾音的。

　　直到 3 世纪为止的上古汉语里还保留着复声母。汉人用"楼兰"来记录 Kroraina 的声音，因为"楼"字是以 kl– 开头的复声母字。《长林赋》提到一种来自西方的动物"角端"。从对其形状的描写，人们可以知道它是犀牛。可是犀牛为什么叫"角端"？就因为"角"字上古音的声母为 kl–，恰好可以用来记录波斯语里的犀牛一词（kerge-dān，کرگدان）。语音勘同最需要关注的，是辅音对音节开启或闭合的表达。二者五个辅音的排列次序完全相同：k–、r–/l–、g–/–k、d–/t–、–n。南方的"角落"、北方的"旮旯"，即源于这同一个复声母的单音节语词"角"。复声母分化为单声母以后，才需要用两个单音字去表现。

"角"字在单声母化过程中丢掉了声母 l-，于是又造了一个与"角"很相像的后起字"甪"，用来表 luk 的音。有人以为，司马相如原文里写的应该是"甪端"，那是本末倒置之说。

在推论上古汉语语音时，拿它与派生于同一原始共同语的藏文作比较是一项利器。汉语"甲"与藏文里译言"鱼鳞、盾甲"的 khrap 属于同源词。由此可以验证汉语"甲"的语音变化（klap〔上古音〕＞kjap〔中古音〕＞kja〔近古音〕＞jia〔近代音〕）。汉语"巷"、"衖"（上古音 γlͻng）与藏文译言 village、houses 的 grong 是同源词。在复声母 γl- 的分化过程中，"巷"字采取了 γ- 声母（γjͻng＞xiang），此外又借用一个读音为 nong 的"弄"字来记录 lͻng 的音（lͻng＞long），于是"弄"字始有"小巷、过道"的意思。


现在请允许我谈几句题外话来结束发言。历史学研究最怕的，就是把思考停顿在不上不下的中观层面。它往上走，必须上升到理论的宏观层面；向下走，必须坐落在细部考察与分析所必不可少的精密技术的基础上。宏观眼光和微观技巧总是相辅相成的；二者缺其一，不是掉落到隔空喊话的窠臼之中，就是一变而为琐细的饾饤之学。饾饤之学还能算是学问，隔空喊话就什么也不是了。经常听见有人说，退休后准备研究历史。但我们从来不会听人宣布，他退休后要研究天文学或者梵文文法。我想这与我们把历史的学问做得几乎没了学问也有非常密切的关系；所以大众才会深信，任何人在退休以后、痴呆之前都可以玩一玩历史。这样做既对不起我们前辈中那些伟大的历史学家，也会给我们的后辈树立一个很坏的榜样。为此，我们还需要不断地学习、再学习。

（此文为 2016 年 7 月在成都召开的"中国边疆研究与历史书写"研讨会上的主题发言稿，刊载于《学术月刊》2017 年 2 月号）

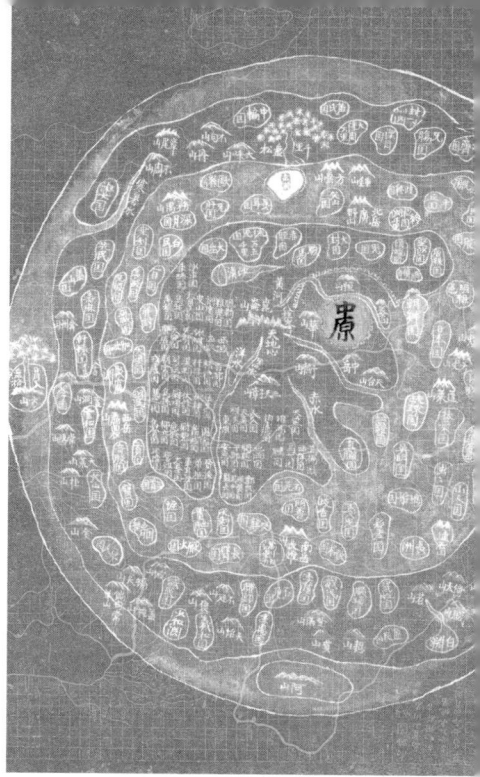

# 换一个视角看元朝

# 怎样看待蒙古帝国与元代中国的关系

随着中国读者对美国"新清史"研究的了解日多，有一个问题在他们中间引起了很广泛的关注，即清朝到底还算不算中国？

提倡"新清史"的学者并不全都认为清朝不是中国，但他们中间确有不少人持这种看法。他们认为，既然清朝不是汉族建立的国家，并且它的版图又远远超出汉地范围，所以它是一个把"中国"包括在内的多民族帝国。新清史不但把"中国"仅仅等同于汉文化地区，而且也受到被它强烈批判的近现代民族主义立场的影响，把一个前近代传统国家的属性跟该国家政权所体现的所谓"族裔主权"（ethnic sovereignty）混为一谈。因此，他们才会认为，既然清朝不是汉人建立的，那它怎么还能算是"中国"呢？

其实，在这个问题上，看看满族人自己怎么讲，是很重要的。清朝入关前，满语里早就有 tulinbai gurun 一语，用来对译"中国"之名。如果说清初满语里的"中国"似乎还只是未包括他们自己在内的一个他称，那么在《尼布楚条约》的满文版里，用于表示中方作为一个对等大帝国的名称就是这个词。这是一个再直接不过的证据，表明清廷认为自己所代表的国家就是中国。人类学不是讲，是人们群体自己在决定他们是谁，也就是决定他们的集体身份究竟为何吗？他们自己都讲自己代表的是中国，怎么还能说它不是中国呢？

那么元朝的人们也以为自己的国家就是"中国"吗？

元朝的汉人确实是这样认为的。但是根据我们今天的知识，元代的蒙古语中并没有产生出一个特定的专有名称，可以用它把中国各大区域合在一起，当作一个政治单元来称呼。那时候的蒙古人把元朝看成好多不同地区的集合。蒙古高原是"达达田地"（monggul-un ghajar）；原来的华北就叫"契丹"；西夏（今天的宁夏一带）叫"唐古特"；西藏是"图伯特"；云南有两块：一块叫"察汗章"即"白爨"（丽江地区），一块叫"哈拉章"即"黑爨"（大理及其以东地区；大概先是西藏人把云南叫作"爨"，而蒙古人是经过西藏进入云南的，所以他们跟着藏人把云南叫作"爨"，然后又分成丽江、大理两个不同地区）；原来南宋的地区则叫作"蛮子田地"或"南家思田地"（nanghiyas-yin ghajar）。元代蒙古语里是否存在一个特殊名称，用来指代将上述那些地区作为一个整体合并起来而形成的、大体相当于今日中国的疆域范围？似乎没有。到了清初，蒙古语里才有 dumdadu ulus 一词，就是"中国"（Central Kingdom）的意思。它应该是从满语的 tulinbai gurun 翻译过去的。但到现在为止，我们并没有看到它在元代蒙古语文献中的存在。

既然如此，元朝是否还可以被认为就是中国呢？

韩国学者金浩东几年前在一篇文章里指出，"大元"就是蒙古语中"大蒙古国"（Yeke Mongghul Ulus）之名的另一个对译。因此他断言："'大元'并不是蒙古帝国分离后的其中一个由忽必烈以中国为中心建立的国家，而是拥有从俄罗斯到太平洋的欧亚大部分地区的蒙古帝国本身。"他的见解应该说大体是对的。

不过上面这段话同时也凸显出另一个不容分辩的事实，那就是在构成蒙古帝国的各部分于 13 世纪 50 年代至 60 年代前后互相分离之后，在东亚就有了一个"由忽必烈以中国为中心建立的国家"。今日所谓"元朝"，就是指这个从蒙古帝国分离出来的"以中国为中心建立的国家"。这样一来，"大元"的名称就又变得不再如金浩东所说的那么简单了：它既可以用作大蒙古国的对译，并且在汉文化的"天下"观影响之下被元人继续看成一个远远超出元朝直接控制的疆域，而将它的"西北诸藩"囊括在内的政治实体；同时它也可以指元代中国。

所以，元朝的蒙古人心目中并没有"中国"这么一个概念，并不意味着由此就可以推论说，元朝不是中国。

再往深一点说，元朝是不是中国，主要应由两个因素来决定。首先是与元朝版图重合最大的现代国家究竟是哪一个？元朝的人口主体，它的经济、文化中心，包括元朝政治中心，也就是它的首都，究竟位于今天的哪个国家？这么一看不就很清楚了吗？元朝政治、经济、文化的中心，人口的主体部分，都在今天中国的版图之内。它跟中国版图不能重叠的地方，主要是今日蒙古国以及它西面的地方，其实还包括新疆，因为新疆当时属于察合台汗国——新疆是到了清朝才归入中国版图的。如何看待超出当代中国边界的那些曾属于历史上的中国的疆域？关于这个问题，我们接下来还会提到。

决定元朝是不是中国的另一个因素是，建立元政权的最高统治集团是否属于组成当代中国的各民族大家庭中的一员？答案也是肯定的。现代的蒙古民族是一个跨境民族，总人口在一千万左右。其中有650万蒙古人分布在中国，蒙古国有约230万，俄罗斯则有90万。内蒙古自治区作为蒙古族数百年来世代居住的历史家园，拥有420万蒙古族人口。如果肯定蒙古族是我们这个多民族统一国家不可分割的组成民族之一，那么我们又有什么理由认为，由它建立在主要属于今日中国地域之上的元朝，竟不应该被视为就是一个历史上的中国？由汉族建立起来的诸多王朝，在历史上往往将自己的版图扩张到属于非汉族人群的各地区。我们从来不会因此质疑他们统治非汉族地区的正当性。为什么当中原王朝的宝座上坐着一个出自中国少数民族的皇帝时，这个政权的中国属性就变得不那么令人觉得理所当然了呢？其实，这是汉民族的主体性意识或汉文化属性被不自觉地全然等同于"中国性"这样一种不正确，但又似乎是不证自明的想法在我们脑子里作怪的缘故！

如果明白了以上两点认识，那么元朝乃至清朝是不是中国的问题就会变得容易回答得多。元、清统治下的人口主体即汉人们，多认为历史的中国在他们的时代延续着，不过那时候的中国皇帝变成了蒙古人或满洲人而已。出现在元、清汉语文献里的数不清的"中国"称谓足以表明这一点。如果元朝最高统治者也像满洲皇室那样具有"中国"的概念，那当然更是一个最直截了当的证据，以最简单的方式将元朝的中国属性显现无遗。蒙古人对于元朝作为政治单元实际上是有一个相应概念的；把西北诸王治下的各地区排除在外，他们把大汗直接治理的地域称为"大兀鲁思"（Yeke Ulus）。尽管他们从不把这个"大兀鲁思"叫作"中国"，但这一点已经远远没有如我们乍一想来那么重要了。正如我们不能只用当日汉人以元、清政权为中国的观念来证明元、清的中国属性，蒙古人或满洲人有没有这样的意识，同样不是论证过程中一项必不可少的证据。

　　可是元朝的版图里还包括了今天的蒙古国。这个问题又应该怎样看待？

　　这个世界上的任何一个国家都需要书写自己国家的历史。在这么做的时候，他们都会把这部历史追溯到尽可能遥远的古代。可是另一方面，国家的边界又一直在变化和摆动，在更早先的时段，甚至根本就不存在这种性质的国家边界。于是就产生了一个问题：当今世界上的大部分国家在书写各自的历史时，能够始终不涉及现在已属于他国的那些相关地区吗？显然很难做到。但是我们因此就可以在概念上毫无区别地把今天已归属于另一个或另一些国家的地域写进自己的历史，并进而把这些地域的历史也看成自己历史的一部分吗？显然也不应当如此。

　　所以我以为，我们需要承认两条原则。一是任何一个国家的历史空间范围，都应该由该国的当代边界来界定。但光有这一条还不够，还需要有另一条进行补充：对于 A 国在历史上的某些时段曾拥有过的超出其现代边界的那些地域，它们的历史从根本性质上说应当属于今所在国（B国）历史不可分割的组成部分；在尊重和承认这一点的前提之下，A国的历史书写在涉及上述特定时段时，可以把它在历史上曾拥有过的那部分现今属于B国疆域的历史写入自己的历史叙事里去。

为了在历史叙事中恰当地遵守这两条原则，还需要十分小心地避免两个方面的误解。一是当我们把当代中国的边境线作为规定中国历史空间范围的界限向前倒追至过去的全部时段之时，我们很容易误以为，这条边界线的存在本身就是自古以来从不改变的一项历史事实，因此一个覆盖着如此广大之地域的中国，或者只能更大而绝不能变得更小的中国，被误认为是一项自古以来就赫赫然始终存在的历史事实。另一种很容易发生的误解与我们正在讨论的话题更加有关。它主张在中国当代疆域之北，也就是在内陆亚洲的若干其他国家的领土上，还存在一片"中国历史疆域"。能不能从这些地方曾经属于某些中国王朝（尤其是清朝）版图的事实中，抽象出一个拥有固定不变的边界线的、很容易让受众觉得是"自古以来"就一向如此的"中国历史疆域"的概念？对此我是十分怀疑的。

元代的"岭北行省"包括今蒙古国在内，甚至还要大于今蒙古国。这是一个毋庸回避的历史事实。从根本性质上说，今蒙古国所在地域在元统治时期的历史，如同清统治下的"外喀尔喀札萨克蒙古"的历史一样，属于蒙古国历史不可分割的一部分。但它们当然也属于元代历史或清代历史的一部分。在我看来，这是在讲述元代中国或清代中国的历史时不能不讲到中国之外去的那一部分本质上并不属于中国的历史。蒙古国的标准历史叙事把蒙古国建立的历史描述成一个从清帝国独立出去的过程。这就是说，在蒙古国历史学家看来，外喀尔喀札萨克蒙古时期乃是蒙古国被清帝国占领和统治的时期。在如何看待这一段历史的问题上，中蒙两国似较容易达成共识。中蒙两国在如何看待元代史的问题上，可能分歧更大，现在大概还只能各讲各的。但我们总是需要逐渐形成对历史的共识，因此也就需要寻找到于涉事各方都能通用、对各方面都公平，因而也能被各方面都接受的一致原则。我相信我们最终是可以找到这样一些原则的。

有关元朝在中国历史上应该如何定位的见解，是否也同样地适用于对蒙古帝国的历史定位呢？

那是完全不同的两码事！中国的"世界历史"教育，将中国史的内容排除在外；因为那是由另一门名为"中国历史"的课程负责讲授的。把蒙古帝国的历史放置在"世界历史"的范围里去讲授，这本来是对的。蒙古帝国是一个世界帝国。它包含那么广大的地理范围，西自今日俄罗斯、伊朗、伊拉克、阿富汗，东面一直到朝鲜半岛。如果要把这样一个相当于亚历山大帝国五倍之大的世界帝国的历史说成是中国历史，那不是很奇怪吗？

但是这个问题确实存在两方面的复杂性。一方面，华北乃至新疆、青藏、云南曾经一度被这个世界帝国所控制。也就是说，中国上述地区的历史上有一个蒙古帝国占领时期。这个被"占领时期"的历史无疑属于中国历史的一部分，但它们在当时又是构成蒙古世界帝国的一部分。另一方面，后来统一了中国的元朝，不但是从这个世界帝国分离出来的它的继承国家之一，而且在此后很长的一个时期内还是它的"大汗"所在国家。其他那些继承国家的最高统治者都只能叫"汗"，只有元朝皇帝才有称"大汗"的资格。

尽管如此，对蒙古帝国和元朝之间的区别，在元人那里还是有相当明确的意识的。忽必烈时把成吉思汗追尊为"太祖"，接下来几个大汗依次称"太宗"、"定宗"和"宪宗"；到建立元朝的忽必烈死后，元人再度采用凸显其开国始祖身份的"祖"字，称他为"世祖"，再往后的列帝又都称"宗"了。明朝编"元史"，在正确地把蒙古帝国当作元朝统治的政治合法性来源予以追溯的同时，却把二者之间的区别问题大大淡化了。这从明后期盲目仿效元朝的创例,将朱棣的谥号从"太宗"改尊为"成祖",也可以看得出来。从那时直到现在,对元史的书写一直延续着明官修《元史》所体现的历史编纂学传统,在揭示出从蒙古帝国到元王朝这一演变过程中的历史连续性的同时,没有对两个政权之间的性格差别予以足够充分的强调。

在这个意义上,1260年相对于1206年来说,至少是一个同样重要的时间节点。1206年大蒙古国建立,很快扩张成为一个横跨旧大陆的世界帝国。除南宋之外的今日中国疆土,先后都进入被蒙古统治的时期。1260年这个年份的重要性不亚于1206年。在这前后发生在蒙古帝国东西两个方向上的两场战争,即爆发在东方的忽必烈与其皇弟阿里不哥之间争夺汗位继承权的战争,以及为争夺高加索以南的丰美草场而引发的金帐汗后王与伊利汗旭烈兀之间的大规模武装冲突,把这个世界帝国撕裂为若干个它的继承国家:在东亚,大汗所在的元朝成立了;在中亚、西亚乃至东欧,则有四大汗国。四大汗国最初至少在名义上还是承认元朝的大汗是有"诸汗之汗"的名分和地位的。一直到大概1310年前后,他们才慢慢地在法理上也不再尊奉那个共同的"大汗"了。

就像吉本评论罗马帝国为什么会衰亡一样,若要问蒙古帝国为什么会这么快就分裂消亡,也可以非常简单地回答,就因为它实在是太大了。

蒙古帝国产生与演变的过程,可以简化为三个环节来予以说明。

第一个环节是初期的"间接统治"体制。征服初期,谁能带着一片拥有几个或者数十个城池的土地去投诚,谁就可以在承诺纳贡、入质、从征、入觐,后来又加上置监(就是设置由蒙古人或色目人担任的达鲁花赤监督各地)等条件的前提下,获得直接治理那片土地的世袭权力,变成蒙古间接统治体制下大大小小的"世侯"。但是随着时间推移和局势变化,当世侯治理下的地方社会发生各种矛盾,当世侯与世侯之间、世侯与蒙古统治上层之间发生各种摩擦冲突的时候，最高统治者就无法避免地需要对地方治理表达自己的各种意志。久而久之，间接统治的体制也就逐步向着越来越多地代表蒙古高层当局意志和利益的直接统治体制过渡。于是跟着就有另外两个环节的相继发生。

一是随着凌驾于世侯层面之上的蒙古帝国对每个大型地区的直接治理日益增强，导致这个治理体系在每一个地区都卷入越来越深入的地方化进程。因为不必要，事实上也根本做不到撇开各地原有的统治体系，去凭空创造一套全新的治理体系。在原有统治制度的基础上进行局部修正和更改的方式，总是最经济和最有效的方式。

各地治理体系地方化趋势的发展，极大地加深了他们之间基于各自文化而形成的不同制度体系之间的巨大差异。因此我们看到的再下一个环节，就是蒙古帝国要在如此广大的地域内维持一个统一的国家治理体制，最终会无可挽回地变成一种越来越力不从心的努力。不同地区之间的裂隙从而也必然地越来越深刻了。蒙古帝国实际上早已开始按照原来不同的大文化区把帝国分成几个统治区域来管治了，而它后来的分裂正是沿着这几道缝线实现的。

你当然可以从蒙古最高统治集团内部的权力斗争、权力妥协、权力分配的政治史角度来讲述蒙古帝国的分裂，比如蒙古原有的在黄金家族成员间分配统治权力的游牧分封制所带来的离心力等。但是它其实有一个更加深刻的内在结构性危机，这个结构性危机通过政治斗争显现出来了。不然你就没法解释，帝国分裂的边界线为什么会恰恰与原来就已经形成的文化板块的区隔线相重叠。你也没法解释，同样是基于分封制的权力，为什么"西道诸王"能分别建立起各自的国家，而"东道诸王"却始终处于元朝的疆域版图之内。

所以我以为，元人用带有"祖"字的谥号（"世祖"）来追尊忽必烈，表明他们观察当日情势的眼光是很精准的。毫不夸张地说，忽必烈立国漠南的意义，远远不是把建立已久的大蒙古国的首都挪动了一个地方而已。他实际上是重建了一个全新的国家，尽管这个国家此后还一直保留着它前世的蒙古语国号，即"大蒙古国"。

最后我想谈一下，元代作为中国历史上一个将近百年的时段，它有没有留下什么特别重要的遗产？

教科书上讲到元代的积极方面，经常强调这样两点：多元文化在那个时代的交相辉映；多民族统一国家在经历数百年衰解后的重建与发展。不过我们的标准历史叙事对这两点的强调，其实都还是很不到位的。它讲述元代多元文化的繁荣，往往以当日中外文化交流的发达局面为出发点，比如伊斯兰教与基督教的东来，基督教东方教会重新进入中国内地，欧几里得几何及旧大陆（包括非洲）地理新知识的传入，再加上中国国内各民族文化的互动与互相渗透，尤其是藏传佛教向汉地的传播，等等。至于说到汉文化本身在元代的命运，留下来的似乎就都是比较消极的印象了。其实汉文化的发展在元朝未必整个地处于低谷时期，在有些领域里甚至还取得了极其巨大的成就，比如文人画、杂剧和元青花。不过这个题目无法在这里展开，需要另外谈。

元朝对中国统一的重建，它的真正意义也还没有在我们的标准历史叙事中被完全到位地揭示出来。在一般人的概念里，自从秦始皇用专制主义的君主官僚制体系来统治全国以后，中国作为多民族统一国家的发展历程，就一直是上述国家建构模式的不断被复制、改善，并被逐渐推行或覆盖到越来越辽阔的地域范围之内的过程。但这种认识其实是很片面的。

中国国土的一半以上在历史上一向是各少数民族生活和居住的家园。从秦代的国家建构模式发展出来的汉唐体制用于治理各少数民族地域的朝贡一册封制度，在传统中国的最后一千年里通过土官、土司、土流并置、改土归流等步骤，最终将一部分民族地区巩固地纳入到统一国家的疆域之中。可是西部中国的绝大部分区域，难以经由上述转型而演变为"编户齐民"之地。如果没有另一种国家建构模式在其中起作用，当代中国就不可能拥有如此广阔的幅员。从宋代以往的千年中，只有元和清这两个少数民族王朝大规模地统一过中国国土，这并非出于偶然。他们在基本采纳汉唐体制来治理汉族地区的同时，另有一套汉唐体制所不具备的对中国各民族地区实施国家治理的制度体系。这一点早已被雍正皇帝看出来了。他说："中国（此指汉族地区）之一统始于秦；塞外之一统始于元，而极盛于我朝。"元、清合"中国"与"塞外之一统"此二者为一体的国家建构模式，其实就是从中华帝国的边疆区域发展出来的内亚边疆帝国的国家建构模式。这一模式起始于辽，承袭于金，发展于元，成熟于清。

只有从这样的角度去看元朝，我们才能真正切实地认识元朝在中国多民族统一国家形成历程中所产生过的巨大的积极影响。

（原载张志强主编：《重新讲述蒙元史》，
北京：生活·读书·新知三联书店，2016 年）

# 重铸"天下"一统的洪业：
## 元朝在中国历史上的意义

## 一　蒙古帝国的兴起与分裂

蒙古帝国的建立者，是蒙古人心中最伟大的英雄成吉思汗。1206年，四十五岁的铁木真统一蒙古草原的绝大部分，建立大蒙古国（Yeke Monggol Ulus），称"成吉思汗"（Chingis Khan），即"英武之汗"的意思。到 1280 年，尽管蒙古帝国在那时已分裂为好几个国家，但若将它们的疆域合在一起看，则要比亚历山大帝国的五倍还多。这是蒙古不断地西征和南征的结果。南征对象主要是金统治下的汉地社会，但也包括建立在今宁夏—甘肃地区的西夏、云南的大理国和藏地各部等。西征最远到达亚德里亚海东岸，以及叙利亚的大马士革。

为什么蒙古的征服、对外的扩张会这样所向披靡，就像是一个神话？我想主要有以下几点原因。

首先，蒙古人西进的路线，也就是从蒙古草原向西进入欧亚草原带的中部和西部，通常称为哈萨克斯坦草原和南俄草原，再从那里向南，进入中亚和西亚的绿洲农业地区，包括今伊朗、伊拉克、阿富汗、土库曼斯坦、乌兹别克斯坦等地，这是北亚游牧人早就熟悉和采取过的行动路径。蒙古人并非这条路线的开拓者。在这方面，他们是蒙古草原上一代游牧人群——突厥人最好的学生和继承人。突厥人最初建立的汗国，重心在蒙古高原，但它的势力很快发展到阿尔泰山之西的草原和邻近绿洲，这就是西突厥汗国。东、西突厥汗国之后，从伽色尼突厥王朝到塞尔柱帝国，再到奥斯曼土耳其帝国，我们看到，被突厥人统治的农业人口及其社会的所在地域越来越向西扩展；与此同时，突厥人，包括进入城市—农耕社会的突厥人和留在草原上的各大游牧突厥部落在内，也大都先后皈依伊斯兰教。所以蒙古人并非是在向西方未知之地盲目进军，他们对蒙古草原以西辽阔世界的了解，看来远比现代一般人想象的要具体得多、详细得多。

其次，蒙古西征时代的中亚，正处在一个动荡不安的时代里。当时除伊拉克以外的大部分中亚地区，都刚刚被一个叫作花剌子模的突厥人的政权征服。蒙古人差不多是紧跟在比他们稍早的这个前任胜利者的身后进入那片地区的。这对他们是一种非常有利的形势。因为花剌子模虽然征服了中亚诸国，却还来不及消化自己的征服成果，也就是还没有充分的时间去赢得人心，从而巩固自己对新征服人群的统治。由于未能在军事胜利的基础上解决政治统治的合法性问题，它无法充分、有效地动员统治地域内的人力和物力资源来对抗蒙古入侵。那些刚被征服不久的各国人民不仅不肯全心全意地为花剌子模国家打仗，有些人甚至还把蒙古人看作帮助他们推翻花剌子模统治的救星。花剌子模拥有的总兵力大概是蒙古人的三至四倍，却不敢将占据优势的兵力集中起来使用，而宁愿采取分兵防守各地的战略来应对蒙古入侵。因为如果这样做，那么在击败蒙古之后，那支为抵拒蒙古而被集中起来的庞大军队很可能就会调转矛头，形成一股尾大不掉的针对花剌子模的反抗力量。所以总兵力居劣势的蒙古人，在几乎每一处的个别战场上，都反而拥有着某种相对优势。他们虽然也在某些地方遇到一城一池的顽强抵抗，但它们终究不能改变这场军事较量的最后结果。

第三个原因也很重要。我们知道，蒙古高原上有两大片非常肥沃辽阔的草原区，一片从呼伦贝尔向西南，一直伸展到大青山南北，我们今天叫它内蒙古草原；还有一片在今天的蒙古国。在这两片草原中间是一块大荒漠，古代汉语文献称它为"漠"、"幕"或者"瀚海"；

蒙古人则把它叫作戈壁。汉语里往往把戈壁和沙漠连称，但其实戈壁并不完全是沙漠，而主要是由大片裸露在地表的黑色岩石构成的荒石滩，再加上少许的沼泽和沙漠。从内蒙古的草原到蒙古国的草原，要穿越的就是这样一片荒漠。穿越它的路途异常艰苦，几乎无法避免要经过一段无水地带。依路线选择的不同，穿越无水地带的路程可能需要三天，也可能要花五天或者七天。大部队行进，未必都选择最短的路线；这里更关键的因素，是选择一条在越过无水区之后能觅得为大部队提供足够水源的路线。因此古代渡漠的行军路线就这么几条，从匈奴开始一直到明清，少有改变。

渡漠对一般人来说是极其艰苦的，但蒙古人变得很习惯走这样的路。这种跨越严酷自然障碍的能力是他们的一项极大的优势。蒙古军队无须辎重。农耕国家出兵，往往"军马未动，粮草先行"，不确保后勤补给就没有办法打仗。但是蒙古人不用粮草先行，他们每人有两匹以上的骑乘，备用马又名"从马"，行军时轮换骑乘。士兵只需带点马肉干、牛肉干、奶酪，然后就地取得补给。因为保持着令人难以置信的机动性和顽强地跨越艰险地带的耐劳力，蒙古军队往往会出人意料地现身于农耕国家认为敌方难以逾越而弃守的天险地段，从对方防守最薄弱处实施军事突破。这也是蒙古人当年能够所向披靡的一个重要原因。

最后，也许有不少人会纳闷，蒙古人为什么能如此容易地征服在经济实力、科学技术等方面都比他们更具优势的南宋和中亚、西亚穆斯林各国？其实，他们所以会提出这样的问题，多半是因为忽略了火器时代与冷兵器时代的军事较量之间所存在的重要差别。如果说在火器时代，经济、科学技术上的优势可以直接转化为军事上的优势，那么在双方靠军马对军马、刀枪对刀枪的肉搏厮杀来决定胜负的冷兵器时代，不仅以科技赢得军事优势的空间很有限，而且经济上享受着富足的一方，反而经常会因为精神上的柔弱细琐而在作战意志和战斗力方面居于劣势。

以上就是蒙古人在军事扩张中所向披靡的几个主要原因。那么，一个庞大的史无前例的蒙古帝国，为什么又在它停止扩张后不久便陷入瓦解？

这里有两个年代十分重要：1206年和1260年。从在蒙古草原上建立帝国的1206年直到1260年，中间不过五十多年时间，这么大的帝国就无可挽回地瓦解了。这是为什么？答案极其简单：导致蒙古帝国瓦解的最主要原因，是它太大了。

面对越变越巨大，并且经济基础、语言文化都完全不同的被征服地区，蒙古人最初采用的是"间接统治"方式，即谁能带着一片土地和人口来投降，就把治理该地的政治权力交给谁。汉文史料称为"北人能以州县下者，即以为守令"。无论是率领一个小县份，或者甚至是整个国家（如高丽）来投降，都按这个原则来处理。当然对当上"守令"的人们还有几项约束，归纳起来就是入觐、入质、入贡、从征和置监。

入觐，就是每一年或者两三年要去蒙古草原朝见大汗。维持这个帝国，最初完全通过大汗和各地方统治者之间的个人关系来实现。入质，就是地方统治者把自己儿子交给大汗作为人质。与今天落入恐怖主义集团手中的人质非常不一样，当时的人质其实是大汗加强与投降者之间个人关系的一种方式。人质中有很多人被选入大汗个人的侍卫部队，叫"怯薛"军。这支亲卫军的最高层不仅轮番入值，服侍大汗的个人生活，同时也作为大汗亲信参与决策军国大事，并不断地根据需要被派往各地，执行大汗的特殊差遣。进入"怯薛"若干年之后，经受过一定程度历练的那些成员就会被指派到各种职位上，成为帝国官僚。入贡，就是每年呈缴定量的贡赋。投降者往往沿用该地区在被蒙古征服前实行的税赋体制，从中提出一部分作为贡赋交给蒙古人，剩下的则用于维持本地统治的经费，或变成统治者的私人收入。当然，除入贡外，还需要满足蒙古人的"不时需索"。这种无规则的临时征派，不仅出自大汗政府，还出于各级军事贵族的命令，对被征服地区是一项很重的负担。从征，即率军参与蒙古军队的战争行动。置监则是在每个地方派一个蒙古人或"色目人"监临本地，叫"达鲁花赤"，意思是"镇守者"。若满足这些承诺，举地迎降的人就能世代继承对该地的统治权。因为他们的职位可以世代承袭，所以当时的文献称他们为"世侯"。

"世侯"里有少数是从过去的统治者转变而来的，但更多地来自原先政治地位不高的地方豪强甚至地痞无赖，汉文史料用"由鼠而虎"来形容他们。蒙古统治时期是一个社会对流非常剧烈的时期。不仅汉地如此，中亚和西亚的穆斯林世界也是这样。波斯文史料写道："个个披罪恶衣袍的市井闲汉都成了异密，个个佣工成了廷臣，个个无赖成了丞相，个个倒霉鬼成了书记，个个败家子成了御史，个个歹徒成了世库官，个个乡巴佬成了国之辅宰……个个马夫成了尊贵显赫的侯王。"两种说法繁简不同，意思完全一样。

然而，随着蒙古人对被征服地区的控制从军事管制逐步向正常的统治秩序过渡，这种间接统治的体系慢慢就发生变化了。当大汗政权越来越多且更直接地卷入地方治理事务时，间接统治便不可避免地逐渐向直接统治方式过渡。这时候，按原有社会文化传统的不同在不同地区建立层级式的统一治理，就成为保证正常统治秩序所必须遵行的法则。于是蒙古政权开始尝试对占领地区进行更系统化的政区划分，并且在各个大区派驻专人和专门机构，担负全方位行政治理的职责。在第二任大汗窝阔台治下，蒙古帝国的领土就明显呈现出四分化的趋势。大汗直接治理下的中央兀鲁思（"兀鲁思"意为"人民""国家"），包括蒙古草原和藏区。华北按汉语习惯划为"中州"，通常由熟悉汉地文化的高级官僚管理。处在汉地之西的整个西域，包括当时还崇信佛教的畏兀儿部，以及更西面的穆斯林世界划为一块。南俄草原及其周边地区划为另一块，属于成吉思汗长子术赤诸子的势力范围，较早取得了相对独立的地位。术赤的血统有一点问题，他出生在成吉思汗的妻子被敌对部落抢走后的近将一年上下。那他究竟是不是成吉思汗的儿子？这个问题始终悬浮在他的弟弟们心头。下面我还会提到，蒙古帝国第一次显示分裂迹象，就与术赤的出身问题有关。因为术赤早就意识到，自己在这个家族里很难获得最高领袖的地位，所以他在随父亲西征以后，便滞留在南俄草原未曾返回。建立在那里的"术赤兀鲁思"，后来发展成四大汗国里的"金帐汗国"。

在第四代大汗蒙哥的时期，蒙古帝国进一步被分为五块来治理。中州政区有了一个正式的汉语名称，叫"燕京行尚书省"，首府在今北京。西域被分割成两块：新疆及其以西，直到阿姆河为止，由"别失八里行尚书省"负责管理，阿姆河以西则属"阿母（姆）河等处行尚书省"。此外再加上中央兀鲁思和术赤兀鲁思。

分区治理的历史进程，逐渐酝酿出两种互有关联的演变趋势。一是各个地区的统治制度越来越快地朝着不同的地方化方向发展，使蒙古帝国治理不同地区的各制度体系之间的差异变得越来越大。在这样的情况下，很自然地就会出现第二种趋势，即想要在整个蒙古帝国内部维持一种统一的制度体系，于是变成一种越来越力不从心的努力。正是这样一种潜在的结构性危机，成为撕裂蒙古帝国的根本性原因。

同一性质的问题也发生在经济层面上。中国有句老话，叫"千里不贩粮"。如果要把粮食这样的日常消费品运到一千里以外去卖，运费成本就会远远超过粮食本身的价值，以致贩运者从中无利可图。有一个美国学者提出，前现代帝国的经济运行也应当有一个距离极限。蒙古帝国的历史表明，一个统治中心能够有效地向四方吸纳经济资源的最远距离，也许不超过900英里。超过这一极限，在古代的技术条件下，财政运行的经济成本就会高于财政收入本身。以蒙古帝国的首都哈剌和林为圆心，位于天山北麓的别失八里和华北的燕京，都处于

900 英里半径的范围之内，再往外就有些鞭长莫及了。所以帝国必须有另外一个中心去治理更西面的地区。这个地方叫作阿力麻里，位于今新疆边界之外不远的地方。从那里到锡尔河与阿姆河之间著名的绿洲城市撒马尔罕，距离是 800 英里。再往西到南俄草原，则必须有另外一个中心，可以控制咸海西南的花剌子模，乃至东欧的莫斯科。它就是术赤兀鲁思汗的金帐所在的撒莱城（在伏尔加河畔）。在阿姆河以西的中亚和西亚地区，需要有一个新的治理中心，那就是阿姆河行尚书省所在的徒思（在今伊朗马什哈德附近），伊利汗国建立后又移至桃里寺（今译大不里士，在格鲁吉亚）。可见不论是从政治制度还是经济运行的角度，国家的控制都有一个限度。太多地超越这个限度的帝国幅员，导致了蒙古帝国在结构上的潜在危机。在政治斗争的层面上，它以最高统治集团内部权力争夺、权力妥协与权利分配的形式表现出来。

成吉思汗家族的内部纷争，在成吉思汗西征前夕讨论军国大政的统治集团核心会议上，已经再明白不过地暴露出来了。《元朝秘史》用十分质朴生动的笔调描写这件事说：

> 其后太祖征回回。……临行时，也遂夫人说："皇帝涉历山川，远去征战。若一日倘有不讳，四子内命谁为主？可令众人先知。"太祖说："也遂说的是。这等言语，兄弟儿子并博斡尔等皆不曾提说，我也忘了。"于是问拙赤（术赤——编者）："我儿子内你是最长的，说甚么？"拙赤未对，察阿歹说："父亲问拙赤，莫不是要委付他？他是篾儿乞种带来的，俺如何教他管？"才说罢，拙赤起身，将察阿歹衣领揪住说："父亲不曾分拣，你敢如此说？你除刚硬，再有何技能？我与你赛射远，你若胜我时，便将我大指剁去；我与你赛相搏，你若胜我时，倒了处再不起。"兄弟各将衣领揪着。博斡尔、木合里二人解劝，太祖默坐间，有

阔阔搠思说："察阿歹你为甚忙？皇帝见指望你。当您未生时，天下扰攘，互相攻劫，人不安生。所以你贤明的母，不幸被掳。若你如此说，岂不伤着你母亲的心？"……

术赤西征以后不肯再回蒙古，其中的缘由，从这场争吵中就可以看得很明白。"术赤"一词在蒙古语里是"客人"的意思。成吉思汗为什么会给自己的长子起这么一个名字？这已经变成了一个永远的谜。按当时蒙古人的习俗，在小孩出生前后，家中如碰到很神秘奇异的事情，就会选择一个与此相关的语词来做婴儿的名字。比如说父亲或母亲走路踢到一块大石头，让他们产生一种神秘感，于是给小孩取名为"赤老温"或者"塔失"，即蒙古语或突厥语"石头"的意思。根据蒙古人后来的传说，成吉思汗出生后不几日，有一只黑色鸟飞到他家帐幕顶上，"青吉斯""青吉斯"地叫个不停，因此他后来称"成吉思汗"。这当然是根据"后见之明"的一种事后追述，但它仍反映出其渊源所自的那种习俗的历史真实性。也许在术赤出生前后，家中确曾有过一位重要客人来访，所以新出生的孩子被起名为"术赤"。但是否存在另一种可能性，即成吉思汗认为这个婴孩是偶然来到他家里的客人，所以才给他取了这样一个名字呢？

从政治斗争、最高权力集团内部斗争的层面看问题，蒙古帝国的瓦解确实与成吉思汗家族成员对汗位的争夺密切相关。但实际上，历史运动在由最吸引人眼球的权力政治所支配的短时段变迁的层面之下，还有社会—经济结构，乃至生态地理环境等支配下的中时段和长时段变迁，在综合地影响或不同程度地决定着不同人群及其社会之历史命运的走向。对比一下四分化或五分化时期的蒙古帝国与蒙古帝国分裂后形成的元帝国、察合台汗国、窝阔台汗国、伊利汗国、金帐汗国之间的版图划分，就很容易发现两者所呈现的地理"板块结构"惊人地相似。这表明蒙古帝国的瓦解，并不纯粹是由成吉思汗家族内部的权力冲突与分割导致的。

1259年，蒙哥汗病死于四川攻宋前线。这时候，他的大弟弟忽必烈正在淮河一线的征宋途中，二弟旭烈兀远在西亚与玛姆鲁克埃及交战，幼弟阿里不哥则留守漠北大营。发生在忽必烈与阿里不哥之间的争夺大汗汗位的战争，以及不久后爆发在旭烈兀和金帐汗国之间为争夺高加索山岭以南牧场的战争，成为蒙古帝国瓦解的历史性标记。被纳入蒙古统治之下的华北、云南和藏地，于是从中国历史上被蒙古帝国占领和统治的时期，进入作为中国历史上诸多王朝之一的蒙元时代。在讲述中国历史时，把蒙古帝国时期（1206—1259）和元王朝时期（1260—1368）区分开来，在我看来是很必要，也很重要的。

## 二 真正大一统的中国

我们面对着这样一个问题：蒙古帝国的历史是否属于中国历史的一部分？

蒙古帝国是横跨当日旧大陆的一个世界帝国。日本有一个叫杉山正明的学者写过一本书，名叫《大蒙古的时代》。其中最后一章的标题是"成吉思汗的遗产"。他所枚举分述的大蒙古国遗产，几乎没有一项与中国有关。蒙古帝国版图如此之大，包含了南俄、高丽、伊朗、伊拉克等诸多国家在内。把蒙古帝国的历史看作中国历史的一部分，这显然是不合适的。这个世界帝国曾有一度将今日中国的某些部分，比如华北、西藏、云南、宁夏等地纳入其中。因而在中国这部分领土的历史上，曾经历过一个蒙古帝国占领时期。但这不应该成为我们把蒙古帝国的全部历史视为中国历史一部分的理由。与此相关的另外一个问题则是，那么，元朝历史还是中国历史的一部分吗？

这里就涉及应该如何界定"历史上的中国"的问题。它可以用两种不同的尺度去界定。两种尺度不完全一样，但相互间又是有联系的。第一种尺度，是以当代中国的版图去界定历史中国的空间范围。凡是在今天中国版图以内的任何一个地区的任何时代的历史，无论它有多么久远，也无论它在远古时是否属于当时称为中国的政权所有，都属于中国历史不可分割的组成部分。比如吐蕃、南诏都并不在当时自称中国的唐朝疆域之内。那么吐蕃、南诏的历史还算不算中国历史的一部分呢？答案毫无疑问是肯定的。

"历史上的中国"还可以拿另一种尺度去界定，就是历史上自称，并且也被同时代的邻邦们称为"中国"的那一系列政权，如汉、唐、宋、金、元、明、清。按此种尺度来界定的"中国"，它的疆域范围一直处于变化之中，不仅随不同朝代变化，而且也在同一王朝的时间幅度内随不同时期而变化。总的说来，这个意义上的"中国"，随着时代由远及近的推移而在越变越大。

为了正确理解这两种不一样的有关"历史中国"的概念，有三个问题需要加以澄清。一是当历史上某些自称"中国"的王朝疆域未能覆盖今日中国版图的时候，与该"历史中国"同时属于今日中国疆域内其他地区的历史，还属于中国历史吗？其实这个问题刚刚已经谈过了。中国历史的空间范围是拿今日中国版图去界定的，所以对那些在历史上并不称为"中国"，但位于今日中国版图之内的地方，它们自古以来的全部历史，当然都是中国历史不可分割的一部分。

二是在有些时期内，可能有不止一个政权自称中国。比如南北朝时期的南北双方都以"中国"自居，北方政权把南朝骂作"南蛮"，南方政权则把北朝贬为"北虏"。南宋和金对峙时期的情况也差不多一样。在今天的历史讲述里，我们只能说，这时候有两个"中国"。甚至两个"中国"也没有包含全部中国在内，还有包含在今天中国版图之内但是并不自称中国的区域。

第三个问题更复杂一些。历史上自称"中国"的那些政权的版图，有时会在某些方向上超过今天中国的边界，而在另一些方向上又没有把今天中国的版图范围完全包纳在内。未纳入"历史中国"的那部分地区的历史是中国历史的一部分，这点已经明确了。那么，发生在"历史中国"超越了今天中国边界的那部分疆土上的历史，我们今天应该如何去认识？它还属于中国历史吗？我认为这里需要明确两条原则。第一条，我们必须十分肯定地承认，超越今天中国版图的那一部分领土的历史，是今天其所在国历史不可分割的一部分。第二条，在声明和承认这条原则的前提下，我们讲那个时期的中国历史时还不得不把它们放在一起讲，因为那个时候它们是由一个叫作"中国"的政权来治理的。讲中国历史，还不能不连带讲到它们。想绝对地按现代国界的区划来讲中国史，是根本不现实的。

现在回过头来看元朝。与作为世界性帝国的大蒙古国不同，元朝疆域的几乎全部核心地区，包括它的政治统治中心，在它治理之下的人口主体，几乎全都位于今日中国。连元朝的最高统治者自己也宣布，它继承了汉、唐、宋、金的法统，把本政权看作自汉、唐延续下来的正统谱系的接续者。有什么理由说元朝历史不是中国历史的一部分？当然元朝有一个和林行省，是以今天的蒙古国为其核心的。我们应当承认，和林行省的历史乃是蒙古国历史不可分割的一部分。但是我们讲元朝历史还是得讲和林行省，因为它是元代中国的一个行政区。

所以，中国历史的延续性在元王朝并没有中断。当然，元朝有点特别的地方，是坐在皇帝宝座上的，是一个蒙古人。这个蒙古人是从草原搬来的。蒙古大汗最初是坐在用几十头牛拉的大车上面，大车上搭了一个帐篷，皇帝和他的太太就坐在帐篷里，门口有一个大的酒瓮，几个人站在旁边服侍。但是最后皇帝把草原的大车拉到了北京，做了坐在北京城里的皇帝，虽然每逢夏天他还得北徙到位于内蒙古草原之中的"上都"去避暑。

从元代社会的顶端往下看，在上层统治圈内，你的确会看见很多蒙古人，还有很多被归为"色目人"的来自中亚、西亚的人们，他们讲阿拉伯语、波斯语，或者突厥语，绝大多数信仰伊斯兰教。可是处于它统治之下的绝大部分的人口，还是汉地社会的人口。所以如果你换一个视角，从下层往上看，那你就很难在元代中国看到多少异乡情调。蒙古女人多戴罟罟冠。不只皇后戴，一般蒙古妇女也戴。但是即使是在江南非常热闹的城镇里，一直到元末还很少有机会看见戴着罟罟冠的蒙古妇女。所以元末有一首诗描写城里人争看罟罟冠的情景说："双柳垂鬟别样梳，醉来马上倩人扶。江南有眼何曾见，争卷珠帘看固姑。"

因此，我们怎么能因为中国的皇帝宝座上坐着一个蒙古人，就说这不是中国？在皇帝宝座上坐的是汉人的那许多王朝，也曾统治过很大一片非汉族地区。对此，我们全然不认为这有什么不正常。为什么情况倒转过来，就会变得一无是处了呢？中国从来都是一个多民族的国家，历史上既有汉人的皇帝统治其他民族的时期，也有非汉族的皇帝统治汉地的时期。把后者看作乏善可陈、漆黑一团的年代，甚至把它们革除出中国历史的合法性谱系，是一种毫不足取的非历史态度。

事实上，今天的中国绝不仅仅是靠着汉民族、汉文化缔造出来的。元朝创造了唐以后又一次大一统的局面，而且这个大一统的规模和深度远远超过唐。真的，如果中国仅遵循着唐、宋、明的国家建构模式一路发展下来，中国就不可能有它今天这样辽阔的版图！

我们最熟悉的唐朝地图是唐版图最大时期，即以总章二年（669）为标准年代的地图。但这张地图也很容易对阅读者产生某些误导。正如有人曾经注意到的，在唐的边界之内采用完全相同的主题底色，当然很醒目地凸显出唐代政治势力所及的全部地域范围。但与此同时，这样做也抹杀了唐政权在针对不同区域和人群的治理目标与国家权能实施方面一向存在的、性质截然不同的多样性差别。与对郡县制体系之内各州县的全方位治理相反，唐对处于光谱另一端的东、西、北三方最边远地区的那些羁縻府州所能实施的主权，在不少场合虚弱到近乎只剩下一个空名的程度。可见带着现代国家的领土概念去理解唐代版图，只会使人产生很不健康的妄想。

还不只如此。普通的读图人还常常忽略历史地图上注明的标准年代。总章二年的地图所反映的，大致是从 7 世纪 30 年代到 60 年代这四十年间唐代疆域的基本状况。简直就好像是故意为了提醒我们注意到这一点，仅仅将它的标准年代推迟两三年，唐代的版图就不再是本图所呈现的那个样子了。几乎从 70 年代一开始，由于吐蕃和西突厥结盟反唐，今新疆维吾尔自治区的南疆以及北疆的相当一部分即长期沦为双方拉锯和争夺的地段。差不多与此同时，一度南下投唐的东突厥逃归漠北，复建第二突厥汗国，唐因此失去间接号令整个蒙古高原的地位。前后相加，唐维持对西域的间接统治，总共大约一百二三十年；而它拥有蒙古高原，则只有四十年而已。从这一事实出发，杉山正明把唐朝界定为"瞬间大帝国"的说法虽稍嫌夸张，但它对中国人普遍持有的"大唐三百年天下"这种模糊而僵化的传统观念，仍有振聋发聩的作用。

到了宋，尤其是南宋，被历史上不少人认为是中国正统所在的政权，已经不得不偏安于南方。金与南宋同样自称中国。如果不承认它是中国，那当时中国才有多大？明的版图大约相当于宋、金、西夏、大理合在一起，没有蒙古，也没有新疆。明朝为什么会比宋朝，尤其是南宋大一些？这是明朝继承了蒙古人遗产的结果。是蒙古人征服了西夏、征服了大理，明朝把这些成果接受过来了。明朝为什么没有元朝那么大？因为它没有能力接受元王朝的全部领土遗产。如果说你只认唐、宋、明是中国，那今天的中国会有多大？所以，说中国历史是中国各民族共同创造的，这不是一句空话。中国有今天的版图，有两个王朝起了最重要的作用，做出了决定性的贡献。它们一个是元、一个是清。它们都不是汉族人做皇帝的王朝，这不是偶然的。

我在这里要强调元的统一，因为它的意义远远不只是重现了唐的统一，甚至也不只是因为它在比唐更大的疆土规模上实现了统一。更重要的是，它的成就还体现出另外一种国家建构模式在开拓中国疆域方面的重大意义。

唐王朝处理州郡之外的附属国家、人群和地区的边疆控御模式，可以说代表了中国历史上外儒内法的专制君主官僚制这样一种国家建构模式的边疆治理政策。粗略地说，它就是以册封和朝贡为主要制度的羁縻体系。这一套控御边疆的制度体系为后来的王朝所继承并加以发展。处于羁縻或册封地位的依附者，或者经历从宋元土官、明清土司和清代土流并置、改土归流等步骤而被逐渐内地化，最终被纳入府县管治体系。不过，中央王朝遵循这一途径完全"消化"边缘势力，具有两个必需的前提条件，就是它们必须位于紧贴汉地农业社会沿边的可垦殖地区，并且规模不能过大，因而可以在那里培育出数量足够的由汉族农业移民和被汉化的当地人口构成的编户齐民，以便偿付治理该地区所必需的经济成本。而长期停顿在朝贡或册封关系层面上的附属者，则趋向于最终脱离附属关系，甚至与原先的朝贡接受方形成国与国之间的外交关系。中国与趋向于演变为"外国"的诸地区之间的界线，就位于土司建制地区和只能维持羁縻—册封建制的地区之间。直到清政府瓦解前夕，尚未完成改土归流的土司地区的最大范围，除在西南方向上超出了今中国国境线外，它远远没能将辽阔的西部和西北部中国包纳在内。这就是外儒内法的专制君主官僚制国家建构模式所能囊括的可以有效地加以治理的最大国土范围。可见单凭上述国家建构模式，无法单独地解释中国何以能形成如此广袤的疆域。因此也就必然存在着另一种国家建构模式在其中发生作用。这就是从汉地社会边缘的内陆亚洲边疆发展起来的内亚边疆帝国模式：它萌芽于辽，发育于金，定型于元，而成熟、发达于清。

清朝当然也受"天下中国观"的传统观念和传统朝贡体系的影响。但它把传统的朝贡地区、人群和国家分置于三个不同的治理空间。一即传统的土司地区，这属于被它所继承的外儒内法的专制君主官僚制国家建构模式的内在成分。一称"外藩各部"，包括内札萨克（内蒙古各盟旗）蒙古、察哈尔（内属蒙古各旗）蒙古、喀尔喀（外札萨克）蒙古、青海、西藏诸地域，以及新征服的金川土司、南疆回部各伯克头人属下等部。凡有关对这些地方进行具体治理的政令、刑事、军旅、屯田、邮传、互市等方面的最高管辖权均属理藩院。另外一类，则称"域外朝贡诸国"，清朝对它们完全不负国家治理的责任，处理与这些国家之间交往的职责，由类似外交部功能的礼部鸿胪寺来承担。非常有趣的是，当清政府力图从传统体制中为它的每一项机构设施寻找合法性依据时，它不得不承认，除了元代管理西藏地方及全国佛教的"宣政院"以外，在明代和宋代的国家机构中，根本找不到类似理藩院那样的建制。这正是内亚边疆帝国才具备的特别管治体制。它不像外儒内法的专制君主官僚制模式那样，以"车同轨，书同文，行同伦，各要其所归，而不见其为异"，也就是把用汉文化来覆盖全部国土当作理想中的治理目标，而是恰恰相反，力求把有效的国家治理与保持疆域内各人群的文化多样性最大程度地统一起来。可见元和清这两个王朝在缔造多民族统一国家的体制方面，具有何等重要的历史地位。设想如果没有元和清，继承了宋、明版图的中国与今日中国的疆域面积之间将会有多么巨大的差别！

## 三 多民族文化交相辉映的壮丽图景

元王朝最重要的贡献，就在于它的国家建构体系能够把外儒内法的专制君主官僚制，以及内亚边疆帝国这样两种来源的国家建构模式结合在一起，用它来统一和治理已经分裂了很长时间的中国。"安史之乱"以后，唐朝虽还维持着所谓统一政权，但它既小又弱。从五代、北宋到南宋，不仅汉语人群分布区之外存在许多不同民族的大小政权各自为政，汉族地区也分成互不沟通的区域。元代中国的大一统，与位于它西部的出于同一个成吉思汗家族各支后裔统治之下的四大汗国，构成了一个贯通旧大陆的世界体系。拿着元政府颁发的"驿牌"，官员、技术人员和商人就可以使用由"驿站"，即官方维持的长途交通体系所提供的马匹、食宿等服务，从今天的北京安全远行，西北一直走到伏尔加河畔的金帐汗国首都萨莱城，西南可以抵达今巴格达或格鲁吉亚的大不里士。至于在中国国内走南闯北，因为除却了分裂国家之间的此疆彼界，就更比从前便利得多了。所以元朝人用"适万里如履庭户"来形容经济文化交流的畅通和繁荣。

元代文化，就是由这样一个局面所造就的。刚才我们说到驿站制度，其实在元以前，汉语只称"驿"或"驿传"，而没有"驿站"这样的叫法。因为"站"在元代之前只有立、久立的意思。只因为在蒙古语把类似"驿道"的大路称为 jam，汉人要找一个汉字来记录 jam 这个音，于是选用"站"字。那时候的汉语里还没有演化出 zh-、ch-、sh- 这样的词首声母，"站"的词首声母与 j- 的发音十分接近；另一方面，元代汉语里还保留着以 -m 来结尾的字音。"站"字的尾辅音正是 -m。因此用汉语"站"字的读音来记录蒙古语的 jam 是非常合适的。"站"字除了立或久立之意，又有了中间停靠点的意思，就从元代用它来音译蒙古语的 jam 开始。

那时候的蒙古帝国已分裂成好几个不同的国家，虽然它们之间有时候也打仗，或互相不那么和睦，但它们的统治者毕竟出自同一家族，所以大多数时候道路是畅通的。旧大陆上的大部分地区不再被各个国家的国界所隔离。因为蒙古人创造的这个奇迹，所以才会有从 13 世纪 50 年代延续到 14 世纪 50 年代的旧大陆世界体系时代。在此之前，从欧洲到远东，中间被很多个商业贸易圈所分割。各种物品必须经由很多个中介贸易圈，才能从一端的西欧间接地到达另一端的远东。蒙古人的统治把这些间接的环节都打通了。14 世纪 50 年代之后，各蒙古王朝即使没有很快瓦解，也变得极其衰落，已不再能维持横贯旧大陆的霸权。西欧受到黑死病的打击，也一度丧失了向东探索发展的雄心与实力。长达一百年之久的旧大陆世界体系于是不再存在。等西欧从黑死病的灾难里恢复过来，一个由大航海构筑起来的世界体系的时代差不多也就开始了。一般地说，世界体系是到了近代才有的。但在此很早以前，已经产生过一个一百年的旧大陆世界体系，那是蒙古人建立起来的。元代历史文化要在这样一个背景中去解读。元代作为一个多元文化交相辉映的时代，也要在这样的背景下去感知和认识。

元朝与基督教文明多有往来，马可·波罗的父亲和叔父就是作为教皇的使臣来东方的。还有基督教流入亚洲的一个被教廷视为"异端"的东方教会，即聂斯脱里教派，在元代也重新传播到中国内地。这个教派，唐代曾称为"景教"，在唐德宗时期遭到禁止，从中国内地消失。但中国西北边区或周边若干民族对它的信仰，似乎仍时断时续地存在。随着蒙古人入主中原，进入内地的边疆民族便把这种信仰又带到各地。景教教堂出现在镇江、泉州等不少繁荣的城市里。

元代的犹太教徒称为"术忽回回"。当然，所谓"回回"人的主体，还是伊斯兰教各派的信仰者。元以前，来自穆斯林世界的商人们已有不少人常住、定居甚至世代定居在中国。但他们的人数毕竟不多，其分布也主要集中在沿海若干城市而已。这与所谓"元时回回遍天下"的局面完全不同。中亚和西亚绿洲城乡和草原上的各种穆斯林信仰者，说波斯语、阿拉伯语和各种方言的突厥语的人群，出于自愿或受蒙古统治者的调遣，以从商（包括作为与蒙古人合伙的经商者，即"斡脱"，以及包税人）、官员、科学技术人员、专业的宗教传播者、军队、工匠等等不同身份，大批地进入并分布到元代中国的城乡各地，成为遍布中国的一个群体。除北京、杭州、开封这样的大都会以外，"远而诸路，其寺万余，俱西向以行拜天之礼"。这批人众成为后来在中国形成的一个民族，即回族的祖先。中国因此也有了一个大面积分布的宗教——伊斯兰教。

　　与穆斯林信仰一起传播到中国的，还有伊斯兰天文、医学、数学、军事器械制造技术、各种穆斯林饮食等科学技术和文化财富，以及经由穆斯林世界的中介而传来的西方古典世界的科学文化。欧几里得的几何书最早传入中国，就是在元代，那是一个经过阿拉伯人翻译的文本。托勒密的地理学知识，则十分清楚地反映在出自元末江南文人之手的世界地图里。这幅图原来的名称叫《声教广被图》或《声教被化图》。原图虽然没有完整流传至今，但它的主要内容，被保留在现在可以看见的经朝鲜人于1402年增补改绘的《混一疆理历代国都之图》里。本图相当正确地表现了非洲南端好望角的形状，尽管图上整个非洲的面积被缩得太小了。这应该是迄今为止我们所知道的正确表现出好望角形状的最早一张世界地图。不过，这一项知识显然不是来自托勒密体系，它应当曲折地反映了穆斯林地理学家们自己的成就。

　　中国制瓷业在宋代已达到极高的技术水平。在元代，以釉下彩方式烧制的青花瓷，成为享誉中亚和西亚的最著名中国产品。生产这种瓷器所需要的原料之一，即主成分为钴的化合物染料，是从西亚进口的"苏麻里蓝"。这个词在波斯语里写作 lājavard-i Solaymānī，译言"Solaymānī，天蓝色"。在波斯语里，"天蓝色"一词读为 lājavard，钴的颜色正与天蓝色相近，故名。所谓"苏麻里"，其实就是以"苏"、"麻"、"里"三字分别记录 solay-、-mā、-nī 等音素组合的发音。汉语不少方言里的 l- 与 n- 常相混淆，所以用"里"字音写 -nī，这是可以理解的。

　　五花八门的新文化元素与中国原有文化的碰撞，就这样组成了一幅色彩缤纷、气象宏伟、令人振奋的壮丽画卷。这是在蒙古人主导下搭建起来的一个世界性舞台；旧大陆几乎所有的人群中，都有人借着这个舞台到中国来，和中国演员同台演出了一场壮美的历史剧。

　　多元文化的交相辉映，还不只体现在元代中国与它各邻邦的交流互动的层面上。由于元代所造就的，是一个打破了几百年"天限南北"格局的大一统中国，使国内各民族及其文化之间也获得了一种前所未有的互相交往、学习、融合的机遇。我举几个具体实在的例子，可以让我们的认识变得更加感性。

居庸关位于燕山支脉的一条很险要的山沟地段，大约有三百米长。元代在山沟的北面和南面都筑起大红城门把这个山沟截断，由此形成扼守长城、来往大都和上都之间通道上的一个要隘。到元后期，在居庸关的南口红墙内加筑了由三塔组成的过街塔楼。塔楼以汉白玉为台，基座门卷南口城门洞壁上刻有六种文字的陀罗尼经咒文，包括梵文、八思巴字蒙古文、维吾尔文、藏文、汉文，还有西夏文。此前中国历史上，还有哪一个王朝有过这样的气派，肯同时行用那么多种具有相同地位的不同文字？元之后的清朝也是这样。清朝有一部官方发行的工具书，叫作《五体清文鉴》。因为它同时以满文、蒙古文、藏文、汉文和维吾尔文作为官方语言。

除陀罗尼经咒语采取六种文字书写外，门洞上还刻有记录捐资修塔人的功德记铭文，用除梵文之外的上述其余五种文字书写。因为梵文已是一种死文字，没有人用梵文讲话，所以未用它来写功德记。五种文字的功德记，说明建造过街塔楼的人们，来自许多不同的民族。

这里存留的西夏文最有意思。蒙古灭西夏是1220年，造这座塔的时间大概是1340年。西夏亡国以后一百二十年，仍然有人使用西夏文。说明西夏人群，直到元代结束之时，仍然还作为一个拥有自己语言和文化传统的人群，生活在当日中国。

藏式的白塔不仅建筑在居庸关。从现存资料判断，出现在汉地社会的最早一座覆钵型藏式白塔建立在北京，现在叫"妙应寺白塔"。白塔的样式源于佛教徒的净瓶，就是佛教徒拿在手上的一个盛水瓶，以备随时洗手之用。这样的白塔在北京造了不止一座，而且还不只建造在北京。藏传密教在汉地传播的最重要据点，是五台山。五台山成为藏传佛教的圣山，现在常常被追溯到宋代；但其实恐怕还是从元代开始的。

当时有一个著名的尼泊尔建筑师阿尼哥，就是上述"妙应寺白塔"的设计者，曾在五台山上设计过一个类似的白塔寺，可惜现在没有保留下来。他还在涿州（今河北省涿州市）主持建造护国寺，并塑"摩诃葛剌"（译言"大黑天神"）像于其中。直到今天，存留在杭州飞来峰石刻群里的，也有藏传佛教的四手观音，莲花台下面还有已经磨损的藏文。另一个非常有名的，是雕刻在一龛里的九尊藏传佛教风格的菩萨像。西湖东岸的宝成寺，曾有元中叶官府派人雕造的大黑天神龛像。

元大都也体现出多种文化交融汇合的特点。它的城门有十一座，设计者叫刘秉忠。据说此人精通遁甲之术，所以把城门数安排为十一座，意喻哪吒的三头六臂，再加两个脚。皇城内大部分建筑是汉式的，但是也有非汉式，比如畏兀儿殿、棕毛殿等。还有一个召见大臣的"茶迭尔"殿；"茶迭儿"即蒙古语"帐篷"的意思，所以是一座意喻为"帐殿"的建筑。皇帝和皇后举行重大典礼的时候要一起坐在玉榻上面，也是蒙古旧制。召见群臣的大明殿上，安置着装马奶子酒的大酒瓮，蒙古语称为"古鲁额"，又可以译为"酒海"。今存团城公园里的酒海，是原来广寒殿内用的，据说能装三十多石，也就是三百多斗酒。所以大都城本身也是由蒙古文化、汉文化等多种文化拼合起来的。

元朝的统一也为在长达一百五十年的时间里被分割为南北两半、不能充分沟通的汉文化提供了重新获得大规模交流和整合的条件。因为时间关系，这里只在北向传播和南向传播的例证里各举其一。

若以朱熹和陆九渊的出现作为理学发育成熟的标志，那么它是在南宋获得最完备的形态的。金代文人在汉语精英文化几乎只剩灰烬的北方苦苦摸索，直到金末，才重新走回到北宋一代怀疑以汉、唐经典注疏之学为主要内容的儒学，并试图以某种形式的新学去取代它的阶段。这时候的金代儒学，还未曾摆脱依存于佛教势力来求得自身发展的状态以及"三教合一"的观念。从南宋传来的理学，直到蒙古征服华北二三十年后，依然是零星而不系统的，既不可能被北方士人完整地了解，更谈不上被他们心悦诚服地接受。理学向北中国的大规模传播，正发生在元朝。元朝科举制度的设计者主要是北方的汉族知识分子，可就在他们手里，理学变成了中国科举考试最主要的标准和内容。这是北方接受来自南方文化整合的一个最鲜明的例子。

反过来，也有南方接受了来自北方的重要文化元素的例证。杂剧就是其中之一。元杂剧是我们现在知道的中国最早的戏剧形式，戏剧作为有别于说唱、歌舞、杂耍的综合表演形式的最重要的地方在于，后者采取的是以第三者叙事为主的"讲述"故事的形式，而前者则是若干演员以各自所演的剧中角色为"我"来展开的对故事实况的再现。北宋、南宋和金有没有这样的戏剧，因为留下的材料太少，无法知道得很明确。但我们可以很确切地知道，元杂剧肯定是这样的。它于金元之际在北方形成，自元初一直到大约14世纪初，北京是元杂剧的中心。那时候南方有南戏，但它的状况到底怎么样，当时好像没什么人关心这个问题。此后杂剧的中心南移到杭州。南下后的杂剧刺激了南戏。到元末，才涌现出属于南戏的最经典、最成熟的剧目，即《琵琶记》。而《琵琶记》又为明清传奇的诞生奠定了重要的基础。如果说中国戏剧的早期历史上有两个黄金时代，一个是元杂剧，一个是明清传奇，那么这两个高峰靠什么联系起来？二者间互相联系的线路是很清楚的：北方的杂剧南下，推动了南戏的发展，然后才会有明清传奇。

关于北方文化对南方的影响，在元代文人画派的崛起中间，也可以看得很清楚。宋朝有画院，那时候文人画只能是一个初起端倪的涓涓支流。元朝没有画院制度。画院画派这样一个艺术人群和艺术形式所赖以维持其存在的特权与优势被消解了，文人画于是获得了属于自己的发展空间。另外，文人画要发展，儒家思想的约束不能太强烈。

宋元之际，理学还没有完全变成一种强有力的意识形态，在理学和北方儒学不同传统的夹缝中间，文人画才得以在元代完全成熟，并在明清延续下去。可见即使就汉文化传统的发展而言，元的大一统也给予它很好的刺激和促进。

所以我想用下面这几句话来结束今天的演讲：

元代的统一，给中国带来了多元文化交相辉映的伟大成就。对这样一种辉煌的成就，无论怎么估计都不会过分。元代与中国历史上的其他朝代相比，是一个毫不逊色的王朝。它在中国历史上的意义，它对中国历史的贡献，既不应该被抹杀，也是无法被抹杀的。

（原载上海博物馆编：《青花的世纪》，

北京：北京大学出版社，2013 年）

# 汉文明在元时期：
## 果真存在一个"低谷"吗？

### 弁　言

最近二三十年以来，学术界越来越重视把过去流行的国别史放置到全球史或者跨国别史的整体框架中去予以重新考察和讨论。这样做当然是完全必要的。但它仍无法完全回避在国别史和讲述超国别的历史这二者之间如何衔接的老问题。在明人为前朝编定的官方历史叙事里，就没有注意到如何将蒙古帝国和元王朝加以区别的问题。在明人看来，从蒙古帝国分裂出去的西方各大汗国，相对于君临"天下"的元朝皇帝，都是元帝的西北"诸藩"。大体说来，明以后直到今日的中国史叙事，实际上一直遵循着这样一种历史编纂学传统。

这种对两者不加区分的做法，会产生两种极不相同但同样极其有害的误解。一是把蒙古帝国的历史整个地看成就是中国历史的一部分。我在课堂上讲到蒙古西征时，总会有同学问我：老师，我们当年打到哪里？我只好回答："打到了波兰接近德国的边境处，不过不是'我们'。"另一种情况，则把元史完全看成"蒙古史"，甚而因此不认为它还是中国史，或者只能是中国被外族侵占和奴役的一段历史。由此可知，怎样在我们的标准历史叙事里对蒙古帝国史和元史做出十分明确的不同定位，已经是一件事关更完善地塑造国民历史意识的大事情。

其实，即使就元朝而言，它的疆域已大大超出了今日中国版图。在这个意义上，它也已经是一个世界帝国了。唐朝和清朝的情形也如此。但是与蒙古帝国史不一样的是，唐史、元史和清史毫无疑问都是中国史。在此一前提下，又如何去认识以往各朝的版图中超出当代中国边界线的那部分"历史疆域"？这应当是如何将国别史和超国别史的空间范围互相衔接起来的另一类别的问题。对此我以为还有进一步讨论的必要。

本文主题则是：汉文明在元代究竟遭遇了什么样的命运？在很多人的印象里，汉文明在元代肯定是漆黑一团。这样的想法尽管相当流行，却又带有某种不证自明的性质。似乎不大有人认为，它是一个先要经过认真的证伪过程，而后才能知道它是否可以成立的命题。而严肃的比较研究告诉我们，汉文明在元时期并没有跌入"低谷"。这可以从以下几个方面看出来。

## 元代汉文明的三座高峰，即文人画、元杂剧和元青花

唐代极其发达的人物画传统，在宋元时期一直延续不断。这有梁楷的《李白行吟图》与《泼墨山人图》，作者未明的《二祖调心图》、《无准禅师图》，以及《寒山拾得图》等存世墨迹，乃至永乐宫的元代壁画为证。不过宋元绘画最有代表性的题材，已经从过去的人物画转移到山水和花鸟领域内。"文人画"之名始出于清，明多称"士夫画"或"士大夫画"，用指形成于元代，并最为明清人所崇尚和师法的绘画风格。而在宋代，所谓"士夫画"，则还是一种贬称，多指无画技的士人作品，故苏轼以"谬甚矣"论之。

对宋以后的绘画史，与其像董其昌那样把它追溯成自始至终即是南北两宗间的并长争雄，还不如说是主流传统几经曲折的流变过程。在最具典型性的山水画领域里，李泽厚把它呈现为一个从"无我之境"（北宋）向有我之境的过渡（以南宋马远、夏珪为代表），再演化为元画中"有我之境"的三段论历程。高居翰则分为四个阶段：五代、

宋初的"自然与艺术的完美平衡"阶段，即当日绘画既不忠实地反映物质宇宙，也不以人的了解来统御宇宙；对体现在自己画里的生命有了同情和了解的北宋画风；两宋之际至于南宋，追求准确性（"逼真"）和严谨格局取代北宋即兴式创作法的阶段；元代跨越南宋而直追唐宋、超越唐宋，绘画的真正主题已非竹枝或山水，而是画家以"平淡"为特征的心灵。据此则北宋所谓"无我"，尽管已不是绝对地追求"无我"，但大自然确然从整体上被呈现为一种具有主宰性的生命体；而马远、夏珪在对严谨格局（如用右上左下的斜线来划分画面的空间布局）的追求方面，仍然反映了"院画"的特点，不过是院画中"另开户牖"（清人语）的一路而已。如果说院画是采用勾勒填色、工笔、布局谨严、青绿华丽加斧劈皴等手法，把实际上已糅入了画家的主观意会与内心涵咏的景物当作纯粹外在于主观意识的客观映象来表现，那么文人画所要直接表达的，乃是画家的主观意境本身，而通过运笔的书法化（水墨和渲染）、把展示作者书法技能的题款当成作品的有机构成部分以直写胸臆、布局随意即兴、山水画中"平远"（高居翰形象地把它的特征概括为"隔江山色"）及"高远"（详下）意境的格式化呈现，以及各种复杂而具有个性的皴法等等所展现出来的描画对象，不过是传达画家意境的中介而已。

上举三段论或四段论，都同样地强调两宋之间及宋元之间画风的转折性变迁，因之也才得以区分出绘画发展史上开合清晰的若干阶段。不过自徐小虎的英文专著《重加涂绘的大师之画：吴镇原迹及其诸多衍生作品》（此书已有汉译本，见《被遗忘的真迹：吴镇书画重鉴》，桂林：广西师范大学出版社，2012）在1995年刊出之后，对以上见解已有作重大修正的必要。徐著在区分吴镇原作以及明中叶以后各种摹本、仿制本与伪作的鉴定过程，以及对这些作品从事深度解析的过程中发现，以大自然为主题的写实性、描绘性呈现，在两宋直至元代的绘画传统中事实上保持着一以贯之但又有缓慢变更的趋势。它先从注重大自然的"正面性"（北宋）向着更注意表现三维空间（南宋）的方向演化，接着又通过向上拉升绘画透视点而使空间向后退缩的方式，来凸显所谓"深远"意境，即表现由近及远的山岭蜿蜒在躯体性、量感、质理及空间回响等方面所产生的特征（元）。元代山水画由此以其对"深远"意境的表现力而明显有别于明代，尤其是明中叶以后的画作。后者往往使山脉"垂直的块体像纸板屏风般突兀地冒出……宛如层层摆置的屏风，而不是连贯与一致地伸往画面深处"（前揭书，页270）。此外，虽然使用线条性、干笔、皴笔之类的笔墨法式在元代后期绘画中已越来越蔚为风气，但此前长期流行的渐层渲染至少仍在吴镇的作品里一再使用。元后期的画作虽已清楚地显示出"写意"的倾向，但将大自然作为生命体置于景观中心的宋代传统也仍顽强地存在。它以其隐居山水的平淡，反倒截然有别于"明代绘画所散发的社交性与欢乐性本质"（前揭书，页138）。

因此，我们或许可以说，在元四大家手里已变得十分清晰的文人画风格，是在保持着与宋代绘画传统的诸多延续性的前提下，从后者中蜕化出来的。它与表现在明代文人画中的"完全怒放"的写意倾向之间，具有不容忽略的差异。元代文人画所达成的独有艺术高度，恰恰在很大程度上得益于它能同时从其所兼具的两种感知，即描绘性（或写实性）感知与写意性感知中去汲取创作的灵感。

元杂剧与金诸宫调在表演形式之间的巨大差异，很使人怀疑前者究竟是否真由后者演进而来。梵语中有 Aṅká，译言"弧线"、"弯折"、"钩子"、"戏的一幕"、"一出戏"（Monier Monier-Williams, *A Sanskrit-English dictionary*, Oxford, 1899, 页7第一栏）。首见于杂剧的"折"这个术语，应即来源于梵语，字面上译出来的是"弯折"的意思，用来指的却是"戏的一幕"。用于此一意义上的"折"字，大概因为文义还不够典雅，故随杂剧南传而被改写成"齣"，后来又简化为"出"，两者的读音在汉语南方方言里都与"折"字相近，差别仅在吐气与否。

这也许表明，杂剧是在金元之际的某个时间从回鹘人那里传入山西汉地社会的一种表演形式。当然真正做出这样的结论，还需要找寻更多的证据。但是与受它南传影响而产生的明清传奇一起，杂剧作为传统中国戏剧艺术双峰之一的地位，无论如何总是成立的。

从景德镇瓷窑遗址发现的现今所知此地最早的青花瓷残件证明，该地从盛产"影青"（白瓷）到青花瓷制作技术的突破，再到青花瓷技术的成熟，所用不过十多年时间（约始于14世纪20年代后期）。到14世纪40年代，元青花已进入大规模生产时期。从一开始，就有波斯陶艺工匠参与了制作过程。元青花是来自波斯的原材料（包括钴涂料，即后世所谓苏麻里青/回回蓝，以及用于产生釉里红的铜涂料）、域外图案设计人与景德镇的陶艺、上釉技术和窑温控制技术完美结合的产物，产品主要用于外销。只是在元末乱局中断了与南海的贸易后，景德镇才开始生产用于国内市场的青花瓷。于是有以小说和戏剧人物、故事为画案题材的青花瓷生产。波斯原料来源地被当作一个长期保守的商业秘密，很可能是景德镇垄断那个时期青花瓷制造业的重要原因。

以上三者虽说确实是汉文明呈现于元时代的高峰，但除文人画还稍涉汉文化的核心，它们毕竟都还不属于汉文化的主流形态。那么这个时期汉文化主流领域的状况又如何呢？为避免使主题泛滥得漫无边际，我想主要从四库馆臣如何看待元代汉文化在其主流领域里的表现，来切入对此一问题的观察。四库馆臣们所处的言论环境有一定的特殊性。不过在不涉及族群关系的场合，在他们评判纯粹汉文化的各种著述时，上述特殊性所可能引起的干扰，应该说还是很有限的。但我们从他们的议论中难以发现，他们心目里怀有视元代汉文明为龙潜谷底的感受。

四库馆臣论元经史与文学

自汉代经学以后，清儒把儒学的历史变迁划分为六个阶段来描述。六个时期的儒学各有其优长的一面和鄙陋的一面。两汉：其学笃实谨严，及其弊也拘；魏晋至宋初：各自论说，不相统摄，及其弊也杂；两宋：洛闽崛起，道学大昌，其学务别是非，及其弊也悍；宋末至明初：其学见异不迁，其弊也党；明初至明末：其学各抒心得，及其弊也肆；"国朝"：其学征实不诬，及其弊也琐。在这样非常平实的评论中，看不出他们会以为元代儒学有特别卑下的地方。

清儒对元代经学考试中"经疑"的设问方式，以及由这种考试方式所促成的学风，其实还是很赞赏的。他们以为，经疑之学"颇有发明，非经义之循题衍说，可以影响揣摩者比。故有元一代，士犹笃志于研经"。相反，在他们看来，儒学的毁坏，主要责任在明初的"四书大全"和"五经大全"。虽然朱熹积平生之力作《四书章句集注》，"凡以明圣学也。至元延祐中，用以取士。而阐明理道之书，遂渐为弋取功名之路。然其时经义、经疑并用，故学者犹有研究古义之功。……至明永乐中，'大全'出而捷径开，八比盛而俗学炽。科举之文，名为发挥经义，实则发挥注意，不问经义如何也。且所谓注意者，又不甚究其理，而惟揣测其虚字语气，以备临文之摹拟，并不问注意如何也。盖自高头讲章一行，非惟孔曾、思孟之本旨亡，并朱子之四书亦亡矣"！

对元修三史，四库馆臣的评价也是中肯的。"元修三史，莫繁冗于宋，莫疏略于辽。"而元人之于《金史》，则"经营已久。与宋、辽二史取办仓卒者不同。故其首尾完密，条例整齐，约而不疏，赡而不芜。在三史之中，独为最善。……卓然有良史之风"。《宋史》的编纂虽有缺陷，却依然有它的不可替代性。"自柯维骐以下，屡有修改。然年代绵邈，旧籍散亡，仍以是书为稿本。小小补苴，亦终无以相胜。故考两宋之事，终以原书为据，迄今竟不可废焉。"至于马端临的《文献通考》和胡三省的《音注资治通鉴》，如果也能看作元代史学的一部分，那么它们无疑可以代表元代史学的最高成就。《文献通考》

虽"稍逊《通典》之简严，而详赡实为过之，非郑樵之《通志》所及也"。他们对胡注的评价更可以说是无保留的赞美了："《通鉴》文繁义博，贯穿最难。三省所择，于象纬推测、地形建置、制度沿革诸大端，极为赅备。……其言实足为千古注书之法。"

元继承自蒙古帝国的辽阔版图，使当日人们能获得非凡的机会，去勘踏过去只能遥望而不可及的地方。清人评潘昂霄《河源记》云："河源远隔穷荒，前志传闻，率皆瞽说。惟笃什尝亲历其地。故昂霄以闻于其弟阔阔出者，记为是编。自诧为古所未睹。"其评汪大渊《岛夷志略》则曰："即赵汝适《诸藩志》之类，亦多得于市舶之口传。大渊此书，则亲历而手记之，究非空谈无征者比。……大半为史所不载。又于诸国山川险要、方域疆里一一记述，即载于史者亦不及所言之详。"方志撰作也有绝佳者，如《至大金陵新志》："其学问博雅，故荟萃损益，本末灿然。无后来地志家附会丛杂之病。"史评类著作最为崇尚朴学、鄙视虚谈"义理"的清学所诟病，但胡一桂的《十七史纂古今通要》却获得他们的高度评价："宋以来论史家汗牛充栋，率多庞杂可议。……此书议论颇精允，绝非宋儒隅见者可比。一览令人于古今兴亡，了然胸次（此引钱曾《读书敏求记》语）。"

面对上举种种例证，还能用"元人无学"这样简单蛮横的论断来一言以概之吗？

大概没有人能否认，诗歌创作是汉文化传统的重要组成部分。关于元诗在中国诗歌史上的定位问题，清儒写道："唐诗至五代而衰，至宋初而未振。……欧阳修、梅尧臣始变旧格。苏轼、黄庭坚益出新意。宋诗于时为极盛。……迁流至于四灵、江湖二派，遂弊极而不复焉。金人奄有中原，故诗格多沿元祐。迨其末造，国运与宋同衰。诗道乃较宋为独盛。……有元一代作者云兴。虞、杨、范、揭以下，指不胜屈。而末叶争趋绮丽，乃类小词。杨维桢负其才气，破崖岸而为之风气一新。然讫不能返诸古也。"

在不少评论者看来，宋诗的全盛时代，不过从欧阳修、梅尧臣延续到黄、苏、王的时代而已。唯"黄太史必于奇，苏学士必于新，荆国丞相必于工。此宋诗之所以不能及唐也"。因此，"宋诗与唐不异者，梅都官尧臣为最。""宋诗之有唐味者，皆在真庙以前三朝。"总的说来，他们对宋诗的评价不怎么高："宋三百年人各有集，诗各有体。要皆经义策论之有韵者，非诗也。"这种偏颇随理学的逐渐兴盛而愈趋于严重。故云"宋诗至道学诸公又一变，多主于义理"。金诗所承袭的是宋代诗风。"百年以来，诗人多学坡、谷。"元诗创作一改此习，"古祖汉，近宗唐"，甚至有"举世宗唐"之主张。正因为如此，元诗"能得乎风雅之声，以一扫宋人之积弊"。今人有谓"宋诗痼于理，元诗邻于词"者。此说或出于徐渭之语："宋人……格高气粗，出语便自生硬。……元人学唐诗，亦浅近婉媚，去词不甚远，故曲子妙绝四朝。"若依四库馆臣之见，则元诗之"去词不远"，只是"末叶争趋绮丽"的一时现象，颇不足以之概言元诗全貌也。

## 汉文化在元代的一般发展特征

或许可以用以下两点来概括元代汉文明的一般特征：它体现了平移式的横向拓展，而非向纵深的持续推进；它体现了对既有前沿成果的消化，从而导致各地域间发展差距的显著缩小。

能举以为证者包括：理学从南部中国向北方的传播；农业经济在汉文化各边缘地区，尤其是云南的发展；回回先民以与唐宋时期穆斯林世界向中国沿海都市的移民运动所具有的不可比拟的规模大批东来，由此而奠定今天的回族在全中国大分散、小聚居的分布态势；铜银双本位制实为明后期向银本位货币制过渡之准备；棉花种植从边缘向核心地区的大范围推广；等等。

即使就传统中国时期为汉文明所覆盖的地域而言，它的内部也不

Periods of Development of Chinese Macroregions, A.D. 2–1948.

| Region | A.D. 2 | 609 | 742 | 980 | 1010 | 1080 | 1170 | 1200 | 1290 | 1391 | 1542 | 1800 | 1948 |
|---|---|---|---|---|---|---|---|---|---|---|---|---|---|
| **LINGNAN** | | | | | | | | | | | | | |
| West Core | 3 (20) | 10 (−43) | 6 (05) | (06) | | 7 (63) | 12 (20) | 13 (−1.3) | 4 (−38) | 6 (0) | 6 (73) | 65 (29) | 100 |
| West Periphery | 1 (23) | 6 (−10) | 5 (05) | 5 | | 12 (78) | 11 (51) | 22 | (−38) | 11 (02) | 11 (70) | | |
| East Core | 3 (31) | 3 | 4 (19) | | | 3 (35) | 11 (0) | 11 (−1) | 10 (−23) | 12 (−08) | 11 (82) | 90 (07) | |
| Coastal Periphery | 3 (12) | 6 (−32) | 4 (15) | 12 | | 6 (52) | 18 (−26) | 12 (153) | 30 (15) | 25 (15) | 31 (29) | (60) | |
| North Periphery | 2 (1.04) | 8 (13) | | | | 23 (69) | 18 (−181) | 11 (−29) | 8 (−09) | 7 (12) | 9 | (60) | |
| **SOUTHEAST CHINA** | | | | | | | | | | | | | |
| Core | 5 (26) | 6 | 5 | 10 (73) | | 23 (92) | 32 (37) | 34 (−3) | 25 (−37) | 24 (−04) | 45 (41) | (20) | |
| Periphery | 6 (52) | 14 | 20 | 12 | | 47 (85) | 65 (37) | 70 (−2) | 53 (−2) | 32 (58) | 33 (01) | (28) | |
| **UPPER YANGTZE** | 9 (−08) | 6 (67) | 14 | (13) | | 21 (48) | 33 (48) | 33 | (−79) | 7 (15) | 9 | 31 (79) | |
| **MIDDLE YANGTZE** | | | | | | | | | | | | | |
| West Core | 4 (01) | 5 (−04) | 5 | (51) | | 26 (21) | 31 (21) | 36 (−1) | 33 | 11 (31) | 18 (48) | 61 (33) | |
| West Periphery | 12 (03) | 14 (−20) | 11 | (26) | | 26 (−66) | 14 (−18) | 14 (−2) | 11 | 10 (76) | 33 | (28) | |
| East Core | 15 (−28) | 12 (1.12) | 12 (38) | 29 | | 72 (31) | 58 (0) | 58 (65) | 105 | 72 (07) | 79 | (06) | |
| East Periphery | 7 (−12) | 3 (84) | 10 (43) | 29 (1.61) | 46 | 75 (59) | 99 (53) | 116 (−1) | 106 (−1) | 72 (02) | 74 (−02) | 71 (23) | |
| **LOWER YANGTZE** | | | | | | | | | | | | | |
| Core | 3 (−03) | 3 (30) | 7 | | 17 | 17 (−01) | 24 (27) | 26 (39) | 38 | 36 (06) | 41 (36) | 105 (−03) | |
| Periphery | 9 (−03) | 7 (92) | 24 | | 32 | 47 (43) | 56 (05) | 57 (22) | 70 (−15) | 57 (20) | 59 (30) | 128 (−17) | |
| **NORTHWEST CHINA** | | | | | | | | | | | | | |
| Core | 63 (−11) | 33 (21) | 43 | (0) | | 43 | (0) | 43 | (−15) | 32 (16) | 41 (25) | 78 (17) | |
| Periphery | 24 (07) | 36 (−17) | 29 | (15) | | 48 | (13) | 56 | (−12) | 45 (02) | 46 | (19) | |
| **NORTH CHINA** | | | | | | | | | | | | | |
| East Core | 42 (−15) | 17 (−22) | 12 | (16) | | 21 | (−23) | 16 | (−10) | 13 (32) | 22 (38) | | |
| East Periphery | 14 (−09) | 8 (−17) | 7 | (21) | | 16 | (−56) | 8 | (17) | 12 (11) | 14 (49) | | |
| North Core | 43 (02) | 51 (−39) | 30 | (−07) | | 24 | (32) | 35 | (−29) | 20 (16) | 26 (32) | 60 (35) | |
| North Periphery | 28 (03) | 34 (−23) | 25 | (−02) | | 23 | (28) | 32 | (−15) | 24 (04) | 26 | (33) | |

12...... ...Population densities indexed as percentages of population in 1948
(−02)...... Annual percentage change since last census

Frontier Settlement
Rapid Development
Systemic Decline
Equilibrium

Source: Tables 1, 7, 12.

可能是铁板一块的。其中经济、文化及社会关系发展的程度，一直呈现着相当巨大的地域性差异。包括它们各自的发展周期，以及在某一特定时刻它们在各自周期中所处的具体发展阶段，都是很不相同的。经济、文化或社会发展领域内最具推动力的所在地区，也不是固定不变，而是处于不断移动之中的。郝若贝在施坚雅工作的基础上，将汉文明核心地区分成岭南、东南中国、长江上游、长江中游、长江下游、西北中国、北部中国共七大区域，此下再分析出"核心"或"边缘"两类次区域。这样，除长江上游未进一步划分次区域外，上述六大区域总共被分划为十九个次区域。接着，他以各地区人口变动的参数作为基本依据，推算出从公元2年到1948年的长时段里各地区经济发展的基本面貌，并将它们分别定位在移民充填（亦即经济发展的起步时期）、急速发展、急剧衰落或基本平衡这四个阶段之中（Robert Hartwell, Demographical, Political, and Social Transformations of China, 750–1550, HJAS 42·2, 1982, pp. 365–442）。

根据郝若贝的这项研究，去分别考察上述诸地域在元代的经济发展状况，并与前后若干时段内各相应地区的状况进行比较，其结果可以制成下列数据统计表：

| | 1250—1350 | 742—980 | 1080—1200 | 1391—1542 |
|---|---|---|---|---|
| 系统增长地区 | 1 | 13 | 8 | 6 |
| 增长转入平衡 | 1 | | 4 | |
| 好转 | 3 | | 1 | |
| 平衡 | 4 | 2 | 2 | 10 |
| 重新积聚人口 | | 4 | 1 | 4 |
| 系统衰落 | 8 | 1 | 4 | |
| 增长转入衰落 | 3 | | | |

由于元政府在户口统计方面的行政执行力偏低，从元代人口数

据推算出来的经济变迁，有可能会夸大那个时期经济形势中不乐观的一面。尽管如此，从以上统计中我们仍然可以获得的一个十分明显的印象是，元代汉地社会的经济发展状况，与它之前的唐后期、两宋，及之后的明前期和中叶相比，确实都处在落后不少的位置上。在整个元时期，四川、长江中游和华北核心地区等经济曾经十分发达的地方，始终处于系统衰落的状态中；闽浙核心地区在元代前半叶也处于经济上的系统衰落阶段。系统衰落的区域面积之大，为其他王朝所不见。虽然它部分地可以看作宋元之间在川东的长期对峙所导致的巨大破坏（四川人口因此流失十分之九之多）、宋元及元末在长江中游的长期战争、元灭金的持久战争对华北经济与社会的接连不断的摧毁性打击，以及宋元在东南中国的最后决战等特殊事件的直接后果，但它们之所以在元朝完成统一之后未能获得较迅速的恢复，其最重要的原因即为元朝在国家治理方面的疲弱低效。对这一点估计不足，与据此就把元代汉文明说成一团漆黑的见解，都是很不恰当的。

对于中国最发达地区在元代经济衰退的意义，还很可能被不合理地放大，如果人们把它跟16世纪中叶以降"晚期帝制中国"社会与经济的最后繁荣放在一起作简单对比的话。除了经济与社会演化的内部驱动力之外，还有两项此前根本不具备的外在驱动因素，它们组合在一起，才可能产生出明末至清中叶的长时期经济增长与社会关系的相应发展：由于明代构筑的线形封闭的全线防御蒙古诸部的长城体系，以及清前期大规模西北用兵的军备物资需要，明清国家的财政购买极大地刺激了江南农业和手工业生产的划时代增长；而中国之被拖入墨西哥—东亚—西欧的大三角国际贸易圈，则使中国在两百多年内处于白银持续入超的有利地位，从而得以在一个白银资源原本不足的国家建立起发达的银本位货币经济。可见倘若忽略上述特殊条件，用明清中国来反衬元代在原先较发达的各地区内经济与社会发展的下行，只能因脱离具体历史背景而引发误解。

元对汉地社会的管治，系统地采纳了汉唐以来具有专制君主官僚制性格的中原政治统治体系。但是采纳中也有变化与外来成分的融入。例如我在过去发表的研究里已经论证过，将首都及其邻近腹要之地划为不设专门治理机构而直接由中书省辖理的"腹里"，其名称系直接来源于蒙古语词 qol 的音译，指由大汗直接指挥和统领的民户及其所在地域。这表明腹里的政区建制实际上是被嵌入汉制中间的蒙古制度成分。行省制度的演变历程中，也可能有与此相类似的情形发生。因此，由元代实现的对中国的空前统一，未必可以简单地被看作只是属于汉唐国家建构模式的历史成就。这属于另一个话题，此处不予赘述。我接下来要讨论的是：坐在元朝宫廷宝座之上的，是一个兼有皇帝、大汗，以及吐蕃民众眼中与藏地结为"施主与福田"关系的，"君临北方蒙古之地，连同汉地、泥婆罗和吐蕃"的观音菩萨化身，转大法轮之蒙古皇帝（这是留在明前期的吐蕃人观念中的印象）。既然如此，这种具有多重身份的君主角色，在被嵌入汉唐式的专制君主官僚制的过程中，又怎样反过来影响了汉唐式专制君主官僚制本身的历史走向呢？

自从士族政治从它的顶峰阶段（东晋门阀政治）下行以降，有两种正相反对的趋势一直在专制君主官僚体制内部同时增长着，这就是由君臣之际尊卑名分的差异所凸显的君主权威的不断抬升，以及臣下制衡君主权威的制度性安排和惯行体例的不断完善。二者的充分发育以及由此引发的它们之间的张力，在宋代士大夫文化高度发达的背景下达到顶点。元朝在采纳汉制的过程中，基本上接受了体现在中原皇帝—官僚制度中的这一部分政治遗产。元代皇帝实际上并不专制。朱元璋认为，元朝灭亡的原因是"主荒臣专"，或谓"后嗣荒沉，失君臣之道，又加以宰相专权，宪台抱怨"。他的评论，让我们想起安迪科特–魏思特（E. Endicott-West）的见解。她指出，元代宫廷礼仪中流行着"非正式性"和"合议"（collegiality）这两种基调。正是这样的基调，使延续并在其延续过程中逐渐获得强化的臣下制衡君权的制度安排和惯行体例，都在很大程度上受到腐蚀削弱，甚至被终止了。唐宋两朝专制君权持续强化和制衡君权的程序效力也持续强化这两种趋势之间的张力，由于元朝几近百年的统治而被破坏了。朱元璋之所以得以在明初大幅度地强化专制主义的君权，与元朝在无意中为他预先扫除了唐宋两朝的君主们所无力克服的来自中原传统的制度化障碍，乃是密切相关的。

历史无法假设。如果没有元朝的存在，中国的专制君主官僚制究竟会沿着怎样的路径继续演变？我们现在没有办法知道。可是无论如何，专制君权是早已存在于汉唐制度体系之中的一种文化基因。它在14世纪之后的急剧膨胀，恐怕很难认为应该完全由元朝来负责。

## 结　语

陈寅恪说："宋元之学问、文艺均大盛，而以朱子集其大成。朱子之在中国，犹西洋中世之 Thomas Aquinas，其功至不可没。而今人以宋元为衰世，学术文章，卑劣不足道者，则实大误也。欧洲之中世，名为黑暗时代 Dark Ages，实未尽然。吾国之中世，亦不同。甚可研究而发明之也。"他在这里着重表彰的自然是宋，以至于在另一处他还说，"华夏民族之文化，历数千载之演进，造极于赵宋之时"，"至今尚不能超越宋代"。但他将宋元连称，可见着眼于汉文明发展的基本状态，元代在他眼里未必是汉文明的一个低谷。这与吕思勉对元代的评价截然不同："蒙古人始终没懂得中国政治——而且可以算始终没懂得政治。他看了中国，只是他的殖民地。……罗马人的治国，就是如此。"

关于中国历史的标准叙事虽不采取吕先生的见解，但也与陈先生的看法颇有不同。它对元代成就的肯定主要有两项，一是多民族国家的空前统一，二是多元文化在元代中国的交相辉映。但即使是针对这两项的肯定，实际也都是非常不到位的。一般人从这样的叙事中产生"厓山之后无中国"的印象，其责任似不应完全由听者自负。

（原载张志强主编：《重新讲述蒙元史》，
北京：生活·读书·新知三联书店，2016年）

# 面对故国的忠诚

　　1379 年（明洪武十二年）秋冬之际，悄然隐居在江西进贤某乡村中的伯颜子中，忽然受到来自县衙门的传唤。找上门来的本县衙役身后，还紧随着一名受当日主政江西全省的南昌布政使沈立本派遣、专程前来找寻他的公差。临行前，沈立本曾叮嘱公差说："倘若带不回伯颜子中，你也不要再来见我。"所以那人不敢怠慢，从县城一路跟到北山脚下的子中居所。

　　乍看起来，这还真像是一件大好事。原来太祖皇帝朱元璋新近君临天下，亟须能帮他治理国家的各色人才，所以下诏"搜求博学老成之士"。诏书递到江西，沈立本便决意把这个在元朝曾"四领乡荐"（即四次通过省级"乡试"，获得进京参加全国性"会试"的功名）的色目书生列入他的举荐名单。村里人围在伯颜子中三间简陋的竹屋外面交头接耳，都打心眼里为他高兴：这个"晨馔暮粥"、穷困孤独的老头，如今总算熬出了一个模样来！

　　但是，面对"上面来人"软言细语却又斩钉截铁的邀约，伯颜子中的心里充满了懊伤。他懊悔自己选错了隐姓埋名的地方。他本不是汉人，祖上来自西域，是作为由蒙古人调发到中原汉地的远征军而被集体迁徙到华北的。自从蒙古征服南宋疆土以来，他的祖父和父亲两代驻守江西，死后便落葬在"彭蠡（今鄱阳湖）之滨"。我们不清楚，他的父祖辈究竟受到过多少汉文化的影响，但至少伯颜子中的汉化程度是很高的。他曾从名儒专门研习《春秋》。尽管未能成为进士，但四次取得入京会试的资格，可见他出入场闱颇似轻车熟路。他与不少江西名进士、地方名儒交游甚欢，并担任过本省建昌路的儒学教授，职位大略相当于今日一个中小型地级市的教育局长。显然是出于儒家的"孝悌"观念，子中才会挑选位于鄱阳湖南端的进贤北山作为自己的隐居地，因为那里很接近他先祖先父的墓地，便于他按时祭拜。然而现在他却发现自己有一点失算。当日的进贤县境西面紧靠附廓南昌府的南昌县。而从北山去到省府，若按那时候志书上的说法，总共不过八十里路。它太接近一省的政治文化中心，因此有关自己的近日讯息，才会这等容易地被有心人所侦知。

这世上有过多少人，处心积虑地摆出一副自甘淡泊的隐居派势，其实就盼着声名外传，好让朝廷来征召？伯颜子中和这些人不一样。那么，对于自己被"省部级"的"猎头"当作人才百般搜访，他为什么又如此不乐意呢？


话还得从他在元朝末年的经历说起。看来他的父亲去世颇早，当他知人识事的年代，家道已经中落了。所以有关他的史料写道："家贫，养母至孝。"想选择读书做官的道路，可他又没有考取进士。幸而地方上了解他的学问人品均"非同时色目进士所敢望"，所以他还能从南昌东湖书院的院长做到一路的儒学教授。在当时这类职位是不折不扣的"冷官"，无权无势，也无望升迁，还经常领不到那份微薄的薪金。但无论如何，他好歹算是做了元朝的官。

他的官运略通，那是元末农民大造反之后的事了。南方诸省大乱，官员死伤流离，开小差的人也日见其多。人不敷用，他倒有了用武之地。于是伯颜子中从地方大员的幕府官做起，曾带兵抗击陈友谅，事败后逃到福建，在那里效力，又从福建浮海进京，终于获得朝廷的授命。回到南方不久，他第二次赴京议事。这回又经过不止一次的迁调，他被委付了一个兵部侍郎（副首长）的官衔，与吏部长官一行到广西视事。这伙人才翻山越岭进入广西，两广和福建全境已都为朱元璋所有。子中于是诡姓遁逃，旅食江湖，大概伙同一群朋友做过一阵子生意。最后他才潜返江西，想守着父母的坟了却残生。这时他已垂垂老矣。

伯颜子中不曾与朱明的大军直接对抗过。他没有"违逆本朝"一类的前科需要逃避，怕的偏偏就是明朝找他去做官！所以据说他时时"怀鸩自随"。如果有人要强迫他加入明政府，在他看来那是逼迫他去做"非义"之事，他就只好以死作为回答。所以现在真的到了他必须"以死答之"的时刻了！

我们不知道，那班恭顺而蛮横的差使是否曾允许伯颜子中单独在自己家里再逗留一两天甚至或许更久一些。我们也不知道，伯颜是否还有机会最后去拜望一次祖上的坟茔，或者只能如同资料所述，仅在家里"具牲、酒，祭其祖、父、师、友及昔时共事者"。我们能确切知道的只是，他留下了一组遗诗，总共七首，题为《七哀》。尔后，他饮下随身携带将近十年的毒药，自杀身亡。

假如不算如同鸡肋骨的那个教授职位，伯颜子中只能说是在颠沛奔走的危难之中赶上了入前朝做官的末班车，一趟真正的末班车！他丝毫没有享受到什么荣华富贵，但他为此而毫不犹豫地付出的，却是生命的代价。

伯颜是一个"色目人"。在元朝，这个词指的，是出自西夏唐兀（又称"党项"）族、畏兀儿（今译维吾尔）族及其以西中亚各突厥部落和伊朗、阿拉伯地区的各种人。他们被蒙古人看作自己统治华北和南宋旧土的可靠帮手。"色目人"虽还不能算是当时的"国族"或"国人"，那是专属于蒙古人的一个分类范畴；但他们在元朝的政治和社会结构里往往据有很高地位，足以傲视华北汉人，更凌驾于旧宋版图内的"南人"之上。这么说来，伯颜那么坚决地拒绝明朝征聘，有没有一点族裔意识的芥蒂在他心中隐然发生着某种作用呢？

可以很肯定地回答：一点没有。

其实在元末明初，像伯颜这样面朝故国而坚守着对于它的忠诚的人，形成了很可观的一个群体。他们中间的绝大部分都是汉人，不仅包括元代仅用于指称北中国汉语人群的"汉人"，也包括南部中国说汉语的人们在内。在这个"元遗民"的群体中，至少与伯颜同等刚烈的人物并不难找。其中最为人所知的，或许应数郑玉。

郑玉是"南人"，属于通常被视为具有"民族压迫"色彩的元朝"四等人"制之中的最末一等。因为他在儒士圈子里有一点名气，元朝曾"授以隆赐，命之显秩"。但他固辞不出，因此从没做过元朝的官。朱元璋的部下想强行录用他。郑玉自称已"荷国厚恩"，不能再辜负元朝，先是不食七日，最终自缢而死。另一个叫王翰的元朝唐兀族高官，元亡后在山中藏身十年之久，不幸还是被明太祖寻获，逼他出来供职。他只好把儿子托付相知，以自裁明志，死时才 46 岁。

也有一些人的命运比郑玉、王翰好。"元遗民"里最著名的三个人，杨维桢、沈梦麟和藤克恭，被明人合称为"国初三遗老"。其中名声最大的，自然是当日南国诗坛领袖、"文妖"杨维桢。他可以赴金陵帮建国不久的明政府修订礼法，但绝口不提做官的事。他曾写过一篇诗歌，题为《老客妇谣》，以一个客居异乡、"行将就木"的老妇不愿再嫁自况，曲折地表白自己不想入仕的心迹。忌恨他的人把这首诗拿给朱元璋看，想借刀杀人。朱元璋确实曾以"不为君用"的罪名杀过人。他对发家之初江南地主文人宁肯投靠张士诚，也不愿追随他，一向心存旧恨；所以得天下后他便报复性地对江南课以重赋。但这回他却没有怎么恼怒，嘟哝了一句"老蛮子止欲成其名尔"，便将此事轻轻放过。剩下的那两人，一个参加过编写官修《元史》，一个当科举主考官，主持过五次省试、一次会试。他们都以高年寿终正寝，始终没有接受过明朝的官职。

对"遗民"的道德约束意识，不仅存在于须切身面对此种约束的那一小群当事者中间；在元明之际，它甚至已泛化为一种相当普遍的社会预期。明朝的"开国文臣第一人"宋濂，晚年受子孙犯罪牵连，被流放四川，客死途中。当时盛传的一则小道消息说，宋濂对自己一生谨慎、却屡遭命运颠簸很是想不通。借宿在夔州一个寺庙里，他向寺内的老和尚提出这个问题。据说老和尚问他：在前朝做过官吗？宋濂回答：曾担任过翰林国史院编修一职。老和尚听完未发一言。宋濂觉悟过来，当夜便吊死在寺院客房之中。

这个故事的真实性大可怀疑。虽然后来确曾有人（例如谈迁）断言宋濂曾做过元朝的翰林国史编修，但大多数人认为，真实情况应该是：元至正中"尝以翰林国史院编修官征之，固辞不起"；至于固辞的原因，是"亲老不敢远违"。宋濂自己也明确声言过："在前朝时虽屡入科场，曾不能沾分寸之禄。"上述传言竟说他自己也承认做过元朝的官，更不会是事实。然而，传闻之辞的不实之处，从另一个角度来索解，反而更加显示出它的弥足珍贵。因为从中反映的，正是人们对于事情本应当如何发生的一种广泛见解。在对降臣（尽管宋濂其实不是降臣）结局的大众想象里，我们很容易体察到明初人在对遗民行为预期方面的共识。

以上讨论或可表明，伯颜子中乃至王翰的以身殉义，全然出自当时流行的儒家"遗民"观念，而与其特定族裔立场无涉。在此种意义上，两人诚为"元西域人华化考"的绝好个例。不过，早已浸染了近代以来民族主义思潮的现代人，则又可能从元代遗民的事迹中读出别一样怪异的感觉。其实钱穆很早就从另一个角度接触到同样的问题。在他看来，元亡明兴，远非一般意义上改朝换代式的政权转换可比。它是结束异族统治、"华夏重光"的"大关节"。可是，在《读明初开国诸臣诗文集》里，他非常失望地指出：当时人们多"仅言开国，不及攘夷”；"心中笔下无华夷之别"。他因此责怪诗文作者们的精神未免猥琐。他或许是在为元遗民的精神世界里缺少那么一点与"民族大义"相类似的色彩而遗憾。

钱穆确实目光如炬。他已很真切地感受到古今人思想里的一个重大差别。可惜他多带了一点"以今讽古"的偏见，未能进而追究那差别中的所以然。事实上，为人之臣"不仕二朝"的原则，自宋代起逐渐演变为具有社会共识性格的道德教条与约束。元遗民的精神，可以说与宋遗民精神一脉相承。其中本不包含任何族裔意义上"民族大义"的意识。现在，让我们再举两个在宋元鼎革之际想做遗民、因为做不成而变成烈士的著名人物来说明这一点。这两个人，谢枋得和文天祥，既是同榜进士，又都参加过南宋最后阶段的抗元战争，可以说算是曾并肩作战的志士同仁。

谢枋得在宋亡后流落福建，屡次受元朝征召，坚决不肯出仕。他回答邀他出来做官的元朝大吏说："大元治世，民物一新；宋室旧臣，只欠一死。"这个答复十分明确地表达了身为前朝遗民所应当持守的基本立场：它不需要你时不时地挺直脖子向那个新王朝吐唾沫，骂它是"伪政权"，更不要求你投身于推翻现政府的地下活动；你满可以坦率地承认新朝的合法性，只要你不到这个新政府里去做官就行了；而且遗民的身份及身而止，无须世代相袭。谢枋得东躲西藏，就为做一个安稳的遗民。但元朝的福建地方当局强逼他进京。他被迫面对或仕或死的抉择，于是在京师的一个庙里绝食身死。这时离宋朝灭亡已有多年。

"肯做官的活下去，不肯做官就得死"，这也是文天祥面临的考验。最后一次被元军俘获前，他匆忙吞下一直带在身边的毒药"脑子"（冰片），又喝了一肚子水，指望尽快毒发全身。不料那水不干净，弄得他严重腹泻，竟把服下去的毒也一起排出去了。在被凯旋还师的元军从广东北解的陆路上，他开始绝食，计划着饿到江西正好饿死，可以落个"首丘"故乡的结局。可是他算错了时日，早已走过江西，居然还没有饿死。到达大都（今北京）后，面对一轮又一轮的劝降，他没有改变过早先立定的志向。拿他自己的话来说，叫作虽"刀锯在前"，"应含笑入地耳"！文天祥最终履行了自己的庄重承诺，英勇就义。这些都是我们很熟悉的故事。

他的行迹中，也还有一些细节尚未引起今人的足够思考。他的弟弟文璧曾为南宋守惠州，后降元，改仕新朝。文天祥没有责怪文璧。他在嘱咐幼弟以隐居安度一生的信里说："我以忠死，仲（指二弟文璧）以孝仕，季（指幼弟）也其隐。……使千载之下，以是称吾三人。"他理解文璧为奉养老母而入元为官的行为。所以在大都因所与文璧见面后，他曾写诗说："弟兄一囚一骑马，同父同母不同天。"这里也没有责备文璧的意思。诗的最后一联有"三仁生死各有意"之语。弟兄三人虽有不同选择，在他看来适足与殷末的微子、箕子和比干三位仁人相比肩。他的见解反映出儒家在忠与孝、忠与恕这样两对张力之间寻求平衡的挣扎。

与当下讨论更密切相关的是，文天祥虽已做好必死准备，但只要外部条件允许，他并不完全排除自己选择活下去的可能性。被囚大都将近四年，当时即有人对他"所以久不死者"发生疑惑。在答复王积翁的劝降时，文天祥曾十分明确地表示："傥缘宽假，得以黄冠归故乡，他日以方外备顾问，可也。"此话大意是：如果承蒙宽大将我释放，不要我做官，使我能以道家者流的身份回归故乡，今后要我身为方外之士给这个国家出出主意，自然也没有什么不可以。但是元政府最后提供的，仍然只是做官或死亡两种选择。他勇敢地选择了后者。

我们丝毫没有想在文天祥脸上抹黑的意思。他是中国历史上最伟大的道德英雄之一。他做到了那个时代所曾要求他做的一切。我们只是想对他以及宋、元遗民们所持守的遗民立场，做出最切合于其本人和那个时代其他人们所理解的界定。其中没有与新王朝势不两立的政治态度，更不含有从统治最高层的族裔成分与来源的角度去考量新王朝的那种"民族大义"。

不要幻想历史上的人或事可以直接为回答现实问题提供什么答案或"教训"。但多一点"原始察终"的历史眼光，终究会使我们对当下的认识变得聪明一点。元遗民的事迹提醒我们，为今日人们熟稔于心、挥之不去的民族主义意念，不是历史上一向就存在的东西。再往深一点想，民族主义本身，自它从近代西欧产生之后，也经历了重大的变化。如果说玛志尼以后，各民族争取独立建国逐渐成为民族主义的核心口号，那么这只是民族主义在从其原生地向世界其他地区传播过程中发生变异的结果。21世纪全球人类所面对的严峻事实业已表明，我们需要一种新的民族主义。它不但应当重新宣扬民族主义的原本形态，即对主权在民和疆界内全体人民政治平等的基本诉求，而且要以最大的热情去拥抱政治民主化平台上的多民族国家观念。真的，这个世界上，不存在永恒的或能够一成不变地被人们固守的教义。

（本文最初发表于"网易"博客）

# 报告文学能讲述历史吗：

## 《成吉思汗、他的继任者们与今日中国的形成》汉译本序

　　"报告文学"之名，应直接出自现代汉语对英文 reportage 一词的移译；而后它大约又从汉语进入日文，变成日文里用以翻译 reportage 之专名"记录文学"（kiroku bungaku）的同义词。今人对 12 世纪、13 世纪蒙古人的历史叙事，既不是在报道一件"新闻事件"，更不可能要求叙事者对他的讲述对象具备任何"直接的体验"。不过现代人仍可能通过对当日和日后遗留下来的各种语文的诸多记录，乃至以这些或详或略的记录为依据而形成的第二手研究著述进行绵密的、富有想象力的考察、梳理与分析，并加上对历史遗迹的实地勘探、对该专业领域内的学者和其他相关人员的访谈，从而写出一部以蒙古帝国和元代蒙古人为历史题材的"报告文学"——本书的特殊风格正表现在这里。作者用略带夫子自道的口吻说，为做到这一点，写家必须把"深谙叙事技巧"与"对历史充满兴趣"两者密切结合起来。本书成功的秘密，已经被作者自己一语道尽了。

　　这篇"报告文学"甫开卷便让人眼睛一亮。它宣称，为了展开成吉思汗和忽必烈的"整个故事"，需要的"不是拍一部电影，而是九部"。九部？多么惹人注目的一个数字！为什么恰恰是九部？熟悉《蒙古秘史》的人不难立即想起这部史诗中反复出现的神秘数目："九次犯罪休罚者""九言语有的每百姓"（说九种语言的百姓们），等等。那是一个充满吉利意味的非限定数词。就像一个与你共享某种秘密的人只需对你微微地眨一眨单眼，马上就能让你懂得不再需要他明白说

出来的意思，从一开头，你便切实地知道，作者将要讲述的，乃是一个先已何等深沉地感染了他本人，并已被内化进他的思想深处的故事。如果你会在阅读过程中被这本书感动，那么这首先是由于它的作者自身在直面蒙古文化之时有着一颗崇敬和被感动的心。

本书有将近十分之七的篇幅，用来描绘成吉思汗和忽必烈"这对祖孙"。对被认为是成吉思汗埋葬地的肯特山地勘探记和鄂尔多斯成吉思汗陵墓的采访记，又占据了剩余篇幅的三分之一强。因而留给经历了中间两任大汗（如果加上为"西北诸王"所承认的阿里不哥合汗，那就是三任大汗）在位的"过渡时期"的，只有全书篇幅的百分之七多一点，其中还有相当部分是用来记述"拯救帝国"的伟大女人，即蒙哥和忽必烈生母梭鲁禾帖尼的。那几段勘察记都非常引人入胜。如记上都遗址："地上散落着碎石瓦砾，我拣起几块，触碰到那些令人敬畏的东西——哦，天哪，上都的尘土！"又如书里这样描写神圣而难以靠近的肯特山：

> 从远处看，肯特山似乎很容易接近：海拔不算太高，离乌兰巴托仅二百公里，开车只需一天。但是，三十公里的进山之路筑在永冻层上面，春天时融化成泥浆路；夏季的雨水使人在其上寸步难行。1992年，这片区域最终辟为国家公园，开始顺其自然地发展。群山突入，迫使道路必须经过一座落满灰尘的木桥才能渡越克鲁伦河……山脉海拔约二千五百米，光秃秃的山顶突兀地立于树林之上，就像削发和尚们的脑袋。这里是鹿、麋、熊、狼的领地，这些物种的栖息地向北延伸至西伯利亚针叶林。进山之路要通过沼泽，翻越陡峭的山脊，横跨多石的克鲁伦河浅滩。

作家力图追寻的，很可能是永远揭不开的谜底。因为正如书里告诉我们的，蒙古国最具智性和历史感，也最有潜力能找到埋葬历代大汗的失落墓地的人们，其实并不愿意现代人去叨扰他们心中最不容亵渎的那片山陵的宁静和它的圣洁性。

尽管书写同一主题的其他作者可能会以全然不同的方式来处理各部分之间的比例问题，但毫无疑问，本书所设定的框架与内容搭配，是十分契合于作者的写作宗旨的。他要叙述的那个故事的核心是，在祖父把当日中国的一部分并入幅员辽阔的"大蒙古国"的基业之上，孙辈又怎样把整个蒙古高原变成了元代中国的一部分。事实上还不只蒙古高原，当代中国版图内的其余内陆亚洲诸地域，再加上云南，合并在一起，成为一个与汉文明区域共命运的多民族的、统一的"大中国"，这正是元朝留给后代中国人最重要的一笔政治遗产。本书以"成吉思汗与今日中国之形成"作为书名，其所要凸显的，恐怕也就是这个意思吧。

绝大多数中国人至今误以为，元朝之所以能达成如此业绩，不过是依恃强大的武力，把汉唐模式的中央集权的专制君主官僚制体系覆盖到前所未有的幅员之上而已。他们没有明白的是：汉唐国家建构模式控制位于以雨养农业为经济基础的汉地社会之西国土的制度资源，就是所谓"羁縻"体系；而依靠此一体系，根本不足以将超出当代中国一半国土的中国内陆亚洲各地区巩固地纳入统一国家版图。因此，元朝在奠定近现代中国版图方面的巨大贡献，不是用它沿袭甚或扩展了源于汉唐传统的中央集权专制君主官僚制模式的固有功能就可以解释的。它还充分调动了源于内亚边疆帝国国家建构模式的政治及政治文化资源。关于这一点，细说起来，话可能有点长，另外我在其他场合也已经说过了，所以此处不必重复。

这样看来，本书作者的有关见解，似乎也存在"大门找对，小门摸错"的些许缺憾。他十分精准地指出："在三十多年中，〔忽必烈〕

创造出一种政府形式，这种政府更多地带有汉家色彩，但也独具复杂的世界主义性质"；"他可以忽视北京而在上都进行统治，但如果他那么做，就等于宣布自己永远是一个外人。"可是当作者一不小心以为，"忽必烈决定建立"的是"一个中原王朝"，当他断言"这究竟是个什么性质的国家呢？蒙古帝国？中原帝国？忽必烈很快就明白，为了自身的统治，中原传统必须先于蒙古传统"之时，他就无意中站到了与当年那些竭力主张"能行中国之法，则中国之主也"的汉家儒士们完全相同的立场，低估了内亚传统在元朝国家建构中所起到的极重大的意义。

这样看来，成吉思汗和忽必烈祖孙二人，似乎也不像本书作者所说：一个"把中国变成了蒙古的一部分"，另一个则"把蒙古变成了中国的一部分"；两人玩的只是一场"把历史倒了个儿"的二人转。成吉思汗获得"太祖"的庙号，事在忽必烈立国漠南六年后，是即"始受命者称'太祖'之意"。忽必烈去世当年就被追尊为"世祖"，是除成吉思汗外唯一获得带"祖"字庙号的元帝。世祖庙号的使用，自三国起日趋混乱。故刘知几有"降及曹氏，祖名多滥"之讥。而忽必烈获此尊号，则因其"所以为一代之制者，规模宏远矣"；其意颇与东汉尊光武帝为世祖，"以明再受命"同。两个带"祖"字的皇帝，表明元人明白漠北大蒙古国虽为漠南元朝渊源之所自，二者间仍有重大区别，而不只是首都搬过一次家的同一国家而已。但这一区别很少为后来人所意识。以至今日对蒙古帝国作为一个跨多国边界的世界性帝国，其与中国历史上的元王朝之间的根本区别，仍很少被我们的教科书提说。

从"中国〔历史上〕疆域发展的原因在于成吉思汗和忽必烈两人的作为"这一见解出发，作者试图提出并予以解答的另一个问题是，成吉思汗的领土遗产要远远延伸到今日中国边界之外的广阔地带，为什么忽必烈不能完整地继承它们？"也就是说，这个问题应该完全倒过来问：为什么中国这么'小'？为什么她没有更远地伸入中亚？"

我以为，在上述"倒过来问"的问题背后，隐藏着一个先验的假设性前提，即被这一对祖孙先后统治的国家，属于同类项。如果我们对成吉思汗帝国和忽必烈创立的元朝之间的区别有明确意识，如果我们清楚忽必烈虽然保持着"大汗"名分，他的王朝本身乃是蒙古帝国分裂的产物，那么真正的问题就应该按另一种方式"完全倒过来问"：蒙古帝国为什么会无可避免地走向瓦解？我曾经在一篇文章里简要讨论过这个问题。现在把相关文字转引在下面：

就像吉本评论罗马帝国为什么会衰亡一样，若要问蒙古帝国为什么会这么快就分裂消亡，也可以非常简单地回答，就因为它实在是太大了。

蒙古帝国产生与演变的过程，可以简化为三个环节来予以说明。

第一个环节是初期的"间接统治"体制。征服初期，谁能携带着一片有几个或者数十个城池的土地去投诚，谁就可以在承诺纳贡、入质、从征、入觐，后来又加上置监（就是设置由蒙古或色目人担任的达鲁花赤监督各地）等条件的前提下，获得直接治理那片土地的世袭权利，变成蒙古间接统治体制下的大大小小的"世侯"。但是随着时间推移和局势变化，当世侯治理下的地方社会发生各种矛盾，当世侯与世侯之间、世侯与蒙古统治上层之间发生各种摩擦冲突的时候，最高统治者就无法避免地需要对地方治理表达自己的各种意志。渐而渐之，间接统治的体制也就逐步向着代表蒙古高层当局意志和利益的直接统治体制过渡。于是跟着就有另外两个环节的相继发生。

一是随着凌驾于世侯层面之上的蒙古帝国对每个大型地区的直接治理日益增强，导致这个治理体系在每一个地区都卷入越来越深入的地方化进程。因为不必要，事实上也根本做不到撇开各地原有的统治体系，去凭空创造一套全新的治理体系。在原有统治制度的基础上进行局部修正和更改的方式，总是最经济和最有效的方式。

各地治理体系地方化趋势的发展，极大地加深了它们之间基于各自文化而形成的不同制度体系之间的巨大差异。因此我们看到的再下一个环节，就是蒙古帝国要在如此广大的地域内维持一个统一的国家治理体制，最终会无可挽回地变成一种越来越力不从心的努力。不同地区之间的裂隙从而也必然地越来越深刻了。蒙古帝国实际上早已开始按照原来不同的大文化区把帝国分成几个统治区域来管治了，而它后来的分裂正是沿着这几道缝线实现的。

你当然可以从蒙古最高统治集团内部的权力斗争、权力妥协、权力分配的政治史角度来讲述蒙古帝国的分裂，比如蒙古原有的在黄金家族成员间分配统治权力的游牧分封制所带来的离心力等等。但是它其实有一个更加深刻的内在结构性危机，只是这个结构性危机大多是通过政治斗争而显现出来的。不然你就没法解释，帝国分裂的边界线为什么会恰恰与原来就已经形成的文化板块的区隔线相重叠；你也没法解释，同样是基于分封制的权利，为什么"西道诸王"能分别建立起各自的国家，而"东道诸王"却始终被覆盖在元朝的疆域版图之内。

一句话，如同本书其实已经画龙点睛般地指出过的那样：像蒙古帝国"这样庞大而多样化的政体永远也无法拥抱在一起"！

书里提到的另一条十分有趣的信息，是牛津大学的分子人类学家团队在 2003 年发表的一项研究结果。他们从分布在自里海东至太平洋西岸各地的十六个族群中，发现一个估计拥有一千六百万成员的庞大家族，他们的共同祖先，被追溯为 13 世纪前叶的一个东亚男人。导致此人的"基因特征横穿北中国和中亚到处播撒"的动力，显然"只能是席卷辽阔地理范围的纯粹的政治力量"。这个"政治力量"，被认为就是蒙古帝国的对外扩张。尽管"最初的结论是，成吉思汗提供了基因传播的'途径'"；但该信息在传播过程中却变形为将成吉思汗指为这个家族的共同祖先。

根据今天的认识可以指出的是：这个轰动一时的实验，在时间尺度上的分辨率是很低的；确实有一个源于原蒙古人群体的基因曾经大范围地传播过；但它的发生时代可能要比蒙古人的兴起早数百年甚至近千年；并且这个基因与来自据族谱属于成吉思汗后裔的许多现代蒙古人的基因测试结果皆不相符。

很少有一部"报告文学"，哪怕它篇幅再大，会像本书那样拥有多达十二页的参考文献目录。但是，对于蒙古学这样一个拥有长久东方学传统的国际性学科领域，靠十二页的参考文献来处理如此宏大的论题，仍然是远不够充分的。作者不谙汉文，对他要尽善尽美地完成描述元代中国的写作任务更构成一桩巨大的障碍。他能以"跛足"起舞，而且还跳得如此精彩，只能让人感觉钦佩和惊奇。同时，对能向不懂汉文的西方中国学读者提供如许广泛而又精深的专业化资讯，也不得不让人心生惊叹。

不过，也因为上述限制，书中还留有不少尚欠准确的地方。它说："前代的皇帝们通过几个执行机构进行统治，忽必烈看到，这是一剂不幸的药方，因此他只立一个中书省。""通过几个执行机构进行统治"，当指中书、尚书和门下三省而言。但是变三省为一省，在元之前的金朝已经实现了。忽必烈"只立一个中书省"，恰恰是承袭自金制，不过为宣示更张旧制，把在他之前已仿效亡金设立过的"尚书省"改名为"中书省"而已。灭宋名将伯颜，被南宋人传为"百雁"的谐音，以追证事后广泛流播于民间的一句谶语："江南若破，百雁来过。"可是上述谐音语词却在书里讹为"百眼"，由此而变得不知所云。

对于"大元"的汉式国号，书中很正确地解释道，"元"字"代表了初始力量"。可它接着说，这也是"为什么它仍然是今天中国货币单位名称的原因"。"元"作为现代中国货币单位的名称，是它被当作圆形金属货币名称及货币单位名称的"圆"字之简化字来使用的结果。故而在后一场合，"元"字与"崇高、最初、伟大等诸如此类的意思"似无涉。成吉思汗发下的征聘丘处机前往兴都库什的诏书，被本书误以为是"一块石碑"。此外，在上都用来建造竹殿的竹子，似乎也根本用不着舍近求远，从云南运过去。

书里还说，蒙古军队首次侵入高丽国时，高丽王"把蒙古人挡在海湾，而自己躲藏于一个近海岛屿上"。实际情况是，高丽王撤退的去处，是位于汉江中的江华岛；流亡小朝廷在那里躲了十来年。蒙古人几次三番勒令高丽王"出海就陆"，他就是不肯出来。十多年前，趁一次访问首尔的机会，我曾经去瞻仰过江华岛上的高丽王宫遗址。让人完全想不到的是，把江华岛与陆岸隔开的江面绝对无法用"宽阔"二字加以形容。蒙古铁骑被一道狭窄的江面一拦就拦阻了十多年。足可见"尺有所短"，绝非虚言。

有不少错误出于不同语言间的对译方面。比如说"阿里不哥"（Ariq Böge）作为人名，本来不意译也罢。若执意求其文义，则当译言"洁净神巫"；而书中却说它是"阿里'强者'"的意思。蒙古人称以佛教为国教的西夏国国王为"不儿罕"，意即"佛王"；书里译言"圣者"，亦不甚确切。至于说成吉思汗的大斡耳朵"曲雕阿兰"之名源于义为"大营盘"的蒙古语词"奥鲁"（Auruq）之音读，那就简直有点令人匪夷所思了。按该词为蒙语 Ködege Aral 的汉字音写，译言"砂岛"；它与奥鲁一点关系也没有。

最后还想提一提成吉思汗在布哈拉说过的那句著名的话："我是

上帝之鞭。"在最初描述这件事的波斯文著作中，此语原写作"我是胡达的惩罚"（因手边没有波斯文原书，无法征引原文转写）。其中的"胡达"是阿拉伯语"安拉"的对译语。成吉思汗的原话所使用的到底是哪个词，已无直接史料可供征引。可是几乎可以肯定，他提到的必定是蒙古人信奉的"长生天"（Mönke Tengri）。至于"上帝之鞭"，无疑是英文在翻译上引波斯语文献时才使用的语词。

在我拜读的汉译电子文本里，上面枚举的这些未确之处都还未经译者加以说明纠正。我希望本书在正式出版时，它们都会以某种合适的方式获得处理，包括还没有在这里指出来的其他一些错误在内。

读一本好书，往往是对阅读者智力的一种挑战。你可以从书里汲取许多新鲜有益的养分，同时生发出一些与作者不一样的见解，也会因为能发现一些可以纠正作者的地方而偷偷地有点得意。揣着阴谋论不肯释怀的人，则会从太多的字里行间发现太多居心叵测的长老会密谋的影踪。不过，我认为这不是一个有平常心、有良知的人应当遵循的读书之道。

本书作者约翰·曼是一位多产作家，从1997年至今已出版过18部作品，包括《我们这个星球的诞生》（1997）、《戈壁：荒漠寻踪》（1997）、《从A到Z：二十六个字母如何型塑西方世界》（2000）、《古登堡革命：改变世界的天才与他的发明》（2003）、《成吉思汗：生平、去世与再生》（2005）、《阿拉提：挑战罗马的蛮族国王》（2005）、《幕府：最后的武士》（2011）、《萨拉丁：生平、传说与伊斯兰帝国》（2015）等。

他时常来中国，为了有关长城、秦始皇、马可·波罗和元朝历史的写作。因此我们曾有过两三次见面和交谈的机会。他有一种温文尔雅的典型英国绅士风度。也许由于这里的空气质量，他的嗓音总是嘶哑的；也许因为太忙碌，他总是带一点疲倦神态。但当谈话进入状态，他马上就会变成一个打破砂锅问到底的精明固执的追问者。无论什么话题，他一定要追问到形成一个对他来说是十分明确的结论，包括"无法完全确知"的结论，才肯罢休。阅读本书时，我一面很容易也很自然地回想起他的这种谈话风格，一面还禁不住在猜想：那么，他的下一本书，又会讨论一个什么样的话题呢？是的，他今年已经75岁了。但我相信，他还会有新书带给喜欢他的读者们。

（原载《读书》2016 年第 4 期）

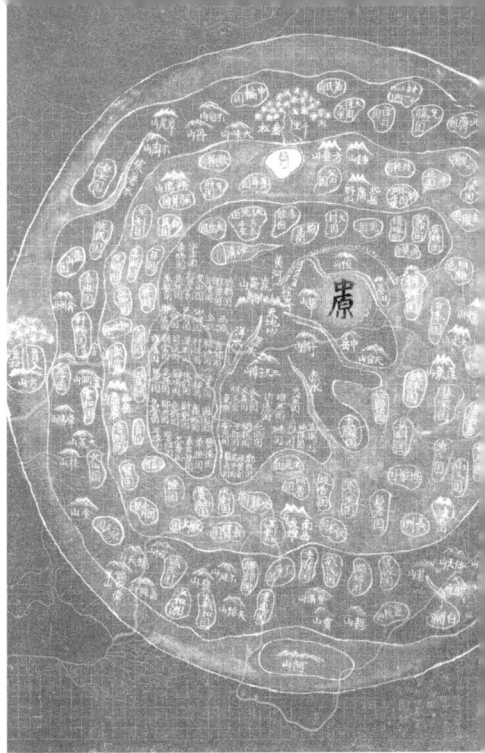

# 民族认同与民族形成

# "回回祖国"与回族认同的历史变迁[*]

## 一

在中国历史上，回民究竟是在什么时候才形成今天被称为"民族"的这样一种人们共同体的？

对这个问题，我们先后有好几种不同的回答。较早对回族历史进行比较系统的考察的金吉堂认为，从元代到明中叶，"为回民在中国〔的〕同化时期。各色回教人士，在中国境内起一大结合，构成一整个民族"[1]。中国共产党内最早认真地对这个问题从事讨论的"民族问题研究会"，在《回回民族问题》一书中没有明确断言回族究竟形成于何时，只是不失审慎地写道，回族的"发展史应该从元朝开始"[2]。基本完成于 1963 年的《回族简史》事实上遵循着上述思路。它写道，自南宋末叶至元亡，"是回回的初期活动时期。这时，形成回回民族的条件在萌芽、成长中，回回民族还没有形成"，而在"明代三百年中，回回已成为一个民族共同体"[3]。有明统治长达近三百

*　本文系根据提交给"多文化亚洲的种族性：理论和发现"国际讨论会（香港城市大学，2003 年 11 月 27 日至 29 日）的论文修改而成。在写作过程中，笔者曾得到上海师范大学哲学系王建平副教授的多方指教。兹向他和前述讨论会上给予本文诸多批评的各位学者，致以诚挚的感谢。唯文中未当之处，自然仍应当由笔者本人负责。

〔1〕　金吉堂：《中国回教史研究》，1935 年成达师范刊印，《民国丛书》（重印本），上海：上海书店，1989 年，页 133。
〔2〕　民族问题研究会：《回回民族问题》（1941 年），北京：民族出版社，1980 年重印本，页 18。
〔3〕　《回族简史》，银川：宁夏人民出版社，1978 年，页 1、13。

年，那么，能否将回族的形成确定在其中某个更具体一点的时间段之内呢？王建平在他完成于瑞典的博士学位论文中认为，就云南而言，"一种区域性的回族认同形成于明代中叶以后，那时'回回'的名称已广泛流传，而一个松散的网络也已构成了"[1]。当代著名的回族历史学家杨志玖，则在他逝世前不久为自己最后的论文结集《元代回族史稿》所写的"绪言"中，将回民的民族形成提前到比明代更早。他说，这个过程"大约在元代中后期"已臻于完成。[2]

与以上诸说相比较，还有一种差异度更大得多的见解，将回族的形成时间置于20世纪50年代中国政府正式地对这一点予以确认以后。杜垒指出，尽管回民先前已经具有某种程度的种族意识，但在国家于50年代正式承认它是一个民族之前，此种意识是相当地方化，并且缺乏充分条理化的。他说："与各种官方历史或少数民族地图所示相反，在50年代获得政府确认之前，回民并不是现代意义上的民族。就像许多其他的人们群体一样，回族只是在中华帝国向民族国家转变的时期才开始出现。如今以回民著称的人们，是7至14世纪定居中国的波斯、阿拉伯、蒙古和突厥等族群的穆斯林商人、军人和官员们与当地非穆斯林妇女通婚而产生的后裔。因为绝大部分生活在相互隔绝的共同体中，如果说他们其中的部分人（肯定不是全部）还有那么一点共同性，那也就是对伊斯兰的信仰而已"[3]。李普曼也说，所谓"民族"的概念，"只是形成于19世纪末20世纪初，并且仅在1949年以后才被持续有力地加以使用。但这样的'民

---

[1] 王建平：《协和与冲突：回族共同体在云南社会》（Jianping Wang, *Concord and Conflict, The Hui Communities of Yunnan Society*, Lund Studies in African and Asian Religions, Lurd, 1996），页126。据笔者于2003年11月9日与该书作者的个人通讯，后者并且以为，一个更大范围内的回族认同的形成，大体来说，应当也是在这个时期。

[2] 杨志玖：《元代回族史稿》，天津：南开大学出版社，2003年，页2。

[3] 杜垒：《讲汉话的穆斯林：人民共和国的种族民族主义》（Dru C. Gladney, *Muslim Chinese: Ethnic Nationalism in the People's Republic*, Cambridge, Massachussetts: Harvard University Press, 1991），页96至97。

族'论者却又坚持认为，在现代国家的各种技术的和社会的干预及能力使'民族'得以成立之前，这些实体作为具有自觉意识的统一的团聚体，已经存在了极长的时期"。因此，李普曼反对"把'民族'的范式应用于回民穆斯林（或者毋宁说是任何一个人们群体）的历史"。他赞成杜垒的看法，认为在1949年之前，"回回"的概念仅仅意味着穆斯林。[1]

学者们对回族形成的时间问题之所以会有如此分歧的看法，在很大程度上，乃是因为他们在怎样界定一个民族的存在这个问题上存有严重的不一致。仔细检视把回族的形成位置于元明时代的上述诸种见解，不难发现，它们都把某些共同文化基质的产生、发育视为特定民族共同体确立的标志。不论持有此种见解的人们是否先验地假设，他们所发现的那些共同文化基质必定会或者已经在该共同体成员之间催发出一种主观归属感或认同意识，这种认同意识本身始终不曾成为他们郑重关注的对象。[2]另一方面，李奇于1954年发表的对高地缅甸克钦部落的研究表明，种族集团的形成又未必以共同文化的承载单元作为必要前提。恰恰相反，是"自我指属"（self-ascription）的意识，导致某个群体的人们选择并利用某几项文化特殊性作为自身之与众不同的标志。继李奇提出的"挑战"之后，巴特为1969年出版的《种族集团与边界》一书所写的"导论"，在人类学领域内赋予种族性以"新的意义"。于是，从不同人群间互动关系中产生的"边界"意识，而不是由其文化基质的异同本身所直接引发的对自我与他者的区别意识，以及它在有关种族性的各种理论中的重要性，在20世纪60年代以来的人类学研究中被极明显地凸显

---

〔1〕 李普曼：《熟悉的陌生人》（Jonathan N. Lipman, *Familiar Strangers: A History of Muslims in Northwest China*, Seattle: University of Washington Press, 1997），页215至217。
〔2〕 《回族简史》只是用明代回民"党护族类"、"行赍居送，千里不持粮"两条举证，在不到三行的文字之内简单交代说：当时"回回的民族感情已经有了"。见该书页16。

出来。[1]事实上，到 20 世纪 80 年代中国民族学研究重新起步的时候，不少国内学者对这一点曾有所意识。他们似乎是想把这种极其重要的主观认同意识纳入斯大林定义中所谓"表现于共同文化上的共同心理素质"的概念框架里去。[2]不幸的是，这样的处理，正好消解了新观念原本可以推动的再深入一步的思考与新的学术创获。

主张回族形成于 20 世纪 50 年代中国的民族识别工作的研究者，高度强调现代国家的"制度化"运作对回族成员的身份自觉或种族认同意识所起到的决定性作用。此种见解无疑是非常有价值的，因为它在极大程度上揭示出过去一向为中国学者所普遍忽视的那一个层面的现象。但是，如果像杜垒所指出的那样，在形成为一个"现代意义上的民族"之前，回民的群体中实际上已经具有某种程度的种族意识，哪怕它还带有"相当地方化"的、"缺乏充分条理化"的特征，那我们就应当对出现在回民群体内部的这种自我归属意识的历史状况及其演变，做出进一步的考察和分析。人类学提出的这个问题，于是也就伸展到历史学的领域之内，并需要借助于历史学的方法来回答。尽管李普曼的著作所采用的基本上是历史学的方法，但他对回民群体内部认同意识的产生及其历史变迁，似乎仍未给予特别的关注。

因此，我们所面对的，不尽然是回族究竟形成于何时的问题。问题的实质似乎是，在当代中国政府将"民族"作为一种制度化范畴用以"识别"和划分国内的各种人们群体之前，中国历史上是否存在这样一个种类的人们群体，其特性与今天被称为"民族"或"种族群

---

[1] 见契耶斯：《"亚洲的民族"：泰国、中国和越南的种族集团划分中的科学与政治（离任主席讲演）》，《亚洲研究杂志》（Charles Keyes, Presidential Address: "The Peoples of Asia"—Science and Politics in the Classification of Ethnic Groups in Thailand, China, and Vietnam, JAS, 61·4〔2002, 11〕），特别是页 1170。又见巴费尔德主编：《人类学词典》（zhomas Barfield edit., The Dictionary of Anthropology, Oxford, OX, UK: Blackwell Publishers Ltd., 1997），"种族集团·种族性"条（契耶斯撰）。

[2] 只要检阅一下 20 世纪 80 年代和 90 年代《民族研究》等杂志上发表的有关民族理论的诸多论文，便很容易了解这一点。具体论文篇目兹不赘举。

体"的人们共同体基本相近？更具体地说，今天的"回族"，是否存在着某种前现代的历史形态[1]？

本文拟从回民群体内认同意识产生与变化的这一历史层面，对有关的史料进行清理和尝试性的分析。

二

汉语文献里的"回回"名称，如果不算沈括《梦溪笔谈》卷五《乐律一》所记《凯歌词》中的"银装背嵬打回回"一语，则最先是辽金之际的华北汉人用指喀剌汗朝乃至迤西诸地居民的名词。该词本身应当是派生于"回纥"、"回鹘"的又一汉语异写，对西北域外情形不甚了然的华北汉人，很自然地将辽远地方的人们看作属于这一方向上自己尚能有所知晓的同一人群的最外缘部分。因此，在金宋汉人的观念中，"回回"与"回纥"、"回鹘"经常是同义语词。[2]

但这种情况在蒙元时期发生了变化。元初汉人用"回回"来对译蒙古语 Sarta'ul。后者派生自突厥语词 sart，原来译言"商人"，但它在 11 世纪之后衍义为与游牧人相区别的"伊兰人"[3]。从《元朝秘史》来看，当该词以 Sarta'ul（<Sartaq）的形式进入蒙古语时，它似乎是用来指称西辽或花剌子模的地面及其人民的一个专用名词。[4] 蒙古人很清楚

---

〔1〕 并不是所有的现代民族都必定具有其前现代的历史形态，同时也有很多具有"民族"的前现代形态的人们群体最终未演变成现代民族。为了与"现代意义上的民族"相区别，本文用"种族群体"或"种族"来称呼民族的前现代形态。这里的"种族"，与用来翻译 racism 的"种族主义"一词的意义无关。顺便说，后者其实应当译为"人种主义"才更准确。

〔2〕 参见田坂兴道：《中国回教的传入及其弘通》（田坂兴道：《中国における回教の伝来とその弘通》，东京：东洋文库，1964 年），上卷，页 81 至 88。沈括《凯歌词》里的"回回"一词，语义不明。它未必是对异族的称呼，因而可以将它排除在现在的讨论以外。

〔3〕 克劳森：《十三世纪前的突厥语辞源学词典》（Sir Gerard Clauson, *An Etymological Dictionary of Pre-thirteenth-century Turkish*, Oxford: The Clarendon Press, 1972），页 846。

〔4〕 例如，《元朝秘史》节 152 这样提及该地："撒儿塔兀勒的地面〔上〕垂河〔处〕哈剌乞塔的古儿汗。"又见节 254、260、264 等。

地知道,Sarta'ul 的概念并未将回鹘（元代又称"畏吾儿"）包举在内。[1]
这一区分,最终使得"回鹘"（或"畏吾儿"）与"回回"这两个名词,
在大约13、14世纪之交被分离开来而各有所指。此后直到元末,"回
回"不再包括畏吾儿,而成为畏吾儿以西中亚诸人群的集体称谓。当
时,它的主要构成部分虽然是伊斯兰信徒,但它还不是"穆斯林"的
等义词。元代有"术忽回回"（指犹太人）、"绿睛回回"（指信仰基督
教的阿速部人）、"罗哩回回"（吉卜赛人）等,便是明证。

汉语"回回"一词真正转义为伊斯兰或伊斯兰信仰者,似乎是在明
初。在《华夷译语》中,"回回"分别被用来对译两个不同的语词。《鞑
鞑馆杂志》用"回回"对译"撒儿塔兀勒",我们在13世纪文献里遇见
的这个蒙古语词仍然存于明清时候的蒙古语中。在此种场合,它的词
义被固定为古代的地理—民族专名"哈剌契丹",即西辽。[2]《回回馆译
语》则用"回回"移译"母苏里马恩",即阿拉伯语词"穆斯林"的波斯
语形式 Musulmān 的译音（元代的汉语译音作"木速蛮"等）。随着明代
汉地社会与蒙古人的隔绝,"回回"的前一种含义逐渐退出日常通用的汉
语,"伊斯兰""伊斯兰信仰者"遂成为它最基本的词义。

从现在遗留下来的文献资料看,在明代前期和中期的近二百年
里,"回回"的名称虽然流行于汉地社会,但是目前尚无证据可以让
我们确信今天回族的先民们那时已经把它当作他们的自我称谓。[3]在

[1] 《元朝秘史》节198谓:"乃曼的古出鲁克汗,经过委兀儿人〔和〕合儿鲁兀惕（即哈拉鲁）
人,去与驻在撒儿塔兀勒地面垂河〔处〕的古儿汗相会。"类似证据不一而足,兹不赘。
[2] 乌兰:《〈蒙古源流〉研究》,沈阳:辽宁民族出版社,2000年,页162至163、231、278。
科瓦列夫斯基:《蒙俄法词典》（J. E. Kowalewski, Dictionaire Mongol-Russe-Francais, Kazan,
1844）,页1337。
[3] 呼和浩特清真寺内存有《洪武皇帝御制回辉教百字》碑。碑名中的"回辉"即"回回"异
名。其碑名及碑文内容,与其他许多地方清真寺中的"洪武皇帝百字赞"碑都不相同。例如
据20世纪30年代的调查,成都鼓楼清真寺内有《奉天敕命太祖高皇帝御制百字圣号》,年月
署为"洪武捌年（广运之宝）伍月日",无论对该匾额所署年月做何解释,其题款中都没有
"回辉"字样。呼市清真寺碑的碑名连同"回辉"这一异称,甚至包括碑文本身,恐怕都不
是明初的制作。碑文见余振贵、雷晓静主编:《中国回族金石录》,银川:宁夏人民出版社,
2001年,页200至201。成都"百字号"见虎世文:《成都回民现状》,李兴华、（转下页）

当时，他们用以自指的，更可能是今日仍可见于"经堂语"中的"穆民"（Mu'min，阿拉伯语，译言"信仰者"，又异译作"摩民""母民""穆我民"等）、"母思里妈纳"（即"木速蛮"的异译）等称谓，而"教民""教门人""同教人"等词，也许就是它们更汉语化的对译词。今天所能见到的回族先民自称"回回"的最早证据，大概是写于万历四十一年（1613）的北京牛街礼拜寺《敕赐礼拜寺记》碑。[1]可以说，至晚是在明末清初，"回回"一词已相当普遍地被回民人群接受为自我的称谓。王岱舆写作于崇祯年间的《正教真诠》，康熙时代马注的《清真指南》，康熙、乾隆时代的刘智附著于《天方至圣实录》中的《回回说》，都关注到对"回回"或"回辉"称谓的解释。[2]到了清代后期，回民中间已有人明确地把自己的这个群体称为"回族"。

"回族"作为一种他称，最早似出现在乾隆时代。据田坂兴道的征引，乾隆《重修肃州新志》卷三〇《西陲纪略》叙述哈密人口向肃州地方的迁徙时写谓：

> 哈密夷人于故明时徙居肃州卫东关乡居住者三族。曰维吾儿族，其人与汉俗微同；曰哈喇布族，其人与夷同；曰白面回回，则回族也。今皆男耕女织，为边氓矣。士商营伍，咸有其人。[3]

---

（接上页）冯今源编：《中国伊斯兰教史参考资料选编》，下册（1911—1949年），银川：宁夏人民出版社，1985年，页1667至1675。

[1] 碑文见《中国回族金石录》，页3。按：同书页48收录的弘治六年（1493）《杭郡重修礼拜寺记》也有"回辉氏"一语。从文末语气判断，该碑文作者本人并不是回回人，故与此处讨论无大关涉。

[2] 可参见田坂兴道：《中国回教的传入及其弘通》，上卷，页111至115。

[3] 田坂兴道：《中国回教的传入及其弘通》，下卷，页1102。按："哈喇布"应为"哈喇灰"之讹，指伊斯兰化的蒙古人。因手边无书，姑依田坂氏引文移录于是。复按原文，尚待来日。又，明末茅瑞征《皇明象胥录》卷六"哈密"条，谓该地"部夷杂居，有回回、畏兀儿、哈喇灰三种"。它与前引《肃州志》所言之"回回""白面回回""回族"，均指当地皈依了伊斯兰教、因而一度丧失了畏吾儿族群认同的"缠头回回"；而所谓"畏吾儿"，则指此时仍信仰佛教的畏吾儿人。关于"回族"内涵在清代的伸展，详见下文。

乾隆五十年（1785），福康安在关于镇压西北回民起义的奏折里，也不止一次使用"回族"的提法。[1]光绪十六年（1890）刊印的杨昌睿《甘肃忠义传》，在传文中亦多次出现"回族""回籍"的字样。[2]光绪后期的樊清心在《甘肃回匪肃清善后议》里，已将"回族"一名当作明确的分类范畴来使用。[3]恐怕正是在这样的背景下，"回族"也逐渐成为回回人的一种自称。同治六年（1880），云南人马开科为马复初的《大化总归》作序时说："科生不辰，相见恨晚。虽隶籍回族，而非真回。"[4]马开科在这篇序言里几次提及自己的族属，他更多地使用的是"回人"这个词，可是在上面引述的那一处，他确实明白地称呼自己是"回族"。由回民留下的涉及自身族属问题的文献实在是太少了。无论如何，这个例证不应当被看作只是措辞方面的一种偶然巧合。正如下文将要说到的，如果在民国前期，"回族"已成为　种相当普遍的自称，那么这一倾向在清末开始呈现，不是正在情理之中吗？

三

作为他称乃至自称的"回回"，在有明一代不仅含有伊斯兰信仰者共同体的意思，而且还逐渐含有了这样一层意思，即用它来指认从距离中国极其遥远的共同"祖国"徙居中国的一个移民及其后裔的人们群体。

现在可以直接读到的有关这一观念的较早叙述，见于天顺五年（1461）写定的《大明一统志》：

---

〔1〕《钦定石峰堡纪略》卷二〇，"五十年正月十三日"。
〔2〕《甘肃忠义录》卷一六《回民列传》。"回籍"一词的出现，使人有理由推测，当时甘肃的户籍资料中，可能已有分辨回、汉族属的记录。同卷传文又有称回民为"回部"者，这是清人将回族和"回部"混为一谈的很少例证之一。关于这个问题，详见下文。
〔3〕《续甘肃通志稿》卷二一六，"文征"一六。见田坂兴道前揭书，下册，页897。
〔4〕《大化总归》卷首，马开科序。

默德那国沿革：即回回祖国也。初，国王默罕嘇德生而神灵，有大德，臣服西域诸国。诸国尊号为别谙拔尔，犹华言天使云。其教专以事天为本，而无像设。其经有三十本，凡三千六百余卷。其书旁行，有篆、草、楷三法，今西洋诸国皆用之。又有阴阳、星历、医药、音乐之类。隋开皇中，国人撒哈八·撒阿的·斡葛思始传其教入中国。其地接天方国。本朝宣德中，其国使随天方国使臣来朝，并供方物。风俗：有城池、宫室、田畜、市列，与江淮风土不异。寒暑应候，民物繁庶。种五谷、蒲萄诸果。俗重杀，非同类杀者不食。不食豕肉。斋戒拜天。〔每岁斋戒一月。更衣沐浴。居必易常处。每日西向拜天。国人尊信其教，虽适殊域、传子孙，累世不敢易。〕制造、织文、雕镂、器皿尤巧〔以上俱《晋安郡志》〕。[1]

　　这段材料，往往为此后明代各种著述如《吾学编》《潜确居类书》《七修类稿》《皇明世法录》《皇明四夷考》《殊域周咨录》诸书讨论同类的话题时所采用。从《一统志》引文末尾的小注，我们知道它实出自《晋安郡志》。但《晋安郡志》还不是这段话的最终史源。正如田坂兴道业已指出的，它的绝大部分文字，与元至正年间吴鉴撰写的著名的泉州《清净寺记》极其相似。足见《晋安郡志》的此段记载系采自吴鉴碑记，而其中未见于碑记的，总共有五句话。除相连的三句，即从"隋开皇中"至"并供方物"云云，以及"俗重杀"下连之"非同类杀者不食"，另外缺少的恰恰就是"即回回祖国也"一语。[2] 这是完

---

〔1〕《大明一统志》卷九〇，"默德那"条。方括号内文字，系小字注文。默德那，今译麦地那。
〔2〕田坂兴道：《中国回教的传入及其弘通》，上卷页159、下卷页915至916。按：所谓引文中有五句未见于吴鉴者，系与《闽书》载录的吴碑相关段落比较而言。据今存于泉州通淮门清净寺内的碑记刻石，则碑文中又多出"隋开皇七年，有撒哈八·撒阿的·斡葛斯者，自大实航海至广东，建礼拜寺于广州，赐号'怀圣'"一句。唯今存碑似有若干可议之处尚待澄清。有关讨论，详见本文之末的"附论"部分。

全契合于历史实相的。处于元代政治和社会环境里的人们，对于"回回"人由来源于西域各国的五花八门的人群所构成这一事实，无疑是很清楚的。他们还不大会产生这样的误解，即"回回"人都来源于同一个具体的"祖国"（即祖宗所居之国）。此种观念，只有在入明之后，方才可能逐渐地形成。

关于《晋安郡志》的讯息，今天似已无从查考。田坂兴道推测，它或许就是明人陈鸣鹤的三卷本《晋安逸志》。[1]事实上，陈鸣鹤是万历时的人。[2]《一统志》不可能去抄这部比它晚出百年之久的书。《晋安郡志》必定是另一部书。它的写成，无疑是在被它所采用的吴鉴碑文之写作年代以后，因而这最早也得是至正十一年（1351）之后的事。[3]从上面已经提到过的理由去推想，它最可能写作于明朝前期。

要断定"回回祖国"的观念不可能早于明代，还必须对一件与此种看法相冲突的历史资料做出解释。这就是著名的至正八年（1348）中山府（今河北定县）《重建礼拜寺记》碑。碑记不但赫赫然声称："考之舆图曰：默德纳国即回回祖国也"，而且自此句以下直至撒哈八传教中国的一段话，几乎与《一统志》所述字字相同。[4]是碑比泉州碑至少又早了3年。于是就产生了一个问题：在明代被广泛转引的有关伊斯兰教的那一段描述，最先究竟是出自吴鉴之手，还是出自被吴鉴照抄的中山府《重建礼拜寺记》？

带着这个问题再细读全文，即可发现后面这一通碑记存在两方面的疑点。首先，碑阴所署诸"功德主"的军职，包括"奉诏统领卫兵

---

[1] 《晋安逸志》被著录于《明史》卷九七《艺文志》；《千顷堂书目》卷七。
[2] 钱谦益：《列朝诗集小传》"丁集下"谓鸣鹤字汝翔，闽人。从其游者有徐惟和，亦有传，乃万历时人。故知。
[3] 参见本文最后的"附论"。
[4] 此碑有缪荃孙"艺风堂"拓片，录文见孙贯文：《重建礼拜寺记碑跋》，《文物》，1961年第8期。按：孙贯文其实已发现碑文有些段落与后来文献雷同的问题。他以为，这是此碑时代较早，"记述伊斯兰教诸问题也较详确"，因此"常为元明两代石刻和明清以来文献所引用"的缘故。我的看法，恰恰与他相反。

守御中山府都督"[1]"指挥""千户""百户"数项，所反映的是明朝而不是元朝的军事建制。其理由如下。

第一，"指挥"一职确凿无疑地属于卫所制之下诸卫的长官名称，元朝拱卫京师的侍卫亲军中有"都指挥使""都指挥"，但没有"指挥"，也不存在将"指挥使"省文为"指挥"的体例或习俗。其二，前举第一个官称似与元明两代的兵制都不太相符，但从用词情况判断，它仍然包含着若干关涉明代兵制的语词"碎片"。元代兵制中，只有个别蒙古军及侍卫军的帅府，称"都督府""大都督府"；即便如此，其长、次官亦唯称"大都督""金都督"，从无"都督"之称；大多数驻防蒙古军的帅府及其长官都称"都万户府""都万户"，或"万户府""万户"。无论如何，"都督"不应是出于元人之口的军事官衔。而在明代兵制中，"都督"一名至少有三个含义。一指比统领卫所的都指挥使司更高一级的帅府即"都督府"的长官；二是自边外归附的羁縻卫所，其长官亦为都督；三是在有些地方，如据成化《金山卫志》，该卫的长官也称都督。[2]统领"中山府"（此处实应读作"定州"）一地驻军的将领，似不至于有都督这样高的地位，但"都督"的官称仍还是明代的。这个官名里的"守御"和"卫兵"两词也很耐人寻味。元代未见以"守御"两字入官名或作兵制术语的义例。明代则有"守御千户"之制。又《畿辅通志》记述明定州卫的建制沿革说："定州卫，由永乐初拨真定卫后千户所守御，因为千户所治，仍隶真定卫。永乐中调大同中护卫，遂改为定州卫。"[3]是为"守御"一词明确见用于定州驻军之例证。至于"卫兵"，则似乎是明代对卫所部勒之下常规军的通称。清前期人概括明代军制说："明初兵有三，

---

〔1〕 该官称中的"守"字，在前引"碑跋"录文中未能识读出来。唯经仔细辨认该文所附拓片图版，尤其是在辨认出它下面的那个字原来写作"御"时，可以断定，它确是"守"字。

〔2〕 此条知识，承王家范教授赐告。复按原文，容待来日。

〔3〕 《畿辅通志》卷一一九《经政》二六，《兵志》一。

后增其二。曰卫兵。卫所世籍之兵也。……曰弓兵。……曰机兵。……曰土兵。……曰奇兵。"〔1〕洪武后期,广西边民"啸聚劫夺"。明边帅以为,"比调卫兵收捕,即逃匿岩谷;兵退,复肆跳梁"。因此他建议在秋收时集中兵力,"列屯贼境,扼其要路,收其所种谷粟",待其势穷,再行"禽戮"〔2〕。其三,"千户"和"百户",虽是元明两朝都通行的中下级军官名称,但把它们配列在此前讨论的那些官名一起考虑,不能不认为这是指卫所制下的指挥军官而言。总而言之,这份功德主名单的枚举者,无疑在某种程度上拥有明代兵制的知识背景(尽管他的了解是粗略而不准确的),并且还把它们在不经意中从自己的笔端流露了出来。既然如此,他写下这份名单的时间就绝对不可能是在元朝了。

中山府碑记另一方面疑点,是文字的拖沓重复,这表明碑文中可能有后来羼入的文字。在"考之舆图曰"一段之前不到五十字,有"寺无像设,惟一空殿"之语。然后就出现了与《一统志》完全相同的那段话,其中包括"其教专以事天为本,而无像设"一句。紧接这段文字,我们再次读到"其曰以事天为本,而无像设"、"而殿则空焉"等语。在这样短小的篇幅里一再出现重复的语词,无论如何不能视为正常。另外,碑文在"事无像设,惟一空殿"之后,既交代此乃"祖天方国(即默伽)遗制",而后又"考之舆图",说"回回祖国"是默德纳。这里的不一致,应是对不同来源的资料进行拼凑连缀而造成的结果。这些迹象,都使人怀疑"考之舆图曰"之后那段文字,其实是后来的人从《一统志》中间抄录出来硬塞进去的。确实,如果干脆把直至"其曰以事天为本,而无像设"为止的这一段整个删削,文气倒反而变得通顺起来,重复也没有了。

---

〔1〕 乾隆《福建通志》卷一六《兵制》。
〔2〕 《明史》卷二一七《广西土司传》,"平乐"条。

仅根据以上的讨论，便遽然将中山府《重建礼拜寺碑记》断定为"伪碑"，或许失之过激。但似乎可以肯定，第一，即使该碑真的存在过，艺风堂拓片所据碑石，也肯定已不是元代的旧物，而是后人重新镌刻过的。[1]第二，此碑在重刻时，肯定羼入了后来的文词。碑文中与《一统志》相同的那些话，无非是从《一统志》抄来的。当碑文增改者写下"考之舆图曰"五个字时，浮现在他心目中的"舆图"，很可能就是《大明一统志》。也就是说，以此碑作为元代已出现"回回祖国"观念的证据，是不能成立的。

　　当然，明人关于"回回祖国"究竟何属的问题，还有其他的说法。严从简写道"按：回回祖国，〔国〕史正纲以为大食，《一统志》以为默德那"；"或云：天方，回回祖国也"[2]。成书于晚明清初的《正字通》采用的，是回回为"大食国种"的说法。[3]这些见解的共同之处在于，它们都把回回的祖先追溯为同属某个特定国家的人类群体，尽管对这个特定国家的具体位置，他们都只有模糊而难以确定的印象而已。[4]

----

〔1〕　据孙贯文：《重建礼拜寺记碑跋》，1933 年《定县志》卷二〇《金石篇下》谓是碑"石、文并佚"。《中国回族金石录》在介绍是碑时也说："原碑已佚，拓本现存定州清真寺北碑廊"（页 14）。但据刘致平在 1985 年出版的《中国伊斯兰教建筑》（乌鲁木齐：新疆人民出版社）一书，此碑依然存在于定州城内的清真寺里，"不过今碑显然是与明碑（按：此指正德"重修清真礼拜寺记"石碑）同时刻的。这可能是明代在重修清真寺时，旧元碑已剥蚀，〔故〕予以重刻"（见刘书页 117、118）。马生祥也肯定了"石文俱在"的事实，而且不同意刘致平的上述判断，认为现在的这块碑乃是元代旧物。见马氏：《定州清真寺（重建礼拜寺记）碑在中国伊斯兰教上的重要地位》，《文物春秋》2000 年第 3 期。关于此碑的碑文，孙录与《金石录》所收文本互有小异。马生祥在《定州清真寺元明清三幢古碑之校点》（《回族研究》2002 年第 3 期）中移录的该碑文，则与上述两种文本差异稍大。现存定州碑究竟是一向存在或系后来又据艺风堂拓片重刻，这个问题，亦尚待日后复按。本文仅以孙贯文过录的艺风堂拓片文本作为讨论依据。

〔2〕　《殊域周咨录》卷一一，"默德那"及"天方国"条。

〔3〕　转引自《回教考》，上海：上海城内穿心街清真寺重刊本，1911 年版。因手边缺书，容日后复按。

〔4〕　田坂兴道业已揭明，明代的汉人和回民，对于作为"回回祖国"的默德那或者天方之位于"大食"国中的事实，差不多已经全然无知。见田坂兴道：《中国回教的传入及其弘通》，下册，页 923。

现在所知，最早记载"回回祖国"观念的，应当是那部今已佚失的《晋安郡志》。因此我们已无法查考，这一观念究竟最先起源于回民自己，还是将回民视为"他者"的汉人群体。将载录于《一统志》上的那段话作为对回民宗教的权威的和标准化的叙述而辗转抄录在自己著述之中的明人，大都是汉人。那么，明代的回民自己是否也接受了这个观念呢？

明代回民留下的有关他们宗教生活的史料实在太少，要通过大量的直接举证来回答这个问题，几乎是不可能的。不过，从现存文献中透露出来的依稀可见的迹象，还是使我们有理由相信，至少是在晚明初清时，上述观念在回民中间已经开始形成了。

这里需要重新提到定州的《重建礼拜寺碑记》。其碑文虽经后人增改重镌，但这种改动的时间至多不会晚于清前期。[1] 所以对于我们现在所要寻求的证据而言，此碑仍弥足珍贵。无论这名"杨受益"或碑文的改写者是否教门内人，此碑被树立于清真寺里，即表明采取了此种做法的回民是认可碑文意思的。类似的表述，也可在其他明代碑记中发现。如嘉靖二年（1523）的张家口《重修礼拜寺记》谓："……穆德那国远在天方国之西，其先有名模额牟末德王……其裔衍派（脉）日繁，编（遍）尽天下有之。"[2] 前面已提到过的弘治六年（1493）《杭郡重修礼拜寺记》，有"回辉氏出自西域，来居中夏"之说。此处所谓"西域"，未可以泛指概念当之。据《大明一统志》，天方"旧名天堂，又名西域"[3]。这才应当是碑文中"西域"的真正含义。湖南《丁氏家谱》谓"考之吾族，身宗教门，本默德

---

〔1〕 该碑文字的增改者既无准确的历史知识，则其师心自用之所据，只能是当时人在追忆回民祖先历史时的流行看法。而在清中叶以后，对回民的历史记忆越来越多地与"回纥"夹缠而一，关于"回回祖国"的默德那说则变为逐渐湮没的历史陈迹。从碑文增改者所采取的回民祖先传说的历史印记，可以大致推知他所生活的时代。

〔2〕《中国回族金石录》，页18。

〔3〕《大明一统志》卷九〇，"天方国"条。

国人也。肇自远祖汉沙公帅师由大食落籍金陵，助明太祖起兵"云云。[1]此处的"默德"，非默德那之讹称莫属。元末自大食来助朱元璋云，只能是传说而已。但此种传说显然不是到乾隆时期该家谱编纂时才存在的。将它看作自晚明清初流传而来，必无大误。可见从河北、浙江到湖南，"回回祖国"的观念已内化于回民对集体身份的认同意识中。

值得注意的是，宋元穆斯林移民的后裔们在追溯自己根源时对于"回回祖国"的想象，与他们对明清王朝的政治认同一直并行不悖。用他们自己的话说："夫其教原本西域，国自为俗。流入华土，各仍其世而守之，用以无忘厥祖。原非故标一异帜，庸以自别于齐民也。"[2]他们"生于中夏"，所以要"讲君臣之意，使人共知率土皆臣"。因为"不忘其所自出"，所以"虽圣天子在上，普天偕从圣化，而本来面目，且万万不能改易也"[3]。在明清时代的清真寺碑刻文中，类似将"圣教昌明，皇图永固"相提并论的语词，可以说是屡见不鲜。[4]作为穆斯林"五功"之一的"念"，被有的碑文阐释为"敬天、忠君、孝亲，务践其实"[5]。清真寺的功能除"仰拜造化万物者（此指真主）"之外，"颂祷天子万寿者，在是；称愿宗社人民安固如泰山者，亦在是"[6]。作为"留驻中华"的回民后裔，中国回民群体对自己的界定，显然也包含了这一层政治上的认同在内。[7]

在关于自身根源性的意识方面，晚明的回民群体内已开始形成

---

〔1〕 马亮生主编：《湖南回族史料辑要》，长沙：湖南人民出版社，1995 年，页 31。
〔2〕 《嘉兴府建真教碑记》，1602 年，见《中国回族金石录》，页 50。
〔3〕 语见《杭郡重修礼拜寺记》，1493 年；《重修碑记》，定州，1731 年；《清真寺碑序》，章丘，1906 年。见《中国回族金石录》，页 49、21、88。
〔4〕 《重修礼拜寺碑记有铭》，大同，1622 年，见《中国回族金石录》，页 32。
〔5〕 《重修礼拜寺记》，张家口，1523 年，见《中国回族金石录》，页 19。引文中的"敬天"一项，指祷念真主，指念"念"功的本意。
〔6〕 《礼拜寺重修记》，历城，1495 年，见《中国回族金石录》，页 77。
〔7〕 "留驻中华"之语，见《重修真教寺碑记》，杭州，1892 年，见《中国回族金石录》，页 62。

"回回祖国"观念。这一事实表明，中国回民的民族的或种族的认同，至少在明清之际，应当是已经初具形态了。

## 四

当代人类学和社会学都高度重视自我与他者之间的界限区分以及群体成员内部的自觉心理联系，亦即认同意识对于民族或种族集团形成的关键作用。但是，人们可以同时属于许多个不同的共同体。在这种情形下，究竟具有何种特别性格的对共同体的归属感，才可以被认为是一种种族的认同感呢？

马克斯·韦伯曾经认为，种族性的意识根源于"一种对共同或共有血统的推想"（a presumption of common or shared descent）。这种看法，据说已经为现代人类学家所放弃。但是一直到最近为止，当他们需要具体地界定构成为种族的心理联系时，绝不在少数的人类学家仍然不约而同地把"共同血统"的观念列为其特征之一。威廉·陴特森说："民族（nation）是这样的一个人们群体（a people），它既由出自于一个虚拟祖先的共同血统，也被共同地域、历史、语言、宗教及生活方式，互相联系在一起。"〔1〕麦克尔·班顿在分别论述前南斯拉夫、美国及欧洲其他地区中使用"种族的"（ethnic）一词来修饰的各类人们群体时，无不提到"共同血统""共有一种与他人不同的……血统"的意识，作为一种基本的界定指标。〔2〕斯蒂文·郝瑞写道："对于究竟是什么构成了种族性或种族意识的问题，在人类学界一直是一个争论的题目。无论如何，归属于某个种族集团的那种意识，至少有两个

〔1〕《哈佛美国种族百科全书》（Stephan Thernstrom edit., *Harvard Encyclopedia of American Ethnic Groups*, Belknap Press of Harvard University, 1980），页234至242，"种族性的各种概念"条（Concepts of Ethnicity），威廉·陴特森（William Petersen）撰。
〔2〕《民族主义百科全书》（*Encyclopedia of Nationalism*, New York: Transaction Publishers, 2001），页68至69，"种族上的少数集团"条（Ethnic Minorities），麦克尔·班顿（Michael Banton）撰。

特征：一、由于具有共同血统和可以作为种族标记的共同习俗，因而它把自身看作浑然一体的；二、它能与其他那些祖先和习俗都不相同的人们群体区别开来。"[1] 他的此种主张，并为李普曼所引述，用以代替他本人对种族性的定义。[2] 霍罗维茨则写道："种族性基于集体祖先的神话，此种集体的祖先总是带着若干被相信是天生的特征。"[3] 一本讨论亚洲种族问题的教科书所采纳的观点，也将"对血统的共同神话"列为种族集团诸特征中的一项。[4] 研究回族历史的迪伦说："很难确凿地断言，究竟是哪些因素在种族认同形成中起了作用，不过它们一定涉及语言、宗教、服装、习俗，以及比这些都更重要的对一种共同血统（a common blood line）的感知（无论这种感知是如何错位）等因素"[5]。为杜垒引用的契耶斯的见解同样认为，一种"共有血统"（shared descent）的观念，"构成了种族集团认同的基础"[6]。同时，契耶斯又力图将这种共同血统的确立机制与通过世系谱而构建的具有共同祖先联系的亲属集团内共同血统的确立机制区分开来。他指出，种族集团的祖先记忆，乃是通过对该人类群体的起源、迁徙，尤其是它所经历的苦难折磨的历史叙事而建立起来的。这些叙事表现在由父母、长者、领袖所操习和传承的民歌、民间故事、纪念历史事件的仪式、歌舞表演、艺术创作，乃至书面历史记录等等中间。[7]

应当承认，远不是所有的学者都把共同血统观念列入种族性的诸

---

〔1〕 斯蒂文·郝瑞主编：《中国种族边裔地区的文化遭遇》（Stevan Harrell, *Cultural Encounters on China's Ethnic Frontiers*, Seattle: University of Washington Press, 1995），引文见"导论"（郝瑞撰），页 28。

〔2〕 李普曼：《熟悉的陌生人》，"导论"，页 28。

〔3〕 霍罗维茨：《冲突中的种族集团》（Donald L. Horowitz, *Ethnic Groups in Conflict*, Berkeley: University of California Press, 1985），页 52。

〔4〕 伊文斯：《亚洲的文化马赛克：人类学导论》（Grant Evans edit., *Asia's Cultural Mosaic: An Anthropological Introduction*, Singapore: Simon & Schuster Pte Ltd., 1993），页 244。

〔5〕 迪伦：《中国穆斯林中的回民共同体：迁徙，定居与教派》（Michael Dillon: *China's Muslim Hui Community: Migration, Settlement, and Sects*, Surrey: Curzon Press, 1999），页 3。

〔6〕 转引自杜垒：《讲汉话的穆斯林：人民共和国的种族民族主义》，页 76。

〔7〕 巴费尔德主编：《人类学词典》，页 152 至 154，"种族集团·种族性"条。

主要特征之中。例如恩洛埃为著名的《小布郎比较政治丛书》所写的《种族冲突与政治发展》一书，虽然极其强调"种族性依赖于自我确认，而不依赖客观范畴的划分"，甚至也指出了种族集团"在生物学意义上自我赓续"的特征，但他对种族性的界定却基本不涉及共同血统观念的问题。他写道，种族性"是指人们之间的一种特殊联系，这种联系使他们认为自己属于一个与他者相区别的群体。此种联系的内容是共有文化，即指区别正确和错误，确定互动的规则，设定优先关注的事项、期望和目标的一个基本信仰与价值的类型"[1]。

这显然是一种更为宽泛的种族概念。但是正如康诺尔指出过的，如果像"美国社会学家们"那样，把"种族集团"简约为"一个大社会的亚群体"（a subgroup of a large society）来看待，所谓"种族集团"就会变作"少数人群体"的同义词。事实上，在美国社会学的著作中，它已经被用于指称几乎所有可加以区别的少数人群体。其结果之一，便是不同形式的认同之间的重要区别，也就可能被完全混淆了。[2] 这方面最典型的例证，大概要算韩起澜关于上海的苏北人的那本书了。作者力图重构一种历史过程，在其中，"人的出生地，而不是人种、宗教或民族，被用来界定中国背景下的种族，其确实性就如同在美国被看作种族性质的非洲裔美国人、墨西哥裔美国人、波兰人的认同一样"。在作者看来，"只有把苏北老乡理解为已构成了一个类似于非洲裔美国人或墨西哥裔美国人那样的种族集团，与出生籍贯联系在一起的种种不平等结构及其社会建构的过程，才能够得以呈现"[3]。

---

[1] 恩洛埃:《种族冲突与政治发展》( Cynthia H.Enloe, *Ethnic Conflict and Political Development*, Boston: Little Brown And Company, 1973 )，页15至17。

[2] 康诺尔:《民族·国家·种族集团及其他》,《种族与人种研究》( Walker Conner, *A Nation Is A Nation, Is An Ethnic Group Is A..., in Ethnic And Racial Studies*, 1·4 [ 1978 ])，特别是页386至388。

[3] 韩起澜:《制造中国人的籍贯认同: 1850年至1980年间上海的苏北人》( Emily Honig, *Creating Chinese Identity: Subei People in Shanghai*, 1850—1980, New Haven: Yale University Press, 1993 )，页1、129。又见吴大维 ( David Y.H. Wu ) 的书评，载于《亚洲研究杂志》( JAS ) 52·3 ( 1993 )。

但是，韩起澜自己也承认，"即使西方人类学家也很少将种族性延伸到地区认同（的范围）"。她所以要把乡土认同（此外还有浙江"堕民"、陕西和山西"乐户"、广东"船民"等人们群体）看作一种种族认同，是因为这种现象"在中国还没有专门的名称"。她认为，"关键问题不在于乡土认同在中国究竟是何时，甚或究竟是否通过了关于种族性的某种试纸检测，问题在于，如果我们可以认为它是种族属性的，那么我们便可以用一种新的方式来考察这一现象，它能够凸显出一系列从未被清楚认识过的社会关系和历史过程"[1]。在韩起澜看来并不关键的问题，在我看来恰恰是问题的关键所在。苏北人作为近代上海劳力市场上的"低等无产者"，是一个备受歧视和残酷剥夺的群体。然而，无论是上海人或者上海苏北人自身，都不存在这样的感受，即把这个群体与他者的差异看作种族的差异。很重要的一点似乎是，无论是对生活在上海的苏北人或者是对上海人而言，苏北人的血统之所自，并不是一个可以与其他人群清楚区别开来的单独人群。

在追求对种族性的界定过程中所面临的种种困难，早已迫使研究者们放弃下述信念，即把种族集团看作一种纯粹的外在物或客观的存在，可以通过确认一种或几种最关键的种族性"基质"来完全客观地或"科学地"加以界定。种族性只能在人们用以组织和划分自己的各种方式的连续系列中去予以理解和定位。与其他各种认同形式相类似，种族的认同"基本上是在对话中确定的，是变化的、复合多样的、有伸缩性的。确定某个群体或个人属于何种'种族的'身份，会随着说话者、作为受众的对方以及对话背景的不同而发生变化"[2]。当然不能认为，共同血统观念是界定种族认同意识的绝对尺度。事实

〔1〕 韩起澜：《制造中国人的籍贯认同：1850 年至 1980 年间上海的苏北人》，页 8。

〔2〕 泰珀尔：《伊朗边境的游牧人：沙赫色文人的政治及社会史》（Richard Tapper, *Frontier Nomads of Iran: A Political and Social History of the Shahsevan*, Cambridge: Cambridge University Press, 1997），页 316。

上，在部落、宗族等社会组织中也存在共同血统的观念。我们当然也不能说，种族的认同意识没有共同血统观念就绝对不能成立。尽管如此，从上面引述的许多著名学者在述及种族认同的时候都免不了要提到共同血统的观念这一事实来看，说它是构成种族认同意识的最重要因素之一，也许还不会离事实太远。

毫无疑问，所谓"共同血统"观念，并不必定以历史真实性作为支撑它的基础。相反，要证明任何"共同血统"都不可能绝对纯粹或者真实，倒是再容易不过的事情。但"共同血统"观念本身，仍然是一项毋庸置疑的"历史真实性"。正如康诺尔所说，"在分析各种社会政治状况时，最基本的问题未必是事实究竟如何，而是人们相信那事实是怎么样的"[1]。

"共同血统"观念似乎存在两种表达方式。一种是把全体民族或种族成员想象为同一祖先的后裔。哈萨克人的情形就是如此。巴肯曾经这样简明扼要地概括过此种情形：

> 虽然游牧营地事实上并不总是父系的家庭集合，但哈萨克社会组织的模式却仍然基于这样的假说。哈萨克人都相信他们自己全部来自同一祖先的男系传嗣。19世纪考察家们收集的部族系谱在细节上出入极大，甚至对始祖名字的说法也有不同。但是，它们在下面这一点上却众口一词。即这位始祖有三个儿子。他们分成了三个单独的阿吾勒（ayl，最小规模的游牧单元），于是确立了哈萨克人的三个主要分支：大帐、中帐和小帐。根据部族世系，这三个儿子的儿子们又依次分立，分别成为诸帐之下各分支的始祖。而他们的儿子们也依次分立为更小的分支的先祖。这样一直分支下去，直到阿吾勒为止。其所有的男子和未出嫁的女人

---

[1] 康诺尔：《民族·国家·种族集团及其他》。

都出自一个共同祖先。于是，哈萨克民族和它的所有分支，全都被认为是一个扩大的家庭集团的各支系。[1]

中国撒拉人关于本族的起源传说，也体现了相同的共同血统观念。传说他们的祖先乃是相当于宋末元初时代在撒马儿干地方的六兄弟。在离乡背井之际，教长给他们一壶清水、一匣黄土，命他们东行至有同样水土之处定居。他们就这样来到青海循化，子孙日渐繁殖，形成今日的撒拉族。[2]

不过，并非所有种族都有这样的共同始祖传说。"共同血统"观念的另一种基本表达方式，则是将当今的特定人们群体，追溯为历史上某个拥有独特文化，并足以与同时代的他者相区别的既有人们共同体的后裔。对历史学家或人类学家来说，无论此种独特文化还是那个既有的"人们共同体"自身，其界限很可能都存在相当的模糊不清之处。但社会大众是不会提出"谁才是'华夏'"或者"谁是满洲人"这样的问题的。"华夏"或者"满洲人"，对一般大众而言，都是非常明确的历史实在。他们也不会追问，在这个历史上的人们共同体成员之间，究竟有没有由一个共同始祖的传嗣而确立的血缘关系。当他们将自身集体地想象为这样一种独特人群单元的后裔时，观念层面上的"共同血统"就算是构成了。康诺尔猜想说，在汉民族中有"一种未曾言明的假想，即在某个朦胧、没有记载的时代，存在过一对汉族的亚当和夏娃"[3]。他似乎没有意识到，其实"共同血统"的观念不一定

---

〔1〕巴肯：《俄国统治下的中亚民族：文化变迁的研究》（Elizabeth E. Bacon, *Central Asians under Russia Rule: A Study in Culture Change*, Ithaca, 1968），页32及以下。按：哈萨克人的种族认同自然不可以简单地由这样一个祖先传说来界定。此处只是把它作为共同血统的一种基本形态来举例而已。

〔2〕顾颉刚：《撒拉回》，《中国伊斯兰教史参考资料选编》下，页1439至1443。在《撒拉族简史》中，记载了这一传说的另一个版本。可与前者两相参阅。

〔3〕康诺尔：《民族·国家·种族集团及其他》，页380。

非要追溯到唯一始祖或始祖母，方才得以缔造。汉民族的共同血统观念，根本地说，是以他们都是"华夏"后裔这样的方式来表达的。一般认为蒙古人以"苍狼白鹿"为祖先传说。其实中世纪的蒙古人已经分辨得很清楚，它讲述的只是关于"成吉思皇帝的根源"的故事。[1]蒙古人中间的共同血统观念，是通过将他们自己的来源追溯到成吉思汗时代的草原蒙古人共同体而建构起来的。

如果上面的讨论可以成立，那么"回回祖国"观念在移民中国的回民群体中的确立，就应该看作他们对于本群体出自共同血统这样一种观念的初步表达。随着此种观念的进一步发育，在中国的回民群体作为一个民族也始而成型了。

五

回民中的种族意识在晚明的形成，乃是他们久居汉地社会而逐渐土著化过程的历史产物。绝对不应当将这个土著化的过程简单地理解为就是"汉化"的过程。在与汉族的长时期密切接触中，回民在行为方式的许多方面虽然发生了重要的变迁，但是这些变迁并不曾消解他们与汉族共同体之间的基本区别及其对此种区别的自觉意识。毋宁说，回民在汉地社会中土著化的过程，既反映了他们被汉文化所涵化的那一层面，同时也清楚地显示出，他们对回汉区别的意识自觉反而在不断增强。

主要是在元代进入汉地社会的回民主体，在当时尚能对自己所自出的故土保持着一定程度的鲜活记忆。由于元代中国与东部穆斯林世界的频繁沟通，这些移民甚至还多少维持着与母国之间这样或那样的

--------

[1]《元朝秘史》第1节，汉文旁译。该节汉文总译作"元朝的人祖"，此种表述很容易被汉语读者误认为是指全体蒙古人祖先而言。

联系。直到明代前期，在西北中国，仍有大量回民商人从西域迁来并长期留住在那里。《明史·西域传》"撒马尔罕"条曰："其国中回回，又自驱马，抵凉州互市。帝（指明太祖）不许，令赴京鬻之。元时回回遍天下，及是居甘肃者尚多。诏守臣悉遣之。于是归撒马尔罕者千二百余人。"[1] 投奔中国的西域伊斯兰教徒，在明代中叶之前不断见于史载。这批陆续东来的回民人口数量既然不小，自然会把有关西域及彼方伊斯兰教的诸多信息带到中国。但是，此种状况大约在成化中叶（即 15 世纪 70 年代）基本告一段落。在东南中国，由于明政府对海外贸易的消极态度和欧洲殖民者对南海贸易的垄断，东部穆斯林世界与中国之间的经济与文化交流在此后不久也急剧衰退。[2] 身处汉地社会的回民于是真正陷入了与外部世界的隔绝状态。而明代的政治、经济和文化格局，与元代相比显然已大幅度地朝向中原体制靠拢。回民的昔日优势也在无可避免地日渐失落。15 世纪 70 年代，明代文献中出现了移回民为盗寇的最早记载。此后内地回民社会状况的恶化更日渐加剧。[3] 这些情况，都表明并且极有力地推进着内地回民人群因社会地位的跌落而加速土著化的历史进程。

明代后期在回民中间土著化趋势之加强的显著征象之一，是这个时期的回民普遍采用了汉式的姓氏。关于这一点，田坂兴道在进行了详细研究后总结说：

> 回教徒改用汉姓从唐代已经开始。然而在唐、宋、元的时代，这样的例证是不多的。他们中的大多数即使在中国也依然使用原来的名字。但是，如果以上的考察幸而正中鹄的，则回

〔1〕《明史》卷三三二《西域传》。
〔2〕参见田坂兴道：《中国回教的传入及其弘通》，下册，页 1085、1126。
〔3〕参见《明宪宗实录》卷一一五，"成化十二年三月丁卯"条；《明孝宗实录》卷二三一，"弘治十七年五月甲寅"条。并参田坂兴道《中国回教的传入及其弘通》，下册，页 1187 至 1189。

教徒的改姓到明代可以说是全然普通的事情了。自明代以前就留居中国而经历了好几个世代的人们，在明初都纷纷改姓。明代来归的人们，即使最初的那一代不改姓（虽然来归者本身即改姓的事例亦不为少见），经历了二世或三世后，便大都将其姓名变成中国式的了。[1]

在回民普遍采纳汉名称呼的背后，应当存在一种更广泛层面上值得注意的现象，即他们在政治、经济乃至日常生活的某些领域内，实际已经在相当程度上采用汉语作为社会沟通的语言媒介了。经、汉不通在明代后期的回民群体中乃是常情。[2]这时候所谓经、汉不通，更多的是指绝大部分回民已不通经语而言。前引明万历三十年（1602）的《嘉兴府建真教寺碑记》谓，对于伊斯兰教的"真派"，"世鲜有通其说者，而习其说者，复不能自通，第以肤浅鄙俚之见文之"[3]。当然，碑文没有揭明，这些"肤浅鄙俚之见"究竟是用什么语言表达的。在这里，大约一个世纪之后的刘智的话，颇可以帮助我们解明这个问题。在比较一般经师与他本人"训文解字"的差别时，刘智写道："经字汉文原相吻合。奈学者讲经训字，多用俚谈。……愚不惮繁，每训文解字，必摹对推敲，使两意恰合，然后下笔。"因此，他本人的这本书，"与经堂语气……不相合"[4]。毫无疑问，当日经师训文解字时的"俚谈"，亦即上引明碑所谓"肤浅鄙俚之见"，是用基本具备汉语形态的"经堂语"（或者它的前身）来表达的。训经之言成

---

〔1〕 田坂兴道：《中国回教的传入及其弘通》，下册，页1149。需要指出的是，在采用汉姓的同时，明代回民应该与他们更晚近的后代一样，仍然保有在教们内的"经名"或"回回名"。详见下述。

〔2〕 梁以浚《〈正教真诠〉序》谓："字体各异，学问迥别。或精于此者不精于彼，习于彼者未习于此。著作虽弘，不能互阅。"见王岱舆：《正教真诠》卷首。是文写于崇祯壬午年（1642）。

〔3〕 《中国回族金石录》，页50。

〔4〕 刘智：《天方典礼择要》卷首，"例言"。

为"俚谈"，因为不仅是作为听众的一般信徒，而且包括大部分经师本身，已经不能真正领会阿拉伯语、波斯语文本的经旨。中国的回民于是陷入这样一种两难境地："非用汉文，固不能启大众之省悟；纯用汉文，又难合正教之规矩。"[1]因而，他们只好在用原文诵经同时，以汉语来代代传授经典的意思了。顺治年间有人慨叹说，伊斯兰教的"兰台石室之藏，汗牛充栋，但俱国音。中幅之人，无一晓者"[2]。因此，"解天经，非中国之语（按此指汉语），安所宣传。势不得不参用之"[3]。要说此种形势至少在晚明时业已奠定，无论如何是不会过分的。

阿姆斯特隆指出过，宗教信仰很可能成为侨居他国的人们群体对自身身份认同的核心。他又说，在长时期定居他国以后，"异域居民的那些特别语言经常会被压缩为宗教认同的符号，因为这些群体的成员总是会转而适应所在地的外国语言"[4]。在回民大众的宗教语言演变为基本上属于汉语形态的"经堂语"前身之先，他们在宗教及与宗教相关方面之外的其他社会领域内，必定也已经采用汉语作为主要沟通媒介了。

姓氏、语言而外，内地回民的服饰，也渐趋于和汉族无大分别，在与宗教无关的场合尤其如此。乾隆初年的一位回民学者，在答复对回民"异言异服"的指责时写道：

> 且于公私应酬行礼，所用衣冠早已从俗。惟于寺中礼拜时，

---

[1] 《教款捷要》前序，写于康熙年间。

[2] 何汉敬：《〈正教真诠〉叙》，载《正教真诠》卷首。该叙写作于顺治丁酉年（1657）。又参见前引梁以浚《〈正教真诠〉序》中所言。

[3] 张中：《叙〈四篇要道译解〉缘起》，载《四篇要道精译》卷首，北京：北平清真书报社，1923 年。原书未睹，张中叙文见白寿彝主编：《回族人物志》，"清代"，银川：宁夏人民出版社，1992 年，页 315。又按：张中为明清之际人。

[4] 阿姆斯特隆：《民族主义之前的民族》（J. Alexander Armstrong, *Nations Before Nationalism*, The University of North Carolina Press，1982），页 212。

冠系六棱，上锐下圆。五色皆有，而白者居多。……礼拜之服，系阔袖大领，仿古朝服。抑惟师长遇大节领拜时服之，非常服也。至冠婚丧祭之服，则仍从宜从俗而已。彼好带白帽市井贸易者，则轻亵教典、无知之徒，何足道哉。[1]

对这样一个缓慢渐进、长时期延续的变迁过程而言，明代后期似乎特别值得我们留心。泉州有一位生于 16 世纪初的回民，按自己大半生的观察，分三个阶段来回忆家族风气的变化。据他说，其"稚年习见"，仍敦乎若上世风化。

> 如敛不重衣，殡不以木，葬不过三日，封若马鬣而浅。衰以木棉，祀不设主，祭不列品，为会期日西，相率西向以拜天。岁月一斋，晨昏见星而食，竟日则枵腹。荐神惟香花，不设酒果，不焚楮币。诵清经，仿所传夷音，不解文义，亦不求其晓，吉凶皆用之。牲杀必自其屠而后食。肉食不以豕。恒沐浴，不是不敢以交神明。衣崇木棉，不以帛。大率明洁为尚也。

接着，他叙述"厥后"的状况说：

> 殓加衣矣。殡用木矣。葬逾时矣。衰麻棉半矣。祀设主矣。封用圹矣。祭列品矣。牲务肥猪矣。天多不拜矣。斋则无矣。牲杀不必出其屠而自杀矣。衣以帛矣。酒果设矣。楮帛焚他神矣，祀先则未用也。香花之荐，犹故也。

至于他晚年所看到的习气，又更进了一步：

---

〔1〕 金天柱：《清真释疑补辑》，卷上，"服色"。

祀今有焚楮帛者。牲杀不必自杀与其屠者。衰皆以麻，无用棉者。葬有逾十余年者。吉凶有用黄冠浮屠者……[1]

　　这虽是颇为极端的例证，还是有助于说明晚明回民群体中所发生的社会变化何等巨大而深刻。另一方面，从总体上说，此种变迁并没有导致回汉之间界限的泯灭。这又是为什么呢？

　　对这个问题，早在清末时候，有些汉人其实已认识得相当透彻了。樊清心的前引奏议将十六国时期的"五胡"与内地回人移民的历史命运作过一番比较。他说，关键在于一则"无所谓其教，无所谓其俗，故相处而相忘"；一则"各教其教"，与汉人"礼俗互异"，所以其人"自甘居于异类"[2]。此公言辞充满了大汉族沙文主义和对回民的敌视，这一点自然不足为训。但他的确看到了回民之所以能始终保持着对自身共同体之强大归属感的三个关节点，即共同教门，由共同教门而产生的一系列特殊习俗，以及主要是由此类共同性所生发的对回汉界限的自觉意识。樊清心唯一没有提到的，是汉人将回民视为"异类"的立场，对于回民的界限意识和自我认同强化过程所产生的作用。

　　对入居内地的回民来说，在来自域外的伊斯兰教资源已基本断绝的情形下，他们主要依赖两种途径来维持其宗教信仰乃至最低限度的关于伊斯兰教的知识体系的传授。其一是将宗教以及与之相关的诸习俗当作"祖教"和"祖制"，在家族内部世代相传不坠。[3]湖南一个回回家族，"身宗教门……传世十六，历年四百，世守不

---

〔1〕丁衍夏：《祖教说》，载《丁氏谱牒》，收录于《泉州回族谱牒资料选编》，泉州市历史研究会编，1980年。
〔2〕樊清心：《甘肃回匪肃清善后议》。
〔3〕"祖教"一语见前文。又：清前期的徐倬为刘智《天方典礼》所做的序中说："千百年来，流寓者众。虽居中国，犹执祖教。"文见《〈天方典礼〉择要》卷首。"祖制"一语见《清真释疑补辑》卷首，陈大韶序。

异"[1]。有少数以传教或以伊斯兰学术为业的世家，或者"兢兢业业，日以阐明圣教为念"的虔诚的信徒家庭，可以"数十余世子孙相沿"[2]，维持着对教义、教规的钻研、履行和传习授受。绝大部分的信教大众，则处于另一种境界："虽遵用教典，斤斤勿逾；而日用民常，懵其宗旨。""要皆习无不察。故服习其间者，只知我为教中人，至教之所以为教，究懵懵焉，而莫得其指归。"[3]马士章回忆自己的经历说："缘以幼年失学，未谙经文。即行奉大略，不过人步亦步，人趋亦趋，仅相延于风俗者也。试询道之源而不知其从，执行之舛而不觉其非。"[4]尽管如此，这样的共有习性却极有韧性地维持着回民与汉人之间的界限区别以及他们自身对这种界限的意识。

其二，信仰的维持还得力于超过家族范围的回民群体的生存方式。上述生存方式与回民的主体在元代通过驻军等途径奠定的聚居习性有关。有回民聚居区就会有礼拜寺，就有指导宗教生活的专职人员，就有"讲学堂"可以传授教旨教规[5]。如果说仅依赖家族来维持宗教信仰，其力量有时难免显得过于薄弱（上文所举证的泉州丁氏即属于此种情况），那么在更大范围的回民聚居区，信仰的赓续就会更加有保障了。

内地回民作为一种宗教共同体的特征，从元代直到明中叶一直存在。然而在这个时期，除了出自同一宗教的归属感以外，回民群体内部的差异也是一个引人注目的事实。他们来自中亚的各个城邦、地

---

〔1〕 乾隆癸未《丁氏宗谱》，载马亮生主编：《湖南回族史料辑要》，页63。
〔2〕 袁国祚：《〈天方至圣实录〉后跋》，《回族人物志》，"清代"，页227。此文撰于乾隆五十年（1785）。
〔3〕 胡汇源：《〈清真释疑辑补〉序》（乾隆十年，即1745年撰），见同书卷首。定隆成：《〈天方典礼〉跋》，《回族人物志》，"清代"，页368。是跋作于康熙四十九年（1710）。
〔4〕 马士章：《〈修真蒙引〉序》，《回族人物志》，"清代"，页328。
〔5〕 明代礼拜寺内的"讲学堂"，参见《济南府礼拜寺重修记》，载《中国回族金石录》，页76。该碑记写于弘治八年（1495）。

区,说着不同的母语,如波斯语、突厥语的各语支或各种方言、阿拉伯语等等,还属于不同的教派。

但是所有这些差异,在明代中叶以后,都随着对祖先的具体记忆的湮没而渐趋淡化。面对汉地社会的主体人口和主流文化,回民对自身特殊性的意识自觉更进一步掩盖了正在急剧淡化下去的对自身内部差异的感知。回汉之间的界限则随双方对他者意识的增强而愈益明朗。两种人们群体之间的沟壑演化为汉人对回民的大众性成见。伊斯莱利在他的研究里列举过若干个相当典型的例证,表明汉人中存在着的对回民的普遍偏见。[1]这些偏见显然已有极长久的历史了。只要读一读金天柱列数的汉人对回民的"种种疑案",就可以知道它们在清代中叶即已存在:

> 遂有谓不遵正朔,私造宪书,以三百六十日为一年,而群相庆贺者;有谓异言异服,择拣饮食;甚者谓斋伪茹荤,白日何故不食?又谓礼拜不知所拜何神,而夜聚晓散,男女杂沓;更谓齐髡以毁父母之体,而庞貌为之异样者。[2]

这段话虽写于乾隆初,但汉人对回民的类似认识,还应当存在于比之更早的年月里。类似舆论无疑也反过来强化着回民的集体归属感。这种归属感是在每个回民的家族或其特定聚居区里培育出来的,但它又绝对超越任何一个具体的家族或聚居区。内地回民忘记了有关他们来源的诸多具体情节,但对"祖教""祖制"和自身根源性的追寻意识仍使他们记得自己是来自域外移民集体的后裔中

---

〔1〕 伊斯莱利:《穆斯林在中国:对不同文化碰撞的研究》(Raphael Israeli, *Muslims in China: A Study in Cultural Confrontation*, Surrey: Curzon Press, 1978),页21至页23。
〔2〕 金天柱:《〈清真释疑〉自序》,《回族人物志》,"清代",页375。是序作于乾隆戊午年(1738)。

的一员。他们对自身居住地区之外的其他回民或许所知不详，但他们知道属于同一移民集体的后裔广泛地分布在中国各地，而且事实上也早已建立起远超出自己居住地范围的地域性联系和更广泛的同类身份的认同。[1]明末的回民很自信地声称"其人相见，则以其语自通，蔼如一家，有无相济，适万里可无斋焉"[2]。"以其语自通"，所指虽然还是汉语，但那是一种大量采纳了来源于波斯、阿拉伯、突厥语词乃至诸多新创汉语词汇的汉语特殊形式，即所谓经堂语，教外的汉人是不容易听懂的。它本身也成为回民认同的有效标记。在民间流行的一句汉族民间俗话说："回民的东西吃得，回民的话听不得。"此处"听不得"，按流传于汉人中的一种解释，是指回民的话无信用、不可靠。[3]但按回民自己的理解，这是汉人听不懂回民之间的谈话的意思。回民显然为这一点而感到某种满足。[4]内地回民变成了中国人的一个组成部分，但他们没有变成汉人。

因此我们看到，"回回"移民土著化的过程与其说消弭了回汉之间的差异，还不如说消弭了原来存在于回民共同体内部的诸种差异。用清末有的回回人自己的话说，这叫"绳绳继继，宗是教者相传，

---

[1] 例如，王建平对清初云南回民社会的研究就揭示出，在分散地位置于云南各地的各回民群体之间，便存在着"一个网络，一个松散地在内部相互关联的协作体"。参见王建平：《协和与冲突：回族共同体在云南社会》，尤其是页154至162。

[2] 《嘉兴府建真教寺碑记》，《中国回族金石录》，页50。碑文撰写于万历三十年（1602）。

[3] 伊斯莱利：《穆斯林在中国：对不同文化碰撞的研究》，页23。

[4] 一则题为"不要听回回讲话"的回族民间故事说，唐朝时候留住长安的"回回"使臣娶了汉人的妻子。婚后两人相亲相爱。当妻子回娘家探访时，父母问她对"回回"丈夫的感觉如何。他们的女儿回答："回回人都很好，他们的食物好吃，但他们的话听不懂。"父母于是告诉她："只要你丈夫对你好，只要你们两人和合终始，至于他们的话，你就不要去听它。"回族民间传说就是这样解释汉人所谓"回回的东西吃得，回回的话不消去听"之意的。见李树江、卢克尔特：《回族的神话与民间传说——一个穆斯林中国人》（Shujiang Li & Karl W. Luckert, *Mythology and Folkore of the Hui, A Muslim Chinese People*, Albany: State University of New York Press, 1994），页249。此则民间故事采自甘肃。又蒙王建平教示，云南的回族也将这句俗语的意思解释为汉人听不懂回民之间的谈话。

遂忘其国籍。回其教，且并回其民焉"[1]。阿姆斯特隆说："最重要的是，从讨论开始时就必须认识到：种族群体或曰早期民族的观念必须以排他方式予以界定，这个事实本身就已说明，实际上不存在某种纯粹的界定方式，可以将种族性与其他类型的认同区别开来。界限论方法表明，种族性是一束转变中的互动关系，而不是社会组织的一种核心成分。……必须承认，种族性现象是诸种社会集合体之连续统一体（其中特别要包括阶级和宗教实体）的一个部分。"[2] 正是遵循着这样的逻辑，回民出自同一"祖国"的观念，被他们自己广泛接受。回民作为一个宗教的共同体，也就始而向着具有共同血统观念的种族共同体转换。

"回回祖国"和共同血统观念，具有极大程度的想象的性格。不过上述"想象"并不是完全缺乏社会和历史依据的痴心妄想。相反，"正是在经验以及由经验所产生的非自觉的习性（habitus）方面的共同性，给予一个种族群体的成员们以某种身为同类并且互相熟悉的意识"。而人们使用亲属或血统的观念来表达种族的归属性（这又使我们想起回族成员互称"教亲"的事例），也不是他们任意选择的结果。因为"身为真实的家庭内成员或世谱集团内成员的那种特殊情感，也反映了相同的对于共有习性的意识。而这种意识又恰恰成为以家庭化来实现种族凝聚的基础所在"。或者换个说法："由于种族认同派生于被人们视情景而定地共有的某个多层面习性的诸种因素（situationally shared elements of a multidimensional habitus），这就使得个人能够获得若干认同要素。它们分别与不同情境相联系，但都是很真实的，并且

---

[1] 黄振磐：《论回民》，载《醒回篇》（留东清真教育会，1908 年），王希隆点校本，兰州：兰州大学出版社，1987 年。按：所谓"忘其国籍"，黄氏原意是指回回完全忘记了自己是来自域外的移民。但这显然不是历史的实情。毋宁说，他们忘记的是各自祖先所从来的具体国度，但仍然记得自己作为一个移民集体与汉人之间的不同，因为正是这一点，才使他们得以回答，为什么自己会拥有一种与汉人迥异的宗教信仰。

[2] 阿姆斯特隆：《民族主义之前的民族》，页 6。

最终被提升为共同血统的形态。"[1]

在晚明中国，内地回民群体内民族意识的形成，端倪于"回回祖国"观念的流行，而后又为明末清初中国伊斯兰教的经堂教育和以儒释教运动所促进。唯对本文所关注的课题而言，更重要的，乃是清代的内地回民怎样将唐代回纥纳入对自己历史和根源性的想象之中，从而导致其种族认同又发生重要变化的问题。因此以下讨论，拟着重围绕这个问题来展开。

## 六

明代晚期内地回民的种族认同，基本上围绕着回汉差异而滋生发育起来。就区分回、汉而言，这条界限大体是明确的。在相当长一段时间里，由于内地回民被基本隔绝于域外穆斯林世界之外，他们作为西域"回回"的后裔，与同时代的西域"回回"究竟是什么样的关系，实际上并不成其为一个事关切身，因而迫切需要解答的问题。

但是，这种形势很快便因穆斯林的政治文化势力全面控制吐鲁番、哈密而发生变化。它导致了下述两项结果：其一，原先将西北中国内地隔离于东部穆斯林世界的佛教维吾尔人，终于全部皈依伊斯兰教信仰，畏吾儿人始而成为现实中不再存在的一个历史名称。现实社会中的"回回"于是再度被看成与历史上的畏吾儿具有渊源关系的人们群体。其二，继西域伊斯兰文化圈从陆上直达明王朝的边界，清政权又将伊斯兰化的"回疆"整个地纳入版图，这就使得内地回民必须面对自身与中国西域地区穆斯林的关系问题。

根据田坂兴道的研究，伊斯兰教的政权在吐鲁番的确立，大致是在明正统、景泰之间，也就是 15 世纪 50 年代；而哈密由于和穆斯林

---

[1] 班特雷（G. Carter Bentley）:《种族性与惯常行为方式》,《社会与历史的比较研究》(G. Carter Bentley, *Ethnicity and Practice, Comparartive Study of Society and History*, 29·1[ 1987 ]), 尤其是页 33 至 35。

世界纽带关系的加强而最终脱离明政府的控制，则发生在大约16世纪初。[1]塔里木盆地东端的古代畏吾儿人，在最后放弃佛教信仰而皈依伊斯兰教的同时，也放弃了被各支突厥语的穆斯林居民用作"异教徒"代指的畏吾儿这一族称。此后大约三百多年中间，"畏吾儿"不再是一个在现实中存在的人们群体，它只是一个历史名称。在新疆，一直要到20世纪30年代，"维吾尔"的名称方才确定地被重新与塔里木诸绿洲的主体居民联系在一起。[2]

在畏吾儿因整体伊斯兰化而融入西域"回回"之后，汉人社会开始把当日社会中的"回回"追溯为历史上的畏吾儿部后人。至晚是到明末清初，像顾炎武、杭世骏这样的大学者便主张，"今之回回"即与维吾尔之称的古代形式"回纥"或"回鹘"指属相同。于是在明末及以后的汉人著述里，"回回"和"回纥"又像元初及其之前那样被混淆起来了。一位清后期的作者这样追溯"回回"进入内地的历史："回纥自唐平定'安史之乱'，留驻内地，种类蔓延四域，实肇始关辅。"[3]明末广州卫著名的"教门三忠"，就被清人说成"本回纥种"。[4]清末的陶保廉谓，陕甘一带的"汉装回"，"大半回鹘之后"。[5]清人还将唐代对回纥的别称"花门"，作为与自己同时代"回回"人的代指名词。[6]类似例证还有很多，兹不赘举。尽管在当时的汉族乃至回民学者中，确实也有人（包括钱大昕和刘智）颇欲辨明"回回"非唐代回纥，但这未能改变流行在一般人们中间的看法。[7]

〔1〕 田坂兴道：《中国回教的传入及其弘通》，下册，页944至946。
〔2〕 杜垒：《讲汉话的穆斯林：人民共和国的种族民族主义》，页301。
〔3〕 《平回志》卷一，《志陕西》上。
〔4〕 《广东通志》卷二八五《列传》一八引《羽凤骐墓碑》，上海：上海古籍出版社缩印本，1988年，册4，页4972。
〔5〕 《辛卯侍行记》卷六，"汉装回"注文。
〔6〕 田坂兴道：《中国回教的传入及其弘通》，上册，页137至138。
〔7〕 早在乾隆时，也有人主要根据方望上的相关性，推测"土鲁番缠头回子即唐时回纥遗种"。见常钧：《敦煌随笔》卷上，"回民五堡"条。

汉人社会在事隔两个多世纪后将"回纥"与"回回"两个名称重新混淆,很快影响到内地回民对自身来源的看法。这一层因素与新疆地区完全伊斯兰化的形势夹缠在一起,遂使清代回民在不知不觉之间实现了对自我身份认同的一次重新构建。

反映清代回民种族认同的最典型文献,应当是《回回原来》和《西来宗谱》两本书。传说《回回原来》最先由康熙帝在亲征噶尔丹,"自口外驾还"时赐予总兵马进良,后经马氏辗转传抄而流传天下。原书序言(据称撰于康熙壬寅,即 1662 年)说:

> 回回教人,原籍西域。隋唐时徙入中华。历唐宋元明,以至我国大清皇帝,一千有余年。教生繁衍愈众,教门亦愈大兴。然以年深代远,多有忘其来源者,诚堪痛恨。愚见及此,不揣学问愚陋、辞句俚俗,爰集是帙,使后世穆民,不至忘其根本焉。[1]

据张星烺转录的该书文本,唐贞观年间有"西域高僧噶心"来华报聘。天子欲留此人在东土传布伊斯兰教,遂"选唐兵三千,移至西域。换回兵三千,来至中国,以拌缠头。此三千回众,生育无穷,即今中国回教徒之祖先也"[2]。这个故事,以稍有出入的各种文本流传在陕甘、湖南、云南、山东、青海等全国各地。它的基本情节,至今被记录在西北回族的民间故事之中。[3]湖南隆回出身教门世家的老人所

---

[1] 我所看到的《回回原来》,是民族文化宫图书馆复印的清光绪三十年(1904)鲍闲廷抄本(北京,1981 年)。这个本子的序言中,有些文句不易读通。兹据田坂氏日译文本回译如是。见田坂书,下册,页 1382。
[2] 见张星烺编注:《中西交通史料汇编》,第 2 册,北京:中华书局,1977 年,页 184。按:"噶心"即阿拉伯语人名 Hakim 的译音。今多以"哈欣"写其音。
[3] 见李树江、卢克尔特:《回族的神话与民间传说》,页 237 至 249,"回族的起源"部分所载录的诸故事。

口述的《唐王谈道》谓："唐皇有曰：'朕选三千唐兵，移至西域。替换三千回兵来中国。'生育无穷，中国则有回回矣。"至于唐王因梦见缠头而遣使所至的地方，是在"嘉裕关西哈密国回王"处，但使臣行走的路线，却是"往西南出嘉裕关，船行三个月，至古里国。又向西开船，抵天方国大码头"。[1]在隆回的清真寺碑记中，也记载了这个传说。碑谓："贞观二年，哈辛诸人入贡。……帝心欣悦，留住长安。哈辛曰：'茕茕孤立，不敢久居。'帝因命请回民三千，住长安城仓门口，各配一汉女。随作礼拜大寺七座，准免差徭。"[2]

上述故事中借兵回回之说，无疑出于唐王朝向回纥及西域借兵镇压"安史之乱"的史实。事实上，有些地方的回民也正是这样理解"回兵三千"之所以东来的缘故的。浙江回人马兆龙写道："盖我可汗氏，特奉征檄，帅甲南趋。敌王所忾，佐定武功。……是留驻中华，□恩礼优渥。"[3]碑文里的"我可汗氏"显然是指回纥可汗；"敌王所忾"者，指助唐平安史乱军也。另一块立在青海西宁清真寺里的碑记写道："及安史之乱，唐借回纥之力以复两京，自是回教益行。"[4]民国时期，青海回族仍有"回纥之裔"的传说。[5]而"甘肃回回认土儿其为祖国"，即是同一历史认识的更晚近表达形态。[6]20世纪30年代前期，京剧名演员郝守臣、高庆奎拟开演《郭子仪单骑退回纥》一剧。北平市回民公会闻讯，即以"唐之回纥，即今之回回。昔为敌国，今已一家"为由提起交涉，排演终而中止。[7]无论如何，由回纥所居地区远

〔1〕《黄氏四修族谱》卷首，马亮生主编：《湖南回族史料辑要》，页109及以下。
〔2〕《山界清真南寺碑》，乾隆三十三年（1768）立。《中国回族金石录》，页218。按：碑称马欢撰文于景泰年间，是显系伪托。
〔3〕《重建真教寺碑记》，杭州，1892年。《中国回族金石录》，页62。
〔4〕《重建西宁大寺记》，1922年。《中国回族金石录》，页193。
〔5〕张得善：《青海种族分布概况》，《中国西北文献丛书》册127，页109。
〔6〕慕寿祺：《甘宁青史略》，别编卷三，《民族志》。《中国西北文献丛书》册97，页417。
〔7〕《"单骑退回纥"一剧已搁置》，《月华》5：8（1932年）。

徙汉地社会而"聚族于唐"[1]，成为清代内地回民大众对自己祖先为何会出现在汉地的主要历史解释。不赞成此种看法的回民知识人当然是有的。乾隆时期的金天柱肯定古代有"回回"国人入华而"悉人编氓"的事实，但他认为"回回"不是回纥，后者只是"随其教者"。"其实穆罕默德并非生于回鹘各国，即在中华之复入此教者，亦非新自回疆回纥而来。"[2]撰写于晚清的《回教考》，主张"天方祖国，即回回祖国也"，是指的"阿拉壁"，回纥乃由佛教改从回教者，故而"以回纥与回回同一国焉，误矣"[3]。清末一个主张"回以名教、非以名族"的回民读书人，也差不多同样地批评回民为域外移民群体论说："唐代派之东土，只哈、马、答、沙、定五姓，其余皆随教（按：此指汉人皈依伊斯兰教者）。又谓唐借三千回兵，使成中国，且为择配。诚如是言，然已经千数百年后，以生以息，若置洪钧，熔巨炉，其早化为同种也久矣。"[4]他们都孜孜以"回回"来源回纥说作为主要批评对象，恰恰说明了此种说法在当时的流行面之广和影响力之大。

《回回原来》和由"改窜"《回回原来》而成的《西来宗谱》《回回源流》[5]，被一些穆斯林学者断为"稗官说部"，"不足为参考资料"[6]。张星烺则以为，"自昔或有此传说，而著者据之加以润色，成此可笑之书"。他虽说该书"可笑"，但仍然猜想回民中"自昔或有

---

〔1〕《重修礼拜寺记》，济南，1810年。《中国回族金石录》，页80。
〔2〕《清真释疑补辑》卷下，"释名"。按：金天柱将"回疆回纥"连书，似乎是在暗示，这二者存在某种历史的关系。不过他没有明确交代它们之间究竟是什么样的关系。
〔3〕《回教考》，上海：上海城内穿心街清真寺，宣统三年（1911）重刊本。
〔4〕黄振磐：《论回民》。民国时期的回族中，又有人批评说："中国回教徒，非尽为回纥人。概称回族，亦属不当。"由此也可以看出隐含在该批评中的一种流行见解，即把回族名称之来源归因于其主体"尽为回纥人"也。见《与袁君汉臣往来函件》，《中国回教学会月刊》1：5（1926年5月），页46。
〔5〕《回回源流》被著录于莱斯利（D. D. Leslie）：《伊斯兰汉籍考》，"汉文译著"第53种，见杨大业汉译本，北京，1994年，页50至51。
〔6〕赵斌：《校经室随笔》，《中国伊斯兰教史参考资料选编》，下册，页1113至1116。引文见于页1114。

此传说"[1]。这是很有见地的。"原来"的具体来源已不可考，谓其书始出于康熙所赐，或其作者为刘智之父"刘三杰"云云，都只能是伪托。它的产生年代，大概不会更早于雍乾之际。但它们在内地回民人中的广泛流传，表明它们确已成为被回民普遍接受的关于他们自身的历史叙事。在此种意义上，它们实在是考察回族如何想象自身历史的极可珍贵的资料。

回纥助唐的历史本来被记载在汉文史料中。倡言今之"回回"即古之回纥之论调者，据现在所知，也始于汉人。由此可以推知，回民在追溯一种明确地与汉人群体不同的独特根源性时，仍然不自觉地采纳了汉族用以想象对方的言说材料。

当清代回民把"回纥"想象为自己祖先时，他们心目中的"回纥"，既不是 8 世纪下半叶驰骋漠北草原，并曾出兵南下助唐的那个真实的突厥语游牧部落，也不是自 9 世纪 40 年代后分布在塔里木河流域及旁近地区的、今天自称并被他称为"维吾尔"的那个皈依伊斯兰教的特定民族群体（因为在清代中国还不存在这样一个"维吾尔族"）。它是一个被泛化了的广袤地分布于西域地区的穆斯林共同体，亦即与最宽泛意义上的"回回"等义。两种祖先传说事实上被叠合成为一个整体。因此，以回纥为祖先的观念非但与早先的"回回祖国"说不相冲突，而且简直就是将"回回祖国"说进一步具象化的一段历史叙事。借兵回纥、借兵大食与《回回原来》现在变成了一回事。所以光绪前期察访"秦陇回务"的余澍畴写道："旧传陕甘回民系郭汾阳（郭子仪）借大食兵克复两京后留居中土者，迄今千余年。陕则民七回三，甘则民三回七。明永乐中，徙实江淮。由是花门族类，几遍天下。"[2]此处所谓"旧传"，应当反映了西北民间社会中汉人和回民

---

〔1〕 说见张星烺编注：《中西交通史料汇编》第 2 册，页 186 至 188。
〔2〕 余澍畴：《秦陇回务纪略》卷一。

的一种共识。在其中,"花门"与大食已无法区分。前引《唐王谈道》里的使臣所赴之地,为"嘉裕关西哈密国回王"处,但他却一直走到"天方国大码头"。《回回原来》的另一种文本,则把"嘉峪关之西哈密国"位置于"至中国一千二百站程,每站七十里,共有八万四千里之遥";而这个"缠头西域回回"的王城所在,又是"撒麻甘城池"(即撒马尔罕)。[1]地理概念的混乱,说明故事的叙述者并不清楚唐代回纥人或哈密"回王"的具体地理位置到底是在哪里。正因为这样,一方面,以"回纥"为祖先,没有改变清代回民对自身的这样一种集体身份定位,即他们是从西域穆斯林世界来到中国的移民群体的后裔。而另一方面,如今他们在对自己身份的确认方面,又增加了新的内容,即他们既有来自"回回祖国"的血统,同时也有来自汉族母亲方面的血统。具有这样一种根源性,使他们既区别于汉人群体,也区别于留居在"回回祖国"的先祖后裔们。

于是,对于"究竟谁属于'回回'"这样一个问题,清代中国的不同民族群体就产生了不尽相同的理解。虽然我们对顾炎武、杭世骏如何界定所谓"今之回回"不是很清楚,但在稍后的汉人和满人概念里,回回和新疆及新疆之西的"回部",已然是两个不相同的人们群体,或曰"种类"。在清人看来,"回回"和回部都信仰伊斯兰教,所以他们都是"回人""回众",或者带有蔑称意义的"回子"。但"回人"又是由很多"种类"构成的。乾隆就曾下令,调查"河州、循化厅等处回众共有若干种类"[2]。他本人在讲到那里的撒拉回时,明确指出,他们"与内地回人带白帽者,本另一种类"[3]。回人中的"回回"与回部,对清人来说明显是有区别的。他们很少把回部称为"回回"。同时,他们更不会如同称呼回部那样地把"回回"叫作"番人"。清初四库馆臣写道:

---

〔1〕 见《回回原来》,民族文化宫图书馆复印本,第一段和第二段。
〔2〕 乾隆四十六年(1781)四月庚戌谕和珅、勒尔谨,《钦定兰州纪略》卷二。
〔3〕 《钦定兰州纪略》卷首,"天章","志事十韵"第一首小注。

回人散处中国。介在西北边者尤犷悍，然其教法则无异。刘智《天方典礼择要解》，即彼相沿之规制也。其祖国称默德那，其种类则居天山之南北。后准噶尔居有山北，乃悉避处于山南。今自哈密、土鲁番以外，西暨和阗、叶尔羌，皆所居也。迨我皇上星弧遥指，月窟咸归，回部并隶版图，为我臣仆。中国回人，亦时时贸迁服贾，往来其间。奸黠之徒遂诡称传法于祖国，别立新教，与旧教构争……乃驯至啸聚称戈。[1]

清人以为回部的"种类"与"中国回人"不同，从这段话里可以看得很清楚。以乾隆名义颁发的《御制阳关考》亦称："《汉书·西域传》：西域三十六国，东则接汉，扼以玉门、阳关。考汉时三十六国，即今回部。回部东境，直安西府敦煌县，亦与《汉书》三十六国'东扼阳关'之文吻合。"[2]《御制》把回部与汉三十六国相联系似属无稽，但它同样表明，在清人心目里，回部和内地"回回"不属同一群体。

清人当然读到了包括《明史·西域传》在内的过去文献中有关"回回祖国"的说法。值得注意的是，他们现在更倾向于从这一历史言说引申出所谓"回部祖国"的新概念。上面引述的《兰州纪略》提要，就把默德那称为"其种类则居天山南北"的回部"祖国"。《皇舆西域图志》亦谓：

回部祖国名墨克、默德那。在叶尔羌极西境。相传派噶木巴尔自祖国东迁，至今山南叶尔羌、和阗等处。田教始盛。故回部纪年自派噶木巴尔始，至今乾隆四十四年己亥，共一千一百九十三年矣。

---

〔1〕《四库全书总目》卷四九，"钦定兰州纪略二十卷"提要。
〔2〕《皇舆西域图志》卷八《疆域》一。

作者在下文中进一步解释这段话说：

> 按：山南回部自派噶木巴尔流传至今，纪年可考。与《明史》所载首先行教之吗哈木特，世次先后莫详。意派噶木巴尔自其祖国东来，今为山南回部之祖，吗哈木特行教于天方祖国，又当在派噶木巴尔之前也。[1]

这段话中包含不少错误。但它反映出，清人的确认为回部与天方之间存在血统上的联系。另一方面，在汉人心目中，"中国回人"即内地回民与"回回祖国"的联系，则因"回回"源自回纥说的兴起而趋于淡化。在如此一张一弛之间，汉人自然要将回民和回部区别看待了。

回部自称突厥人，把汉人称为"黑泰"，此即突厥语中的中期蒙古语借词 Qitad 的音译，内地回民则被他们称作"东干"，或音译为"通光"。至于他们对内地回民的称呼，是否来源于用突厥语意译"回回"一词的读音，诸家看法不同，可存而不论。总之，他们明确地把自己与内地回民区别开来，看作两个同样信仰伊斯兰教，但又互不相同的人们群体。

那么，清代的内地回民究竟如何看待自己与回部之间的关系？对这个问题，只有在做进一步的研究之后，才可能很充分地予以回答。现在我们只能说，他们（尤其是邻近回部的西北回民）显然是意识到了自己和西域回部之间的某些固有差异的。他们把回部叫作"西回"[2]，或袭用汉语中"缠回"的名称，称回部为"缠头回回"[3]。他们

---

[1] 《皇舆西域图志》卷四九《故事》。"派噶木巴尔"译言"使者"。

[2] 《回回民族问题》，页14。

[3] 见马六十口授，单化普笔录：《陕甘劫余录》，载白寿彝主编：《回民起义》，上海：神洲国光社，1953年再版，第4册，页309。

即使居住在回部地区，也建有自己单独的礼拜寺。[1] 另一方面，在面对汉人群体的时候，回部很可能被内地回民，特别是对"回疆"的情形缺少具体了解的回民，看作同属于由"回回祖国"迁徙而来的同一共同体的构成部分。正像"缠头回回"的称呼所显示的，内地回民仍然把回部视为"回回"的一部分。前面引述过的《回教考》即使已对"回回"与回纥明确地予以区别，但还是将"布满十八行省"的"回民"和"咸隶版图"的"回部"或"回疆"，一起囊括在"回回"的概念之中。与过去相同，这时候内地回民的认同，在涉及与迤西回部的相互关系的那一方面，其界限仍然处于不确定的，甚而是半开放的状态之中。这一特征，也赋予民国时期回民的种族认同以重要的影响。

## 七

辛亥革命前后，中国民族主义思潮的高涨，把久已存在于回民人群中的草根性质的种族认同提升到一个前所未有的政治意识的层面。本文的篇幅和作者的知识程度，都不允许我在这里充分地展开这个话题。现在可以做的，只是简略地指出当日回民的民族认同所表现出来的若干时代特征而已。

直到 19 世纪末，回民的种族认同主要还是由回汉差异来界定的。尽管回民对此种差异的感性意识已相当固结而不易化解，但它只能被允许作为仅仅关乎私人生活领域的"祖制""祖教"而获得表达。雍正就要把"回民之自为教"，限制在"其先代相沿之土俗"的范围之内，"亦犹中国之大，五方风气不齐，习俗亦因之各异"[2]。清朝最忌讳的，就是在回民中形成群体意识，甚或形成自上而下有组织的势

---

〔1〕 "迪化甘回分二十四坊，如陕西坊、西宁坊。是所谓坊者，如汉人之会馆，即某地回民共建之清真寺也。"吴蔼宸：《新疆纪游》，下篇第 16 章。
〔2〕 雍正八年（1730）五月初上谕。《正教真诠》卷首。

力。毕沅作为西北的一员方面大臣，是深深懂得清廷之忧虑所在的。所以他给乾隆的奏折，强调陕甘回民"各奉其教"的分散性。他说："凡有回民处所，亦各有礼拜寺，并延访熟于经卷之人，教授回经。彼此管理，各不相会。"[1]在这样的情势下，回民的认同意识就很难进一步在政治层面上形成一种具有合法性的表达形态。他们的政治诉求或者只会被最终推入反叛的途径，或者就可能由于强调政治及文化上的归属性而渐至丧失独特的群体认同。"故有吾教一入宦途，必得出教者。……人鉴于此，多不望其后人读书成名，仅令识字而已。""官到二品就反教"成为回民中长久流行的俗语。作为对此种现象的抵制，下层回民中人只好把读汉书也视为"反教"行为。[2]

到了 20 世纪之初，至少是在回民知识人中，开始从满、蒙、汉、藏、回、苗这样一个多民族格局来思考自己的种族定位问题。其时代的背景，是在西方民族主义影响下，"时人论政，辄以汉、满、蒙、回、藏、苗相提并称，俨然以六大民族标榜之"。或曰："本朝合满、汉、蒙、回、苗而成中国的伟大民族。"[3]他们明确提出，"国家之分子，无论……其种族之或满，或汉，或回，或蒙，或藏，而其可以为组织国家之分子则一"[4]。这种心迹，与印在汉译伊斯兰经典卷首的"皇恩浩荡，恩纶叠沛"一类词语，与"效顺国威，奔走偕来，杂处中土，迭承列圣褒嘉，视同赤子"之类言说，以及选择"贒"这样一个虽经收录在《集韵》中，却很少被人使用的异体字来取代"贤"字

<hr>

[1] 毕沅奏折，乾隆四十六年（1781）六月十四日。《正教真诠》卷首。
[2] 金天柱：《清真释疑补辑》卷下，"释名"。金吉堂：《中国回教史研究》，页 153。
[3] 黄振磐：《论回民》。按：黄氏本人虽为回族，却反对"回回"民族论的立场。正因为如此，其所谓转述的"时人论政"见解，更可看作当日一种社会舆情，而不是少数人的怪论而已。并见《清真铎报》新十七期社论（1945 年 9 月 15 日）；马元礼：《抗战时需要回胞，胜利后便忘记他们吗？》，《清真铎报》新 18 期（1945 年 10 月）；李兆芝：《回教振兴策》，《醒回篇》。按：李氏为汉人。
[4] 保廷梁：《劝国人负兴教育之责任说》，《醒回篇》。

的做法所体现的那种单纯王朝认同，显然是不大一样的。[1]

如果说上述思想倾向在辛亥革命前还只在很少数回民中间存在，那么到标榜"五族共和"的中华民国建立后，它便很快在回民群体中赢得了越来越多的支持者。说民国时期是回民种族意识迅速政治化的阶段，应该是不会过分的。

意识到自己是构成"中华民族的一部分""重要成分""主要分子"，是中国"五大民族"之一[2]，中国的回民开始注意自己的人口总数问题。因为没有确切的统计，所以只好进行笼统估测。在这方面，一个最流行的说法是五千万。1934年，北京的一个记者提到全国回族人口在"一千五百万至二千万人"。转载该报道的一家回民杂志的"编者按"写道："中国回教民族约有五千万众，上面的统计只有一千五百万至二千万人，希望各地教胞来努力调查一下。俾有确实统计耳！至盼。"[3]这个数字，按民政部发表的估计，为3450万；一说6000万；也有人说是7000余万；最高的估计到8000万。[4]按《回回民族问题》一书的估算，则只有3725千人。从1964年全国人口普查所得回族总人口为447万来看，上述最保守的数字可能最接近实情。考虑到当日回民往往把今天的维吾尔等族都看成属于同一种族共同体（详下），因而在衡量他们对自身总人口的数量估计时还应计入400万上下的维吾尔等族人口。但即便如此，回民对其人口总量的想象，仍与实际情况相去甚远。被放大的人口数，多少反映出回民群体对自身重要性的迫切意识。

---

〔1〕 语见《正教真诠》卷首；《清真释疑补辑》卷首，尚贤序。
〔2〕 薛文波：《〈月华〉十年与回教世界》，《月华》11：31/33（1938年）；穆建业：《回民教育促进会与其经费问题》，《突崛》1：2（1934年）。
〔3〕 《论回民教育》（转载自《北平每日评论》），《人道》1：5（1934年）。
〔4〕 胡枋权：《回教统计》，《月华》5：16（1933年）；《伊斯兰学友会抗日宣言》，《月华》3：35（1931年）；俊荣：《一年来的〈突崛〉》，《突崛》2：1（1935年）；马松亭：《中国回教的现状》，《月华》5：16。按：8000万之数最初似出于保廷梁的估计，见《宗教改良论》，《醒回篇》。

发生在各地的大小"侮教案",也成为整个回族社会所关注的重大方面。这些"侮教文字"固然反映了汉族一向就有的对回民的偏见、误解,但它们同时也显示出回民的社群正在越来越引起大社会的注意,尤其显示出回民对捍卫自己尊严的意识已极大地提高。《月华》等杂志利用其喉舌的功能和信息沟通的优势,了解情况,分析形势,"大侮大办,小侮小办,不值得的就不办",在其中起到了非常重要的联络、组织和鼓动的作用。[1]

这时候,回民形成了属于特定时代的对自己历史的某种言说范式。回族中地位极高的白崇禧用以下 11 个字概括回族在历代的基本状况:"始于隋唐,盛于元明,衰于清。"[2]清朝对回族的政策,在这时受到回民群体严厉的批评。马以愚以为,回民到中国"千三百余岁,受祸之烈,以清为甚。新疆、陕西、滇黔诸省,相继变作。盖由清室之歧视,而疆吏好大喜功、残民以逞之所致也"[3]。镇压西北回族起义的左宗棠,在汉族士人看来是在西北立下"勋业"的功臣,而在回族则以为:"今后政府对边疆大吏的选择,如像作威作福的盛世才、剿抚兼施的左宗棠一流人物,已非所宜。"[4]

在过去长时间中形成的回民"舍命不舍教"、"争教不争国"的传统,现在也受到回民群体自己的反省和调整。"争教不争国"较早地从民间俗语被录入文献,似见于 1908 年出版的《醒回篇》:"闻之父老,有所谓'争教不争国'者,殆即回回入中国传教之宗旨也耶。"[5]这时候的回民知识人,曾从三方面检讨回民之所以会抱持"争教不争国"立场的原因。首先,"谁坐江山,向谁缴粮",这本是"中国数千年来人民养成的习惯";国内人民,无论汉回,"大都如此"。是

〔1〕《编辑室谈话》,《月华》4:28/29/30(1932 年 10 月)。
〔2〕白崇禧:《中国回教与世界回教》,《月华》14:11/12(1942 年)。
〔3〕马以愚:《中国回教史鉴例言》,1948 年。
〔4〕《清真铎报》短评:《新疆问题已解决》,新 19/20(1944 年)。
〔5〕黄振磐:《论回民》。

不必"单单苛责回民也"〔1〕。其二,"伊斯兰人民信教诚虔",已往确也存在"忽略国民责任"的一面。〔2〕其三,最重要的,是在清朝的残酷镇压下,回民"为图种族生存,不得不遏制其强大的民族性,不得不隐灭其狂热的革命性"〔3〕。薛文波把辛亥革命后回族改变"争教不争国"立场的过程,分为三个阶段来分析。〔4〕在这中间,抗日战争的发生,更极大地强化了回族民众作为中国人的国家意识。不仅如此,在1933年的国民参政会代表名额分配中,回民群体明确提出,要按照蒙古族、藏族的代表额度(各有六名)选举回族自己的代表。〔5〕1947年又发生国大代表名额之争。回族认为,回民的代表名额问题,是"国内各民族的政治权益问题",也是"民主政治下,离不了'民族平等'的问题"。〔6〕

回族群体中的上述心态和活动,最集中地反映在回民知识人的阶层中。但它们同时也在越来越深入地影响回族人的整个群体。很难否认,当时层出不穷的回民杂志、有系统的回民组织、到处兴办的新式回民小学、范围广泛的回民现状调查(调查内容包括家谱、清真寺、回民人口、口传历史、回民经济生活及宗教活动等),事实上构成了对全体回民社会相当持续和深入的动员。

在考察民国时期的回族认同问题时,还有两项情况应当提出来略予讨论。一是从理论上说,国民党从来没有承认过内地回民是一个民族。"五族共和"口号里的"回",仅指缠回而已。在回民上层及回民知识人内部,对于回民是否构成一个民族,也长时期地存在过争论。

〔1〕《唐副理事长(柯三)在贵阳回胞欢迎会上讲词》,《月华》14:1/2。
〔2〕 王蔚华:《国难期间伊斯兰人应有的呼声》,《月华》4:3(1932年)。
〔3〕 述尧:《回教及回民民族在中国宗教上及民族上所占的地位及当局对于回教民族应有的认识》,《月华》4:28/29/30(1932年10月)。
〔4〕 薛文波:《〈月华〉十年与回教世界》。
〔5〕《中国回族青年会快电》,《月华》5:11(1933年)。
〔6〕《政府竟漠视回胞国大代表名额吗》,《清真铎报》23(1947年)。

二是随着对内地回民历史的学术研究逐步深入，人们发现从前对"回回"来源的认识存在诸多误解或不确之处。那么，这些是否动摇了民国时期的回民作为一个民族存在的事实呢？

就像对任何一个其他重大问题的认识一样，对存在千年之久、人口多达数百上千万的回民群体，人们的看法自不可能绝对一致；人们对某个问题的抽象观念和他们在实际处理这个问题时的态度立场，也不必定是绝对一致的。基本估价只能从尽可能合理的综合中获得。

反对回民为一民族的回人，有的本自独立的见解（如黄振磐），也有的是迎合或迫于国民政府意识形态的压力与限制。马鸿逵主张"宗教为宗教，民族为民族，不能相提并论。汉人加入回教者，仍为汉人，不应以为阿拉伯人后裔"[1]。他实际是把内地回民全都看作"汉人加入回教者"。他在当时颇被激进的回族青年视为"讨蒋介石的好"[2]。白崇禧的情况又有点不一样。他的态度是："人家（指二陈这一号人）不让说，我们就不要说了。"[3]但他在公布的谈话稿里，还是在不经意之中露出了"回汉两族"之类的字眼。[4]从国民党政府的诸多行政行为来看，他们实际上也往往把内地回民与新疆的"缠回"一起作为"回族"来处理。[5]问题在于，中下层回民世代承袭的与汉人不同族属的感性意识，一旦和回民社会中的民族主义思潮相接触，实际上很容易在相当大的人群中产生一种自觉的种族意识。相反，学术研究的某些结论却要经过若干复杂的环节才能影响大众态度。民国时期的学者解释西北回族的来源说："自唐中宗时，回纥渡沙碛，徙居甘凉间。是为回纥入居甘肃之始。厥后，回纥为黠戛斯所破，散居甘肃。五代迄宋，分布益广。

---

〔1〕《马鸿逵谈西北回汉纠纷的原因》，《人道》1：5（1934年10月）。

〔2〕薛文波：《雪岭重泽》卷一，页101，兰州，甘新出001字总1674号（99）135号。

〔3〕《雪岭重泽》卷一，页102。所谓"不让说"，是指不准说内地回民是一个民族。

〔4〕白崇禧：《中国回教与世界回教》。

〔5〕如民国二十五年（1936）教育部推行的"蒙藏回苗教育计划"，就把在内地回民聚居区设立中小学的计划也包括在内。类似的例证不一而足，兹不赘举。

甘肃回部，由是特盛。"[1]他虽仍把内地回民看作回纥后裔，但他们与阿拉伯人的联系，是被大体排除了。另一个民国时人考证的结论是："现今内地回回，大食回种少，多系回鹘、畏吾儿。"[2]但是，这些针对将共同血统与"回回祖国"相联系的通俗见解所提出的质疑，很少在实际上对大众观念产生影响。正如保廷梁早已揭示过的，内地回民虽非纯然为一族，但"宗教之义，感人易深。入主出奴，遂忘所自。故其初本非一族，竟与真正回人有同出一源之慨矣"[3]。回族认同的这一特征，直到20世纪50年代的"民族识别"之后才发生较大的变化。那是强大的国家机器及其意识形态把对于"民族"的"科学"观念内化为被"识别"与"划分"的人们群体自身意识的结果。共同血统观念既然业已缔结起种族认同的意识，在变化了的社会历史条件下，这种意识似乎不一定再继续需要以共同血统的支撑为存在的必要条件。当代人类学对中国各民族的考察研究中，很少发现共同血统观念对其民族意识的影响力，可能就有这一层的原因在。

民国时代内地回民的种族认同，仍如同它在清代的情况一样，是将新疆的"缠回"包括在"自我"的范围之内的。当时的回族学者这样说："拿新疆说罢，整个的区域，差不多布满了回族，其次是陕甘宁回族，亦然占大多数。"[4]大量的例证表明，在他们的观念里，两者之间的区别，尚仍不足于将它们区分为两个不同的种族共同体。完全把这种见解看作一种策略性的算计，即利用国民党政府对"回族"这一民族范畴的承认来争取本民族的合法地位，或者据此断定这时候的回民认同只具有宗教归属的性格，恐怕都是把问题过分简单化了。实际情况应当是，在坚持与汉族之间的最要紧的界限区别时，回民观念

〔1〕 白眉：《甘肃省志》。
〔2〕 《甘宁青史略》副编卷三，《民族志》附录，邓隆：《回族考》。
〔3〕 保廷梁：《劝国人负兴教育之责任说》。
〔4〕 恒：《应积极促进回族教育》，《突崛》2：1（1935年）。

中由清代继承下来的与回部界限的半开放性格，仍然是民国时期回族认同的一个历史的特征。

对回民群体内部自我认同的历史考察，也许可以证明，尽管今日"回族"的共同体是在20世纪50年代的民族划分中最终被界定和形成的，但一个具备"种族"共同体基本特征的"回回"群体，早在明清之际便开始形成。这时候，它对"共同血统"的记忆，已经有了比较巩固的感性意识。此种感性意识，至少在辛亥革命后就逐渐发展为相当充分的自觉认识。内地回民先后经历了在汉回关系、在"五族共和"、在由抗日战争激发的"中国人"意识的提升过程中，来界定自我作为一个种族的身份认同。20世纪40年代初期的一首回民诗歌，以"绿旗下的一群"作为自我认同的标识，极其生动地反映了这时候在回民中急剧崛起的种族意识：

> 我们有坚定的宗教信仰 / 又有与人不同的特殊习尚 / 我们具备着纯洁的血统 / 谁不晓得伊斯兰文化 / 在世界上至今有它万世不灭的光芒！[1]

可以说，明末清初以来"回回"认同所经历的一系列变迁，构成为20世纪50年代形态的"回族"所得以孕育产生的历史基础。在这个意义上，20世纪50年代的"回族"不能算是一种完全任意的新创造，而是更早先历史形态的"回族"的转型。

**附论：泉州今存石碑《重立清净寺碑记》镌刻于何时？**

作为很少几通元代中国的伊斯兰教碑铭之一，现存于泉州通淮门

---

[1] 伊矛：《我们不是甘愿被宰割的羔羊》，《月华》12：22/7（1940年9月）。

街清净寺内的吴鉴《重立清净寺碑记》，而今可以说已经闻名遐迩。如同在正文里已经讨论过的，该碑既经镌刻之后，最先被载录于书面文献，恐怕是在写成于明前期的《晋安逸志》中。因为这部志乘早已佚失，所以即使上述推想属实，要想通过该书去检阅吴鉴碑记的原始文本，也已不再可能了。在此之后，本碑又因其前半部分被万历年间的闽人何乔远收入他的《闽书》卷七《方域志》，而得以稍为人知。张星烺在《中西交通史料汇编》第二册所录吴碑，即采自何乔远书。民国十五年（1926），正在厦门大学教书的张氏与陈万里曾访问前述泉州清真寺，他们都在自己的游访录中提到院内墙边的两通磨泐严重的石碑（除吴碑外，另一块是万历三十七年即1609年的《重修清净寺碑》）。但两人都没有认出吴碑。两年之后，黄仲琴再访该寺，对这两通石碑进行了比较认真的识读工作。除若干磨泐之处外，她基本上完整地读出了明碑的文本。但对于吴碑，因为"文多磨灭"，她只录得碑文自第十二行以下文字中的"可识者"。黄氏的考察和记录都极细密精致。她十分明确地记叙了吴碑文本的款式："行书，共__十二行，行五十字"；她还明确地在过录的碑文中标出各处缺字的数目。[1]该碑的末尾部分有一段元碑文本之外的补记文字。它说："按：旧碑年久腐败□□录诸郡志全文，募□以□立石。"是知此碑已非原刻，而是后来人的制作。真是十分凑巧，因磨损太过而未能为黄氏识读的吴碑前十一行，恰恰相当于《闽书》所载录的那一部分文本。因此，将两部分拼合起来，我们今天还能大体完整地读到吴碑的全文。

---

[1] 关于对吴碑的考察及识读经过，可参见前岛信次在《元末的泉州与回教徒》一文第二章《吴鉴和清净寺碑记》中的翔实介绍。该文载《史学》27：1（1962年）；并收入同氏：《东西文化交流的诸相》，东京：本书刊行会，1970年。前岛力图通过对黄氏和《闽书》的载录部分进行比勘、拼合，来复原吴碑的文本。他根本没有提及《泉州宗教石刻》里载录的吴碑。不知道这因为是他对后者心存怀疑，故而保持着礼貌的沉默，还是他没有见到《石刻》一书。张星烺、陈万里的有关叙述，分别见《泉州访古记》，页50；《闽南游记》，页60。黄仲琴的记述及两碑录文，见黄氏：《闽南之回教》，载《中山大学语言历史学研究所周刊》9：101；又收录于《中国伊斯兰教史参考资料选编》下，页1597至1605。

奇怪的是，这块早在 20 世纪 20 年代业已有一半文字难以辨认的石碑，在 20 世纪 50 年代吴文良发表的《泉州宗教石刻》一书中，却变得似乎颇易识读。除一头一尾共缺二十个字外，中间部分所缺，总共不足十字。其他被黄仲琴作缺文处理的部分，现在基本上都被补齐了。《石刻》一书编者在有关吴碑的说明中也丝毫未提及在文字的识读方面有过什么困难。但是，细绎《泉州宗教石刻》载录的吴碑文本，我们或许有理由认为，该书所过录的，已不是黄仲琴在 1928 年看到和记录过的最初那块翻刻碑石了[1]。其理由如次。

黄氏过录的碑文，共 22 行。唯其起首三行，分别是募众重立碑石的主持者、篆额者和书丹者的署名。因此正文（包括末尾的附记）便只能有 19 行，按每行 50 字计算，全文不得超过 950 字。但是，《泉州宗教石刻》载录的碑文正文（含碑末题记）却长达 1068 字。可见黄仲琴和吴文良所先后识读的，不可能属于同一块石碑。

若将黄仲琴能够确切判读的那些段落与《石刻》文本进行比较，我们更可以有把握说，《石刻》文本中多出来的有些文字，绝对不可能刊刻在黄氏见到的那方碑上。如黄氏录文中有"〔夏〕不鲁罕丁者，博学有才能，精健如中年，命为摄思廉"一句，除开头的"夏"字不克辨识外，中间并没有缺文。但是《石刻》文本此句却作："夏不鲁罕丁者，年一百二十岁，博学有才德，精健如中年人，命为摄思廉。"其中的"年一百二十岁"一句，是无论如何也无法安插在黄氏所据的那通碑文里的。《石刻》文本的原碑记结句为"时至正十年，三山吴鉴志"。而黄氏录文

---

〔1〕 见吴文良：《泉州宗教石刻》，北京：科学出版社，1957 年，页 22 至 24。在此之后，关于这通今存石碑的碑文，我们至少又有两种文本，即《泉州伊斯兰教石刻》（福建省泉州海外交通史博物馆编，宁夏人民出版社、福建人民出版社，1984 年）页 9 及 10 录文，以及《中国回族金石录》，页 67 录文。后面这两种文本之间，以及它们与吴文良文本之间，都有一些不同。据此，则今存碑与吴文良录文所据者究竟是否同属一物，似乎也成了问题，需要进一步推敲。本文讨论，仅限于黄仲琴、吴文良所据石碑的异同问题，也就是说，本文所谓"今碑"，系指吴文良录文依据的那块石碑而言。

只有"三山吴鉴志"五个字。在它前面，也没有缺文空间可以补入"时至正十年"的语词。此碑明确提到的最晚纪年是至正九年（1349）。碑文增改者断定吴鉴的写作是在至正十年（1350），他所根据的，大约也就是这一点。

更加耐人寻味的，是《石刻》文本对原碑前半段的一些改窜。虽然因为文字磨灭过多，黄仲琴没有留下这一部分碑文的记录，但我们还有《闽书》载录的文字可供比勘。经过对读，两种文本之间有如下几项差异值得注意。一是《石刻》文本增加了"至隋开皇七年有撒哈达·撒阿的·斡葛思者，自大实航海至广东，建礼拜寺于广州，赐号'怀圣'"一段。二是正文开首一句，《闽书》文本作"西出玉门万余里，有国曰大食"；《石刻》文本将"大食"一语写作"大实"。三是关于大食及穆斯林的风俗，《闽书》文本有"城池宫室，园圃沟渠，田畜市列，与江淮风土不异""俗重杀好善"等语。相应的语词，在《石刻》文本里则变作"不重杀生""与江淮风土迥异"。那么，在两组不同的语词中，哪一组更接近于原碑的文字呢？

两相比较，很容易发现《石刻》文本更带有明显的刻意改动的痕迹。"大食"是汉语历史文献对阿拉伯世界的传统称呼。"食"字属 –k 收声的"职"韵，正好用来译写 Tazik 一词中的第二音节 –zik。元代的中原音韵中入声字的尾辅音收声也许已消失了，但它在吴鉴所操的闽方言中仍然存在着。改"大食"为"大实"，也就是选用一个 –t 收声的汉字来写 –zik 的音，就治声而言远不如"大食"的译法精确。也许改动者以为"大食"这个词的语义不雅，所以才会想到要改掉它。底下两条改动的寓意更明显。说大食"与江淮风土不异"，本来是宋元间常见的说法。改动者或以为，所谓风土与江淮相类，未免有亵渎伊斯兰圣地的意思，所以才把它改为"与江淮风土迥异"。"俗重杀"的意思，本来应当是指穆斯林高度重视牲杀必自其屠方可食。但改动者一定是把它误解为这是在说穆斯林生性好杀，所以要改为"不重杀生"。由此我们甚至有理由进一步推测，改动碑文的当地伊斯兰教圈内人，对于在屠宰供食用的牲畜前必须先履行特定仪式这一教规，已经相当隔膜了。凡此种种，都表明《石刻》一书载录的是对原有文字进行过相当改动之后才形成的一个较晚的文本。至于《石刻》本多出的"至隋开皇七年"云云36字，非但不存在于《闽书》文本中，也肯定不存在于经黄仲琴目验的那块石碑里被磨泐的文字之中。因为一经加入这三十多字后，黄仲琴一开始过录的"里人金阿里"等言，就绝不可能再如她所说，是在碑文的第12行内了。[1]

与黄氏过录本与《闽书》本的比较，都证明《石刻》文本要比它们晚出。因此，我们的结论恐怕只能是，吴文良在20世纪50年代所见的吴鉴《重修清净寺碑记》的石碑，是在20世纪20年代黄仲琴考察通淮门清净寺以后的某个时间，重新镌刻的。

（本文原载《中国学术》2004年第1辑）

[补记]

本文刊发后不久，就发现对其中的有些讨论必须做一点订正或调整。于是写了一段"补正"文字给《中国学术》编辑部。兹请参见"附录一"。关于文中提到的元代泉州《清净寺碑记》，后来也写过一篇短文。现在亦作为附录收入，是为"附录二"。"附录三"则是我在2005年冬季一次学术会议上再谈回回认同问题的发言稿。如果能够按它的思路将2004年发表的那篇论文重写一遍，那么其中有些地方就一定能写得比原先的样子要完善得多！但这是不实际的。所以只好以附录的形式对心中的遗憾稍作弥补。

---

[1] 可参见前岛根据《闽书》与黄仲琴的记叙对吴碑所做的复原尝试。

# 附录一　对《"回回祖国"与回族认同的历史变迁》的两点补正

《中国学术》编辑部：

　　接获《中国学术》第 5 卷第 1 册（总第 17 辑），遂将拙文《"回回祖国"与回族认同的历史变迁》复读一过，发现自己有两点看法已与当初在该文中的表述产生较大的不同。因此，亟望借贵刊些许篇幅，稍作补正性的申述。

　　拙文云，"在明代前期和中期的近二百年里"，"回回"的名称尚未成为该共同体的自我称谓。这一判断，主要是从以下事实推出来的，即现存以"回回"作为自称的史料，最早出现在晚明时期。但这样做实际是很不周全的。因为晚明以前可以确认为出自回回人之手的文献，实在是太少了。今日缺少以"回回"自称的例证，不足以说明这一自我称谓当时就必定不存在。更合乎情理的推断反而应当是这样的：作为对一种具有很高社会地位的群体身份指属，"回回"一名从元代起就已逐步内化成为该群体的自我称谓了。在元一代，至少有三种要素维持着对"回回"这一集体身份的认同界限：明确地高于"汉人"和"南人"的社会及政治地位；外国移民或保持着鲜活的异域记忆的外国移民后裔；伊斯兰教的信仰者。由元入明之后，各种客观情况导致前两种要素逐渐退失，但此种变化是渐进地发生的，期间仍然有一段很长的历史演变过程。在这个为时一二百年的时段中，缺乏强烈的伊斯兰宗教意识的"回回"人，可能就陆续丧失了自己的这种身份认同。同时，它也终于使得顽强地保持着"回回"认同的那部分人们极其迫切地感受到，复兴伊斯兰教的传统对维系本群体的存在，已经变得何等性命攸关。而此一历史时刻的到来，乃在明末清初。正因为这样，中国伊斯兰教"经堂教育"的勃兴，伊斯兰经典的汉译和"以儒诠经"活动，以"小儿锦"为形式的书写系统在回民社会的广泛传播，才会与关涉"回回祖国"的对自身根源性的言说一起，颇为集中地发生在上述时期。

作为对共同历史的建构，继根源于"回回祖国"的观念被接受之后，回民人群接着面对的问题是：那么他们又是怎样从那个遥远的"回回祖国"来到东方的？先后有两个答案流传于遍布中国各地的回民群体之中。较先出现的回答，记载在《回回原来》一书里，即唐王为留住东来传教的"缠头"，以"三千唐兵"从西域换为"三千回兵"。接着，这个故事在传布过程中，又与唐朝为平定"安史之乱"而向回纥借兵的史实夹缠在一起，成为唐王自西域借兵的另一种说法。拙文未能将上述过程交代清楚，却说前一个故事"无疑出于唐王朝向回纥及西域借兵镇压安史之乱的史实"。本来可以说得很清楚的事，却由于轻描淡写的"无疑"态度而被弄糊涂了。这是深足引以为训的。

（本文原载《中国学术》2005 年第 1 辑）

## 附录二　元代泉州《清净寺记》碑文的文本复原

如果不算撰写年代尚存疑问的河北定州《重建礼拜寺碑记》(碑署撰写年代为至正八年，即 1348 年)，则现存于泉州清真寺内、署名吴鉴的元清净寺碑铭(撰写于 14 世纪 50 年代初)，至今仍如白寿彝在 20 世纪 40 年代所言，"为中国伊斯兰寺院中可考的最古汉字碑记"。该碑不但"最古"，而且与后来为数颇多的汉文伊斯兰碑铭相比较，它对中国穆斯林信仰的记载之"平正忠实"，"迄于今日，实尚未见一文足以当之"(白寿彝：《跋吴鉴〈清净寺记〉》)。因为岁久朽敝，该碑在明代被重新镌刻，并被冠以"重立清净寺碑"的名称。至于吴鉴碑铭的原名，则应如何乔远《闽书》所记，作"清净寺记"。虽经明代重刻，此碑仍然是见证中国伊斯兰教历史的最值得珍视的文物之一。

这块碑的前半部分，曾因被抄录在前面提到的《闽书》中而得稍广流传。20 世纪 20 年代末，厦门大学的黄仲琴因暑假"作闽南之游"，在泉州圣友寺内访得该碑，并录下了碑文。由于"文多磨灭"，经她识读并记录下来的，主要是碑文的后半部分[见黄氏《闽南之回教》，收录于李兴华、冯今源编：《中国伊斯兰教史参考资料选编(1911—1949)》，下册，页 1597 至 1605]。1957 年，吴文良的《泉州宗教石刻》一书出版。书中自然录有这块碑记。唯碑名作"重修清净寺碑"。另外，碑文中不克识读的文字，大大少于黄仲琴提供的文本。这是继《闽书》和黄仲琴所记之后，我们所拥有的第三个文本。第四个文本可见于今存碑上。它已被今人用金粉填描。但填描者在识读碑文方面似稍欠谨慎，对多处刻痕不清的字迹，往往仅凭臆测便率尔为之。有个别地方，甚至出现了任情涂鸦的情况(如改"墨司"为"墨屎")。用金粉填描过的今存碑文，与吴文良书所提供的文本出入不小，并且有些地方，还不大能用碑文中已被"改刻""修补"的个别词语来予以解释。

现在的问题是，在吴文良的文本与黄仲琴所见碑文之间，甚至还出现了更大的差异。根据黄仲琴的目验及其十分确定的描述，这块碑共22行，每行50字。但吴文良所见碑文却远远超出1100个字。这种情况只能表明，他所记录的那块碑，应该是在1929年黄氏闽南之游以后的某个时间重刻的。现存碑共有22行，每行60字。它同吴文良所据虽然也不像是同一块碑，但在碑文的总字数方面，二者倒是比较相近的。

吴文良所据碑虽然刻得很晚，但重刻者显然比黄仲琴更仔细地辨认过那块原刻明碑或者它的拓片。黄氏没有识读出来或辨认有误的词语，有些在吴据碑中反而保留着比较准确的讯息。更奇怪的是，在个别场合，甚至出现了很可能是被吴文良误读的词语，却又被今存碑文的刊刻者所纠正的情况。可见我们不应该以晚出为理由，而忽视吴据碑及今碑中所保留的珍贵讯息。

1962年，前岛信次曾根据《闽书》和黄仲琴的勘察记录，进行过吴鉴碑记的复原尝试（见前岛氏：《元末的泉州与回教徒》，《史学》27：1，1962年）。以下则是我们综合前岛的见解以及吴据碑和今存碑上的有关讯息，对于至少在黄仲琴访泉时尚存的那块明代重刻元碑的文本进行复原尝试的结果。碑文前三行系明重刻时的主持募集者、书写者与篆额者的署名。文有残缺，今省略。关于复原过程中的一些考释和资料性说明，仍待今后另外撰文补叙。

> 西出玉关万余里，有国曰大食。于今为帖直氏。北连安息、条支；东隔土番、高昌；南距云南、安南；西渐于海。地莽平，广袤数万里，自古绝不与中国通。城池宫室，园圃沟渠，田畜市列，与江淮风土不异。寒暑应候，民物繁庶。种五谷、蒲萄、诸果。俗重杀好善。书体旁行，有篆、楷、草三法，著

经史诗文。阴阳星历、医药音乐，皆极精妙。制造织文、雕镂器皿尤巧。初，默得那国王别谙拔尔谟罕蓦德，生而神灵，有大德。臣服西域，诸国咸称圣人。别谙拔尔，犹华言天使，盖尊而号之也。其教以万物本乎天，天一理，无可象。故事天至虔，而无象设。每岁斋戒一月。更衣沐浴，居必易常处。日西向拜天，净心颂经。经本天人所授。三十藏，计一百一十四部，凡六千六百六十六卷。旨义渊微，以至公无私、正心修德为本；以祝圣化民、周急解厄为事。持己接人，内外慎敕。迄今八百余岁，国俗严奉尊信。虽适殊域，传子孙，累世犹不敢易。宋绍兴元年，有纳只卜·穆兹喜鲁丁者，自撒那威从商舶来泉。创兹寺于泉州之南城。造银灯、香炉以供天，买土田、房屋以给众。后以没塔完里阿哈昧不任，寺坏不治。至正九年，闽海宪佥赫德尔行部至泉。摄思廉夏·不鲁罕丁命舍剌甫丁  哈悌卜领众分诉。宪公任达鲁花赤高昌偰玉立正议，为之征复旧物。众志大悦。于是里人金阿里以己赀一新其寺，米征余文为记。余尝闻长老言，□氏国初首入职方。士俗教化，与他种特异。征诸"西使""岛夷"等志尤信。因为言曰：□□□□□□□□□□□□□也。庄子书、佛书皆曰，西方有大圣人。□□□□□□始出，其教颇与理合。汉唐通西域，诸国臣服。自礼拜寺先入闽广，□其兆盖已远矣。今泉之礼拜寺增至六七，而兹寺之复兴，虽遭时数年，名公大人硕力襄赞，亦摄思廉、益绵之有其人也。余往年与修清源郡志，已著其事。今复书其废兴本末，俾刻诸石，以见夫善教流行，无所不达。奉政赫公、正议偰公，皆明经进士。其于是役，均以大公至正之心行之，非慕其教者。偰公治泉有惠。期年之内，百废俱兴。而是寺之一新者，亦余波之及钦。谓非明儒者、郡守，则兹寺之教坠矣。夏·不鲁罕丁者，博学有才德，精健如中年。命为摄思廉，犹华言主教也。益绵：苫思丁·麻哈抹；没塔完里：舍剌甫丁·哈悌卜；谟阿津：萨都丁。益绵，犹言住持也；没塔完里，犹言都寺也；谟阿津者，犹言唱拜也。赞其事：总管孙文英中顺、推官徐君正奉训、知事郑士凯将仕。董其役者，泉州路平准行用库副使□马沙也。三山吴鉴志。按旧碑年久，朽敝无征。录诸郡志全文，募众以重立石。如尚书赵公荣立匾"清净寺"三大字，以辉壮之。他如参将马公谨、张公玹，少卿赵公玹，知州马公庆，指挥于辅，皆以本教为念，或议以修葺之功，或厚以俸赀之施，而咸有功斯寺者。然教中显于泉者犹多，以其□□土地，故漏之。是为□□丁卯夏月吉旦。

（本文原载《文汇报》2004年6月"学林"版，第一作者为方明）

附录三　回族形成问题再探讨（报告稿）

在西方的中国学领域里，20 世纪 90 年代可以说是讨论中国的民族及国家认同问题获得大丰收的 10 年。由这个视角引发的对"边缘与中心"之间相互关系的高度关注，又极大地推动了西方学者对当代中国各少数民族的研究。发表在 2002 年 JAS 上的一篇主题述评指出，除了有关汉族的专门著述暂付阙如，西方中国研究在当代中国各民族的专题范围里长期遗留的空白，在这 10 年中差不多被"填满"了。这些作品的立论，大都从关于民族和民族主义的现代论观点出发。其中较早发表、影响也较大的应属杜垒的《讲汉话的穆斯林：中华人民共和国的种族民族主义》(1991)。他的基本看法是，回民在 20 世纪 50 年代被中国政府正式定位为民族之前，总的说来还是一个信仰伊斯兰教的文化共同体。

在 20 世纪的前 50 年里，回民的概念是否仅仅意味着穆斯林的身份？杜垒在他的书里已经指出，在这 50 年中先后出版的回回杂志约有 160 种。只要对其中较易搜寻的那些出版物作一番最粗浅的检阅，那么任何人都不难得出结论说，在 20 世纪上半叶的回民人群中，存在一个不折不扣的"种族民族主义运动"。它表现出如下的历史特征。一、它明确主张，回民以五千万之众的人口构成中华民族的"五大民族"之一，并从"民族平等"的原则出发，要求在 20 世纪 30 年代的国民参政会和 40 年代的国民大会代表选举中，按蒙古族和藏族代表的额度选举回民代表。二、这时期发生在各地的一系列抗议"侮教案"的行动，实际上是回民民族主义运动从事政治动员的重要途径。三、回民人群体形成了属于特定时代的对自己共同历史的言说范式，即"始于隋唐，盛于元明，衰于清"。四、他们开始检讨和改变"舍命不舍教""争教不争国"的传统立场，这种参与意识在抗日战争中获得进一步的提升。五、层出不穷的回民杂志，有系统的回民组织，到处兴办的新式回民小学，范围广泛的回民现状调查，使民族主义的动员远远超出精英的范围。可以说，20世纪50年代对回民群体身份的官方承认，它的历史基础，正是20世纪上半叶回民人群中广泛而持续的民族主义运动。

20世纪前50年回民群体的民族主义运动本身，当然也不是一场空穴来风。它不过是自清初以来存在于回回人们群体之中带"草根"性质的种族意识的政治化发展。这种种族性的"草根"意识充分反映在自清前期之后以各种稍有出入的文本流传在陕甘、湖南、云南、山东、青海、河南，乃至远播域外东干人中间的"回回原来"故事里。其基本情节是说，唐代有西域伊斯兰圣徒噶心来华，唐皇欲留此人长住东土，遂以唐兵三千至"回回"国换得"回回"兵三千来华，以伴陪噶心，并为他们各配一汉女为妻。中国回回人皆此三千回兵之后。这个口传故事形成之后不久，又与唐中叶借回纥兵平定"安史之乱"的史实互相混淆，遂形成"借兵回回"的另一种版本。

"回回原来"的广泛流传，表明它已被回民群体普遍接受为有关自身根源性的共同历史叙事。不过，如果说这则故事意味着回民对自身历史根源性追问的完成，那么追问的开始还要更早一些：它应该是从回民接受原先由汉地社会发明的"回回祖国"的观念开始的。这大约是在明后期。

"回回祖国"的说法，最早见于现存文献是在15世纪中叶成书的《大明一统志》中。该语词虽然也出现在今存的两个元末伊斯兰教寺院碑铭中，但它们肯定属于后来重新镌刻碑文时所窜入的成分。"回回祖国"说从汉人区别"他者"的言说而内化为回民自己的意识，一方面显示出汉文化作为当日强势文化所具有的支配性影响，更重要的，则反映了回民在集体身份归属意识方面的新演进。他们要通过构想一个共同的"祖国"，来回答"我是谁，我从哪里来"的问题，接着才会有"我怎么从彼方的祖国来到此方"的问题，于是又产生出"回回原来"的故事。

从"回回祖国"到"回回原来"，标志着回民共同体发育过程中的一个重大进步。想象中的共同家乡，使回民成为与中国的汉人、满人、蒙古人等完全不同的一个远方人们群体的集体后裔。回民因此成为具有共同血统观念的一个前近代民族。因此，从明清之际，或者至少是从清前期开始，回民早已不仅是一个宗教文化的共同体，而已经变成一个具有共同血统意识的民族集团了。

那么，为什么到了明末清初，回民中间会发生如此尖锐的"我是谁，我从哪里来"的问题意识呢？它应当与明代晚期开始的中国伊斯兰教文化复兴运动具有密切的关系，而后者又是对回民群体在整个明代逐渐式微的历史性回应。

我们都知道，"回回"人群体的形成是在元代。元代的"回回"共同体主要以三方面的特征区别于当日中国的其他人们群体。他们是保持着对母国鲜明记忆的外国移民；他们作为色目人的主体在政治上是一个特权集团；他们是伊斯兰教的信仰者。入明以后，"回回"人群体的前两个特征渐次丧失，伊斯兰教信仰遂逐渐成为"回回"人区别于汉人的主要标志。但是，由于中断了与中亚和西亚的联系，伊斯兰教在中国作为一种失去了外来资源的非本土宗教，其本身又在日益衰落。在这种情形下，相当部分宗教信仰不太坚定的回民，便随时间的推移而融化到像大海一样地包围着他们的汉人中间。正是此种回回认同的危机，促使回回人中的有识之士断然行动。晚明以儒诠经、经堂教育和推行小经文字等发生于全国各地、各种社会层次上的伊斯兰教复兴活动，就产生在上述历史背景之下。回回认同与伊斯兰教信仰唇齿相依的观念，实际上也是到这时候才在中国最终确立的。而回回认同本身，也在伊斯兰教的文化复兴中获得提升，并由此而被赋予前近代民族认同的历史性格。

以上的倒溯式考察似可表明，回民共同体对自身的集体身份意识，经历了一个漫长的历史变迁过程。在这个过程中，该共同体的性格从元代作为拥有共同宗教文化和优越政治地位的外来移民群体，经过明代前叶和中叶的长期衰微，在明清之际的中国伊斯兰教文化复兴运动里发育为前近代民族，而后又在19世纪与20世纪之交的现代环境中经过政治化动员而演变为现代民族。它在20世纪50年代被正式确认为一个少数民族，乃是对此前那一段历史变迁的总结，而不是它成为民族的开始。

在中国被长期沿用的斯大林主义关于民族的界定，带有浓厚的"原基论"的倾向，即按若干"共同"特征（一般概括为四个或五个"共同"）来界定一个民族的存在，而很少或者几乎不关注该共同体成员自身对其集体身份的意识状况。这种原基论的立场很容易把一个在很长时期的变迁过程中产生的历史结果非历史地倒追到该过程的开端阶段去。在民族和民族主义理论方面，主要持现代论取向的西方文化人类学家们对当代中国各民族的一系列研究，已经清楚地揭示出原基民族论的重大弱点。

可是，对原基论的有力批评绝不意味着这种或那种共同性特征在民族形成的过程中不再有任何作用，或者民族可以在脱离任何共同特性根据的情况下被一帮人"构建"或"想象"出来。那些带有原基性质的共同性必须通过该共同体成员的主观上的选择、强调甚至"放大"，才能影响和促成某种集体身份意识的生长。正如史密斯指出的，"原基属性存在于观念、认知和信仰之中。是一个特定人群的成员们选择了这些文化特征当作与生俱来的东西，赋予这些文化联系以无比重要性，对它的强制性产生不可抗拒的意识，使它们具有一种超乎理性算计和利害考虑的力量。此种力量和意义并不出于其原基联系的性质本身，而是由人们赋予他们的。正是它们，构成了集体文化认同的主观来源，而它们也应当成为研究种族性和民族主义的历史学家及社会科学家们的主要分析对象"。

史密斯和《民族主义之前的民族》一书作者阿姆斯特朗，被很多人看作"原基主义"者最重要的代表人物，而他们自己都否认这样的指称。然而就他肯定民族和民族主义有其前近代起源的主张而言，史密斯的立场距离现代论比文化原基论更远。在他的"种族符号论"里，我们可以清楚地看见文化原基论的印迹。

史密斯一贯坚持地认为，现代民族及民族主义与更早存在的集体文化认同和意识具有某种历史联系，他把由后一类认同意识所凝聚起来的人们共同体称为"种族"。他把种族界定为"具有共同祖先神话、共享历史记忆、某种或若干种共同文化因素，与一个故乡相联系，并且至少在精英层中已有某种同心协力之意识的人们群体"。种族与民族之间的基本区别在于，前者在很大程度上由祖先神话和历史记忆来界定，而后者则由其所占据的历史疆域、大众的公共文化和共同法律来界定。从这一区别出发，史密斯认为，现代民族因此具有如下的潜力，即它的发展可能超出单一种族的范围而联合，甚或同化在其土地上的其他种族或种族的分支部分，也就是说，它可以采取多种族和多文化的形式来联合和协调不同的新种族。

上述"种族"概念对我们考察前现代民族的历史及其与近代民族之间的历史连续性极其有用。在我看来，它的另一种表达，其实就是人类学家经常提到的"共同血统"观念。前近代民族的"共同血统"观念，有两种基本形式。一种是把全体民族或种族想象为同一祖先的后裔。另一种是把当今的特定人们群体，追溯为历史上某个拥有独特文化，因而可以与其同时代的他者明确地互相区别开来的某个人们共同体的后裔。表现在"回回祖国"和"回回原来"故事中的共同血统观，就属于后者。正是在这一意义上，该传说的形成和流行可以被看作回民共同体形成为前近代民族的重要标志。

这里还有两点需要加以强调。首先，所谓"共同血统"，完全不以历史真实性作为支撑的基础。恰恰相反，想要证明任何共同血统都不过是一种虚拟的事实，倒是再容易不过了。但这一点并不影响"共同血统"观存在本身的"历史真实性"。正如康诺尔说过的，"在分析各种社会政治状况时，最基本的问题未必是事实究竟如何，而是人们相信那事实究竟如何"。

其次，被归因于共同血统的，主要并不是体质上的遗传特征。研究满族起源问题的柯娇燕写道，当一个人们群体把某些固定的道德及文化特征明确归因于祖先遗传的属性，并因此而使自己免予被他者同化或转化时，该人们群体就形成了一个"人种"。她认为，满洲人在乾隆时期从一个文化共同体发育成为"人种"，而到19世纪与20世纪之交，作为对汉族民族主义思潮的回应，满洲共同体又从"人种"演变为现代民族。柯娇燕的"人种"，实际上就是史密斯所说的种族，或者也可以说就是前近代民族。由此看来，由共同文化的原基性联系而生发的共同血统观念在前现代民族形成过程中的重要性，似乎值得引起我们更多的注意和更详尽的考察。

# 追寻回民意识的当代心灵历程：
## 读《心灵史》

张承志的《心灵史》初版于1991年。本书围绕从"道祖太爷"马明心开始的中国伊斯兰教哲合忍耶派七代掌门导师的传奇经历，不但展示出这个苏非派神秘主义教团在18和19世纪中武装反抗清廷的惊天动地的业绩，而且更以震撼人心的笔触，讴歌了哲合忍耶教众在战败后面对"公家"疯狂的宗教迫害，是怎样怀抱着从容赴死的精神和百折不挠的勇气与毅力，在长时期的屈辱和苦难折磨下，坚定地实现自己追求崇高的"举意"的。书中直接或间接地征引了不少清朝的官方文献及其他史料，不过作者最后"决定放弃注释，放弃一个列于末尾的参考文献表"[1]；作者也使用了很多以半地下的形式流传民间的哲合忍耶派密典和在教众中口耳相传的前代轶闻，全书的语言又带有史诗般的浓烈色彩。所有这些，再加上作者是曾经写过《黑骏马》、《北方的河》等优秀小说的著名作家，而推出此书的又是一家文艺出版社，因此本书在出版的当初即被看作一部文艺作品。1991年的《全国总书目》就将它列入文艺类的图书里。

但是这本书显然不属于任何类型的文学创作，尤其不属于今日被人们归入"纪实文学"的"历史大写真"。它甚至也不是我们所熟悉的穆斯林文献中那一类圣徒传。《心灵史》实际上是一部讨论宗教文

---

〔1〕《心灵史》，《张承志文学作品选集·心灵史卷》，海口：海南出版社，1995年，页175。以下引用本书时将在正文内括注页码，不再另行出注。

化的历史学著作，也是第一部向一般读者专门介绍中国哲合忍耶事迹的汉文书籍。

直到《心灵史》面世时，中国历史学界对清代回民起义，基本上采用阶级对抗和阶级斗争的解释框架来予以说明。乾隆后期甘、青哲合忍耶的武装暴动和同治朝以哲合忍耶为中坚的"西北回乱"，不可否认地带有明显的民族斗争的特殊形式。尽管如此，从民族斗争说到底还是阶级斗争的观念出发，上述历史事件的民族色彩长期以来一直在被人们有意识地加以淡化。[1]

对中国哲合忍耶在清代的曲折历程，也可以从其他的角度进行考察。著名的中亚史学者弗莱彻致力于将中国哲合忍耶在近代的活动置于同时期穆斯林东方的苏非派运动的整个大背景之中去加以理解。[2]他还曾经花费很多心血探索中国哲合忍耶教义的起源问题。

伊斯兰神秘主义的苏非派在清代西北中国影响最大的一个"道乘"（ṭarīqa）是纳黑希班底教派（Naqshbandiyya）。苏非派的各种神秘主义道乘"最中心的修行方式"，都同样是祷念安拉（dhikr Allāh，唯祷念的具体方式略有不同），并经常伴随宗教性的舞蹈，甚至鼓乐。[3]根据中国纳黑希班底主流派的传统，祷念时应当采取默祷（dhik-i khafī）的方法，所以被称为虎非耶派（khufiyya＜khafī，波

---

〔1〕 这种倾向在新近出版的一本回族史著作中有了很大改变。该书把同治朝西北回族的反清斗争看作朴素的向清廷争取民族自主的运动。按照这种解释，曾被阶级斗争论者指责为"变节行为"的回族上层的求抚活动，实际是回民军在承认清政府作为中央政权的统治地位、接受清朝官号的条件下，争取化战争为和平，在本地区实行自主与自治的可贵创举。见邱树森主编：《中国回族史》，宁夏人民出版社，1996年，下册，页606至610。值得注意的是，上述朴素的民族自主的要求，是指在一个"王朝国家"（dynasty-state）的政治架构中争取局部自主的诉求。它与后来从西方传来的以建立"民族国家"（nation-state）为指归的民族主义思潮具有不同的性质。

〔2〕 J. 弗莱彻（Joseph F.Fletcher）：《中亚苏非派和马明心的"新教"》，载同氏：《北部中国与伊斯兰内陆亚洲研究》，弗尔蒙，1995年。

〔3〕 W. 斯多达特（William Stoddart）：《苏非派：伊斯兰神秘主义的训条与方法》，惠林布鲁，1976年，页62至66；M. 凌斯（Martin Lings）：《苏非主义是什么》，伦敦，1975年，页85。

斯语译言"隐没")。由马明心传出的派别则主张高声祷念（dhikr-i jahri），它的名称"哲合忍耶"即源于波斯语"高声"（jahr＞jahriyya）一词的读音。[1]根据现有的资料，纳黑希班底教派影响到中国西北的回回社会，最早在17世纪初期。[2]虎非耶的早期导师马来迟在甘、青传教时，曾被当地的伊斯兰教逊尼派信徒以"邪教"告官。尽管中国古老的逊尼派教徒面对苏非派影响的日益扩大仍坚持遵从传统的教法，因而以"格迪目"派（该名源于阿拉伯语词汇 qadīm，译言"古老"）或"老派"著称，也尽管他们与新近传入的虎非耶派曾多次发生冲突，这对立的两方似乎并不与中文史料中的"老教"和"新教"的概念相对应。中文史料中的"老教"应当包括格迪目和纳黑希班底教派的主流虎非耶派等在内，而"新教"则指哲合忍耶派而言。

直到在他身后发表的那篇尚未完全写成的遗稿里，弗莱彻才比较确定地断言，马明心所传授的哲合忍耶教义，应该出于他在也门留学时所接触的札比德（Zahid）地方纳黑希班底改革派导师阿札因（Az-zayn）和他的儿子阿卜都迦里赫（'Abd al-khālīq）。据此，在中国哲合忍耶中间耳熟能详的"也门太爷"（页19），应当就是阿札因。在札比德的纳黑希班底教徒中间，阿札因可能是赋予"高祷"方式以合法地位的第一人。在那里，两种祷念的方式当时和平地并存于纳黑希班底教派内部。只有在中国，它变成伊斯兰教众间尖锐争论的题目。弗莱彻认为，教争的实质乃是对中国纳黑希班底教派领导权的争夺。也就是说，上述争论实际上早已超出了应当采用何种方式来从事祷念这个问题本身：马明心所传授的哲合忍耶教义，受到中东流行的主张在宗教和社会生活中复兴伊斯兰教法的正统思潮的深刻影响；因而这种具有将教法主义（Shar'ism）和苏非主义相结合的"正统神秘主义"性

---

[1] J. 弗莱彻：《中亚苏非派和马明心的"新教"》。
[2] J. 弗莱彻：《西北中国的纳黑希班底派》，载同氏上揭书。这篇重要的文章作为弗莱彻的遗稿，首次发表在他死后出版的论文结集里。

格的"改革的"纳黑希班底派别，与仍然弥漫着中亚神秘主义的纳黑希班底"老教"之间的区别，绝不只是一个如何祷念的问题。但是马明心时代中国哲合忍耶的那些原教旨主义的因素，却在很大程度上消失于19世纪中叶以后。[1]

R. 伊斯雷利也对本课题作过相当深入的研究。汉文史料有关新教的某些含混记载，似乎还不足以支持伊斯雷利对弗莱彻将新教与哲合忍耶相勘同的质疑。尽管如此，两位学者仍然一致同意，最初由马明心所传播的新教的确属于哲合忍耶派，而在19世纪以后，尤其是在它的第五代掌门导师马化龙及其以后，中国哲合忍耶的性质似乎发生了某种改变。伊斯雷利极其强调根源于非主流什叶派的"马赫迪"观念对中国哲合忍耶教义的影响。根据他的分析，在哲合忍耶中尤其容易流行的由马赫迪领导的"圣战"（Jihād）观念，使中国哲合忍耶特别具有以暴抗暴的政治行动主义色彩。事实上，伊斯兰教的历史上存在过很多由神秘主义的苏非派转向什叶派的先例。[2]

所谓马赫迪（mahdī，阿拉伯语词，译言受正确指引的人、宗教与正义的复兴者），最初是不带救世主意义的一个荣耀性尊号，稍后即被用指某个预期中的伊斯兰教复兴者；再后来，他甚至拥有了先知的等级，并被很多人认为必定是阿里后裔。尽管将要在末世前现身的马赫迪观念是一种流传颇广的穆斯林信念，但它却从未变为逊尼派教义的基本部分。[3] 只有在非主流的什叶派和极端主义的苏非派教团中，马赫迪在末世尚未到来之前就可以出现。因此，在他们中间远比在其他伊斯兰教派中更为容易地由于现实的需要而产生适时的发动圣战的

〔1〕 J. 弗莱彻：《西北中国的纳黑希班底派》。在这篇遗作发表前，杜垒（Dru C. Gladney）在其著作中已经介绍过它的主要论点。见杜垒：《说汉话的穆斯林：共和国时代少数民族的民族主义》，麻省剑桥，1991年，页48至50。
〔2〕 R. 伊斯雷利：《穆斯林在中国》，伦敦，1978年，页177至179。
〔3〕 参见《伊斯兰百科全书》，莱顿版，卷5"马赫迪"条（W. Madelung撰文）。

最高领袖。

张承志没有说及中国哲合忍耶有关马赫迪的观念。至少在他们中间更常用的称呼似乎不是马赫迪，而应当是"穆勒什德"，即波斯语murshid 的音译，在苏非派教团中原指精神导师和初入道乘者的引领人。但在中国哲合忍耶信仰中，穆勒什德的角色却使我们感到它好像就是马赫迪的肉身。《心灵史》提到穆勒什德时这样写道："那个人来了，他出世。追求归宿的路通了，接近真主的桥架上了，没有指望的今世和花园般的来世都清楚了，天理和人道降临眼前了。那个搭救咱们的人来了。煎熬人的现世要崩垮了，大光明要成立了，圣徒出世了。"（页 20）伊斯雷利不无理由地认为，在当日中国的条件下，中国哲合忍耶的穆勒什德观念甚至还受到了白莲教的弥勒救世说的影响。

19 世纪的"西北回乱"从本质上是回族民众针对清廷残酷剥夺的反应。但是，伊斯雷利追问，在伊斯兰教各派中，为什么恰恰是哲合忍耶派成为起义的中坚？他从教理分析着手，基本上回答了这个问题。

《心灵史》对中国哲合忍耶的描写却有它自己独特的角度。

是的，在他感到对于讲述他的哲合忍耶故事是十分必要的时候，张承志可能以非常娴熟的技巧剪裁史料、得心应手地援引中国和外国的有关研究的成果。[1] 他也完全有条件获得本文在上面引述的西方学者所写的那些著作和论文。但是《心灵史》没有提到上述几种研究中国哲合忍耶的重要著述，甚至也没有提到他最容易接触到的那些较新的日文著作，例如田中义信的《回回民族的诸问题》（东京，1971）。

是的，张承志提到，在中国哲合忍耶的传教"道谱"上，在马明心之前有"七位也门圣徒的名字"（页 33）。但他根本无心用打破砂锅

---

〔1〕 见《热什哈尔》，北京，1993 年，"后记"。

问到底的态度去对他们加以一一考察；他也无心如弗莱彻那样，去关注马明心是否可能把他的祷念方式追溯到12世纪的牙撒维（Ahmad Yasawī）。[1]中国哲合忍耶的存在既然是铁的事实，至于它在也门的教理渊源究竟如何，似乎也就显得并不那么重要了。

是的，《心灵史》也不时地在这里或那里讲到哲合忍耶的某些特殊仪轨和概念。但它并不在意于向读者系统地介绍哲合忍耶的特别教义及其修炼方式。作者宁可用印象化的方式来回答"什么是哲合忍耶"的问题："所谓哲合忍耶，就是一大群衣衫褴褛的刚强回民，手拉手站成一圈，死死地护住围在中心的一座坟。"（页61）

《心灵史》有它自己的历史逻辑及其性格特别的观照中国哲合忍耶的聚焦点。它形式上是七代掌门圣徒的传记，但它真正的主角更是划分在七代导师的"光阴"里的几十万民众。透过这些或者壮烈，或者是隐忍、冷面却更令人悚然心动的圣徒们的事迹，它告诉人们，苏非派神秘主义的教派是怎样彻底改变了生活在中国西北绝望境地中的绝望的底层民众。不能说作者不是带着全身心的投入在向哲合忍耶教

─────────────

〔1〕 如果札比德（Zabid）地方纳黑希班底改革派领袖阿札因（死于1725年）和他的儿子阿卜都迦里赫（'Abd al-Khāliq）确实是马明心留学也门时所追随的导师，那么这个传道谱就可以从阿札因再上推两世，即阿札因由穆罕默德阿卜都拉巴格（Muhammad 'Abd al-Bāqī，1591—1663，阿札因之父）所传，后者由泰术丁扎迦里亚（Tāj addīn b. Zakariyya'，死于1640年）所传。而泰术丁则被弗莱彻认为是把纳黑希班底派传入也门的第一人。但是根据中国哲合忍耶的教内传说，马明心的导师叫穆罕默德布录色尼，他已是这个也门教派的第七代教主。有趣的是，东西两个传道谱系大半相符：

| 中国谱系 | | 西亚谱系 |
|---|---|---|
| 1 穆豪引的尼 | | |
| 2 伯哈文的尼 | | |
| 3 他振的尼 | 1 | Tāj ad-Dīn b. Zakariyya' |
| 4 海足若巴格 | 2 | Muhammad 'Abd al-Bāqī（？） |
| 5 海足若其色依尼 | 3 | Az-zayn |
| 6 阿布都里哈利格 | 4 | 'Abd al-Khāliq |
| 7 穆罕默德布录色尼 | 5 | Muhammad（Khāliq之兄） |

两个谱系之间的进一步勘同以及其他著述对哲合忍耶教义的有关讨论等等，显然都不是张承志的兴趣所在。参见弗莱彻：《西北中国的纳黑希班底派》、《纳黑希班底教派及其祷念方式》，载同氏：《北部中国与伊斯兰内陆亚洲研究》；马通：《中国伊斯兰教派与门宦制度史略》，银川：宁夏人民出版社，1983年，页365。

派顶礼膜拜。但透过这个教派，激起作者更加强烈的像浪迹天涯的游子渴望投入母亲怀抱的那种皈依感和吸引力的，却是这个教团底层的广大穷苦民众。他们几乎一无所有，可是哲合忍耶使这些"饥饿穷困、浑身褴褛的西海固农民有了一种高贵气质"（页52）。穷人的心因此而变得有尊严了。"他们浑身褴褛，但富贵不能诱惑他们，他们在饥饿寒冷的考验中守着人道"（页26）。面对苦难的命运而死守不渝的忠贞，"他们对一个自称是进步了的世界说：'你有一种就像对自己血统一样的感情吗？'"（页85）。

中国哲合忍耶忠于自己信仰和保卫内心追求不受践踏的激情，是在一条铺满尸体的漫长道路上获得升华的。新教曾经和旧教有过流血的教争，穆斯林与非穆斯林之间有过仇杀。回忆悲痛的往事，作者因为无法要求前人而"只觉得紧张"（页44）。同时他又沉重地指出，即使宗教原则也不能原谅这种"嗜血的仇杀"。"在每一个偏离了神圣约定的脚印上，都记载着自己被淘汰的理由。"（页166）教争引起清廷的镇压，哲合忍耶被判为邪教，对伊斯兰教的全面限制又进一步演变为对整个回族的民族压迫。而从清廷抽刀出鞘的那一刻起，"人民的暴力主义"就拥有了完全的合法性。在"回乱"中担当起武装反抗清廷的中坚角色遂成为哲合忍耶义无反顾的"前定"的命运。

但是战败却成为哲合忍耶的"前定"。忠贞和毅力要经受长时期的考验。全屠，全毁，永禁，挫骨扬灰，以次就戮，按名正法，追杀，洗灭。这些触目惊心的词汇，每一笔都记录了"公家"的暴虐。"信仰的鲜血，在乾隆盛世的底层汹涌地流"（页69）。

就这样，中国哲合忍耶在近代的全部心灵历程，成为对复仇、失败、流血、殉教和屈辱的一再体验。他们不仅尝遍了艰辛，而且流尽了鲜血。他们好像是为了等待殉难而活着。"束海达依"成为一个神圣的词汇，它的意思就是殉难。作者难忍要尽情讴歌这样一部心灵史的冲动。因为他"心甘情愿地承认了他们"（页14）。《心灵史》的主题可以用四个字来概括，这就是哲合忍耶的"底层人民"。

这种从社会底层去追求"高贵气质"，去探寻精神价值源泉的思想路径，像一条红线贯串在张承志的作品当中。

在最早发表的短篇小说《骑手为什么歌唱母亲》中[1]，他描绘了一个普通蒙古族老妇人怎样在暴风雪的寒夜毫不犹豫地将自己的皮袍披到插队知青的身上。她为此付出了身体瘫痪的沉重代价，却让这个知青懂得了"母亲的伟大意义"。作者借小说主人公的嘴说，为着了解"蒙古人民祖祖辈辈的苦难"，他从此下定决心要"学习蒙古人民的历史"。

就他发表的作品而论，从《背影》到《回民的黄土地》发表的两三年间（1986—1988），是张承志思想历程上的一个重要的转变阶段。[2]他开始真切地感受到埋藏在心底的自己母族"巨大的背影"。他惊异回民在西海固那般恶劣的环境中居然能生生不息地顽强生活下去。于是他懂得了为什么这里的底层民众会与神秘主义苏非派的圣徒如此彻底地结合在一起。他被苦难中借哲合忍耶而获得了崇高的精神提升的回民感动得无法自已。尤其重要的是，如今他所深刻地崇拜的正是与他同属一个民族的同胞。张承志在感情上现在真正回归到了他自己的民族。民族认同感和对普通民众的崇拜交融为一体，不仅使他更深一层地了解了"母亲的伟大意义"，而且最终使他找到了超越和替代他的"蒙古额吉"（额吉，蒙语"母亲"的意思）的人（页279）。

如果可以沿着这样一条内在理路去阅读《心灵史》，那么我们就能够在体察泛滥于书中的宗教感情、民族感情的同时，体察出作者更带普遍意义的平民感情。所以丝毫也用不着惊奇，作者会在他的这部

---

[1]《人民文学》1978 年第 10 期。
[2] 张承志：《绿风土》，北京：作家出版社，1992 年，页 256 至 261；《天涯》1987 年创刊号。

书里不止一次地诉求人道、人性和人心。并且这种人道、人性和人心的资源，在作者看来，只会存在于底层民众之中：只有劳苦底层，才是中国"这片茫茫无情苦海里的真正激情"（页85）；"在中国，只有在现世里绝望的人，只有饥寒交迫的人，才能追求和信仰"（页154）。作者认为，重要的是先有忠于民众的心，然后以信仰使这颗心公正（页146）。当崇拜底层、要变成他们中间的一员的强烈意识与从中提炼出来的宗教皈依感在《心灵史》里水乳交融以后，前者看上去倒好像是后者的提升。不过孰先孰后在这里已经不太重要了。重要的是，宗教的感情并没有限制《心灵史》对于"人道、人性、人心"的更普遍的关怀。

因此，《心灵史》所体现的固执的理想主义追求，超越了教内宗派，超越了宗教界阈和民族界阈。它以人的尊严和心灵自由为指归，以底层民众为源泉。它高扬精神价值，漠视世俗的功利观："无论开拓疆土的成功，无论百废俱兴的治世，都将在人道、人心、人性的原则面前重新接受审视。"（页129）

在全书24万多的文字中，用以记述第四门导师马以德的篇幅，只有寥寥12000字弱。这时是在19世纪上半叶，是哲合忍耶处于两次暴动之间的相对和平状态下，舐干伤口的血淤，休养生息的时期。史阙有间，固然是篇幅简短的重要原因之一。但它似乎还不足以解释全部事实。

由于哲合忍耶的生存环境同过去时代的严酷程度相比已获得一定的改善，教团的思想体系同步也出现了某些变化。弗莱彻认为，这种变化反映了哲合忍耶内部具有改革取向的伊斯兰文化复兴主义的退潮，表现在诸如导师世袭、圣墓崇拜倾向的加强等方面。伊斯雷利则从中看到了什叶派教义的渗透。此外，哲合忍耶门宦制度的强化，也许还反映出中国传统的宗法制的消极影响在教内的扩大。《心灵史》

的作者很敏锐地看到了哲合忍耶思想体系在这时出现的"微妙的改动"（页146）。他对这种变化持委婉的批评态度。他似乎不情愿为这段低调的历史多费笔墨。

马以德时代教团内的变化表明，在相对和平的环境里，哲合忍耶如何才能对它在无法和平生存的残酷条件下孕育成型的牺牲和殉教传统实现创造性的转换，从而保持自己的纯洁与心灵自由，这个严峻的问题早就由历史提出来了。由《心灵史》所揭示的中国哲合忍耶在这个"新世纪"里的历史教训则是：对一切宗教、理想和纯洁而言，"孔孟之道化、世俗化、中国化"是最强大和最凶恶的敌人（页147）。

这个概念有些模糊的表述，虽然可能在阅读张承志方面给我们带来某些混乱，但也使我们可以隐约感触到张承志意识深层的真正心结。现在或许是清楚了，与作为精神价值资源的底层民众相对峙的另一端，也就是张承志在走向他的底层民众时所死死认定、绝不妥协的对立面，乃是以"孔孟之道"为核心的中国传统文化。这样一种在分类上好像不怎么协调的对峙，倒反而使我们感到某种宽慰。因为它表明，当张承志在诉求于他的底层民众时，他所真正强调的其实并不是底层与上层之间势不两立的冲突。所以，他歌颂"底层贱民也要争心灵自由的精神"（页19），他疾呼"中国的一切都应该记着穷人，记着穷苦的人民"（页22），都不应当被理解为他把底层民众视为精神价值的排他性资源，或者这一主张必然要拒斥从底层大众以外的社会阶层中寻求精神价值资源的任何可能性。所以也没有理由据此指责张承志已经站到了"高贵者最愚蠢，卑贱者最聪明"的反文化立场上。他全心全意反对的，是以"孔孟之道"为代表的中国传统文化。因为正是它，认作者心目中已被净化了的底层大众，认人心、人道和人性为死敌。

作者对"孔孟之道"严重失望的心情是完全可以理解的；中国传统文化自康、雍、乾以往迭遭毁灭性破坏，确实日甚一日地失去了它曾拥有过的风采。尽管如此，把"中国化""世俗化"等同于异化的极端论断仍然不可避免地使《心灵史》蒙上一层无可奈何的文化宿命论色彩。"五四"以来，曾经有过很多知识分子对儒家传统持彻底否定的极端立场。对现当代中国思想史的考察却使我们意外地发现，在他们这种极端的主观态度背后，似乎仍然存在明显的儒家思维模式的强烈影响。根据这样的思维模式，他们力图确立这样或那样的一种能够解决所有认识论、本体论和宇宙论问题的包摄一切的哲学体系，追寻这样或那样的历史发展的目的论原则，据此认定某种知识或理论，赋予它以能够取代其他一切知识理论的终极真理的功能；根据这样的追求，社会变迁不再是由分散在社会各层面的渐进的、互相独立的各种思想、艺术、社会、组织、经济和政治方面的努力所产生的综合后果，而应当是由发现了上述唯一正确的历史哲学的知识分子指导下加以实现的历史过程。[1] 张承志虽然在主观上抱定与儒家传统势不两立的宗旨，但在他执着地追求"代表时代的观点"，并略带着一点伤感地慨叹这种"独自出世孤独探索"的所谓"知"时（页146），反映在他意识深层的，与其说是那种依据神示而行动的圣徒、导师的观念，还不如说恰恰就是承当着先知先觉的道统继承者角色去启迪民智的儒家观念。初看起来这好像有一点滑稽。可是将《心灵史》与作者的大量其他文字对照阅读就很容易发现，作者或许是不自觉地在内心自我认同的角色，确实不是以奇迹来证明神示、赢得民众的圣徒式导师，而是时常遭遇流星般的命运、在难以为人理解的孤独中忍辱负重的道德英雄式的先知。[2] 难道体现在此种角色认定中的，不正是传统儒家的思维模式吗？

---

〔1〕 参见 T. 墨子刻（Thomas A. Metzger）：《从前现代中国到现代中国的延续性：论某些重要的负面的方法论问题》，载《中国思想：跨文化的研究》，麻省剑桥，1993年。

〔2〕 作者在为自己的散文集《荒芜英雄路》所写的"作者自白"里说道："思想的悲剧是它首次问世时缺乏传播，而它的前卫性又太忌讳重复自己。"他由此感到一种末路英雄的"遗憾和一种责任感"。这种所谓"遗憾"和"责任感"，是儒家精英意识反映在作者思想里的又一个典型例证。见《荒芜英雄路》，上海：知识出版社，1994年。

就像张承志曾经借用朱自清创造的"背景"意象一样，如果我们从张承志那里再次借用同一种象征符号，那么我们可以说，从《心灵史》中，人们可以看到作者那追随着几十万哲合忍耶底层民众的"背影"。那是一个对他曾认同过的文化陷入深刻绝望而逐渐对它别转身去的"背影"[1]。但是那"背影"所具有的某种特别姿势，却依然遗留着主流文化的明显影响。由此可见，人无法仅凭借主观上的断然愿望，就随意舍弃或者为自己选择这种或那种文化。

《心灵史》也充分体现出作者对历史编纂学的独立思考。

自清代以来，"国学"的内容和形式迭有变迁。它最初指清学而言。按王国维的说法，它在清一代的特点有三次变化，是即国初之学大，乾嘉之学精，道咸以降之学新。[2]清亡后，国学传统仍然保持着"新"的特点：既在文、史、哲的人文学科各领域里相互贯通，又与西方的"汉学"保持密切的沟通。以实证方法为特点的国学传统，自20世纪50年代起被分解为中国马克思主义史学的辅助性手段，后来更进一步被淹没在影射史学的泥潭中。20世纪70年代后期，当中国史学界终于走出影射史学的阴影时，实证史学重新引起人们极大的兴趣。但是，就在它被中国绝大多数历史学家看作"如日中天"之时，张承志已经以极其锐利的觉察力感悟到，它实际上早已处于一种"强弩之末"的境地。他认为，在中国，以"学术泰斗"翁独健、白寿彝等人作为殿军，以实证史学全面繁荣著称的"19世纪连同它的儿子20世纪都已经结束了"[3]。对历史的"科学研究"的厌恶，竟使作者

---

[1] 关于张承志在20世纪60年代后期企图依据体制内资源来反对这个体制的不平等和不合理性，从而对它进行净化的激情，参见他用日文发表的回忆录：《红卫兵的运动》（岩波书店，1992年）。对这本书的讨论已超出本文范围。他的这种激情被国内有些人批评为"原红旨主义"，这就变成了夹杂着个人意气的非理性攻击。
[2] 《沈增植先生七十寿序》，《观堂集林》卷二三。
[3] 张承志：《荒芜英雄路》，页193。

"一翻开资料就觉得有一种嚼英雄粪便的感觉"[1]。

于是，作者心中学来不久的"史学诸原则"在底层民众的活的历史面前"哗哗响着崩垮塌落"[2]。实证即使不堕落为虚假，也往往难以摆脱肤浅：你指着一处"……拱北追问——他真的就埋在这里吗——是肤浅的"（页178）。历史从来是秘史，只有感应、直觉、神示，只有一种"难以捕捉的朦胧的逻辑"，只有"对人的心灵力量的想象力"，才能帮助我们窥见真相（页83、212、138）。这种超验的判断与实证方法风马牛不相及：难道一种肌肤触碰般的感受"能成为注明页码的史料吗"？（页136）

根据作者的这些偏激言辞认为他会完全拒绝实证史学的方法，那是不够准确的。《心灵史》在记述乾隆四十九年（1784）清军血洗石峰堡事件时，恰恰是使用了实证式的考据方法，揭示出那一天正是回族开斋节期间履行拜功的日子。尽管这个考据还远远没有显示国学传统中令人叹为观止的精致技巧，但这丝毫没有减损它所具有的重要意义。"巧合的时间揭露着真实"（页100）：清军是趁着哲合忍耶教众在礼拜时攻上山堡，在未遇到丝毫抵抗的情形下对他们实行血腥屠戮的！清廷的官方文献把一场屠杀伪造成决战："在这刀刃般的一线分寸上，乾隆皇帝和他的御用文人们感到了恐怖。"（页102）实证式考据在这里显示出它像刀刃般锋利的效用。

因此，作者对实证史学所表达的强烈不满，并不意味着他要拒绝实证史学，而是表现了作者要超越实证史学局限性的强烈意图。不过，作者把解决问题的途径归纳为心灵感应方式，那倒真的是过于简单化了。曾经与中国的国学长期密切交流的西方汉学，从20世纪60年代起经历了一个从汉学到"中国研究"的演变过程。用施坚雅（W. Skinner）

---

[1]《荒芜英雄路》，页10。
[2] 同上书，页3。

追寻回民意识的当代心灵历程：读《心灵史》　　415

在当时的话来表示，"就其自身而言构成为一个专门领域的汉学，正在被一种以多学科方法去处理特定研究对象的所谓中国研究所替代"[1]。这里的"多学科方法"，是指的朝着历史学全面渗透的社会科学各学科的概念、方法和解释框架。自那时以来，虽然作为人文学科的历史与社会科学各领域的沟通也产生了在中国史研究中对社会科学方法"生搬硬套式使用"的弊病[2]，虽然对社会科学内部学术分工的质疑甚至导致"重建社会科学"的主张[3]，但总的说来，在经历一段相当长时期的隔绝之后，西方中国研究对于中国的历史学界所具有的借鉴作用仍然是不能轻易否定的。

可惜《心灵史》的作者在毫不吝惜地对"20世纪末各门新潮的方法论"大加嘲笑，认为它们比确实被它们所冲决的"老一套正襟危坐的实证主义"还要浅薄得多的时候，他对西方中国研究的上述并不太新的取向几乎未置一词。到底是这一取向基本未进入作者的视野，还是他认为它们同样是"已经在学院和印刷垃圾中异化了"的"伪学"[4]？无论如何，当作者把依据"心灵的模糊体验而不是史学的旁征博引"[5]来理解活生生的人群的主张提升为解救或取代面临末日的人文科学的唯一出路时，他确实是过于自信并且是过于自大了！在张承志的每一个具有原创性的敏锐思想背后，我们总是遗憾地看到某种断然拒绝的偏执阴影。在他身上表现出这种断然拒绝的矫情姿态，要远远早于他对伊斯兰教的崇拜。难道它不正是来源于被他在主观上断然拒绝的儒家的道统观及其先知先觉的精英意识吗？

---

〔1〕 施坚雅：《社会科学能为中国研究做什么》，《亚洲研究学报》(JAS) 24·8 (1964年8月)。

〔2〕 墨子刻：《汉学的阴影：美国的近现代中国研究现状》，《美国高等院校中国研究状况评述》，约翰霍普金斯大学出版社，1978年。

〔3〕 华伦斯坦：《开放社会科学》，刘锋汉译本，北京：生活·读书·新知三联书店，1997年，页103。

〔4〕《荒芜英雄路》，页203、193、206。

〔5〕 同上书，页125。

我们不大清楚，张承志的哪一部作品所拥有的读者最多。然而，《心灵史》无疑已经以它巨大的社会反响，确立了自己作为现当代中国思想文化史上最重要文献之一的地位。透过它作为一部宗教史或者教派史著作的外在形式，它向我们展示出当代中国人对自己文化的一种凝重而苦涩的反省，也展示出一个久违的回民之子皈依母族意识的当代心灵历程。因此，很值得在《无援的思想》（华艺出版社，1995）所收录的那些文艺批评以外，对《心灵史》进行更深入的多层面的讨论。

[本文原载《中国研究》34（1998，3）]

[补记]

自从他写下"让他们去跳舞，我要去上坟"以后，张承志便一向是我最敬重的少数当代作家之一。俗话说，"殊途同归"。人们找寻到各自真信仰的心路历程可能是多种多样的。张承志向伊斯兰信仰的回归，是在他对主流文化失望后，转而从底层民众中去寻找高贵的不懈追求之中实现的。如果今天重写本文，我就会以远超过原先的那种程度来强调或突出表现这一点。

# "满洲"如何演变为民族：
## 论清中叶前"满洲"认同的历史变迁

    满族作为一个民族共同体，究竟是在什么时候形成的？关于这个问题，目前存在着三种不同看法。一以为是在17世纪前叶。其标志性事件，或以努尔哈赤建国当之，或谓满洲作为族称的定名，也有人选择16世纪末叶的满文之创制。埋藏在这类见解背后的理论预设，都以带有"原基"性质的若干"共同"要素来界定一个民族的存在。第二种看法认为，满族形成于清末和民国初年，只有到了那个时候，八旗集团才从一个多种族的军事组织和世袭等级体系，始而被其自身以及当日社会当作一个种族群体（ethnic group）来看待。路康乐的此一见解，主要来源于他对19世纪60年代到20世纪30年代满汉关系的考察。[1] 在这个时期，急剧衰落的八旗组织之内满人和汉军旗人的界限，由于作为整体的旗人与"民人"（汉人）之间关系的日益紧张而渐趋淡化。正因为如此，他实际上以"最宜将满洲人理解为就是旗人的等同物"作为自己研究的出发点，他这样做自有其道理。不过在清代前期和中期的二百多年里，大多数的人们，尤其是清统治者并不简单地认为旗人即满人。尽管19世纪

---

[1] 路康乐写道，旗人整个地被视为满洲人，发生于19世纪末。因为在革命者的眼里，旗人即满人，所以在旗人自己眼里，事情也就变得如此。参见路康乐：《满与汉：晚清和民国前期的族群关系与政治权力（1861—1928）》（Edward J. M. Rhoads, *Manchus and Han: Ethnic Relations and Political Power in Late Qing and Early Republican China*, 1861—1928, Seattle: University of Washington Press, 2000），页18、67至69。十多年来，在西方清史研究领域中，满族形成于清末民初已成为一种十分流行的看法。

之前满洲认同的历史性格不属于路康乐的上述研究所要着重处理的问题，但在将满洲共同体界定为一个"世袭的职业等级集团"（an occupational caste）时，他实际上已经暗示出，"那种出于共同祖先们的血统意识"，乃是"晚期18世纪及19世纪满洲认同的一个重要组成部分"[1]。在这一层面上，路康乐的见解同柯娇燕提出的第三种看法颇为接近。柯氏认为，满洲人由最初的文化共同体，在乾隆朝转变成一个"人种"（race），到清末才最终地转型为一个种族群体。[2] 她的见解已经相当深刻地触及认识满族认同的历史过程之关节所在。唯质诸当日文献，内中仍有许多待发之覆，需要作进一步的讨论。

　　本文主题所关涉的，并不是怎样人为地替满族确定一个诞生年代的问题，而是满洲共同体的历史性格，乃是如何伴随着它的成员为应对政治及社会环境的变化而不断改塑其自我归属意识之特定形态的过程而迭经演变的。就追溯满洲认同的历史变迁而言，满文资

---

[1] 路康乐：《满与汉：晚清和民国前期的族群关系与政治权力（1861—1928）》，页290；并参见桂肯特：《何谓满洲人：综合书评》，（R. Kent Guy, *Who Were the Manchus? A Review Essay*, JAS, 61·1 [2002, 2]）。

[2] 柯娇燕：《对中国近代早期民族性的思考》（Pamela Crossley, *Thinking about Ethnicity in the Early Modrn China, Late Imperial China*, 11·1 [1990, 6]）。她的这一重要观点，更详尽地展开在《失去怙恃的武士：三代满洲人和清帝国的终结》（*Orphan Warriors: Three Manchu Generations and the End of the Qing World*. Princeton: Princeton University Press, 1990），以及《半透明的镜子：清代帝制意识形态中的历史和认同）（*A Translucent Mirror: History and Identity in Qing Imperial Ideology*, Berkeley and Los Angeles: University of California Press, 1999）这两部著作里。又按：谢理·里格尔《满洲认同的不同呼声：1635—1935》（Shelley Rigger: *Voices of Manchu Identity: 1635–1935*）一文中认为，所谓满洲原本是一个政治的范畴，在乾隆时代被"种族化"；清朝统治被推翻后，除了祖先故事外，满洲属性在中国大多数城市里几乎完全被消解；到20世纪50年代，满洲才被重建为一个民族。里格尔认为，皇太极曾将全部汉军都纳入满洲这一指属之下。这应当是她把乾隆朝之前的满洲断为一个"政治范畴"的重要理由。然而正如以下将要提到的，皇太极时代的满洲，实是用来代替诸申的一个指称。当日满洲中虽混杂有许多"诸申化"的汉人，但它本身恰恰是对有别于汉人和蒙古人的特殊文化群体的指称。里格尔谓满洲最初是"忠于"爱新觉罗氏的那个政治实体之全体成员的共名，似属无据。文见斯蒂文·赫瑞主编：《中国民族边疆地区的文化遭遇》（Steven Harrell: *Cultural Encounters on China's Ethnic Frontiers*, Seattle and London: University of Washington Press, 1995）；并参赫瑞撰写的该书导论，特别是页30至31。

料的重要性不言而喻。由于日本学者在这个方面所做的扎实工作，在今日，使用清初满文资料的便利程度与过去相比，已经极大地提高了。

## 一 努尔哈赤兴起前的"诸申"各部

自从15世纪、16世纪之交以往，居于明辽东边外、日后成为"满洲"核心部落的建州三卫，在遭受明与朝鲜李氏王朝联军的重创而经历数十年衰弱之后，又逐渐活跃起来。与此同时，在建州卫内部，随着旧有各支部落贵族势力的"次第凋落"，其统治权转移到一批乘乱崛起的"夷酋"新强人手里。[1]辽东局势的复杂动向，由此也越发受到明和朝鲜两方面的关注。

对已经具有极久远的历史书写传统的明人来说，包括建州、海西等部在内的这个部落群体，无疑属于金元女真人的后裔。基于它本身对其"东北面"界内外诸部落历史记录的连续性以及来自中国的讯息，李氏朝鲜也一向把建州三卫等当作"女真之种"来认识。而明代东蒙古则仍依元时旧例称其东邻为"主儿扯惕"（jürched）；它应即金代女真人的自我称谓"朱里真"（jurchen）的蒙古语复数形式。东蒙古贵族写给皇太极的信，就把对方叫作jürüchid（jürchid）[2]。成书于17世纪60年代的《蒙古源流》，一方面以今律古，指金代女真为"满洲"；另一方面，它又在无意中保留了蒙古人对努尔哈赤所部和叶赫部的旧称："水〔滨〕的三〔万〕主儿扯惕"（usun-u ghurban jürchid）

---

〔1〕 参见河内良弘：《明代女真史の研究》第21章，"建州三卫の消灭と新势力の抬头"。京都：同朋舍，1992年，页716至743。

〔2〕 《土默特鄂尔德尼杜棱洪巴图尔台吉为报察哈尔情形致皇太极的信》，见达力扎布：《蒙古文档案研究——有关东土默特部资料译释》，该文载朱诚如编：《清史论集：庆贺王锺翰教授九十华诞》，北京：紫禁城出版社，2003年，页376。

和"叶赫白主儿扯惕"（yekege chaghan jürchid）。[1]在他们看来，主儿扯惕和满洲差不多是两个可以互相置换的名称。

这样的看法当然不是没有道理的。如果明代的扈伦四部果真来自于呼伦河流域，而建州女真的确出自元代的斡朵怜、胡里改等万户，那么他们中间也就很有可能包含有金代留镇当地的猛安谋克女真的后人。[2]自从葛鲁伯刊布《华夷译语·女真译语》的最佳文本以来，学者们公认，这份资料已足以"证实下述推想，即女真语与满语之间的关系很接近"[3]。不仅如此，对和满语书面语属于不同方言系统的阿勒楚喀语和巴拉语的研究，还提供了书面满语中所没有的那些反映满语和女真语之间具有很近的亲缘关系的证据。[4]从《女真译语》所收"来文"看，至少到16世纪20年代，明政府和辽东女真语诸部之间还多以女真小字书写的文书相互联系。

但是，反映在三方"外部"文献中的金元女真与明女真语社会之间的历史连续性，也很容易导致两种历史误解。一是简单地把明代女真语各部视为金猛安谋克女真的后身，从而完全忽略了下述事

---

[1] 冈田英弘译注：《蒙古源流》，东京：刀水书房，2004年，页317至318。冈田认为，此处以"水"指松花江，"三"指明初保留的元代旧称桃温、胡里改和斡朵怜三万户。满文史料将这一蒙古语的名号改译为"水滨的三万满洲"（mukei ilan tumen manju [i]，而在将它由满文又回译为蒙文时，仍沿用"满洲"一语而未改。见今西春秋日译：《满和蒙和对译〈满洲实录〉》，东京：刀水书房，1992年，页456、页457。

[2] 据《金史》卷五〇，《食货志》"常平仓"，金代驻守上京路及所属蒲与、速频、易懒和胡里改等路的猛安谋克户共有17万6千户有余。元在辽阳行省的"水达达路"境内置桃温、胡里改、斡朵怜、孛苦江和脱斡怜5万户府，似即改编所在地猛安谋克旧户而来。

[3] 葛鲁伯：《女真人的语言与文书》（Wilhelm Grube, *Die Sprache und Schrift der Juden*），Leipzig: Kommissions-Verlag Von O. Harrassowitz, 1896），页7。石田干之助在《女真语研究の新资料》（《桑原博士还历记念东洋史论丛》，京都：弘文堂，1931年）中，将《华夷译语》现存文本分别为三种。甲种本指洪武时刊印的《华夷译语》（实际上只有"蒙古译语"部分），只用汉字写胡语之音。乙种本指永乐始置四夷馆至清初四夷馆所用各种译语，含胡汉对译的"字汇"及"来文"。唯诸本所涉语种则随有关译馆（如鞑靼馆、女直馆、西番馆等）之改废而多有不同，也有缺"来文"部分者。丙种本指明末茅瑞征辑本，只用汉字写胡音，而全缺"来文"。葛鲁伯刊注者为乙种本。

[4] 池上二良：《满洲语方言研究における穆晔骏采集资料について》，载同氏：《满洲语研究》，东京：汲古书院，1999年。

实，即构成"明代女真"的主要成分，实际上应是猛安谋克女真时代那些边缘部落（如兀的改人）的后裔。至于猛安谋克女真的主体本身，则已在元中后叶融合于华北和辽河流域的汉人中间而消失于历史舞台了。[1]由此又产生的第二种误解更与本文主题直接相关，那就是它不言而喻地认为，"明代女真"社会中一定普遍地保留着对金女真的集体记忆，并且以之进行自我历史定位。由于满文创制和满语文献的书写时代比较晚，对满洲先世史的研究，必须主要依赖时间上更靠前的明朝和李朝的历史记录来进行。上述误解也因此被进一步强化了。

如果"女真"或"主儿扯惕"只是来自外部世界的他称，那么其所指涉的这个人们群体又是如何称呼它自己的呢？他们自然以各自专有的部名来区分彼此。与此同时，在超越各自部落认同的层面上，他们也拥有一个用来指称更广泛，但是也更松散的人们共同体的共名。天聪九年（1635）十月十三日皇太极发布的那道著名诏谕说："我国之名原有满洲、哈达、乌拉、叶赫、辉发等，每有无知之人称之为诸申。诸申之谓者，乃席北超墨尔根族人也，与我何干？嗣后凡人皆须称我国原满洲之名，倘仍有以诸申为称者必罪之。"[2]尽管皇太极断言诸申之称出于"无知之人"，但这道诏令本身就证明，诸申在当时被用作诸部共同的自我称谓，本是一项确凿无疑的历史事实。

早期满文史料中的"诸申"（jushen）有两种词意。虽然学者们对该词如何演化出"所属部众""满洲奴才"等派生词义的具体见解不尽相同，但几乎所有的人都同意，它本来是用以指称区别于汉人和蒙

---

〔1〕 "所谓明末的满族并不是指留驻在华北与辽河平原的已经失去原有特点的这一部分女真人，它所指的是远处在东北边境上'却又向前发展'起来的另一部分女真人。"王锺翰：《满族在努尔哈齐时代的社会经济形态》，载《王锺翰学术论著自选集》，北京：中央民族大学出版社，1999年，页28。

〔2〕 关嘉禄、佟永功译：《天聪九年档》，天聪九年（1635）十月庚寅，天津古籍出版社，1987年，页129。

古人的辽东女真语各部的总名。[1]《女真译语》的葛鲁伯刊本中就有这个词汇，汉字音译写作"朱先"，译言"女直"[2]。早期满文史料虽屡经削改，但其中仍保留着不少以诸申为诸部共名的用例。俄文史料把16世纪、17世纪黑龙江中游的诸部泛称为jucher，是即juchen/jushen一语的北通古斯语复数形式。他们中间被清政权强制南迁的部分，以瑚尔喀部著称后世。[3]

只需与外部世界稍有接触，这些自称诸申的人们就很容易获悉，自己被邻人叫作女真或jürchid。但是蕴含在上述他称之中的对金元女真的历史记忆，却不是诸申社会内部的知识体系所自然具有的。前面已提到，"明代女真人"的大部分，来源于一向被金猛安谋克女真所疏离的边缘人群；金女真的光荣与辉煌也许从来没有进入过他们的共同记忆。现代学术研究可以把明代诸申中某些成分的历史渊源追溯到元明女真，或由诸申贵族的"王""金""古论"等姓氏名号而推想其源自完颜金时代的贵显世系。但它们同样不属于当日诸申的自我意识，虽然他们有可能根据代代口传而模糊地知道，某些姓氏标志着该

---

〔1〕 明中叶以后诸申内部的社会分层，导致它的主体人口逐渐转化为少数部落贵族手下的"所属诸申百姓"（harangga jushen irgen）或"所属诸申"（harangga jushen）。"诸申"由专有名词而派生出与"所属诸申百姓"之意相当的另一组新语义，即应当是其主体人口社会身份的转变在语言领域中的反应。皇太极的诏令规定，它从此只能作为普通名词用于表达"某旗贝勒诸申"的意思。他允许保留的，正是该词的派生语义。又，由于主奴关系的观念向贝勒—诸申以及汗—亦儿坚（irgen）关系领域的渗透，"诸申"后来又被解释为"满洲奴仆"（manju aha）。但它的意思不是指满洲人的奴仆，而仍是指满洲人中的普通部众而言。清人把jushen irgen蒙译为ulus irgen（"人烟·百姓"），又把jushen蒙译为albatu（"承担赋役的平民"）。《满洲实录》则把"诸贝勒惠爱jushen，jushen敬事贝勒"一语汉译作"至于王宜爱民，民宜尊王"，是亦以jushen作"民"解。此皆可谓得其要义矣。参见石桥秀雄：《清初のヅュジェン jushen：特に天命期までを中心として》及《ジュシエン小考》两文，俱载同氏：《清代史研究》，东京：绿荫书房，1989年；并参考今西春秋：《满和蒙和对译〈满洲实录〉》，页502。
〔2〕 葛鲁伯：《女真人的语言与文书》，页18；葛氏转写为chū—siēn（页91）。唯该书所录"鞑靼"（指蒙古人）一语，未采纳满语形式的monggo，却作"蒙古鲁"（mongghol）。这应当是一个"蒙古化"的女真语汇。
〔3〕 杨虎嫩：《满洲地区：一部种族的历史》（Juha Janhunen, *Manchuria: An Ethnic History*, Helsinki: Finno-Ugrian Sociaty, 1996年），页102。

宗族的贵显身份。

这里有两点值得加以强调。首先，金元之际，尤其是元末明初辽东局面的严重动荡，引起女真语人群间大规模的移动冲突及其社会状况的巨大变化。女真语社会因此也就在旧形势的全面崩解和新政治秩序的渐次重建之间形成某种"断层"，以致它后来很难再将自己的记忆追溯到此一断层之前。三田村泰助早已指出，一般说来，明代女真自己的族谱上限，多止于元末明初，这正是"满洲的女真社会在这一时期发生断层的结果"[1]。

其次，这种情况的发生，也与元明女真语社会内没有书面文化，因而缺乏书面传承的历史资源密切相关。女真小字仅行用于明政府和女真语各部之间。此外它既不通行于后者与李氏朝鲜的文书往来[2]，也不见使用于诸申社会内部。正因为它只有对明外交书面语的特殊功用，15世纪中叶，辽东不少女真语部落中已"无识女真字者"，所以要求明廷"自后敕文之类，第用达达字"[3]。到明后期，女真小字大概已成一种死文字，包括建州女真在内，诸部借用蒙古文以为书记渐成风气。[4]如果说外部世界是借其对女真历史的连续书面记载，才得以

---

[1] 三田村泰助：《清朝前史の研究》第2章，"明末清初の满洲氏族とその源流"。京都：同朋舍，1965年，页57至106。引语见页73。对缺乏书写传统的部落群体来说，要把由口头传承的集体系谱很具体地追溯到十代以上，也可能存在某种困难。但他们仍可以把有关本群体的重大历史记忆，安排在一个被压缩的或者是不完全连续的世谱系统中。后一种情况指的是，世谱会在若干"不重要"的时段中略去对世代计算或祖先人名的具体交代。在此种意义上，诸申部落的记忆"断层"，似乎还不只显示于其系谱所记录的世代幅度的长短方面，它同时也反映在下述事实中，即元明之间流离动乱的经历，在诸部各自的祖先传说里，几乎一无带暗示性的印迹可寻。
[2] 李朝《太宗实录》卷五，太宗三年（1403）六月，"三府会议女真事。皇帝（按：指明永乐帝）敕谕女真吾都里、兀良哈、兀狄哈等，招抚之，使献贡。女真等本属于我，故三府会议。其敕谕用女真字，不可解。使女真说其意，译之而议"。
[3] 《明英宗实录》卷一一三，英宗正统九年（1444）二月甲午。根据此项记录，当时向明政府提出不能识读女真小字者，有"四十卫"之多。
[4] 天命之初的朝鲜人李民寏记曰："胡中只知蒙书，凡文簿皆以蒙字记之。若通书我国时，则先以蒙字起草，令华人译之以文字。"见《建州闻见录》，载《清初史料丛刊》第九种，辽宁大学历史系，1978年，页43。努尔哈赤在责成部下创制满文时，曾反讥他们说："何汝等以本国言语编字为难，以习它国之言为易耶？"见《满洲实录》卷三，己亥年正月。

跨越前述"断层"去追溯该人们群体的根源性,那么明代诸申却无法依赖自身资源这样做。满语中用以指称金元女真人的名词写作 jioji,完全是汉语"女直"的音写,或者简直可以说就是一个汉语的借词。这表明满洲社会最初是经由汉文化的中介而认识金代女真的。乾隆后期组织人力考定"满洲源流",成书凡二十卷,其所据亦多为汉文著述,当日满洲各部中直接关乎金女真的历史叙事,则一条也见不到。

这样说来,诸申之名,对于被它所涵盖的那个群体自身,究竟意味着什么呢?

努尔哈赤致书东蒙古林丹汗说:"且明与朝鲜异国也,言虽殊而衣冠相类。……尔我异国也,言虽殊,而服发亦相类。"[1] 冠服相类者未必属于同一族类,但它毕竟仍在激发某种同类相恤的感觉。在诸申共同体内,这种感觉自然就更为强烈。比相同的服饰发型更重要的是语言的共同性。据《满洲实录》,叶赫部首领曾向努尔哈赤传话说:"乌拉、哈达、叶赫、辉发、满洲总一国也,岂有五王之理?"所谓"总一国"之语,满文写作"说一种言语底人众"(emu gisungge gurun)。同书又谓,自叶赫灭后,"满洲国自东海至辽边北,自蒙古嫩江至朝鲜鸭绿江,同一语音者俱征服"。其中"同一语音者",满文作"一种满洲言语底人众"(emu manju gisun i gurun)。天命六年(1621)正月,努尔哈赤祭告天地,祝词称"将辉发、乌拉、哈达、叶赫同一语音者,俱为我有"。所谓"同一语音者",满语作"满洲的同一种言语底人众"(manjui emu gisun i gurun)。[2] 或以为上引三处文字里的 gurun,俱当以"部落"或"国"为解;但即便如此,它也是复数形

---

〔1〕 中国第一历史档案馆编:《满文老档》,天命五年(1620)正月十七日,北京:中华书局,1990年,页129。

〔2〕 《满洲实录》卷二,辛卯年;卷六,天命四年(1619)八月二十二、六年正月十二日。见今西春秋译注本页120、456及492。复按《满文老档》,这几处的记载大体相同;唯天命四年八月二十二日条仍称"诸申言语"而未经改易满洲之名。这恰好可以证明,由共同语言而生发的根源性意识,在诸申社会出现的时代确实是比较早的。

式的部落或国的意思，所以仍然是指笼括了女真语诸部、诸国的更广义的人们群体而言。其蒙文对译词作 ulus，在这里也是"人民"的意思。

当然，这种对共同语言、共同冠服的体认，需要以能够感知超出该人们群体自身范围的外部生存环境作为前提。不过，在长达一二百年的时期里身处于被明政府和李氏朝鲜争相控制的局势中，此种知识在诸申社会内的传播自不待起始于努尔哈赤之时。它可能随着对诸申社会内最高统治权之争夺的激化而被利用和放大，但却不完全是那些部落政治家们的"发明"。这应当是某种久已存在于诸申部众之中的极具"草根"性格的共同意识。

在努尔哈赤兴起时，诸申的集体身份意识，甚至已经在某种程度上超出了对语言、冠服等共同文化因素的体认。努尔哈赤曾说"满洲与叶赫均一国也"。把满文文本中的这句话直译过来，是为"叶赫与吾等岂是别样的满洲人众（yehe muse encu manju gurun kai）？"此语的蒙文对译则作："叶赫与吾等二者乃是同一 obuk 的民众（yehege bida hoyar nigen obuktu ulus bülüge）。"[1] 在另一处，《满洲实录》提到某个投明后又归降本国的人，称他为"我国人投明为千总之石天柱"。其中"我国人"之语满文写作 jushen giran i（"诸申 giran 之……"）。今西春秋认为，这里的 giran 不外乎同族的意思，所以他将此语对译为"满洲族的"。其相应的蒙文对译作"满洲 obuk 的"（manju obuktu）。[2] 值得注意的是，蒙语的 oboq 是指一个互相有血缘关系的

---

〔1〕《满洲实录》卷四，乙卯年六月。今西春秋译注本页 261、263。

〔2〕《满洲实录》卷七，天命七年（1622）正月二十三日。今西春秋译注本页 570、571。按：满语 giran 译言"尸体"，见于清代辞书，也见于《满洲实录》。但此处的 giran 显然不是"尸体"的意思。今西据清代文书亦用它来对译汉文的"门第"、"士族"等语，推断它有范围或大或小的"同族"之意。今西猜测，giran 的这种用法也许来源于蒙语 yasun（译言骨头）观念的影响。唯满语骨头作 giranggi。另外，在蒙文对译时，清人选择的是 oboq，而不是 yasun 作为 giran 的对应语词。今西的猜测能否成立，似难确定。但从蒙文对译来看，他对 giran 在此处上下文中的意思之解释，应当是合理的。giran 一词的类似用例亦可见于（转下页）

人群。如果《实录》的蒙译者对满文的理解没有偏差，那么在当日诸申集体身份意识里，可以说已经产生了某种共同族裔的观念，尽管它还相当微弱和模糊。

一直到努尔哈赤的时代为止，与建州女真相比，扈伦四部所受到的蒙古文化的影响可能要大得多。他们曾经与东蒙古结盟以攻击建州部。叶赫部的首领家族还一向保留着来源于蒙古土默特部的祖先传说。也许正因为有这样的背景，出自该家族的古鲁克和杭高等人才会往投蒙古；而在林丹汗溃败，两人率残部复归满洲后，又会受皇太极之命统领土默特蒙古，但是无论如何，叶赫、哈达等部无疑仍属于诸申共同体的一部分。柯娇燕断言："从15世纪晚期以往，乌拉和叶赫成为很大的扈伦部落联盟的组成部分，所有这些人都被建州女真叫作'蒙古人'，并视其为异邦（foreign）。"[1]但她似乎无意列举出最起码的根据来证成自己的这一惊人见解。

从有关清代前史的研究我们早已经知道，明末诸申社会内占支配地位的归属意识，乃是以 gurun，即"部"或"国"来划分的政治认同。在这个层面以下，从"哈拉"中分化出来的血缘集体"穆昆"乃至"乌克孙"，也是诸申百姓确认自己身份归属的一个基本尺度。本文想探讨的，则是诸申百姓对存在于"部"或"国"的层面之上的那个共同体之主观意识的具体形态。他们对这个松散并充满对立与冲突的部落聚合体的集体身份意识，似乎滋生于对其共同语言及冠服等文化形式的感知。与此同时，其认同的内涵也已显现出某种超越上述感

---

（接上页）佚名抄本《（补译）满洲类书》。书谓"另一个虽谎称高丽人，他父母俱在，实为朱申"，其中的"高丽人"一语满文作 soho giran，或可译为"高丽血统"。参见今西春秋译注本页743，注［96］；胡增益：《新满汉人词典》，乌鲁木齐：新疆人民出版社，1994年，页339。

［1］柯娇燕：《半透明的镜子》，页205；又见同氏：《满洲人》（The Manchus, Cambridge, Mass.: Blackwell, 1997），页7。按：柯氏在早先出版的《失去怙恃的武士》一书里曾指出，扈伦诸部受蒙古文化的影响较深。与她后来的看法相比，显然还是这一陈述更为平实真切。见该书页16。

知的迹象。但是无论如何，在这个阶段，在诸申的集体身份意识中，并不存在对金元女真的历史记忆这方面的内容。这一点似乎有助于说明，努尔哈赤时期接续女真历史的最初尝试，为什么基本没有触及诸申内部"族群认同"的层面。

## 二 接续金朝统绪的最初尝试

在皇太极于天聪九年（1635）十月禁用"诸申"一语的本义之前，它一直保留着作为明辽东边外整个女真语共同体的自我称谓的含义。《满文老档》把天命年间的努尔哈赤叫作"诸申人众的英明汗"（jushen gurun i genggiyen han）。[1]老档天聪元年（1627）三月三日的叙事中有"满洲之书一通"，据其祖本《旧满洲档》的相应部分，此处"满洲"原来写作"诸申"。《旧满洲档》中的"诸申"在老档相应叙事中被修正为"满洲"者，远不止此一例证。[2]可见这一称谓在当日之通行。

在诸申的共名之下，每个部落本来又各有其专指名号，如乌拉、哈达、叶赫、辉发等。皇太极的话所传递的一个更加重要的信息似乎是，随着并吞诸部的事业渐臻完成，随着八旗制下汗—贝勒—暗班（官人）—诸申的统治新秩序逐步稳固，原先在诸申社会中居支配地位的部落认同，正在天命、天聪年间迅速地趋于瓦解。哈达、叶赫等著名部落的名称正在逐渐转化为属于历史范畴的概念，或变成仅仅表示地望所在的名词。也就是说，整个女真语的人们共同体

---

〔1〕 陈捷先：《说"满洲"》，载同氏：《满洲丛考》，台北：台湾大学文学院，1964年，页8。按：努尔哈赤于1616年接受群臣所上"天授养育诸国伦英明汗"的满语尊号，或者以此作为努尔哈赤正式建国的标志。前引"英明汗"之称即出此。

〔2〕 神田信夫：《满洲（Manju）国号考》，《山本博士还历记念东洋史论丛》，页155至166，尤其是页159及注文〔9〕。此文又收入同氏的论文集《清朝史论考》，东京：山川出版社，2005年。

如今趋向于在诸申的名义之下发展其集体身份的归属意识。可以说，这一趋势的增强，与努尔哈赤以"爱新"（译言"金"）为国号有相当密切的关系。

历史上的北族政权，有些在建国之初原无另颁国号之举。取得最高支配权的那个部落的名称，往往自然而然地被移用为该政权的国名，由此又进一步演化为包摄被统治的部落社会之全体成员的共名。"蒙古"就曾这样从部落名称变为国号，再变为一个更大的游牧人共同体名称。如果努尔哈赤也照之行事，则他所据以统一辽东边外的直属部落的原名，很可能就会逐渐替代诸申，成为当日与蒙古、尼堪等名称相对待的女真语人们群体的共名。但是"金"的国号似非出于对努尔哈赤旧部名称的沿用。[1]唯欲确认这一点，我们还需要附带追问：被明和李氏朝鲜叫作"建州女真"的部落，在他们自己的社会内又是如何称呼的？

早期的努尔哈赤在写给明和李氏朝鲜的汉文书信里，曾先后自称"女直国建州卫管束夷人之主佟奴儿哈赤"（1596）、"女直国龙虎将军"（1601）、"有我奴儿哈赤收管建州国人"（1605）、"建州等处地方国王佟"（1605）、"建州等处地方夷王佟"（1607）等名号。这些信件出于他身边仅有的几个文化程度不高的汉人之手，其用语不无照应明人习惯之意，且带有一定程度的随意性。与其从中去勉为其难地追寻努尔哈赤早期的"国号"，不如认为该部当时尚不存在正式

---

〔1〕 或谓在颁定国号时，努尔哈赤家族的姓氏"爱新"业已演化为其所统部落的名称，所以"金"的国号确乎来源于此前已经形成的部落之名。见蔡美彪：《大清国建号前的国号、族名与纪年》，《历史研究》1987年第3期。然而，即使不考虑爱新觉罗作为努尔哈赤家族的姓氏究竟始于何时的复杂问题，实际上也不存在任何证据可以表明，爱新曾被作为部名使用过，就像早先的完颜既是金皇室姓氏，又是其所在部落的部名那样。论文所引用的清初汉人奏疏中以金汉对举的事实，似不足以充当"金为族名，历历可见"之证。早期满文资料用以和尼堪对举的，实际上多为诸申一词。清初汉文文献或以"金"兼指女真语的人们群体，应与后来以"清、汉"对举，又以"清语""清文"称满语、满文同理，实乃派生于国名本身，因而与上述推断正相反。

的"国号"[1]。尽管如此，这些名号还是相当准确并一致地反映了努尔哈赤当年相对于明王朝的自我定位。从他以遗甲十三副、兵不满百起家（1583 年）直到最终与明决裂的三十多年间，努尔哈赤多少需要借助于明的政治权威来号令部众，并与其他的诸申部落乃至朝鲜进行交涉。"建州"一名如果不是更早，那么也完全可能在此时进入诸申社会内，被用作对努尔哈赤所部的自称乃至他称。即使如此，"建州女真"似乎仍然应当像其他部落一样，另有一个更初始的本名。

于是我们又想起当日蒙古人对它的原称。如果后者确实是诸如"移阑豆满"（ilan tuman）之类女真语原名的对译词，则它也应当是明初所置"三万卫"之名的来源。然而即使如此；它仍与其他女真部落的本名形式殊不相类。

那么"建州女真"的本名，有没有可能就是"满洲"呢？

"满洲"的名称，至今仍被许多学者认为出于皇太极的臆造。但是近四五十年以来，随着对 20 世纪 30 年代发现的《旧满洲档》之研究日益深入，上述断制似乎已不像过去那样不可动摇了。若将《旧满洲档》与稍后一点的《满文老档》中相关语句进行对照，便不难发现《满文老档》叙事中的"满洲"一语，有许多是由《旧满洲档》原始记载中的"诸申""金""我等"之类语词改写而成的。不仅如此，即使是出现在《旧满洲档》文本内的"满洲"之称，有一部分也被书写于原来字行之外的空余处，或者甚至是刮削原文后另行补写上去的。它们应该都属于天聪九年之后的追改。但是，除上述种种情况外，《旧满洲档》中也确实有不少地方言及"满洲"而看不出有后来追改的痕迹。虽然还需要从它们中间进一步剔除经后来重新誊写或摘要抄

---

〔1〕 黄彰健：《努尔哈赤所建国号考》，《"中研院"史语所集刊》第 37 本第 2 分（1967）。黄文主张，努尔哈赤国号凡四变，即由最初称女直，而改为女真、建州、后金，最后改称金。此五者"系不同时间所定，各有其行用的时间，而后金与金亦有分别"。黄文之误，似在过于迷信汉文记载之"原始可信"。实际情况是，"'后金'一名系由朝鲜传入明朝，并非努尔哈赤自建的国号"。语见蔡美彪前揭文。

录的那些档册（如"荒字档""昃字档"乃至"收字档"等）文本中的可疑例证，"满洲"一词之已见使用于《旧档》原始档册，或许仍应予以认可。[1]《旧档》基本使用无圈点的老满文书写，间或有一些事关对漠南蒙古交涉的段落保留了蒙文而未经移译。它们理应是形成于天聪六年有圈点满文创制之前的书面记录。几年前，原藏于巴黎国立亚洲艺术博物馆的两种早期满文手稿和一种老满文木刻书籍被刊布出来，其中也出现了满洲的称号。[2]看来皇太极于天聪九年宣称满洲一名为"我国原有"，不见得完全是无根之谈。

尽管"满洲"一名的存在极可能早于天聪九年，时至今日，我们仍无法确知努尔哈赤所统旧部的原名究竟是什么。似乎可以肯定的是，无论如何，他并没有沿用其旧日部名，而是另外选择"爱新"作为自己政权的名号。建国号为金的确切年代，今亦不克详悉。但这一定是在他接受"英明汗"满语尊号（1616）之后的两三年间，至晚也在他铸造"天命金国汗之印"的满文印玺（1619）之前。"金国"

---

[1] 神田信夫：《满洲（Manju）国号考》。又按：据目验过旧档原件的专家判断，旧档之书写于明代旧公文纸者，为最初撰写的原件。而书于高丽纸者，为天聪年间修太祖实录时的抄件，已非原档，因此不能排除重录时对原来文本的个别字句进行修改的可能。见黄彰健：《满洲国国号考》，《"中研院"史语所集刊》第 37 本第 2 分（1967）。

[2] 参见塔基亚娜与斯塔利：《满洲历史编撰学和文献学新探：新发现的三种古老的满文资料》（Tatiana A. Pang & Giovanni Stary, *New Light on Manchu Historiography and Literature: The Discovery of Three Documents in Old Manchu Script*, Wiesbaden: Harrassowitz, 1998 年），页 4、47 等处。这三种文献的收藏编号分别为 Guimet 61625 号、Guimet 61624 号以及 Guimet 61626 号。其中第一种共 141 页，每页 7 行，系用老满文书写的手稿，间或亦有后来追加的圈点，含二十六篇说理及历史的故事。第二种共 66 页，每页 9 行，为有圈点满文。这份手稿除包括了前一种文献中的二十四则故事外，还有另外十六则故事。第三种为木刻本老满文文献，共 78 页，每页 7 行，其主要内容颇近于汉文本的《后金檄明万历皇帝文》。据刊布者推定，前两种文献分别写定于 1626 年至 1632 年间和 1632 年至 1635 年间；第三种则写成于 1623 年，很可能是《后金檄明万历皇帝文》的满文译本。在 Guimet 61625 号手稿中，诸申的名称共出现二十余次；另外还两次出现满洲之名，其中有一次指向阿骨打其人，把他叫作"满洲国的名为阿骨打之人"（manju gurun i aguda gebungge niyalma）。上述措辞与今存最早的木刻版老满文书籍 Guimet 61626 号将金代史称为"吾国之史载"异曲同工，亦即都以金王朝为本国祖先。这就使我们更加有理由相信，三种文献的写作时代俱应在皇太极为切断自身与完颜女真之间的历史联系而废除金国号、改称大清之前。有关这一点的讨论，详见下文。

（aisin gurun）是迄今所知由他颁定的第一个，也是唯一的满语正式国号。[1]

他所遵循的，看来是建州女真中的另一种传统做法。朝鲜燕山君二年（1496），建州卫的一个支族金山赤下所部侵寇平安道地方。李氏王朝派一个徙居朝鲜的"归化"女真人童清礼（阿哈出之孙）出使建州卫诘问。建州卫首脑李达罕（李满住之孙）召集当事者面对。据童清礼的报告：

> 达罕语右人等曰："汝等于朝鲜有何世仇而作贼也？尔其历陈于使臣前。"贼人等良久不答。已而山赤下父曰："大金时，火剌温兀狄哈尝作贼于大国。大国误以谓吾祖上所为而致杀。此一仇也。庚辰年，节度使杨汀召致我七寸叔浪甫乙看而杀之。此二仇也。以此山赤下尝含愤，偶因出猎作贼耳。"臣（按指童清礼）语曰："大金之后，累经年代。其时之事已邈矣。其勿更言！"[2]

金山赤下之父所言第一仇，指朝鲜世宗十四年（1432）火剌温兀狄哈入寇朝鲜，李氏王朝误以为系李满住所为，因此在次年遣兵一万五千进攻李满住所部，杀伤其部众甚多。李满住本人身被九伤，其妻则死于此次事件。这番话里的"大金"，所指即李满住。次年，童清礼再度出使建州卫。在说及李满住之事时，李达罕又以"大金"相称。是建州卫在李满住时代即以"大金"为号。此后六十年，李朝成宗二十四年（1493）收到"三卫野人致书"。这封信的文字殊不雅训通顺。但其中出

---

[1]　蔡美彪：《大清国建号前的国号、族名与纪年》。
[2]　《燕山君日记》，二年十一月朔甲辰。见河内良弘：《李满住と大金》，《松村润先生古稀记念清代史论丛》，东京：汲古书院，1994年。

现不止一处"金皇帝"之语。[1]可见这时的三卫大约仍以"金"自号。女真金的历史虽不为诸申自身的知识体系所传承,但少数部落贵族因与外界的接触而对此略知一二并以此自炫,这种情况是完全可能的。他们对"大金"的了解或许至多也不超出耳食之言的范围,但这并不妨害他们将之用作自己的一种政治资源。河内良弘指出,要说努尔哈赤以金为国号是直接继承李满住时代的金国名称,其证据并不存在,不过当时女真人中间对自己是所谓"金王国"后裔的记忆大概还保存着。他的估计很可能是对的。唯尚能记得"金王国"的大多数人,亦恐怕未必知道比它更早的那个12世纪、13世纪的金王朝。即使在最上层的女真语社会中,金王朝充其量也只是一个十分空疏的符号而已。

努尔哈赤之借重于这个符号的主要用意,似乎是想以之来张大己方在与外部三国,尤其是对明和朝鲜交涉中的政治合法性。《满文老档》天命四年(1619)称:"昔者吾等之金大定汗时,有高丽大臣赵位宠者率四十余城弃国而来。"此时距建金国号不出两三年。像这样以"吾等之"(meni)之语冠于金汗之前,在《满文老档》中是一种近乎公式化的言说。如《满文老档》谓:"昔大辽帝欲杀忠顺安分之人,故我金汗兴师征辽。"《满文老档》又谓:"昔汝等之赵徽宗、赵钦宗二皇帝亦为我金汗所掳。"《满文老档》又称:"明帝无故援助边外之人,杀金汗之亲族,我之父、祖。"此语正可与他在讨明檄文中自称"我本大金之裔"的汉文史料互相印证。[2]天命六年五月,努尔哈赤"至鞍山堡。遇自盖州来献金天会汗三年铸钟之人等,此钟字云:'天会汗三年造。'天会汗乃我先祖金国阿骨打之弟,名乌齐迈(按:吴乞买),号天会汗。因献我先祖朝古钟,着升官职,赏其送钟之人"[3]。

---

〔1〕 河内良弘:《李满住と大金》引述。
〔2〕 《满文老档》,天命四年三月、天命六年三月、天命六年三月、天命六年三月至四月。《后金檄明万历皇帝文》,载《清入关前史料选辑》第1辑,北京:中国人民大学出版社,1984年,页295。并参阅页432注〔2〕。
〔3〕 《满文老档》,天命六年五月,页206至207。

以上记载不但彰显出努尔哈赤建国号为金的渊源所自，而且也揭示了他试图接续金王朝统绪的一个最基本的主观动机，是要在 17 世纪前期的东北亚国际关系中，提升自己一方的政治身份与历史品格。这一点是如此明白，以至于总是有学者认为，金的国号是为对明和朝鲜的外交关系而建置的。至于行用于其国内者，则别有名号，或以其为诸申，或以为即是满洲。实际上，即使天命年间确已存在满洲国一名，那也无非是以原先的部名移指金政权的一种习称而已。它不会因为建立新国号的一纸诏令便骤然消失。但它大约也真的是在法定的"爱新"国号的冲击下，从当日的现实生活中日渐淡出。否则便无须再有皇太极天聪九年的恢复满洲名称之举。[1]三田村泰助写道："万历末年收降叶赫而完成女真民族的统一之业以后，便对外称后金国，内称诸申国，满洲国于是消解。……因此，《老档》中虽亦以满洲之名记述自己的活动，而天命建元以后其形姿遂至消失。天命末期满洲国一名之见于《老档》者，则必属以此名称叙说其本国以往历史之场合也。"[2]此种见解在细节上与今天的认识颇有距离，但三田对建号金国反而促成了"诸申"认同之强化的历史感，还是切近当日实情的。

两个国号之说虽然于史无证，唯其窥出金的国号对国内的影响远不如其对外作用之大，又是完全正确的。这里的关键在于，附加在金的国号之中的历史价值，对诸申社会还是一项极其陌生的知识。努尔哈赤本人甚或少数其他上层人物可以在身边汉人的帮助下接触有关辽金等朝的史书，并且热衷于传播这些新知识。[3]但是，它们向诸申社会的渗透尚待时日。换言之，国号金的建立，为在努尔哈赤统治下的

---

〔1〕 满文资料在叙述金国与蒙古诸部的交涉情节中，似乎一直采用"满洲国"的自称，并且将蒙古对金的称呼也写作"满洲国"。但这一点还未能获得其他同时期史料的证实。此一问题尚待进一步的资料发掘和研究，目前只有存疑。

〔2〕 三田村泰助：《清朝前史的研究》附录五，《满珠国成立过程之一考察》。引文见页 473。

〔3〕 如天命三年四月十四日，"是晚帝将先朝金史讲与恩格德尔额附、萨哈连额附"。见《满洲实录》卷四。

诸申和国内的蒙古、尼堪等民众之间培育某种共享的政治认同提供了一个象征。另一方面，在一二十年的短时间内，它还难以真正内化为诸申对自身历史根源性的意识。在这种情况下，女真语人群的集体身份意识，便愈益倾向于以他们更熟悉的诸申之名作为共同标识。

与过去的情形相比，天命、天聪一二十年间的诸申认同已经发生了某些变化。以八旗这种军事—政治组织来消解原先的部落划分，无疑会促进指向诸申的共同归属意识的发育。不过这一进程还没有使诸申认同的内涵发生重大改变。如果努尔哈赤接续金王朝统绪的政治及文化策略没有被中途弃置，那么金代女真人的那段历史，就很可能顺理成章地随时间的推移而最终被诸申群体当作自身历史不可分割的一部分来接纳和珍视。而 17 世纪和 18 世纪的中国所见证的，也许就不再是满洲族的诞生，却真的是那个古老的女真族的复兴了。但是皇太极在天聪末期的政治措置，中断了上述历史可能性的直接实现。

## 三　满洲起源故事的演变

从今天能见到的记载来看，皇太极公开否认本身与金王朝的直接联系，始于天聪五年（1631）。他给明将祖大寿的书信写道："然大明帝非宋帝之裔，我又非先金汗之后"[1]。既然中止了与"先金"的联系，重新说明本朝来源的任务便不能不提上议事日程。在四年以后的《旧满洲档》记录里，我们读到了关于满洲祖先故事的最早版本。这个故事据说出于刚刚被金军降附的瑚尔喀部一个名叫穆克西科者之口。他说：

> 吾之父祖世世代代生活于布库里山（bukūri alin）下布勒霍

---

〔1〕《满文老档》，天聪五年八月至十二月，页 1140。

里湖（bulhori omo）。吾之地方未有档册，古时生活情形全赖世代传说流传至今。彼布勒霍里湖有天女三人——曰恩库伦、哲库伦、佛库伦前来沐浴，时有一鹊衔来朱果一，为三女中最小者佛库伦得之，含于口中吞下，遂有身孕，生布库哩雍顺（bokori yongshon）。其同族即满洲部是也。彼布勒霍里湖周百里，距黑龙江（helongkiyang）一百二十至三十里。生吾等二祖后，由彼布勒霍里湖起行，住于撒哈连江（sahaliyan ula）之名为纳儿浑地方。[1]

这个穆克西科或许是一个真实的历史人物，《满文旧档》所记载的这个故事或许至少是部分地依据了他的叙述。但可以肯定的是，故事里已经含有某些外来的汉文化成分。"黑龙江"之名采取的是明显的汉语音写。"布库哩雍顺"之名中的后一语词，亦很早就由孟森指出，其在《武皇帝实录》中曾被回译作"英雄"，是"雍顺"本系汉语之音写。[2]这一类词语出自一个瑚尔喀"野人"之口，总令人有些怀疑，而其始祖之名的前半部分"布库哩"，也不像纯然是那个讲述者的原话。在《旧满洲档》的文本中，该词的正字法形式与相隔不过数行之前的山名"布库里"本有区别，可知二者虽读音相似，但《满文旧档》的书写者并不认为二者之间存在什么辞源上的联系。三田村泰助以为它即《金史》中"保活里"的另一种音写。其人是金始祖普函之弟，随同其兄一起从高丽西迁。[3]其说当可从。

---

〔1〕《天聪九年档》，天聪九年五月六日，天津：天津古籍出版社，1987年，页55。引文中括注的满文原音，系依神田信夫、松村润和冈田英弘等日译《旧满洲档·天聪九年》册1（东京：东洋文库，1972年）补入，见上揭书页124至125。
〔2〕孟森：《清始祖布库里雍顺之考订》，《中央研究院史语所集刊》第3本第3分（1932）。
〔3〕三田村泰助：《清朝前史的研究》第1章，《清朝的开国传说及其世系》。按：皇太极否认自家为"先金汗之后"，但仍在暗中从金代帝系旁支去追寻自己的根源，或许说明建州女真实在缺乏关于自身历史来源的记忆。

满洲起源的祖先传说最先竟从一个瑚尔喀人的嘴里讲出来，多少让人觉得有些蹊跷。松村润敏锐地注意到，《太宗实录》在天聪八年（1634）十二月，也就是穆克西科讲述那个故事不到半年之前，载有皇太极在出征瑚尔喀之前的这样一段话："较从前所获各处瓦尔喀，此地（按：指东海瑚尔喀）人民语言与我国同。携之而来，可以为我用。攻略时语之曰：尔我本是一国之人。我皇上久欲收服，特未暇耳。尔不知载籍之故，竟至于此。尔等当如此。"[1] 试对照穆克西科所言"吾之地方未有档册""其同族即满洲部"，与太宗上谕中的"尔不知载籍之故""尔我本是一国之人"，前后呼应何其契合乃耳！太宗这番话，十有八九出于事后的补撰。实录书写者不过是用此种"文章作法"，为稍后借瑚尔喀人之口来述说满洲祖先故事张本而已。

发掘出祖先传说之后不久，皇太极就下诏正式废止诸申之名的本来含义，以满洲称呼"我国"。紧接着不到半年，他又于天聪十年（1640）四月改国号金为大清，改元崇德，全面切断了他的政权及其女真语人们共同体与完颜金王朝及金代女真人之间的历史联系。《旧满洲档》的记载表明，天聪十年四月之后，旧金国号仍见使用于送往朝鲜的国书中。但这种现象并没有持续很久。

废止诸申之名的本意与改国号金为大清这两件事之间的内在联系，实际上早已透露在皇太极诏令中的"诸申之谓者，乃席北超墨尔根族人也"一语之中，不过一直未被人发现而已。冈田英弘十年前已揭示出，所谓"超墨尔根"，实为明代蒙古传说中极流行的成吉思汗"九将"（yisün örlüg）之一"主儿赤歹楚墨尔根"（jürchidei chuu mergen），意即名字叫"楚"的女真部人之善射者。有人猜想，这个传说中人或即以元初契丹人耶律楚材为原型，但他也可能完全是由口

---

〔1〕《太宗实录》天聪八年十二月壬辰。按引文末句的意思，是要求部下按其指示的口径宣谕瑚尔喀人。参见松村润：《清朝の开国说话について》，《山本博士还历记念东洋史论丛》。

传文学虚构出来的角色。冈田指出，1593 年，当扈伦四部联军进攻努尔哈赤时，蒙古科尔沁部曾遣兵助阵，其中就有隶属于它的席北（锡伯）部军队。晚至康熙年间，席北部才被从科尔沁蒙古属下撤回而划归满洲八旗。科尔沁部后与努尔哈赤议和联姻。皇太极即位时的五个正后妃里，有三人出于科尔沁部，包括后来的顺治帝之母孝庄皇后，另外两个也是蒙古人。皇太极称锡伯为超墨尔根后裔，应即来自他身边的蒙古人，尤其是科尔沁蒙古的看法。后者将眼前正与他们发生密切关系的通古斯语部落指归为其口传文学中的金元女真人的后裔，本是再自然不过的。[1]凭借冈田的这项重要发现，我们可以十分有把握地说，皇太极之所以禁用诸申之称，是因为他对于正在逐渐为民众所接受的关于诸申与完颜时代女真人之间历史联系的意识心存疑忌。他力图在自己与金元女真人，特别是后来臣属于蒙古的元代女真之间划出一道分明的界限。

可以看得出，天聪后期的皇太极，在如何构建自己国家及其民众的集体形象方面颇费思酌。可惜很少有直接证据能显示他为什么要一改其"汗父"接续金王朝统绪的方针。也许金国的强大与自信使他感到已不再需要借助完颜金来维系自己的政治权威，而无论与明和睦相处或者预备取代明朝统治汉地社会，宋金敌对的历史记忆都只会对未来局面产生负面的心理影响。也许是身兼漠南蒙古诸部的最高统治者之尊，使皇太极觉得再把自身称为亡于蒙古的完颜金后裔已经不合适了。无论如何，因为诸申之名既无缘借政治权威之力而被确立为标示当日女真语共同体之集体身份的法定称谓，后者与女真金之间的历史连续性观念也还不曾完全培育成熟，皇太极通过国家权力改用满洲之称和改国号为大清的决定，还是比较容易付诸实行的。

据《旧满洲档》版本的祖先传说，布库哩雍顺的降生之处，在靠

---

〔1〕 冈田英弘：《清初の满洲文化におけるモンゴル的要素》，《松村润先生古稀记念清代史论丛》。

近黑龙江的布库里山麓之布勒霍里湖边。他后来又迁到撒哈连江边。松村润指出，故事所假托的发生场所本身是一个真实的地方。金梁依《皇舆全览图》所绘之《清内府一统舆地秘图》和《盛京吉林黑龙江等处标注战迹舆图》，就在黑龙江附近标注有语音极相近的一山一湖；在《盛京通志》卷一四的"山川"部分中，它们也被列置于黑龙江将军辖境内的"黑龙江"项下，写作"薄科里山，城（按：指爱珲城）南七十五里"，"薄和力池，城东南六十里"。这里离开瑚尔喀部居地不甚遥远。由此可知，穆克西科所述的确是一个极具地方色彩的民间传说。

但是满洲始祖发祥地的方望，在《太祖武皇帝实录》里却由原先"距黑龙江一百二十至三十里"的具体陈述变成了含混不清的"长白山之东北"。而布库哩雍顺建国的经过现在却变得具体起来。他不再是朝向北面的撒哈连江迁移，而是坐小舟向南顺流而下，到达"长白山东南"鳌莫惠地方的鳌朵里城，并被当地的"三姓"奉为首领。孟森说："日本人考得朝鲜镜城之斡木河，实当《清实录》之俄莫惠，其说最确。"[1]朝鲜史料说，会宁"胡言斡木河，一云吾音会"。是知此处所谓"斡木河"者非以斡木名河，其三字均为"胡言"之写音，所以它又可音译为吾音会。鳌莫惠、斡木河、吾音会为同一地名的不同音写，这里曾经是日后成为明建州左卫始祖的猛哥帖木儿所部，也就是努尔哈赤父祖所在部的据地。[2]最初版本的叙事中完全没有提到

---

〔1〕 孟森：《清始祖布库里雍顺之考订》。
〔2〕 《东国舆地胜览》卷五〇，《会宁都督府》。按：斡木河、鳌莫惠、俄莫惠（鄂谟辉）等均系满语 omohui 的汉字音写。吾音会的朝鲜语读音作 oe-um-hoi；在口语中也可能在 um- 与 -hoi 两音节之间带出一个弱读元音。因此诸种异写，所记实为一同音之地名也。关于斡都里部出入吾音会之地的情形，见池内宏：《鲜初の东北境と女真との关系》，载氏：《满鲜史研究・近世篇》，东京：中央公论美术出版社，1972 年。柯娇燕在讨论满洲起源传说时，虽已注意到这个神话"在接下来的一百多年里将会被反复地发挥和精致化"，但她对故事文本自身的演变仍欠于深究，甚至还把元代的斡朵怜万户也直接搬到了长白山之东。参见《半透明的镜子》，页 196 及以下。

长白山，太祖实录的故事却围绕着长白山展开。而原先说及过的徙往撒哈连江云云，此后则不再被提起。今存《太祖武皇帝实录》究竟是保留了皇太极崇德年间所修《太祖太后实录》中的原有文本，抑或是在顺治十年（1653）与太宗实录同时完成的一个重修文本，诸家对此的看法尚未一致。但至少可以说，最晚到顺治时期，关于布库哩雍顺的故事已经基本定型。

《太祖实录》中的说法还有一点值得注意。它将努尔哈赤的姓氏爱新觉罗也追溯到了布库哩雍顺的头上。穆克西科版本中未提及这一点似非出于疏忽。因为那时的布库哩雍顺同时还是瑚尔喀部的祖先，皇太极当然不愿意与被他征服的人共享这个尊贵的姓氏。而《太祖实录》的文本实际上已经剥夺了瑚尔喀部作为布库哩雍顺后人的身份。所以现在可以放心地把爱新觉罗的姓氏倒追到布库哩雍顺其人了。

自《太祖武皇帝实录》写定之后，有关满洲起源的传说，在某些细节上仍然随着故事传承者历史知识的变更而不断地被加以修正。这主要表现在以下三个方面。

首先，布库里山的地理方位，在康熙重修本《太祖实录》里由"长白山之东北"变为其"山之东"。布库哩雍顺的出生地点相对于长白山的方位，由此完成了近180度的大转向，不仅如此，它现在也更进一步贴近长白山了。我们知道，康熙帝派人探察长白山，接着又遣专使向山神致祭，就发生在此前七八年。上述文本改动，为康熙时开始的将长白山列为"祖宗发祥之地"来予以崇拜的国家仪制，提供了某种更合理的历史解释。[1]

其二，对于从长白山流出的鸭绿、混同、爱滹三江，尤其是对长白山本身的描写，则从写实而走向对其神圣气氛的强调渲染。《太

---

〔1〕 关于从康熙帝起实施的清政府对长白山官方祭祀的讨论，见欧立德：《重新命名"鞑靼地方"：清朝与民国地理学中的"满洲里亚"》（Mark C. Elliott: *The Limits of Tartary: Manchuria in Imperial and National Geographies*, JAS, 59・3〔2000, 8〕）。

祖武皇帝实录》的叙述尚仍较近平实:"此三江中每出珠宝。长白山,山高地寒,风劲不休。夏日,环山之兽俱投憩此山中。此山尽是浮石,乃东北一名山也。"康熙时修订的《太祖高皇帝实录》对这段话略有修剪:"三江多产珠宝。其山风劲气寒。每夏日,环山之兽毕栖息其中。"到了经乾隆时再修订的《太祖高皇帝实录》,不但对长白山增加了"树峻极之雄观,萃扶舆之灵气"的描写,而且还将原先的有关文句改写为:"三江孕奇毓异,所产珠玑珍贝,为世宝重。其山风劲气寒,奇木灵药,应候挺生。每夏日,环山之兽毕栖息其中。"[1]乾隆文本反映出,自康熙朝对长白山崇拜的仪制化起始,清政府"构建"满洲"圣山"的过程到这时候已臻于完成。

其三,在乾隆后期修成的《满洲源流考》里,被称为"本朝始祖定居之地"或"国家始兴之地"的鄂多理城(按:即前引《太祖实录》中的"鳌朵里"),又进一步被移动了位置。《满洲源流考》虽仍沿袭旧有史文称"始祖居长白山东俄莫惠之野鄂多理城",但紧接这句话之后却又写道:"城在兴京东一十五百里,宁古塔城西南三百三十里,勒福善河西岸。"[2]编者明明已把城址搬迁到长白山的西北方向,却照录旧说,不过改易"东南"之语为"东"而已。这样的事发生在考据学已甚为风行之日的一部钦定著作中,简直令人不可置信。但是清廷自建都北京后,"历顺治至康熙朝,关外故老无存",以至康熙说出"长白山系本朝祖宗发祥之地,今乃无确知之人"这样的话,由此可知满人对关外边缘之地实已不甚了了。更重要的是,亦如孟森所说,"建州卫三字为清一代所讳",满人的先世史迹绝不敢被汉人随便置于考据的对象范围之内。这样看来,乾隆朝御用文人"转求"鄂多理城于"长白山西,以兴京为根柢,约略指定,遂谓俄漠惠

---

[1] 三种实录引文,俱见今西春秋:《对校清太祖实录》,东京:国书刊行会,1974年,页1至2。《皇清开国方略》卷首"发祥世纪"对长白山的描写,即以乾隆本《太祖实录》为据。
[2] 《满洲源流考》卷一三《疆域》六;卷八《疆域》一。

在今敦化县境"，也就不难理解了。[1]

从康熙时代开始，对"满洲"共同体的界定方式，还出现了两个十分值得注意的变化。一是布库里雍顺的地位，由原先所称皇始祖而在康熙本的《太祖实录》里一变为含糊其词的"开基之始"，而大清的始祖地位现在被钦定给努尔哈赤的七世祖都督孟特穆。今天看来，努尔哈赤的祖先世系中，似乎只有他的父亲塔克世（塔失）和祖父觉昌安（叫场）两代是实录，叫场之父"都督福满"及福满之父"锡宝失编古"未见于《实录》以外的其他文献，而自编古之兄妥罗、安义谟上溯至明初的都督孟特穆，似是移用建州左卫的正系童猛哥帖木儿及其后人的世谱。唯对康熙而言，自孟特穆以下，皇室世系及权力嬗传的确切性是无可怀疑的，而孟特穆以上则已属于悠远难详的先世时代。布库哩雍顺的历史实在性，与孟特穆及其后的历代祖先们相比，在康熙朝之后的人们眼光里已变得有所区别。[2]

第二个变化更加重要。如果说从努尔哈赤直到康熙时代以前，对诸申—满洲共同体的根源性言说，主要聚焦于爱新觉罗氏的历史渊源，那么在康熙时代，对满洲八旗部众自身的共同历史记忆开始成为界定满洲人的重要内容。这种划时代的意识，充分表现在康熙四十七年（1708）冠序的《御制清文鉴》"满洲"条目的满文释语中：

> 太祖高皇帝姓爱新觉罗，先世由长白山始振福运。长白山高二百里，周围八十里。由其山流出名为鸭绿、混同、爱滹之

---

〔1〕 孟森语见《清始祖布库里雍顺之考订》及氏《清史稿中建州卫考辨》，《中央研究院史语所集刊》第3本第3分。编成于乾隆时期的《满洲实录》里，也有一处令人咋舌的类似疏漏。它将金世宗巡幸的"故都会宁府"也搬到了"白山（按：长白山）之东"。按：鳌莫慧在当日朝鲜的行政地理体系里就称作会宁。在从事专门性的考证时，清人对以下事实尚仍颇为清楚，即"若朝鲜北境之会宁府，则剽袭其名，初〔与金会宁〕不相涉"（《满洲源流考》卷一二）。但是满人在一般观念中还是很容易把金上京混同于朝鲜会宁。这说明活动于图们江流域的那段经历，虽然早已蜕化为一星半点的记忆碎片，似仍顽固地遗留在建州部女真的后人中间。
〔2〕 三田村泰助：《清朝前史的研究》第1章，《清朝的开国传说及其世系》。

三江。〔先祖〕至白山之日出方向鄂谟辉野地之名为鄂多理之城子，平息其乱。以满洲为其国之名。由彼复移住赫图阿拉，今亦为发祥之地。其时，苏克素护爱满……〔等十七处〕地方皆来归投太祖高皇帝，俱从讨兆嘉……〔四十九〕国、部而服之。总凡此等皆称为满洲。

原文在"苏克素护爱满"和"兆嘉"项下，分别枚举十七处地方和四十九个部、国之名称，兹不赘录。[1]这个统计做得极其粗糙。[2]但它具有"御制"的权威性，因此颁发之后，"从龙六十六国，归顺俱名满洲"一度成为当日回答"谁是满洲人"的某种固定言说。[3]乾隆三十三年（1768）冠序的《御制增订清文鉴》所载"满洲"条的释语，仍一字不易地照录这段旧文。

国初"从龙"的共同历史记忆，当然在康熙时代之前早已存在。但只是到了康熙时代，我们才看到对这种共享历史意识的强调和提升，并用它来回答"谁是满洲人"的问题。需要强调的是，统治上层中有少数人对满洲身份界定的严重关切，并不简单地暗示着满洲人共同体本身在自然而然地成熟。真实情况可能恰相反。"何谓满洲人"这个本来似乎是不言而喻、根本无须解释的问题，如今却变得越来越

---

〔1〕 该词条的满日文对译，见石桥秀雄：《清朝入关后のマンヅュ（Manju）满洲呼称をめぐって》，载氏编：《清代中国の诸问题》，东京：山川出版社，1995年。
〔2〕 被列入"来附"部落的，有所谓"安达尔奇爱满"（andarki aiman），可以确知出于《清文鉴》编写者的疏漏。据《满洲实录》卷二，丙戌七月，努尔哈赤为讨伐尼堪外兰，曾趁夜穿越"相邻隔的敌对的部落"，满文将此语写作 andarki dain i aiman。是知此处所谓"安达尔奇"，只是一个用作泛指的形容词，并不是专名。见今西春秋《满和蒙对译〈满洲实录〉》，页738注56。《清文鉴》虽然早于《满洲实录》之写定，但该项资料的来源，则应与实录所据同。另外，六十六国的大小不一，系属于不同分类层次的政治单元。如萨尔浒、嘉木瑚、安图瓜尔佳和马尔敦都是苏克素护爱满的分部，却被列为五国计入。被这个名单遗漏的部落也不少。所以乾隆四十三年敕撰的《满洲源流考》，要对开国时"编甲入户"的东北诸部落重新进行清理统计，见该书卷八，《疆域一·兴京》。对这两个列述来投或被降伏部落的名单进行深入细致的对照研究，应当是很有意义的。
〔3〕 《清事汇书》（1751），转引自石桥秀雄的《清朝入关后的满洲称呼考》。

迫切地需要明确地予以界定了！此种形势的进一步发展，一方面直接推动了乾隆时代将满洲人集体记忆"世谱化"的大规模官方项目；另一方面，为进一步追寻这个"从龙"的人们共同体的历史根源，于是乃有对满洲源流的再探讨。而满洲共同体的集体意识之转型为前现代民族认同的历史过程，至是也就渐臻完成。

## 四 "满洲源流"的再勘定

如果说在努尔哈赤兴起前后，自我冠名为诸申的人们共同体是由金元女真边缘人群后裔所构成的部落集合，那么到了清代前叶，现在叫作"满洲人"的这个共同体，其历史性格已经发生了不小的变化。清前期的人们对于"何谓满洲人"这个问题的回答，也许应该包括以下几项内容。

首先，他们世代都是满洲八旗这一军事—行政组织中间的成员。八旗制对维系满洲人的集体身份无疑具有巨大的作用。不过将他们编入满八旗这件事，并不能被完全看作他们之所以成为满洲人的原因。事情似乎正好相反：正因为他们本是满洲人，所以才会被编入满洲旗份，就像蒙古人和辽东汉人后来相继被编入蒙古八旗和汉军八旗一样。可是在天命和天聪年间的大部分时期，曾有很多辽东汉人被吸纳到诸申、尼堪和蒙古成分相混合的八旗编制中。尽管努尔哈赤确曾在八旗组织内"基于和满洲人同等的尺度来对待辽东尼堪"[1]，诸申与汉人之间的差异始终与早期八旗制所力图推动的旗内汉人"诸申化"的趋向同时并存。到完全征服辽东前后，被收编的汉人军队数量激增，遂导致金政权改变努尔哈赤初期制定的政策，在八旗制内对三种人们

---

[1] 柯娇燕：《半透明的镜子》，页94。

群体予以划分。[1] 这个事实本身也说明，满洲认同虽然需要依托于满八旗的组织支撑，它却不能理解为仅仅就是八旗制的历史产物。

其次，满洲人是具有共同语言、共同发型服饰和共同萨满教信仰的人们群体。这显然是承袭了早些时候诸申认同的历史遗产。

复次，他们是关外，尤其是关内广袤的汉地社会的征服者群体。对征服者身份和非本土生存环境的强烈意识，使得"骑射"和"国语"这两项满文化的特征格外地凸显出来。

最后，满洲人也必须具有归属于此一或彼一特定部落的历史身份。这一点再生动不过地反映在前引"从龙六十六国"的固定言说中。它向我们传达了一个重要的信息，即经过近一个世纪浴血奋战的共享历史和八旗制的整合，满洲人共同体仍多少保留着对旧日部落归属的历史记忆，尽管这种记忆的色彩已经变得相当黯淡了。从此种意义上，直到清初为止的满洲认同，除了最主要地是由文化归属感所构成之外，显然也还含有政治归属的成分，包括满八旗的职业身份认同和残留的部落认同在内。

上述形态的集体归属意识并不完全是统治集团政治操纵的结果。"首崇满洲"一语虽出自顺治帝之口，但至少是在八旗制内划分满、蒙、汉的不同成分以后，它显然从来就是清廷的基本国策。尽管如此，在征服就地域面积和人口数量而言都远超过满洲本部的汉地社会的艰难过程中，为了尽可能充分地发挥汉军所天然具有的种种潜在优势，清代早期的统治者被迫刻意回避满洲身份的特殊性问题，而在公

---

[1] 后来成为八旗汉军之满名的"乌真超哈"，最初是给予大凌河战役之前即已归附的"老汉人"集团的专名；其事在天聪八年（1634）。此后数年内，清政权遂陆续以乌真超哈为母胎而建置并增列汉军旗份。但正式以"汉军"为乌真超哈的汉语对译词，则要晚至顺治十七年（1660）。虽然以"汉军"对译乌真超哈的法定化比一般想象要晚，但在这之前早有"尼堪超哈"一词用指投附金一清政权的汉人军队。而汉军八旗建置之时，原先被配列在混成八旗之中的汉人也多被拨出，归并到汉军旗份。可见早期旗制远未消泯满汉之间的差异，并且后者引起皇太极时代对八旗制内部满汉分判的"最终界定"。参见细谷良夫：《乌真超哈（八旗汉军）的固山（旗）》，载《松村润先生古稀记念清代史论丛》；柯娇燕：《半透明的镜子》，页180。

开的意识形态中张扬八旗内部"满汉之人均属一体"的标志。八旗制内满汉差异的彰显和满洲意识在清代前期的发育，就这样由于入关初满汉关系高度敏感和紧张的状态而受到长期的延滞。大约到18世纪中叶前后，清王朝统治局面的改变，已使它有必要全面调整自己的意识形态。[1] 满洲意识的提升，就是在此种意识形态调整的总背景下被提上议事日程的。不过这样说未免过于笼统。兹举出三项原因，来说明清政府为什么会在这时发起一场推进满洲认同的大规模文化动员。

首先，随着对汉地社会的战争征服和军事占领最终转化为较稳定的合法的政治统治，八旗汉军逐渐失去他们曾拥有过的优势地位。不仅如此，发生在17世纪后期的"三藩之乱"，更严重削弱了满洲统治者对八旗汉军的政治信任。汉军在八旗制内被边缘化，于是导致他们与其他旗人之间的地位差异越变越明显。康熙帝在17世纪80年代批评"汉军习尚之恶，已至于极"[2]，或许正可以看作清廷态度公开转向的一个明显信号。雍正在位时，"汉军习气""汉军油气""混账汉军"已成为他贬斥臣下时的常用语词。[3] 不过这时的汉军还没有被完全等同于汉人。[4] 直到乾隆帝时，终而有"汉军之初，本系汉人"的正式官方界定。[5] 对八旗汉军的新定位，表明强化"首崇满洲"的方针，已开始成为清政府改造八旗结构和调整王朝意识形态的一项重大内容。乾隆朝实施的汉军出旗即以此为背景[6]，18世纪的清廷之着意

---

〔1〕 柯娇燕把清代意识形态的转变划分为从努尔哈赤到皇太极前期、皇太极后期至18世纪中叶、18世纪中叶至19世纪60年代等几个时期，此说颇可参考。见《半透明的镜子》，页28。

〔2〕 康熙二十六年（1687）十月二十六日上谕，《八旗通志》卷首八，《敕谕》二。

〔3〕 参见孙静：《满族形成的再思考——清中期满洲认同意识研究》，第4章第2节，《八旗汉军的边缘化》，复旦大学历史系博士学位论文，2005年，页71。

〔4〕 雍正时有人奏请："满洲、蒙古、汉军并包衣佐领下人等有犯军流罪者，皆应与民人一体治罪。"雍正帝御批："满洲、蒙古、汉军等生理迥别，念其发往汉人地方，较之汉人更苦。是以暂不准行，以观众人之情状。"足证汉军与汉人仍被视作有很大差异的两种人群。见雍正四年十月十六日上谕，《八旗通志》卷首九，《敕谕》三。

〔5〕 柯娇燕：《半透明的镜子》，页90至91。

〔6〕 孙静：《乾隆朝八旗汉军出旗为民述论》，《黑龙江民族丛刊》2005年第2期。

于抬升满洲人的认同意识，同样也以此为背景。

其次，与统治当局的态度转向几乎同步，入关后的八旗满洲却一直在朝着主体意识空洞化的危险方向下滑。这一现实使清廷更为紧迫地感受到强化满洲认同的必要性。入关后的满洲人，被长期置身于汉地社会环境和都市生活不可抗拒的影响之下。不过经历两三代人，他们原先所具有的以骑射、满语、俭朴勤慎和萨满教信仰为主要特征的满洲文化，就已经急剧衰落了。晚年的康熙以及雍正对满洲风气的下堕已多有道及，虽然他们的批评有时还显得相当克制。[1] 由雍正到乾隆，这一类的指责始而变得越来越严厉。由于"满洲旧道"的日益退色，除了满八旗成员的身份之外，对"何谓满洲人"的界定，似乎总是在朝向模糊不清、不可言状的那一极移动。

这种认同危机并不意味着，满人因此就会迅速地循着"汉化"路径融入被他们统治的汉地社会。无论在畿辅或者驻防地的满城里，满洲人对于横亘在他们与汉人之间的那条难以逾越的界限，无疑存在着清楚的意识。但是仅有这种意识，并不能阻止满洲共同体日渐被分化为无数个对他们置身其中的汉人社会怀抱异己心态的小片人群。[2] 与

---

[1] 例如康熙五十九年（1720）正月初五日上谕谓："我满洲风习，较之曩昔有异。"雍正四年六月十三日上谕也使用差不多的温和口气评论说："近来满洲兵丁，稍渐流入汉人之恶习矣。"见《八旗通志》卷首八《敕谕》二；卷首九《敕谕》三。

[2] 在这个问题上，柯娇燕的说法很难令人赞同。她以为到乾隆朝初叶，"长期居留于封闭的集体驻防地内，已经促使满洲人变成一个能清楚地以人种来自我确认的人们群体"。见柯氏：《〈满洲源流考〉与满洲遗产的格式化》（Pamela Crossley, *Manzhou yuanliu kao and the Formalization of the Manchu Heritage*, JAS 46·4 [1987, 11]）。在《半透明的镜子》里，她又说，在进行满洲起源的国家创作过程里，那些基本的指导性观点或原则早在皇太极治下就已经确定了。据此，满洲人应是文化上独特的、系谱上前后承继不辍的东北各人们群体的后裔。他们的语言、社会结构和习俗也都与其东北先辈一脉相承。见前揭书页 299。但对这两个极重要的论断，柯娇燕似乎都没有想到必须加以充分的证明。正如下文中将会述及的，柯氏对"人种"的界定，十分接近于据她坚称是皇太极时已萌生的上述满洲观。这就是说，满洲"人种"构建的基调确定于皇太极时，而完成于乾隆初期。但是既然如此，一再被柯氏提出来讨论的乾隆朝对满洲集体经历的"世谱化"动员和对满洲源流的再勘定，究竟还有什么意义呢？《半透明的镜子》一书对乾隆帝追溯满洲根源性的一系列行动之历史影响评价甚低，或即与其上述看法具有内在的逻辑联系。

19世纪后半叶基本放弃依恃满人立国的情况完全不同，当日清廷既然认定"满洲甲兵系国家根本"，它就必须设法赋予正在流失的满洲意识以某些切实有效的规定性。

最后，清廷关注满洲身份的界定问题，也不完全是受其满洲本位立场所推动的结果。被清朝所统治的人口中，汉人占了绝大多数。由于这个事实，清代的国家组织和制度结构中采纳了大量汉制汉法的成分。但就18世纪的清代领土结构而言，汉人社会的地域在国家版图中不过三分之一而已。清廷并没有将带有强烈汉化色彩的治理汉地的制度体系推向广袤的非汉人地区。在这个意义上，清政权不应看作以某种单一统治体制去覆盖其全部疆域的"汉化"的中央王朝，而是并行地君临于具有多种不同文化和社会结构的人们群体之上的"帝国"。乾隆时编写的《五体清文鉴》，也许是表征此种国家观念最典型的例证。正如《五体清文鉴》所暗示的，满洲于是就必须从满八旗管束下的世袭军户，被还原为具有与藏人、蒙古人或汉人同样性质的一种"人们"。现在的问题是，当汉军被定性为"本系汉人"时，这一身份指属符合自明之理，它至多是一种"发现"，而无须"发明"。但是，满洲的情况就不一样了。[1]我们由此又回到了摆放在清廷之前的那个必须回答的问题：除了隶属于八旗的身份，究竟是什么使得满洲构成一个人们群体呢？

骑射和清文清语无疑是重要的。直到19世纪晚期之前，清政府始终力图维持八旗满洲在这方面的能力。但是早在雍正时代，当局已经察觉到，"我满洲人等因居汉地，不得已与本习日以相远"，此乃无可奈何的趋势使然。[2]八旗体系下的组织控制无疑也是重要的。但是借硬性的规条则例亦殊难收拾人心。由于无法承受过大的制度成本，

---

〔1〕 柯娇燕：《〈满洲源流考〉与满洲遗产的格式化》，《半透明的镜子》，页116。
〔2〕 语见雍正二年（1724）七月二十三日上谕，《世宗宪皇帝上谕八旗》卷二；又载《八旗通志》卷首九《敕谕》三。

入关时确立的某些旧制，到清中叶甚至还有不得不被政府放弃的。[1]很显然，时代提出来的课题已经不是如何修补现成的"满洲属性"[2]，而是需要"发明"新的这样的属性，去支持满洲作为一个人们群体的集体身份意识。只有在这样的历史背景下，我们才可能体察出乾隆重塑满洲历史根源性的一系列文化动员所具有的深层意涵。

上述文化动员，从乾隆敕修《八旗满洲氏族通谱》（1735）开始，时断时续地延展到《八旗通志》修改完成（1786），其时间幅度长达五十多年，几乎与乾隆帝的统治相始终。它先后围绕着两个主题展开。一个是在大规模检阅备存于八旗档子中的佐领根源册及满洲家谱等原有卷宗，以及进一步采集、甄别各种满洲氏族宗谱及相关资料的基础上[3]，以汇编"钦定八旗满洲氏族通谱"的形式，为认定满洲身份确立起一个明确的尺度，并在这一过程中有力地强化和凸显出满人追随清初诸帝争夺天下的共同历史记忆。另一个主题，则是再进一步跨越明代诸申的记忆断层，重新把满洲追溯为金元女真的集体后裔，从而赋予全体满洲成员以源出于共同血统的性格。它标志着满洲

---

〔1〕 有关这方面的一个典型例证，或为乾隆朝被迫废止的驻防八旗军人"归旗"制度。参见孙静：《清代归旗制度行废述论》，《中央民族大学学报》2005年第5期。

〔2〕 据柯娇燕说，满语中的manjurarengge恰可用以对译这个概念，见《〈满洲源流考〉与满洲遗产的格式化》。但清代各种满文辞书，似乎都没有收录此词。

〔3〕 当时的满人是否都有家庭谱系记录，似值得深察。《八旗满洲氏族通谱》的"凡例"中提到，历世不显的满洲家庭亦有"自存宗谱可考"者，而同时也有"本人忘其姓氏祖居及归顺情由，又无凭可考"的情况发生。据庄吉发：《参汉酌金：从家谱的撰修论清代满族文化的变迁与适应》，锡伯人记录家庭人口滋生繁衍的传统形式，是用一根两丈余长的细绳，上系小弓箭模型（表示男孩）、小红布条（表示女孩）、小摇篮模型（表示婆媳妇）等挂件，并在每一代家庭人口之间系以猪羊的背式骨作为分隔记号。这根绳子平时被收卷在小布袋中，挂在房屋西北角"喜利妈妈"的神位上，在旧历新年前取出，悬挂在院子里，直到二月初二日。所谓"喜利妈妈"，即"世代绵延的世系奶奶"。锡伯族的古代家谱形式，应该也反映了满人家庭在采用书面谱系之前记录祖辈相续情由的基本方式。如果它确是一个足够古老的传统，那么清廷在修《八旗满洲氏族通谱》时，一定也利用过这一类资料。另外，由于此种文化动员，也可能使有些原先没有谱系的家庭赶紧将本来一向口耳相传的信息写成文本，或者把上述传统形式的家谱转换为谱系文本。无论如何，清政府的这项措施，对满洲民众的谱系意识本身也是一种促进。前揭论文见《中国大陆少数民族社会文化的变迁与适应学术研讨会论文集》，台北：政治大学民族学系，2004年。

共同体至此终于形成为一个前现代的民族。

为满洲人群划定一个范围界限的尝试，至少在康熙帝后期已经开始了。问题之所以会一再被提出来，就因为自皇太极以来对满洲的外缘界线一直没有明确的说法。天聪末年形成的满洲起源说，实际上只交代了爱新觉罗皇室的起源。即使是在八旗内划分满、蒙、汉三种人群后，满洲八旗中仍然含有不少蒙古牛录和早期投附彼方的辽东汉人。康熙时试图以"从龙六十六国"划定满洲身份。但随着满洲部统一辽东年久天长，再以被满洲征服之前的"国"（gurun）、"部"（aiman）之类各自为政的政治实体来界定民众身份，显然是不合适和不现实的。不过，康熙朝还有另一项意义重大的举措，即根据特定的满洲姓氏和有关谱系资料，将一向被编入汉八旗里、在文化上早已汉化的佟养正、佟养性兄弟改定为满洲出身。乾隆实施的世谱化项目，不过是将上述个案所依据的原则引申为一个普遍推行的政策而已。柯娇燕很早已指出过，对满洲历史意涵的长期思考始于康熙晚期。她的这个见解是很有深度的。[1]

在18世纪的满洲人中间，哈拉和穆昆早已不再作为基本社会组织发生作用了。不过在对各部各国的政治归属意识基本瓦解之后，哈拉和穆昆的身份归属遂成为满人之间相互说明来历，从而在这个人群内部甄别你我的重要依据。入关后，受到汉地社会姓氏制度的影响，满人把哈拉、穆昆当作各自家族标识的倾向有可能进一步加强了。乾隆无意于也根本做不到去恢复哈拉和穆昆所曾经有过的历史功能。他想要做的，无非是把五花八门的哈拉、穆昆的名目捆绑在一起，从而使《八旗满洲氏族通谱》（后简称《通谱》）从整体上转换为区别满洲和其他人们群体的基本尺度。《通谱》共收录满洲族姓六百四十余个，包括不少"希姓"在内。它就如同一个网络，把凡拥有这些姓氏的所有个

---

[1] 柯娇燕：《失去怙恃的武士》，页19。

人都联结在一起。谁是满洲人的问题，因此也就变得比较具体而容易判别了。[1] 过去时代的"国"与"部"，则在《通谱》中一概变成"地方"，诸如"哈达地方"（hada-i ba）、"讷殷地方"（neyen-i ba）之类。曾经与满洲对立的那些独立政治实体，都转化为被统括在满洲社会之内的地域单元。清廷"重构"满洲历史的良苦用心，于此亦可见一斑。

《通谱》是一部记录历代满人名人的名副其实的"Who's Who"。按照该书"凡例"，每支姓氏都详书"始立姓、始归顺之人"。实际上，除去有关记录较详备的大型氏族外，许多氏族对"始立姓"的祖先都已不克追忆，于是在"某氏世居某地"之下，便直书"始归顺之人"或"国初来归"云云。除一姓之中的"始归顺之人"以外，凡国初来归而又有名位可考之人，都被"通行载入"谱中。这里重要的是必须建立勋业、获得名位。因此，虽属国初来归，若本人及其后世子孙"俱无名位者，伊等自有家谱可考，概不登入"。即使在归顺情由无法考求的情况下，"功业显著者仍应载入，并说明于各小传之下"。而每个姓氏所收录的名人小传中，必择"勋业最著者冠于一姓之首"，其余虽有名位却又"无事迹可立传者"，亦得"附载于各姓各地方篇末"。上述通用准则，只对稀见姓氏稍有放宽，即在整个氏族未出现过有名位成员的情况下，"亦载一二人，以存其姓"。

不能说《通谱》不是一部满洲氏族记录集成，但它同时又是紧密地围绕着一个叙事中心来展开的。其中心和重心，便是铸就满洲人群

---

[1] 按：《通谱》凡例，"蒙古、高丽、尼堪、台尼堪、抚顺尼堪等人员从前入于满洲旗分内、历年久远者，注明伊等情由，附于满洲姓氏之后"。也就是说，上述几种人虽然早经编入满八旗，现在仍被从满人中划分出来了。另外，较后来才被编入八旗系统的索伦（鄂温克）、打虎尔（达斡尔）、鄂伦春等"打牲部落"以及席北（锡伯）部的姓氏，虽然都被编入满洲族姓，但因为他们入旗太晚，且往往独立编旗而未与满洲牛录相掺混（席北不属此例），所以大概直到清末仍多维持本族的身份意识，没有真正融入满洲共同体。晚清的满人认为，"东三省新驻京人……皆以满洲呼之，其实非满洲也，各有部落，如锡伯、索伦。……三省各部落人语言大异，有时共打夸谈，非清非蒙，自是彼处之方言也"。这未必能看作世谱化动员的失败，毋宁说是反映了满洲包摄其外部人群的自然时空限制。引文见奕赓：《佳梦轩丛著·侍卫琐言补》。

对建国创业时那段风云际会的历史往事的共同记忆。《通谱》将收录的人物按"国初来归之人"、"天聪时来归之人"以及"来归年份无考之人"等三档编排，同样显示出"从龙"先后的经历在编织满洲集体记忆中间的关键地位。

只须翻阅一下比它晚出的各种满洲宗谱，就很容易发现《八旗满洲氏族通谱》对后世满洲意识的重大影响。《通谱》如同一个备用的资料调拨库，成为各支家族确认自己满洲身份和追溯本姓氏渊源所自的基本资源。哈拉、穆昆原先作为满人家庭表征其家世来历的一种符号，也许本身就具备着转变为凸显整个满洲共同体集体身份的潜在可能性。尽管如此，这种潜在可能性若未经有意识地开发拓展，是不会自动地发生作用的。"发明"不像变戏法，不能无中生有。可是我们也不应该因此就否认发明本身仍然是一个事实，或者否认它的历史意义及价值。

就像一股把成捆稻谷紧紧箍束在一起的绳索，从满洲属性的角度对满洲氏族姓氏和满人"从龙"创业之共同历史的重新诠释，一旦作为意识形态推广开来，便大幅度地拉近了满洲共同体内的人际距离，它对由共同文化特征的衰退、贫富尊卑差异的增大及地域分布上的相互隔离给满人集体身份意识带来的损害，则是一种重要的补偿。不过到这时为止，依然没有理由认为，由世谱化动员所推动的共同体内部关系的重趋紧密，业已改变了清初以来满洲认同的基本性格。

这里涉及的一个要害问题是，如果可以把某个人们群体对于直接导致其当前生存状态的那段历史记忆叫作"活的记忆"，那么要想直接通过改塑活的记忆来改变该群体集体认同的基本性格，实在是非常困难的。为此，还必须把足以预示出后来状况的某些关键线索，倒追到比"活的记忆"更加古老，因而也就更久远渺然的历史时段里去。《满洲源流考》正是在这种情形下应运而生的。

《源流考》根据乾隆的钦定观点，推翻了皇太极在天聪九年严词禁用"诸申"一名本义的诏谕。不过为避免直接指斥先帝，书里采用"本朝旧称所属曰珠申"（按："珠申"即"诸申"异译）的微妙措辞，委婉地恢复了"旧称"的合法性：

> 谨按：金始祖本从新罗来……则金之远脉，出于新罗。所居有白山黑水，南北之境二千里而遥，固与本朝肇兴之地轮广相同。《大金国志》言：金国本名珠里真。与本朝旧称所属曰珠申相近，实即肃慎之转音也。[1]

这段话几乎是在照抄乾隆为敕修《满洲源流考》而颁发的上谕里的有关语句。不过乾隆只提到珠申与肃慎互为转音，《源流考》则断言女真的本名珠里真与珠申同为肃慎转音。关于肃慎与诸申两专名之间的语音勘同以及从珠里真到诸申名称的语音变异问题，至今没有令人满意的解释。但是对《源流考》的作者来说，坚持上述说法，尤其是主张诸申与珠里真乃系同名异译，具有非常重要的意义。称谓的前后沿袭，被他们看作证明相关人们群体之历史延续性的一种最直接证据。如果缺少了女真人这个中间环节，就很难将诸申的历史再追溯到更古老的时代中去，它的历史根源性也就无从谈起了。

因此，清初关于诸申—女真间历史联系的探索，在被皇太极强行中止将近150年后，又在乾隆后期的宫廷里恢复了。在纯粹生物学意义上，金代的猛安谋克女真早就融合于其他人群，故其后裔已不复得以辨识。被汉语文献称为女真的元明时代辽东诸部，只是在文化的意义上才大体可以认为是金代女真人的后继者。但对当日的人们来说，这个界限是模糊不清的。因此，文化层面上的求证结果，

---

[1]《满洲源流考》卷七《部族七·完颜》。

往往就可以自然而然地转化为对血统关系的确认。《源流考》述及元代建置于水达达路的胡里改、斡朵怜等万户府时，只是从地望角度确认"鄂多里即本朝始祖定居之地"，而完全不需要再追究这两个万户的所属部众与后来的扈伦、建州部女真是否属于世居此地的同一人群问题。[1] 它证论满洲即女真后裔，主要是从"地形之方位"和"旧俗之流传"等方面来展开的，后者包括姓氏的相合、骑射的精娴、语言之不殊等等。[2]

不仅如此，上述方法同样也被用来追溯自金女真以上、直到肃慎为止的东北各部落之间的历史连续性。在本书编者看来，从肃慎开始，东北部众的文化演变，先后经历过三次繁荣。第一次繁荣与渤海的兴亡相始终。书中写道：

> 谨按：肃慎之世，仿佛结绳。夫余礼教渐兴，会同俎豆之仪，同于三代。百济、新罗，文彩蔚焉，与隋唐使命往来，兼擅词章之美。自渤海兴，而文物声名，臻于至盛。经契丹兵燹，名都大族，转徙他州，而淳朴之风，遂钟于完颜部。人无外慕，

---

[1]《满洲源流考》卷一三《疆域六·海兰府硕达勒达等路》。按：元代的"水达达"一词本系蒙语"水百姓"（usu irgen）的汉语对译。清人按满语读作"硕达勒达"，遂将其意误译为"隐避处也"。又按：皇太极从远在黑龙江流域的瑚尔喀部去寻满洲起源的传说，这表明他对自己部落之出自彼方也许还有某种依稀朦胧的感觉，乾隆时的满人似乎已经连这点感觉也没有了。

[2] 满人强调金、清俱兴起于白山黑水之间，已见前引。这成为后来各种满洲家谱追溯始居之地时的标准说法。又《源流考》云：《金史》所载姓氏，均与满洲姓氏相合。"不过它据《八旗满洲氏族通谱》"改正"旧史之文，有很多是非常不可靠的，如将"夹谷"、"古里甲"两个女真姓氏都改为满洲姓氏"瓜尔佳"，改"蒲鲜"作"布希"，改"和速嘉"作"哈萨喇"等。书又谓："至于用兵若神，人自为战，如《金史》所称兄弟子侄，才皆良将；部落保伍，技皆锐兵；征发调遣，事同一家者，尤与国朝俗尚相近。"而满人"便于骑射，视《金史》所载，尤为过之。"至于语言，书谓"金朝语言，本与满洲相同，尤可考据，且有与我朝制度合者"。所以金代女真语被本书称为"旧国语"。引文见《满洲源流考》卷七《部族七·附金姓氏考》；卷一六《国俗一·冠服》；卷一八《国俗三·金史旧国语解考》。

道不拾遗，依然肃慎之旧矣。[1]

从上述返璞归真的新起点，金代女真又重新走向全盛：

自始祖八世十代，遂至太祖。应运造邦，灭辽臣宋。迹其初起，众未满千。洵由山川钟毓，骑射精娴，故能所向无前，光启方夏也。[2]

至于第三次繁荣，当然是在满洲人手里实现的。

通过一部"以国朝为纲，而详述列朝，以溯末始"的文化史[3]，《满洲源流考》将辽东历史上此起彼伏的许多部落，整合成为一个世代延续、绵延不断的庞大人们群体。它具有一脉相承的独特文化传统，其独特性足以将它与同时代的其他所有大规模人们群体清楚地区别开来，而满洲就是它唯一的集体后裔。正是以这样的方式，《源流考》向全体满洲人揭示出其共同的历史根源性之所在，从而赋予该共同体以一种"共同血统"的意识。当满洲认同被提升到对"共同血统"的感受时，满洲共同体演变为一个前现代民族的过程也就可以算是完成了。[4]

要将自己的祖先追溯到金代女真，就会面临一个不可避免的问题：爱新觉罗家族在那个时代的先人与金王朝的统治家族完颜氏究竟是什么关系？乾隆知道，奉敕秉笔的大臣们在这个问题上当然不敢随

〔1〕《满洲源流考》卷一七《国俗二·政教》。
〔2〕《满州源流考》卷七《部族七·完颜》。
〔3〕《满洲源流考》提要，载于"目录"后。
〔4〕有些学者以为，满人中间的共同血统观念，在此前已经产生了。柯娇燕把满洲起源传说解释为所有的满洲人都认为自己是布库哩雍顺的后裔。见《半透明的镜子》，页196至198。但这只能是她自己的想象。欧立德也说，清统治家族起源神话中的始祖，也是每一个普通满洲人追溯其血统所自的祖先。见氏《重新命名"靼靼地方"》。他引用的《上谕八旗》卷六所谓"且满洲人等，俱系太祖、太宗、世祖、圣祖皇考之所遗留"之语，亦不足为其说之证。关于共同血统观念的讨论，详见下文。

便置喙，只能"以御制为据"。所以他自己回答说：

> 我朝得姓曰爱新觉罗氏，国语谓金曰爱新，可为金源同脉
> 之证。盖我朝在大金时未尝非完颜氏之服属，犹之完颜氏在今
> 日皆为我朝之臣仆。普天率土，统于一尊，理固如斯也。

他补充说，汉唐宋明迭相替代，都是以臣为君。所以对满洲曾附
属于完颜氏一事，亦不必有所讳言。[1] 完颜氏作为满洲氏族一姓，在
此前已修成的《八旗满洲氏族通谱》里原列于第二十八卷。其与满洲
的关系既经厘清，乾隆五十一年（1786）修订版《八旗通志》中新增
的"氏族志"对完颜氏的处理，遂"仿《通鉴辑览》明祚既移、犹存
宏光年号之例，仍编于八旗满洲氏族之首"[2]。

如果爱新觉罗所部在金代已经存在，当然就只好把它的起源更进
一步推到金代以前。所以前述《氏族志》又明确交代说："我朝肇建
丕基，始于长白，实金源之旧地。而帝系所出，则氏族各别。受天眷
命，预发其祥，实在金源以前。"[3] 产生于不同历史时期的各种不同说
法，到这时为止，总算是被大体稳当地嵌合在同一个言说体系之中
了。满洲关于自身根源性的长期思考，至是终而告一段落。

## 五 结语：民族意识与前现代民族的形成

在 20 世纪中叶及其之前，人们曾经认为，所谓民族是自古以
来一向存在，而且无处不有的一种自然的人类聚合单元。作为"既
有"的存在，它就像性别、宗教、语言，甚至人类本身同样"自然"。

---

[1] 乾隆四十二年（1777）八月十九日上谕，载《满洲源流考》卷首。
[2]《八旗通志》卷五五《氏族志二·完颜氏》。
[3]《八旗通志》卷五四《氏族志一·国姓原始》。

这种似乎不言自明的共识，在学术领域里典型地表现为"原基论"（primordialism）的倾向。它主张民族是基于语言、宗教、"人种"[1]、亲缘性、习俗、生活地域等"原基"联系而形成的自然单元和人类经验的整合要素。因此，现代称为"民族"和"民族主义"的政治实体及其意识观念反应，在现代之前早就以一种自然状态始终存在着，尽管当时的人们不这样指称它们，也尽管与其历史前身相比，现代民族和民族主义的规模与有效性都获得了前所未有的提升。[2]

那么，究竟是什么原因，会使得上述种种人间联系拥有可以超越利害掂量与理性算计的巨大情感力，从而能够把一个庞大的人们群体凝聚在一起呢？原基论者已经意识到，并不是那些联系自身，而是人的观念、认知和信念，将这样的力量和意义，作为"原基性归属感"（primordial attachments）附加于它们之上。按照这样的逻辑，"研究种族性和民族主义的历史学家和社会科学家们的主要分析对象"，就应当是这些主观的"原基归属感"，而不能局限于那一系列原基联系本身的范围之内。[3]

但是，原基论者偏偏在这个最紧要的问题上显得有点漫不经心。他们把原基归属感视为内在于人类本性的一种自发或本然的"存在"，说到它就算是追到了根源处。所以，"原基论者倾向于把认定各种'原基性的'归属感，当作其分析工作已大功告成和理所当然的终点。关于这些归属感或认同意识，此外再没有什么别的可说了"。在他们当中很多人看来，原基性归属感本身是"不可言状"的（ineffable），

[1] "人种"在这里是指按肤色、脸型、毛发形状等等特征来划分的体貌类型。这样的划分，与其说是反映了某种"生物学"的现实，不如说它是出于人们的文化"构建"。但关键不在于这种观念是否科学，而在于人们是否相信它是真实的。
[2] 史密斯：《民族的种族起源》（Anthony D. Smith, *The Ethnic Origins of Nations*, Oxford: Basil Blackwell, 1986），页 11 至 12。
[3] 史密斯：《历史上的民族》（Anthony D. Smith, *The Nation in History: Historiographicat Dabates about Ethnicity and Nationalism*, Hanover: University Press of New England, 2000），页 12。

因而对社会学家来说，它也是不可分析的。[1]由是，原基论者的关注点离开了民族情感与态度在社会互动和政治变化中的特定呈现形式及其发育和变迁的具体过程，"而转向宗教、习俗、语言、历史记忆之类统一和区分人类群体的各种更少变化的文化层面"[2]。从这个意义上说，原基论最终已十分靠近从四种或五种共同文化特征导出或规定民族定义的理论取向。

正因为过分强调原基归属感自发生成的准本然性、既有的原基联系对它们的先天决定性，以及它们的固定或停滞性，原基论者便极大地忽略了对民族归属的主观意识之形成过程本身的必要探讨。这不但使他们极容易将某种实际上经过了很长历史变迁才形成的结果，非历史地倒追到该过程的开端阶段去，而且也导致他们对人的观念意识在反映原基联系的社会存在时所具有的主观能动性缺乏适当的认识与评价。因为人的意识活动并不仅仅是被动地反映既有的种种原基联系，而且还往往通过对它们的选择、放大、重组和重新解释去"改塑"它们的现实形态。

原基论的上述弱点，使它无法充分地解释现当代世界民族地图迅速而激烈的变化。因此，到20世纪的下半叶，才会形成关于民族和民族主义的各种现代论学说。这类学说，深刻地影响到西方中国学关于现当代中国民族的研究，使该领域在过去的十多年里呈现出一番令人倍感新鲜的面貌。虽然西方学术界远没有触及中国现有的全部民族，但这一幅"民族地图正在被填满"[3]。这些作品已经相当充分地揭

---

〔1〕 爱勒尔和柯葛兰：《原基论的贫乏：消除种族归属意识中的神秘化因素》(Jack Eller & Reed Coughlan, The Poverty of Primordialism: The Demystication of Ethnic Attachments, Ethnic and Racial Studies 16・2〔1993〕)。

〔2〕 史密斯：《民族的种族起源》，页210。

〔3〕 苏珊・布勒姆：《边缘与中心：中国少数民族研究的十年述评》(Susan Blum, Margins and Centers: A decade of Publishing on China's Ethnic Minorities, JAS 64・4〔2002〕)。作者说，目前还剩下的最显著的"空白"，倒是在当代学术背景下对"汉族"形成问题的"充分成熟"的讨论。这个说法十分值得引起注意。

示出，现代化国家对民族认同的主观意识的构建，在民族形成过程中具有何等紧要的作用。[1]

民族现代论最值得注意的贡献，在于它相当敏锐地觉察出，民族具有被人为地从主观上加以构建的属性。但是另一方面，虽然现代论者在探讨现代过程如何激发出民族认同意识时所强调的侧面各有不同，他们都一致把民族和民族主义思潮看作现代性和现代文明的产物，认为它们几乎没有任何前现代的根源。这就导致另外一些学者试图与原基论与现代论"这两种都显得太过绝对的相反主张同时保持距离"。因为他们既不能同意民族的原基性归属感具有天然性、普遍性，并只能被动地反映既已存在的原基联系，而现代民族和民族主义不过是前现代已成立的那些原基联系及其意识的扩充或最新版本，也不赞成现代民族和民族主义与前现代社会中的相应历史单元和历史情感之间存在着完全的断裂。[2]

遵循这样的思路，史密斯为辨识前现代的民族提出了六个主要尺度，即专门的名称、共同祖先的神话、共享的历史记忆、某些共同文

---

[1] 在 20 世纪 50 年代的民族识别实践中，中国的理论和实际工作者发现，民族划分必须考虑"民族意愿"的因素。这或许反映了他们试图对五个"共同"的界定方式进行调整的最早意识。到 20 世纪 80 年代，中国学术界似曾有意于把民族认同的主观意识纳入"表现于共同文化上的共同心理素质"这一传统的概念框架里去。而民族集团具有人为构建的性质的想法，也已被老一辈民族社会学家费孝通表达出来。他在为《盘村瑶族》一书所写的序言里，用生动显浅的语言指出，过去一向使用的"民族支系"一词不太准确。因为许多这样的民族集团与其说出于同根异枝，不如说更像是一个异源同流的水系。见胡起望、范宏贵：《盘村瑶族》，北京：民族出版社，1983 年，"序言"，页 4。

[2] 史密斯：《民族的种族起源》，页 13。按：史氏在此处阐述的着眼点，是前现代民族与现代民族之间的历史联系性问题。在为牛津读本《种族性》所写的"导言"里，他把研究种族性的切入途径分为原基论和工具论两种对立类型。他指出，事实上很少有学者会完全赞同两者中的任何一方。在力图对二者加以综合的"系统尝试"中，他枚举出以下三种主要方法，即巴特（F.Barth）的"相互关系论"（transactionalist）、霍洛维兹（D. Horowitz）的"社会心理学"方法，以及阿姆斯特朗（J. Armstrong）和他本人的"种族—符号"论（ethnosymbolists）。见胡特钦森（J. Hutchinson）与史密斯主编：《种族性》（J. Hutchinson & A. D. Smith, Ethnicity, Oxford: Oxford University Press, 1996），页 7 至 10。在后一种分类里，现代论关于种族集团是现代性的间接产物（把种族意识当作民族国家中的边缘人群对面向本国大多数公民的民族主义动员的回应）的立场，或许是被划分到巴特关于相互关系分析的方法论中去了。

---

化因素、与某个"故土"的联系、至少存在于其精英成员之中的某种一体同心的意识。[1] 史密斯把前现代民族称作"种族"（ethnic），他指出，现代民族未必都有其"种族"的历史前身，但确实有不少现代民族是以一个强大的、内在一致的种族作为其核心建立起来的。那些缺少此种核心的现代民族如果要继续存在下去，也必须"重新发明"它。"这意味着去发现一个可能重新构建的适用而有说服力的过去，以便将它重现在其成员以及局外人之前"[2]。

既然如此，我们又应该如何区别种族与现代民族呢？史密斯回答说："虽然种族与现代民族都有共同专名、神话和共同记忆等因素，二者的重心所在却不相同：种族在很大程度上由他们的共同祖先神话和历史记忆来界定，现代民族则由其所据有的历史领土及其大众的公共文化和共同法律来界定。一个民族必须占有它自己的故土，一个种族却不必定如此"[3]。

乍看起来，史密斯的种族六尺度与著名的原基论代表吉尔兹概括的六种原基性联系，亦即假想的血缘联系、人种、语言、活动地区、宗教和习俗[4]，颇相接近。史密斯以及阿姆斯特朗曾被其他学者认为是持原基论立场的"两个最为显著的典型人物"[5]，也许与此不无关系。但是小心比较两种论述便不难发现，史密斯的考察重心，定位于群体内的共同归属感这种主观意识的生成发育，而原基论者恰恰是把关注焦点从前者转移到了那些"原基"联系本身，实际上很少甚至完

〔1〕《民族的种族起源》，页 22 至 30。
〔2〕《民族的种族起源》，页 212。
〔3〕史密斯：《历史上的民族》，页 65。
〔4〕古尔兹：《整合的革命》，载同氏主编：《旧的社会和新的国家》（Clifford Geertz, *The Integrative Revolution,* in C. Geertz edit., *Old Societies and New States*, New York: Free Press, 1963），页 108 至 113。转引自《种族性》，页 43 至 45。
〔5〕伯利瓦尔：《对民族主义各种见解的小结》，载同氏主编：《民族主义的见解》（Sukumar Periwal, *Conclusion of Notions of Nationalism,* in S. Periwal edit., *Notions of Nationalism*, Budapest: Central European University Press, 1995），页 232。

全放弃了对"原基归属感"的讨论。

因此，问题的关键在于，人类学和民族社会学对现代民族或种族集团的提问，即群体"自我指属"（self-ascription）的主观意识对该民族或种族集团的形成究竟起了何等作用的问题，也应当被引入历史学领域，并且用历史学的方法来予以解答。当然，由于资料的限制，对历史上很多人们群体的认同意识，今天已经无法加以详细研究。不过现在的情况是，对不少史料条件相当好的个案，也一直由于缺少问题意识而没有受到我们的注意。除了本文所讨论的满族，回族、藏族、蒙古族，自然也包括汉族的形成过程，都属于这一类最宜首先着手的课题。[1]

史密斯指出，在构成前现代民族之社会文化的或符号的六种尺度中，关于共同血统的神话"对种族性是绝对不可缺少的，它是深埋于其成员的种族联系意识与情感之下的那一组意义复合的关键因素"。这里所谓的共同血统，当然不是就其真实的性质而言，而是指一种由主观推定的对共同起源的意识。在前现代，人们对生物学意义或文化意义上的承继联系之间的区别是很模糊，也很不重视的。因此，尽管群体的共同标志主要是文化的，社会却总是从生物血统的角度去认识它。共同血统的神话于是也就为解释群体成员间的相同性或共同归属关系提供了某种总体式的回答：为什么我们如此相像？为什么我们属于同一共同体？就因为我们在某个特定的时间来自同一个地方，并且是与我们十分相像的祖先的后裔，因此我们必然属于同一整体，具有相同的感觉和趣味。[2]

这样看来，对共同血统的意识，在很大程度上或许可以认为是对

---

[1] 在西方接受人类学训练的有些蒙古族学者认为，蒙古人晚至20世纪初叶才形成为一个民族。蒙古人共同演变为一个前现代民族的过程，似乎并没有在元时期完成，但要说这个过程直到清末也不曾结束，则恐怕很难使人信服。见阿尔玛兹（Almaz Khan）:《成吉思汗：从帝国祖先到民族英雄》（Almaz Khan, *Chinggis Khan: From Imperial Ancestor to Ethnic Hero*），载《中国边疆民族地区的文化遭遇》。

[2] 史密斯:《民族的种族起源》，页 24、58。伯赫:《人种意识是否有意义？》,《民族与民族主义》（Pierre van den Berghe, *Does Race Matter? Nations and Nationalism* 1·3〔1995〕)。

群体内的其他多种共同经验及情感的综合反应，甚至也可以说是某种提升。正是由于这种意识的综合或提升，才使前现代民族得以从它原有的那种共同体形态中蜕化出来。当史密斯把是否存在共同神话和记忆作为前现代民族以及亨德尔曼所谓的"类族体"这两者之间的主要区别时，他表达的正是这样的意思。[1]

我们知道，"对其共同血统的主观信念"曾经是马科斯·韦伯界定种族群体的最关键依据。可是近几十年来，西方"社会学在很大程度上，尤其是在大学教学中，事实上放弃了韦伯的定义，而趋向于把种族性等同于共有文化"。但是新定义下的"种族性"所带来的混乱也遭到了不少学者的批评。[2]康诺尔指出，如果按照"美国社会学家们"的上述新定义，"种族集团"就会变成"少数人群体"的同义词。其结果，不同形式的认同之间的重要区别，也就可能完全混淆了。[3]单纯从理论上赋予一个既定概念以更宽泛的含义，并不能改变从经验研究中产生的实际结论。人们自然可以把"种族集团"当作"少数人群体"的等义词来使用。但如果这样的话，他们还需要再发明一个别的什么语词，以便用来指称其中那一类具有共同血统意识的少数人群体。所以，也有很大一部分人类学和社会学家宁愿继续在更接近于韦伯立场的意义上使用这个术语。

在前现代民族中，存在着两种表达共同血统的基本方式。一种是

---

[1]《种族性》，页5至7。按：亨德尔曼（Don Handelman）将人类文化共同体划分为四个层次，即类族体（ethnic category）、种族网络（ethnic network）、种族联合体（ethnic association）以及种族共同体（ethnic community）。史密斯以为，上述第二、第三个层次实际上与他本人界定的"种族"（即前现代民族）相当，第四层次亦即一般认为的现代民族。而所谓"类族体"，则是指"某种最疏松的协作关系，其中只存在对本集团与局外人之间文化差异的感知以及由此产生的边界意识"。"类族体"也许可以被大致理解为一种潜在的前现代民族。

[2] 康奈尔与哈特曼：《种族性和人种：在变化的世界中确立认同》（Stephen Cornell & Douglas Hartmann, *Ethnicity and Race: Making Identities in a Changing World*, Thousand Oaks, California: Pine Forge Press, 1998），页16至18。

[3] 康诺尔：《民族·国家·种族集团及其他》，《种族与人种研究》（Walker Cornnor, *A Nation Is a Nation, Is a State, Is an Ethnic Group, Is a.... Ethnic and Racial Studies* 1·4［1978］）。

将其全部成员都追溯为很久以前某个共同祖先的后裔。哈萨克人的起源传说是这种表达方式最典型的例证，还有一种方式则不像这样直截了当。它把自身追溯为历史上某个拥有独特文化，因此足以与其同时代的其他人群相区别的人们群体的集体后裔。这种表达方式也可能不完全具备"神话"的形态。因此，对史密斯的相关阐述或许应当稍有调整。充分把握以这种方式来表达的共同血统意识，对于我们认识前现代民族认同的历史形态是很重要的。[1]

我们所以要用最后一部分的篇幅对共同血统观念、民族意识、前现代民族和现代民族等概念以及它们之间的相互关系进行简单的清理，是因为对于满洲认同之历史变迁的分析，必须有一个解释框架来支撑。从皇太极下诏改称"满洲"之日，满洲共同体就开始存在了。但是这个共同体的性质经历了不止一次的重大变化。如同本文已经详细地讨论过的，只有在乾隆时代奠定满洲人的共同血统的观念时，满洲认同才被赋予前现代民族认同的性质。它同时标志着"满洲"真正从一个文化—军事的共同体演变为一个前现代的民族。此后经过大约一个半世纪，在反清革命与现代民族主义思潮的冲击下，这个前现代民族才开始转型为现代民族或者种族集团。由于当日社会流行的"旗人即满人"的支配性认识，汉军八旗也在这个过程中被覆盖到"满洲"的民族范围内。20世纪50年代划分民族时，原八旗汉军成员的民族成分也可以划定为满族，其

---

[1] 柯娇燕在讨论《满洲源流考》的前引论文里写道，由于"民族"这个专名更适合于在19世纪及20世纪的背景中使用，所以她倾向于选择"人种"一词，来描述18世纪的清人对血统和认同的观念。她说，因为在其更为古老的意义上，人种就是指具有共同起源基点的一个人们群体，这个起源点可能是历史时代的某个特定人物，或者前历史时代的原始祖先原型，无论是个体或者是一个人群。很明显，柯娇燕所说的"人种"，实际上就是史密斯意义上的种族。也有学者认为，此外还存在着一种表达共同血统意识的更为宽泛的形式："出自同一故土的后代，经常被宽泛地理解为隐含着出自共同祖先的意涵。例如来到美国的所有的古巴人，实际上并不认为自己出于同一祖先，但确实都宣称他们属于同一故土的后代，其中就隐然包含着互有亲缘性的意思。"见康奈尔与哈特曼：《种族性与人种：在变化的世界中确立认同》，页19。但是，在这个例子中，古巴移民后裔的共同血统意识更可能是派生于古巴作为一个"民族"的存在。能否直接从故土情感中导出共同血统意识，似乎仍然是一个需要进一步研究的问题。

历史根源即在这里。不过，满洲如何转型为一个现代民族的问题，已经超出本文考察的范围，需要另外撰文来加以分析。

本文属于"复旦大学历史地理研究国家哲学社会科学创新基地06FCZD003项目"成果的一部分。原载《社会科学》2006年第7期；第二作者为孙静。

## [补记]

本文的写成，在很大程度上得益于我能够极方便地检阅日本学者研究《旧满洲档》和《满洲实录》的精湛成果，以及他们讨论早期满洲史的诸多著述。所以，我要衷心感谢日本庆应大学，使我有机会于2005年在那里作了一年访问学者。附书于此，以志不忘。

另外，文中对《满洲实录》里的一句话（yehe muse encu manju gurun kai，见本书页426）所做的汉译有误，应当改译为"叶赫、吾等并是别样的满洲人众"。其本意是说，叶赫与建州部同属与明朝不一样的满洲人群。清人汉译作"满洲与叶赫均一国也"，甚得其意。顺便说，这句话在最原始的"旧满洲档"里写作 yehe muse oci encu gisun-ijušen gurun kai，并被基本照抄在《满文老档》里。"老档"汉译本写作："叶赫与我皆乃另一语言之诸申国也。""实录"所言，系本于此语。参见《旧满洲档》第1册，台北故宫博物院，1969年，页101；中国第一历史档案馆、中国社会科学院历史研究所译注：《满文老档》，北京：中华书局，1990年，上册，页32（因手头缺书，上引资料均由达力扎布教授代检，谨致谢意）。在一些外国学者的著述中，这句话被误译为"至于叶赫与我们自己，我们的语言不同，但我们难道不是〔同一〕女真的民族"？它于是被看作叶赫与建州两部语言不同的证词。但这是不正确的。

# 论拓跋鲜卑部的早期历史：
## 读《魏书·序纪》

　　与突厥、蒙古等族的祖先传说相比，《魏书·序纪》所记载的拓跋鲜卑人对远古的记忆，显然更强烈地受到了当日中原文化的影响。今人在研读《魏书·序纪》时，往往会发现诸多颇费思酌而又未易析解之处。这便在很大程度上与上述干扰因素有关。本文即拟遵循着中原文化是如何影响了拓跋鲜卑对远古史迹的重构这样一条线索，去解读《序纪》所遗留的若干谜团。

　　所谓中原文化的影响，至少包含两层不同的意思。首先，《魏书》是由汉人用汉文来书写的一部纪传体断代史书，因此它当然会受到中原汉地历史编纂学传统的影响。霍尔姆格兰在分析"序纪"有关拓跋早期史的资料来源时曾写道："在这里，魏收所能拥有的，无非是走了样的口头传说和他本人的汉文化的遗产。"[1] 魏收"本人的汉文化的遗产"，即指上面这一层意思而言。其次，所谓"走了样的口头传说"，则是魏收从事史学写作的素材。那中间虽然也渗入了中原文化的深刻影响，但它所反映的基本上还应看作北魏官方乃至拓跋鲜卑统治集团对自身根源性的解说，而不能将它视为只是汉人对那段历史的阐释。以紧接着就要讨论的拓跋氏出自黄帝后裔的见解为例，它不仅以"祖黄制朔"、"以国家继黄帝之后，宜为土德"等等言辞常挂在北

---

〔1〕　霍尔姆格兰（Jennifer Holmgren）：《代国编年纪：〈魏书〉卷一对早期拓跋史的记载》，堪培拉：国立澳大利亚大学出版社，1982 年，页 18。

魏汉人大臣的嘴边，而且也以"魏之先出于黄帝"之类的标榜出现在很可能是由皇帝自己起草的诏制之中。[1]

"序纪"记录的拓跋先世史，按它所给出信息的详略差异，可以分为三段。这个谱系远溯自黄帝之子昌意，谓其少子"受封北土"，其后一支世为鲜卑部"君长"，至名为"始均"者，"入仕尧世"，又受帝舜之命为"田祖"；始均之裔，"积六十七世，至成皇帝讳毛立"。这是第一段。从昌意到始均，《序纪》未明言其间世次；由始均而下，"爰历三代"，直到成皇帝毛之前，总共积六十六世。[2]北魏时人承认，他们对这一段历史几乎一无所知："自始均以后，至于成帝，其间世数久远，是以史弗能传。"[3]

第二段从毛皇帝开始，历节皇帝贷、庄皇帝观、明皇帝楼、安皇帝越，总共五帝。与之前的六十六世不同，关于毛和毛以后的这几个人，史文虽然仍没有留下多少具体事迹，但至少都举出了他们的名讳。过去曾有人提出，拓跋先祖多单名，不太符合北族习俗，尤其是此后有献帝名邻，以 r– 或 l– 作为词首辅音，更与蒙古、突厥及通古斯诸语的语音规则相左（按这一分析也适用于明皇帝的单名楼）。因此他们认为，这个祖先谱系，很可能出于相当晚近的假托。不过正如内田吟风指出的，《通志·氏族略》将献帝的名讳写作拓跋与邻，考虑到拓跋珪原名拓跋涉珪，"与邻"应当是偶然被《通志》保留下来的献帝原名。上述诸帝的单名多为深受中原文化影响的拓跋后人所改，但是以此而推断整个系谱都属于后来人的虚拟，其根据仍然是不

---

〔1〕《魏书》卷一〇八之一《礼志》一。《资治通鉴》卷一四〇《齐纪》六，明帝建武三年（496）引孝文帝诏。

〔2〕《魏书》卷一《序纪》。以下凡征引《序纪》，不再出注。按：《序纪》所言始均之裔"积六十七世"，应当包括成皇帝毛的一代在内。本文把毛的世次计入下一个阶段，所以这里只有六十六世。

〔3〕《魏书》卷五七《高祐传》。成帝即成皇帝毛。

充分的。[1]

拓跋先世史的第三段，从安皇帝之后的宣帝推演，下至诘汾共九世。拓跋鲜卑部的两次重大迁徙，就发生在这期间。诘汾之后的力微，被认为是真正创建北魏"帝业"的人。[2]如果说《序纪》对这第三段的记载依然因仍着第二阶段记载的"口述史"性质，那么从拓跋力微时期（至少是从力微的后期）开始，北魏历史便进入它的"实录"阶段了。

既然自始均至毛"世数久远"、"史弗能传"，则所谓始均之裔积六十七世而至毛的说法，究竟是从哪里来的？

最早认真地提出并试图解答这个问题的人，似为卜弼德。他指出，既然始均与舜同时，则他的活动年代，按照"标准年代学"，就应当是在纪元前大约2210年上下。而"成皇帝毛"，在他看来是比照战国末的匈奴单于冒顿而虚构出来的，也就是说，毛的年代应当是公元前200年。这样，在始均和毛之间就应相隔2010年。按三十年为一世计，正好六十七世。[3]

卜弼德的上述见解确实极有想象力。但它也存在两个不可谓不重要的未周之处。首先，对于舜的"标准年代学"定位究竟是如何产生的，这是魏晋之际人们的认识吗？其次，说毛是后来的拓跋鲜卑人比拟冒顿而虚拟出来的祖先，究竟有什么根据？想来正是为着算术的需要，卜弼德才会在他的论证里安排这两个未经坐实的预设。

---

[1] 内田吟风：《魏书序纪及其世系记事考》，载同氏：《北亚史研究·鲜卑柔然突厥篇》，京都：同朋舍，1975年，页97。按：相同的例证，还有《魏书》中的叔孙建，其名讳在《宋书》里被记为涉珪幡能健。见霍尔姆格兰前揭书页12及13。又按：自毛以后诸"皇帝"的谥号，为道武帝时所追尊，详见下文。
[2] 《魏书》卷一〇八之一《礼志》一引李彪、崔光等议。
[3] 卜弼德（P. A. Boodberg）：《拓跋魏的语言》，载柯文（Alvin P. Cohen）编：《卜弼德著述选》，伯克利：加州大学出版社，1979年，页233。霍尔姆格兰前揭书页18已引述此说。

因此，且让我们放弃以毛比拟冒顿的假定，而改用拓跋鲜卑史上最早的确定纪年，即力微的生年（174 年，尽管这个年代本身仍然是很可疑的，详见下文）作计算下限。其次，还应当尽量采用南北朝时关于远古纪年的一般知识来确定舜的年代。当日流行的远古"标准年代学"数据，比较完整地保留到今天的至少有两组。其中之一见于西晋发掘的"汲冢"《竹书纪年》。据此，则西周共 257 年；商从灭夏算起共有岁 496 年；夏自禹至桀亡总 471 年，三者凡 1224 年。[1] 至于从东周开始到力微生年之间的所历年岁，则是一个常数，是为 944 年。两项相加，遂知舜的活动年代当在力微出生之前 2168 年。另一组数据可由《汉书·律历志》求得。自"上元"至秦亡（前 206 年）凡 143025 年，而"上元"至武王伐纣为 142109 年。两者相减，得西周至秦亡之间凡 916 年。这个数字，加上商（凡 629 年）、夏（凡 432 年）、舜（凡 50 年）的历年，再加从秦亡后至力微出生之间的 379 年，总共有 2406 年。按古意一世为三十年计，则 2168 年合七十二三世次，亦即舜的时代距力微之世为七十三四世。但这与拓跋人自己对其先世的推算不太合辙，这里不去说它。而 2406 年则共合八十世。从力微之前的诘汾往前数，追溯到毛之后的节皇帝贷共十三世。二者相减，从舜时代的始均直到毛为止，恰好还剩下六十七世代！由此可知，北魏在追溯远古世系时所依据的，就是被记载在《汉书·律历志》中的那个"标准年代学"的版本。

应当指出，上面的演算完全不是试图建立拓跋古史的"确切"纪年，而是为了说明，北魏时候的人们在重构拓跋先世史时，为什么会把那一段"史弗能传"的蒙昧时期不多不少地说成有"六十七世"。

由此又可以产生出另外三点认识。一是上述推演过程按三十年

---

[1] 参阅王国维：《古本竹书纪年辑证·今本竹书纪年疏证》，黄永年校点本，沈阳：辽宁教育出版社，1997 年。

为一世来计算从贷到诘汾之间的诸"皇帝"在位的总年数。但这样做却完全忽略了以下事实，即由贷至诘汾的十三代统治，其年限长短本来因人而异，没有固定的时间幅度，更何况拓跋前期传递部族统治权的支配原则是兄终弟及，因而按三十年一替换来计算十三代统治的时间长度，这是没有多少道理的。但为了估算一段原本无纪年依据的过去究竟历时几何，除此之外，古代拓跋人还能有别的什么可行的处理办法？

其二，这一重构带有明显的汉化色彩，因为它显示出将拓跋部的先世史"嫁接"到中原古史的言说框架内的强烈倾向。从此种视角去分析《序纪》记载的拓跋先世史，就很容易发现，它的第一段只能是在后来依托着中原古史重新构拟出来的。据《山海经·大荒西经》："黄帝之孙曰'始均'，始均生北狄。"《序记》所本即此。它的新发明，不过是将始均断为昌意"少子"的后裔，由此便把黄帝与始均之间的世代距离大大拉开了。《魏书·礼志一》说，太祖时"群臣奏以国家继黄帝之后"，建议尊土德而尚黄色。唯据《资治通鉴》，拓跋自谓黄帝之后，是采纳中原名士崔宏（即崔玄伯）之议的结果。[1]《通鉴》的这个说法，其依据今已不可查考。但是从上文对这段叙事之来历的发掘看，我们也许只能赞叹司马光的目光如炬。

最后，从毛开始的拓跋先世史的第二段和第三段，才是被保留下来的真正属于拓跋文化传统的口传史。然而这部口传史一开头就从势力已壮大到"统国三十六，大姓九十九"的"成皇帝毛"讲起，似乎

---

[1]《资治通鉴》卷一一〇《晋纪》三二，安帝隆安二年（398）。按：《魏书》卷二三《卫操传》谓拓跋猗迤死后，卫操"立碑于大邗城南，以颂功德"。此碑在孝文帝初掘出，碑文因得传世。据卫操本传，碑文以"魏轩辕之苗裔"起首，是则拓跋为黄帝后裔之说远早于崔宏即已流行。钱大昕曾指出，这块碑中"魏"的国号及"桓穆二帝"之谥号都出于后世追改，他因此怀疑开头第一字"魏"原应写作"拓跋鲜卑"。唯从碑文通篇皆以四言成文看，"轩辕之苗裔"一句也很像是经后世追改过的文字。司马光不采此碑证据，仍以拓跋氏接受黄帝之裔说是出自崔宏的建议，似乎是经过斟酌的。

已经不太完整了。在毛的事迹之前，本来大概还有一段出自拓跋部自身的祖先起源故事。但在采纳了现在为我们所知的那第一段叙事后，原先包括在口传史开头部分的起源传说，反而从拓跋人自己的记忆中消失了。

早期拓跋史的另一个谜团，是决定了该部历史命运的两次重大迁徙的决策者，即先后拥有"推演"称号的宣帝和献帝邻，与檀石槐部落联盟里的西部大人推寅之间，究竟有没有关系？按照胡三省的看法，檀石槐联盟中的西部大人推寅，当即拓跋部的第一推演，也就是宣帝。[1]而依马长寿之见，檀石槐时代的推寅乃是拓跋部第二推演，即献帝邻。[2]黄烈认为，拓跋两推演之中的无论哪一个，与檀石槐时的西部大人"在年代上均不相当"[3]。田余庆则分别在他的两处研究中，先后将拓跋部的第二和第一推演与檀石槐时期的西部推寅相勘同。[4]拓跋部的两个推演究竟能否与檀石槐的西部推寅相勘同，涉及我们对拓跋部是否参加了檀石槐的军事联盟，以及他们的迁徙路线和迁徙时间表等重大问题的认识，所以非常值得作进一步的讨论。

据拓跋部的口传史，拓跋部族从它所居的"石室"（即今内蒙古鄂伦春自治旗境内的嘎仙洞）所在地第一次向外迁徙，发生在以"推演"为名号的人作部落君长的时代，这个推演后来被北魏政权追尊为"宣帝"。对于拓跋部在宣帝领导下的迁徙所到达的地点，学术界的看法大体是一致的。文献与考古两方面的证据表明，史文所谓"南迁大泽，方千余里，厥土昏溟沮洳"，其所在应当是今扎赉诺尔（又名呼

---

〔1〕《资治通鉴》卷七七，《魏纪》九，景元二年（261）胡注。
〔2〕马长寿：《乌桓与鲜卑》，上海：上海人民出版社，1962年，页185至186。
〔3〕黄烈：《中国古代民族史研究》，北京：人民出版社，1987年，页277至278。
〔4〕田余庆：《代北地区拓跋与乌桓的共生关系：〈魏书·序纪〉有关史实解析》、《〈代歌〉、〈代记〉与北魏国丰》，俱载同氏：《拓跋史探》，北京：生活·读书·新知三联书店，2003年，页147、页219至220。

伦池）附近的草原地区。[1]那么，这次迁徙应当发生在什么时候呢？

诸家对这次迁徙的发生时间多有推测，大多数人以为它应当是在公元1世纪之内。但因为缺乏比较明确的证据，所以这个问题至今难有确论。其实，关于宣帝的年代，《魏书·官氏志》里有一则非常珍贵的讯息，值得我们细加玩味。在述及"东方宇文、慕容"两姓氏时，《官氏志》写道："即宣帝时东部，此二部最为强盛。"

按：宇文、慕容部之"强盛"于东部，绝对不会早于公元3世纪初。慕容部的入居东部，事在曹魏之初。[2]关于宇文氏，史文虽有"南单于之远属，世居东部"之说[3]，但他们从中部往东迁的历史也不太久远。据《周书·文帝纪》，"宇文"作为国姓，始于该部祖先普回获得三纽玉玺之后。普回传国于莫那，乃"自阴山南徙，始居辽西，是曰'献侯'，为魏舅生之国。九世至俟豆归，为慕容皝所灭"。普回、莫那之后的七世，均可于《北史·宇文莫槐传》考见。不过在那里，第九代传人的姓名被写作"逸豆归"而已。莫那子为莫槐；莫槐子普拔；普拔子丘不勤，尚力微之子拓跋绰的女儿，所以他应该是3世纪下半叶的人。[4]也就是说，普拔当与力微同时，而宇文部东迁与普拔之世仅相隔一代。所以这件事至多也只会稍早于拓跋部的第二次迁徙。

那么，上述位居东部而正处于"最为强盛"状态的宇文、慕容部，是否可能与宣帝同时呢？回答只能是否定的。因为宇文、慕容两

<hr />

[1]　宿白：《东北、内蒙古地区的鲜卑遗迹》，《文物》1977年第5期；黄烈前揭书页277至278；亦邻真等：《内蒙古历史地理》，呼和浩特：内蒙古大学出版社，1994年，页39至40。最后一种文献对古代呼伦池周围"沮洳"的地貌环境有简明的描写，尤可参阅。唯关于拓跋部迁到这个地区的年代问题，黄烈以为"约在东汉前期"，这是他轻信《序纪》关于拓跋力微生于2世纪70年代的结果。亦邻真书更将这个年代上推到"西汉时"。本文接下来就要讨论这一点。

[2]　《魏书》卷九五，《徒何慕容廆传》："曾祖莫护跋，魏初率members部落入居辽西。"

[3]　《魏书》卷八一，《宇文忠之传》。按：类似的说法不止见于一处。

[4]　《北史》卷九八，《宇文莫槐传》。

氏之徙居东部，都开始于 3 世纪初；而拓跋力微的活动之连续见于记载，最晚从力微二十九年（248）也已经开始了。两者相距至多不过 30 来年。如果宣帝与强盛时期的宇文、慕容同时代，哪怕是两部只在东徙之初与宣帝末期稍相衔接，那么从景帝至诘汾共八帝的在位时间，包括统治年限相当长的献帝邻时期在内[1]，也只能被压缩到总共二三十年的时间段之中。这是不合理的。

尽管《官氏志》把"宣帝时东部"指为宇文、慕容称强时的东部乃是一个错误，但它还是向我们传达了一个十分重要的消息：宣帝之统治拓跋部，实在是与鲜卑划分为东、中、西三部，也就是檀石槐联盟（约 150—181）的存在大略同时。胡三省对两推演的勘同虽有所未安，但隐伏在这个断制之后的他对历史过程那一种感觉，即宣帝推演应与檀石槐同时，仍然是相当切中事理的。姚薇元认为，《官氏志》的"即宣帝时东部"之语后面应加补"中部"一词，方为完整。[2]他的意思是，慕容氏在檀石槐联盟中应属中部大人。可见他也把"宣帝时东部"理解为檀石槐时代的三部之一。田余庆推定宣帝率领的拓跋南迁发生在东汉桓帝时期（147—167），从时间的判断上无疑也把握了实情。[3]

设若宣帝的年代果真与檀石槐联盟同时，那么拓跋部的两个推演就全都与檀石槐联盟中的西部大人推寅没有关系可言了。拓跋第一推演（宣帝）虽然与西部大人推寅同时，但前者这时远在呼伦池之地，所以还不可能被檀石槐编入西部。第二推演则在时间上与宣帝，因而也与西部大人推寅相隔颇为久远，所以也无法将他与后者相勘同。换言之，当檀石槐在弹汗山创造震动中夏的业绩时，拓跋部很可能是在

---

[1] 献帝邻因体力衰退而不克亲自指导拓跋部的第二次迁徙。由此可以推知他在位的年代一定很漫长。

[2] 姚薇元：《北朝胡姓考》，北京：科学出版社，1958 年，页 170。

[3] 田余庆：《北魏后宫子贵母死之制的形成和演变》，《拓跋史探》，页 24。

后方的草原上学习游牧。他们还来不及参加到更南面的檀石槐部落联盟中来。

以上讨论或许可以证明，拓跋鲜卑从大兴安岭迁至呼伦池，比一般接受的推测还要更晚一些，亦即发生在公元2世纪的中叶。这样，它第二次南迁的年代，自然也要向后顺延了。

拓跋部第二次南迁的路线，大概最先是由呼伦池沿大兴安岭西麓朝西南行进。田余庆概括拓跋部先后两次南迁所遵循的路径说："拓跋先人由大兴安岭地带辗转至于西辽河一带之时，前路已被阻滞，所以从那里西折，循漠南草原路线至于阴山，越阴山到达五原、云中、定襄地区。"[1]《周书》记贺拔胜说："其先与魏氏同出阴山。"[2]可证拓跋部确实是南渡阴山而来到"匈奴故地"的。

诘汾率领的这次迁徙，所经地区"山谷高深，九难八阻"，历时年余。或者正如宿白推想，他们一度从今大兴安岭的西麓东折，进入山岭之中。[3]陷入迷途的拓跋人因为获得一个"其形似马，其声类牛"的"神兽"引领，方能走出险境。内蒙古扎赉诺尔和吉林榆树都出土有"头带尖角，背树双翼"的鎏金飞马铜牌，学者们认为此种飞马形象就是拓跋传说中的神兽。[4]神兽形象发现在扎赉诺尔，表明它在第二度南迁之前的拓跋部内已为人所熟知。有人甚而主张，它的造型受到经斯基泰文化东传的鸟首兽身式"格里芬"形象的影响。[5]那么，

---

〔1〕 田余庆：《代北地区拓跋与乌桓的共生关系》，《拓跋史探》，页147。
〔2〕 《周书》卷一四《贺拔胜传》。
〔3〕 宿白：《东北、内蒙古地区的鲜卑遗迹》。
〔4〕 宿白：《盛乐、平城一带的拓跋鲜卑——北魏遗迹》，《文物》1977年第11期。
〔5〕 李零：《论中国的有翼神兽》，《中国学术》2001年第1辑。该论文页127载有两幅神兽图像，可参看。唯格里芬经常被表现在袭击偶蹄类动物的母题中。因此凡带有兽身的格里芬，其身体部位多带猛兽特征。拓跋鲜卑的神兽形象却是属于偶蹄类的马。它也许仅仅是一匹飞马，而与格里芬造型没有什么联系。另按：拓跋氏后来将自己附会为黄帝之裔，据此，北魏"宜为土德"。所以，原先"共形似马"的说法，这时候按"牛土畜"的观念被改作"神兽如牛"。见《魏书》卷一〇八之一《礼志》一。又按：关于被归属于迁徙（转下页）

拓跋部的第二次迁徙又该是什么时候的事情?

我们知道,阴山之南的五原、云中、定襄之地,在檀石槐乃至以
轲比能为首要人物的"后檀石槐时代",向来是借以制约三部鲜卑的
战略腹心地区。难以想象,拓跋部会在上述时段里成功地南越阴山,
而不留下与原先就占据着该地的其他鲜卑势力作生死之搏的任何痕
迹。所以结论只能是,拓跋部的第二次南迁,必定发生在后檀石槐势
力在 3 世纪 30 年代被曹魏摧毁,漠南草原因而形成一时间的权力真
空的时候。这时离开拓跋部最初从大兴安岭出行到今呼伦贝尔草原,
大约有七八十年的时间。

但是,这样安排拓跋部南迁的时间表,会遇到另一个不容回避的
困难。按《序纪》所说,"神元皇帝"力微执掌拓跋部的权力,开始
于 220 年。如果拓跋部的第二次南迁发生在力微父亲诘汾的时代,它
就应该在 220 年之前,而不可能晚至 230 年。于是我们的问题就演变
为:《序纪》关于拓跋力微的记载究竟是否完全可靠?

《序纪》所述力微事迹,至少存在两点可疑之处。一是从力微元
年(220)之后,记事中断长达二十八年;直到力微二十九年(248)
起,我们才开始读到有关此公活动的连续记载。在《序纪》以外的其
他历史材料里,也找不到力微在 248 年之前的活动踪迹。其次,力微
的寿命和他的统治年代都出奇的漫长。《序纪》告诉我们,他活了 104
岁(174—277),并且自 220 年算起在位长达 58 年!将以上两点联系

<hr />

(接上页)途中之拓跋鲜卑的札赉诺尔、巴林左旗南杨家村子等处遗址的年代,目前尚无法
确切地予以判定。前者曾被推定为"东汉末",而后面这个"遗址中唯一可以断代的器物",
乃是"东汉中晚期的五铢钱"。这些见解与本文的分析颇相契合。吉林榆树县老河深遗址也
有飞马铜牌出土。该遗址被认为与札赉诺尔遗址"有密切关系",而遗址主人的文化及社会
状况则比后者"发达一些"。发掘者将遗址的年代定为"东汉初或略晚",在时间上或许有
过早之嫌。这个远至松花江之滨的遗址究竟是否属于南迁路上的拓跋部,也很难确定。见
内蒙古文物工作队:《内蒙古札赉诺尔古墓群发掘简报》,《考古》1961 年第 12 期;宿白:
《东北、内蒙古地区的鲜卑遗址》;吉林省文物工作队等:《吉林榆树县老河深鲜卑墓群部分
墓葬发掘简报》,《文物》1985 年第 2 期。

在一起看，我们有理由相信，力微的在位年限，似乎是在后来被人为地拉长了；而一旦将他的在位时代提前，他的出生年代也就必须跟着往前推。所以就有了他在位前期那完全空白的 28 年，以及超过百岁的长寿记录。可是问题仍然存在：为什么非要把拓跋力微的统治年代提前到 220 年？

就汉地社会的政治史而言，220 年所发生的最重大的事件，非曹魏代汉莫属。乾嘉考据学家早已注意到"神元元年"与汉亡魏兴正好属同一年的巧合。[1]不过这两件事之间实在没有什么联系可言。正如内田说过的："由于全然看不出有谁故意把曹魏受命与力微部落的独立这两件事结合在一起的迹象，这不外乎完全地属于偶然的一致吧。"[2]

话虽如此说，在汉人看来以曹魏代汉为最显著象征的 220 年，对鲜卑人也可能具有另一种更重要的意义。就在这一年，曹丕封后檀石槐时期的轲比能为附义王，又封东部大人素利弥加为归义王。[3]对北魏时候的人而言，它完全可以被看作自檀石槐以来鲜卑人共同体与中原王朝相互关系的一个历史转折点。

当然，早在曹操当政的年代，后檀石槐鲜卑部落已与中原王朝"通贡献"，或曰"上贡献、通市"，其部落大人中也已有人被曹操"表宠以为王"。[4]另外，轲比能本属"小种鲜卑"，而檀石槐的直系后人被曹魏封王，则晚在黄初二年（221）之后。这些事实，似乎都不利于以 220 年作为鲜卑与中原王朝之间关系转折的标志性年代。

---

〔1〕 王鸣盛：《十七史商榷》卷六六，"追尊二十八帝"条；钱大昕：《二十二史考异》卷二八，"序纪"条。

〔2〕 内田吟风：《魏书序纪及其世系记事考》，《北亚史研究·鲜卑柔然突厥篇》，页 99。

〔3〕 《三国志》卷三〇《魏书·轲比能传》。附义、归义两王之封，事在"延康初"。按：曹丕于 220 年继丞相魏王位，因改汉"建安二十五年"为"延康元年"；延康元年冬十一月。又以受汉禅位改当年号为"黄初元年"。

〔4〕 《三国志》卷三〇《魏书·轲比能传》。同卷《鲜卑传》亦谓轲比能与步度根等"上贡献"。

汉文记载中的"贡献",反映了中原王朝从"朝贡—回赐"关系所看到的由藩属对中原王朝履行义务的那一面。但对"上贡献"的那一方说来,它也可能只是一种贸易往来的关系。曹操执政时代受封为王的,只是鲜卑的西部大人,他们在后檀石槐鲜卑中并不占支配的地位,因此他们的受封与轲比能受封的意义也不一样。后者虽非檀石槐嫡系,其势力却在黄初末叶以后达到"控弦十余万骑……得众死力,余部大人皆敬惮之"的地步。因此,轲比能的受封,完全可能被后来的拓跋人认作后檀石槐势力的历史性倾衰,即后者已完全跌落到中原王朝附庸的地位。在此之后,应当有另一股鲜卑势力出现,继续作为据有塞北而与中原王朝相对等的一种最高政治支配力量而存在。正是拓跋部承担了这一历史使命。这个使命是在谁的手里完成的呢?答案当然只能够是拓跋力微,因为他是领导拓跋部走出阴山的诘汾的直接继承者。

种种迹象表明,道武帝拓跋珪一朝,是北魏政权重构拓跋先世史的关键时期。天兴元年(398),拓跋珪定都平城,在依照汉制"营宫室,建宗庙,立社稷"的同时,"追尊成帝(按:即成皇帝毛)已下及后号谥",总共有28帝。[1]力微被视为北魏"始祖",因称神元皇帝。[2]也是在此前后,邓渊受诏"以代歌所涉为主要资料",来修撰《代记》。[3]拓跋先世史与中原古史言说系统的"嫁接",应当就基本完成于此时。[4]在这时候人们的眼睛里,道武帝之前对北魏立国的直接贡献最大的先祖有两个。一是"总御幽都,控制遐国,虽践王位,未定九州"的"远祖"。此人无疑是指"始祖"力微。另

---

〔1〕 《资治通鉴》卷一一〇《晋纪》三二,安帝隆安二年(398)谓:"追赠毛以下二十七人,皆为皇帝。"不知道《资治通鉴》少算的,是其中哪一个人。
〔2〕 《魏书》卷二《太祖本纪》。
〔3〕 田余庆:《北魏后宫子贵母死之制的形成和演变》,页220。
〔4〕 如前所述,若依《资治通鉴》之见,此种嫁接的始作俑者当为崔宏。则邓渊所作,不过是把这一点写进籍册而已。

一人是平文帝拓跋郁律，从他的庙号被追尊为"太祖"一事即可推知。这两个人，代表了道武帝时代对北魏政治合法性的两重论证。力微被塑造成与曹魏并立对等而"总御幽都"的塞北君主。随后，在力微势力渗入中原政治的过程中，他的后人一度受西晋封授。而拓跋鲜卑由接受晋政权的封授，到把南移的东晋王朝称为"僭晋"，与他们断绝关系，同时"治兵讲武，有平南夏之意"，这一转变正是发生在平文帝（317—321 年在位）的末年。从这时起，拓跋鲜卑就正式以一支完全独立的政治势力，参与中原逐鹿。这样说起来，将北魏立国的最近渊源上溯到郁律，并尊之为"太祖"，不是再合情合理不过了吗[1]？

现在再让我们回到道武帝追忆拓跋力微事迹时的情景中来。那时离开力微的时代已有一百多年。对一般拓跋人来说，力微的生年以及他就任拓跋君主的真实年代已经是相当渺远的事情了。或许就是在这样的背景下，"神元元年"在拓跋鲜卑重构自己的先世史时，被附会为具有象征意义的 220 年。力微的生年因此也需要推到 220 年之前的某个适当年代。

资料的缺乏，不允许我们深究当时人把力微的生年确定为 174 年的缘由。要是更大胆一点，我们不妨推测，拓跋部统治者中其实还有人记得力微的出生年份，尤其是他的属相，即他生于虎年（寅年）。[2]

---

[1] 道武帝以与东晋分庭抗礼的拓跋郁律为太祖。直到孝文帝时，北魏君臣在"考次帝时"，即根据正统论和五德终始说来推求本朝在"运代相承"的继承顺序之中的历史定位时，依然一致认定说，尽管"皇魏建号，事接秦末"，但是"晋既灭亡，天命在我"。是所谓"晋室之沦，平文始大；庙号太祖，抑亦有由"。然而另一方面，对太和时代的人来说，道武帝消灭前秦、"正位中境"，故其"建业之勋，高于平文；号为烈祖，比功校德，以为未允"。因此这时又将"太祖"的尊号移赠道武帝（见《魏书》卷一〇八之一，《礼志》四之一）。这件事也表明，孝文帝为全面推行汉化政策，需要借助于一个比拓跋郁律更加汉化的先祖来论证自己的政治合法性。关于这方面的讨论，见川本芳昭：《五胡十六国及北魏时代"正统"王朝考》，载同氏：《魏晋南北朝时代的民族问题》，东京：汲古书院，1998 年。
[2] 关于鲜卑人以十二属相纪年的习俗，见韩师儒林：《中国西北民族纪年杂谈》，《元史及北方民族史研究集刊》第 6 期，南京大学历史系元史研究室，1982 年。

一个人如果出生于虎年，在220年又正当成年，那么这个虎年就最应该是198年。但倘若力微出生于198年，就没有必要人为地把他的生年再往前推了。因此，他真正的生年最有可能是比198年再晚一轮的那个虎年，也就是说，力微很可能生于210年。而《序纪》载录的"神元元年"事迹，即"西部内侵，国民离散"，力微被迫依附他后来的岳丈没鹿回部落大人窦宾等事，也许离开他真正控制拓跋部落的"神元二十九年"并不十分久远。那时候力微已有三十多岁，他死时的年龄则为68岁。他本来已届高寿，但北魏后来的编史者需要他在220年时即已"总御幽都"，不得不将他的出生提早。但他们未免过于粗率，一口气将他出生所系的虎年提前三轮之多，遂为后人留下发覆的线索。

说力微"最有可能"生于210年，因为它比较符合从另一个角度所进行的推算。我们知道，建立南凉的鲜卑秃发部，"其先与后魏同出"，在秃发匹孤时由塞北迁往河西。匹孤子寿阗，寿阗孙树机能，在西晋泰始（265—275）中率部反晋。此时正值力微后期。由树机能在270年前后业已成人，可知其曾祖父匹孤的出生应当是在200年之前。又据《元和姓纂》，匹孤为力微长兄。[1] 这两人未必出自同母。另外，早期拓跋鲜卑实行"收继婚"，匹孤也可能是因诘汾续娶寡嫂，遂由诘汾侄儿转变为他的继子。[2] 无论实际情形如何，力微的年龄与匹孤相比，差距不应太大。这一事实，基本上排除了力微出生于比210年更晚的某个虎年（即222年乃至234年）的可能性。

---

〔1〕《魏书》卷九九《秃发乌孤传》；《晋书》卷一二六《秃发乌孤载记》。匹孤与力微的关系，见田余庆：《北魏后宫子贵母死之制的形成和演变》，页16。按：《晋书》所谓"后魏"，乃指北魏而言。
〔2〕《魏书》将秃发鲜卑纳入类似边裔的部落来记载，曲折地反映出北魏皇室并不将匹孤后人看作自己的近亲同胞。匹孤不属于诘汾直系，也许就是导致他率部西走以及北魏皇室一向疏离秃发部的原因所在。又按：匹孤也不可能是因诘汾收庶母为妻，故而由诘汾的异母弟而成为他的继子。因为献帝邻在3世纪30年代拓跋第二次西迁前还活着，而在2世纪90年代就为他生育匹孤的妃子，当时已将近50岁。所以献帝之子诘汾不大会在此之后再要这位年老的庶母。

在道武帝时代重构的拓跋先世史中，力微的地位非同寻常，但这并不出于邓渊及其资料提供者的凭空编造。从现在可以见到的文献来判断，力微应当是拓跋部内最早拥有"可汗"称号的人。

关于拓跋部首领的称号，罗新写道："《资治通鉴》叙拓跋鲜卑先世，从可汗毛到可汗力微之间，还提到可汗推寅、可汗邻，显然以可汗为拓跋鲜卑酋首之称号……然而魏收《魏书》中，全然没有这方面的痕迹。这可能是因为孝文帝改革以后，北魏前期的历史资料曾被大幅度地修订过，故有关史实不得见于《魏书》，《资治通鉴》别有所本。"[1]《通鉴》所本的资料虽将"可汗"的称号追溯到毛的时代，这不等于说拓跋部以"可汗"作为最高君长的通称也必定始于毛的时期。在这里，胡三省对《通鉴》的一条注文可以给我们极大的启发。他在《通鉴》记乌桓王库贤对诸部大人声言"可汗恨汝曹逸杀太子"之下注曰："此时鲜卑君长已有'可汗'之称。"[2]所谓"此时"者，力微之时也。是则力微以前的可汗称号，或为后来的叙事资料（很可能就是《代记》或其依据的口传史）所追加。

说游牧君长以"可汗"为号始于力微，同样也不等于说，力微之前这个称号根本就不存在。在作为游牧君主的通称以前，它很可能已经被当作专属于个别君长的尊号来使用了。关于这一点虽然缺乏直接证据，但是我们至少可以举出两项类似的情况权作佐证。

一个是"汗"的称号。它与"可汗"同样，最先见于有关鲜卑部落的记载。拓跋力微的长子便号"沙漠汗"。同一称号也为后檀石槐鲜卑的西部大人所使用。我们知道，东汉末叶的厥机之子即名为"沙末汗"。此两例中的"汗"都不像是一种通称，而是构成专名的一部

〔1〕 罗新：《可汗号之性质》，提交给"多元视野中的中国历史：第二届中国史学国际会议"（北京：清华大学，2004 年 8 月 22 日至 24 日）的论文。
〔2〕 《资治通鉴》卷八〇《晋纪》二，武帝咸宁三年（277）。

分。"可汗"和"汗"这两个词后来都从原蒙古语传入突厥语。[1]虽然亦邻真以为,"汗"在突厥语里的原意为"父主",其词义由"父主"而转指强大的部落首领正反映了"父权贵族发迹的脉络";而"可汗"则指君主。[2]但对二者在突厥语中的词义其实很难做出明显的区别。克劳森说,在突厥语里,无法将这两个词从构词法的角度相互联系,"但在将它们输入突厥语的那些语言中间,这两种形式或许已经可以互相置换了"[3]。从现在掌握的资料看,如果在它们进入突厥语之前,"汗"已经转义为能与"可汗"互换的通称,那么这也要远远晚于"可汗"一词由某种专属尊号之转变为通称。

另一个由专称转义为通称的例证,是这两个语词从突厥语里面再度作为借词传入中期蒙古语的情状。尽管"汗"大概从最初起就是作为通称传入蒙古语的,"合罕"(按:"可汗"的异写)一词起先却是窝阔台汗的专称。它在蒙古语中被当作通称使用,或应晚至忽必烈朝。[4]"合罕"在从突厥语重返蒙古语族时所经历的由专称演变为通称的过程,也许可以对我们推想它在鲜卑语中的词义变化有一定的帮助。

为什么从力微开始,在拓跋鲜卑人中间会产生出一个用指游牧最

〔1〕 从目前掌握的史料判断,"可汗"和"汗"的称号都最先出现在鲜卑语里。关于鲜卑语属于何种语言分支的问题,曾长期未有定论。李盖提溯源有关它的研究史说,伯希和对此没有前后一致地坚持他的见解,但他也没有否认拓跋人的词汇中有相当数量的蒙古语成分;卜弼德以及随后的巴津则主张他们说的是一种突厥语或者"前突厥语";李盖提本人也赞同过这样的看法。但经过后来的详细研究,他确认拓跋人的语言具有蒙古语诸特征,而与突厥语的那些特点不相符合。亦邻真的研究也支持这样的看法。拓跋鲜卑语系属原蒙古语族,应当是没有疑问了。见李盖提(L. Ligeti):《拓跋鲜卑方言考》,载同氏主编:《蒙古研究》,阿姆斯特丹,1970年;亦邻真:《中国北方民族与蒙古族族源》,《亦邻真蒙古学文集》,呼和浩特:内蒙古人民出版社,2001年。
〔2〕 亦邻真:《成吉思汗与蒙古民族共同体的形成》《读1276年龙门禹王庙八思巴字令旨碑》,《亦邻真蒙古学文集》,页406、438。
〔3〕 克劳森(Sir G. Clauson):《十三世纪前的突厥语辞源学字典》,牛津:克莱莲顿出版社,1972年,页611。
〔4〕 现存属于蒙古"前四汗"时期的证据,如《移相哥碑》、贵由致教皇国书所用蒙古文印章等表明,当时对窝阔台以外的其他蒙古君王都只称"汗"。说见伯希和(P. Pelliot):《马可·波罗注》,巴黎,1973年,卷一,"成吉思汗"条,页302。

高君主的通称？朴汉济回答说，"可汗"一称是当匈奴"单于"名号的权威在后汉末叶迅速式微之时，被创造出来替代"单于"，指称塞北游牧社会的最高君长的。[1] 朴汉济论述该问题的时空范围都很大，并不专限于力微前后。所以他提到刘渊称帝之后又下设单于，以致"大单于的称号，已经降到根本不能与皇帝匹敌的王位的水平"。黄烈以此断言单于地位的跌落远在拓跋使用"可汗"称号之后，所以自谓对上引见解"颇觉可疑"。他并且猜测，"檀石槐可能为鲜卑可汗之始"。[2] 只要看一看后汉末在乌桓中就同时封授三个单于，便知道朴氏有关这个名号早已严重"贬值"的判断不误。拓跋力微的自称"可汗"，就是在此种背景下发生的。力微这样做，表明他对自己"总御幽都"的崇高地位，在当时就已经有所认识了。

现在再将本文讨论所获致的若干结论简要复述如下。

一、《序纪》所谓拓跋部远古"六十七世"，系据中原古史传说推算而来。《通鉴》将拓跋祖黄帝之说同"魏"的国号的发明权一起归于崔宏其人，或许是有所依据的。

二、引入"六十七世"之说，导致拓跋部对属于其自身的那一段起源故事发生失忆现象。

三、拓跋部没有加入过檀石槐的军事部落联盟。拓跋两推演与檀石槐联盟中名为推寅的西部大人无涉。

四、拓跋部在第一推演（宣帝）引领下走出大鲜卑山，至于今呼伦池，其时约在 2 世纪中叶。

五、第二推演（献帝邻）带领拓跋部南越阴山至匈奴故地，应当

〔1〕 朴汉济：《北魏王权与胡汉体制》，（韩）东洋史学会编：《中国史研究的成果与展望》，北京：中国社会科学出版社，1991 年，页 100。按：这篇文章里有专节讨论"北魏帝王的可汗意识"，可参阅。
〔2〕 黄烈：《对朴汉济论文的评议》，《中国史研究的成果与展望》，页 110 至 111。

在 3 世纪 30 年代。

六、自力微时代起，在拓跋鲜卑人中产生出对最高游牧君长的通称，亦即"可汗"。力微不但是拓跋鲜卑，而且也是整个北族历史上第一个可汗。

七、力微的政治活动，始于 3 世纪 40 年代后期。他不大可能如《序纪》所说寿至 104 岁，在位长达半个多世纪。他真正的生卒年或许是 210—277 年，死于 68 岁时。

八、皇始、天兴年间对拓跋先世史的重构深受汉文化观念的影响。初入平城的道武帝居然能接受如此形态的一部远古史，证明他那时业已酝酿就何等坚定的统治北中国的意志。

（本文原载《复旦大学学报》[社会科学版] 2005 年第 2 期）

[补记]

在撰写此文时，我刚刚开始认真思考"可汗"的角色与尊号是如何进入蒙古帝国政治文化体系的问题。所以本文中的相关讨论显得很不到位。关于这个问题，请参阅《"成吉思汗"，还是"成吉思合罕"？兼论〈元朝秘史〉的编写年代问题》一文。

我在本文中没有讨论《宋书·索虏传》"称拓跋之祖本李陵之后"的传说。不仅因为我们不知道，刘知几谓它出自"崔浩谄事狄君，曲为邪说"究竟有多少根据；而且刘氏自己也说，"当时众议相斥，事遂不行"。它并没有成为被拓跋统治者自己所接受的祖先传说。此种通俗见解，更可能出自当日华北的下层汉人社会。它以李陵作为胡、汉杂糅的血统论表征，赋予北魏的"胡—汉体制"以某种根源化的历史解释。此说而后又辗转流传到南部中国，并被载录到史书里。

# 代后记：
## 读《通向文化多元主义的奥德赛之旅》札录

一

民族主义在 17、18 世纪从其策源地英国和法国兴起时，本是一场反对国内等级制压迫与不平等、争取普遍公民权利的国内政治运动。但是民族主义的基本诉求在向除美国之外的世界各地传播的过程中，逐渐发生转变。这一转变十分典型地反映在下述口号里："每一个民族都有一个国家；每个民族只能有一个国家。"近两百年的世界历史表明，除中国和苏联以外的绝大多数现代国家，都是经由这个或那个庞大帝国的分裂而获得独立的道路形成的。

这样的转变究竟意味着什么呢？其中有两点很值得引起我们的注意。首先是随着民族主义运动的基本诉求从争取"主权在民"的国内斗争转向反对来自帝国主义和殖民主义外部压迫的独立建国斗争，国家主义原则在很大程度上取代并压倒了主权在民的理念。另一点则是"一个民族，一个国家"的理念与被这个理念所激发起来的强大的民族主义运动的实践结果渐行渐远。基于这一口号的民族主义运动在全世界范围内造就的，绝大多数都不是单一民族国家，而是多民族的现代国家。怎样解决理想中目标与试图实现这一理想的实际运动结果之间不能相符的问题？人们的态度是经历过一番变化的。这个改变中的观念及其所遭遇的戏剧化的曲折命运，就是 W. 金里卡在本书中所要论述的主题。

二

　　说得直白点，"札录"就是阅读时随手写下来的读书笔记。读书笔记的内容可以包括对所读文本中部分关键文句或其大意的摘抄移录，以及阅读者自己的零星、即兴式的感受与评点。而"札录"恐怕还以摘抄为主。所以章学诚说："札录之功必不可少。然存为功力，而不可以为著作。"所谓"分条札录，以备采摭"，就是这个意思。

　　明知摘抄"不可以为著作"，我却还是想把阅读本书时积存的摘抄材料敷衍成文。这是为什么呢？原因有四条：本书的讨论，对中国读者来说实在是太重要了；但它还没有汉译本，而且据我所知目前也没有人在翻译它；就我接触到的能阅读英语文献的中国学者而言，似乎也没有人对这部书产生任何兴趣；最要命的一点还在于，本书所涉及的知识领域，是我非常不熟悉的，因此我甚至没有能力采用书评的写作体裁来介绍它。但我还是十分迫切地想介绍这部书。于是唯一能做的，就是把自己的"分条札录"凑合起来，直接贡献于读者。

　　本书出版于 2007 年[1]，所以已经不能算是新书了。它的副标题为"推进崇尚多样性的新国际政治"。书里阐述的文化多元主义，围绕处理国家内部的民族关系展开，书名却以"国际政治"为标识。我猜想作者的意思是，由于"人权革命"影响下的意识形态业已不可阻挡地流行于全球，由于国内民族冲突经常引发国际性问题，由于各种跨政府组织日益深入地参与到许许多多国家的国内民族关系争端与危机的解决活动中，国内民族矛盾已部分地演变为国际政治问题。作者的讨

―――――――――――――

〔1〕 Will Kymlicka, *Multicultural Odysseys: Navigating the new international politics of diversity*, Oxford: Oxford University Press, 2007. p. 374. 以下凡引用本书，均以在正文内括注页码作为标识，不再出注。

论完全未指涉中国的民族关系问题。然而，对关心中国问题的人们来说，它似乎又是一种最适合时宜的读物。书里的许多见解或议论，好像就是针对我们当下所面临的某些思想争端而发的。

另一方面，作者一开始就指明，本书并不试图为人类当前所面临的内部民族关系问题提供一剂神奇的万灵药方，因为事实上根本不可能存在这样一种药方。他甚至怀疑，出现在各国内部民族关系方面的有些困难，在可以预见的未来也许是无法克服的。因此，"我只是想更清晰地辨析出：这些困难所提出的挑战究竟有哪些；如果我们无视这些挑战，那么我们又会在今后遇到一些什么样的陷阱"（页8）。

我们已经处在一条尝试新探索的航路上。但这还是一条充满争执、不确定性和极大风险的航线。我们甚至还无法清楚地知道，我们究竟有无可能到达它理想中的终点。

这条新航路，作者称之为"通向文化多元主义的奥德赛之旅"。

三

我们已行进在这条航路上，是就文化多元主义作为一种政治言说以及一组国际法或准国际法的规范，业已获得全球性的传播而言，尤其是就这一浪潮在20世纪90年代所呈现的在国际关系领域内"名副其实的革命"现象（a veritable revolution）而言。

在上述新潮流面前，"同化论"主导下致力于将民族—国家同质化的各种旧模式，日益遭到经更新的各种多文化取向的国家模式及公民性模式的批评。新言说在一部分国际法律或准法律规范中，体现为对各国内部少数族群各种权利的强调与宣示（页2至4）。自20世纪90年代起，一国内部的民族关系问题正在变成不再是只属于相关主权国家的排他性内部事务的问题，针对它的国际关注也正在变得越来越拥有合法性（页 27 至 28）。这些都为重新形塑各国内部的民族关系提供了一个新框架，后者可以在最低限度上限制威斯特伐利亚条约体系下的国家在追求同质化方面所能采取的方式，也提供了可能替代由威斯特伐利亚条约所界定的主权国家形式的另一种多元性国家。

问题在于，这些宣示的词语虽已被律师们反复咀嚼，但至今在学术界仍很少受到它理应获得的关注（页 5）。

## 四

文化多元主义潮流的传播方向，大体是从西向东、由北而南（页 7）。在西欧，一系列既有条件的"幸运组合"，极大地降低了文化多元主义的风险，使它能够以各种与健康地保护和促进民主、经济繁荣、人权以及地区安全相匹配的方式，建构起疏导族群政治的框架（页 21）。兹将这一潮流之由来简单追溯如下。

在 20 世纪的最初几十年里，国家内部的"民族问题"主要被理解为是"跨境居住于他国的少数民族问题"（an issue of irredentist minorities）。在欧洲，随着哈布斯堡、俄罗斯和奥斯曼土耳其等多民族帝国的瓦解与诸多新独立国家的出现，"少数民族问题"集中地产生于被划入国家边界"错误一方"的那些族群之中，例如被划入罗马尼亚国界的匈牙利人群、划入波兰的日耳曼人群等。起先被建议的是通过双边谈判来解决这类问题（页 28）。

但到了第二次世界大战临近结束之时，上述解决方式被拒绝了。因为这类方式仅考虑到保护那些在与其相邻国界之外拥有一个"亲戚国家"（kin-state）的族裔人群，而且它还很容易被"亲戚国家"当作入侵或干涉其邻国的借口。因此，将少数族群问题纳入更广泛的人权问题去看待，亦即用普世性人权来保护少数族群的特殊权利，遂成为这以后新国际秩序的基础（页 29）。

五

上述趋势，不仅是道德理想主义和寻找解决民族问题替代方案的真诚愿望的结果，而且也是试图控制和削弱少数族群、削弱族群作为集体行动者的力量的结果。

因此也很好理解，在那个时代的欧洲，人权路径不会赋予少数族群以保持自己语言文化，或行使某种形式的地方或地区自治的权利。而没有这些权利，已持续数世纪之久的人群或地方性文化便无法拒绝规模更大的国家所实施的民族建构和同化的各种政策。对某些人来说，人权规范无法保护少数族群免于在长时期内将被同化的命运，这是一种令人遗憾的局限；而对另外许多人来说，事实上这正是民族建构的一项重要功德。国联的经验似乎表明，"少数族群的各种需要必须适应于下述更大的利益考虑，即促进民族国家的安全及其制度稳定，为此甚至要以抹去各种族裔文化、将同质性加于全体人口之上作为代价"。换言之，拒绝战前维护族裔权利的传统是正当和道德的。

上述见解支配了自 1945 年至 1980 年这四十多年间的大部分时间（页 30 至 31）。确实，除瑞士以外，所有西方民主政体都曾追逐过民族同质化的理想，尽管它可能是通过更加日常形式的国家建构，即 M. Billig 所谓"不起眼的民族主义"（banal nationalism）方式来实现的。在其中，国家"或含蓄或明火执仗地被视为属于某个支配的民族群体所有，后者利用国家来把属于本群体的认同、语言、历史、文化、文学、神话、宗教，以及诸如此类的东西置于某种特别的地位"。公共机构和公共空间到处被打上特定民族的印记，经常在不受人注意或未被人们提及的情况下通行无阻，乃至大部分人们甚至从未察觉到它们的存在（页 64）。

# 六

新的转变始于 20 世纪 80 年代。它分别依赖于两种不同的轨迹而行进。

一是遵循处理原住民特殊情况的轨迹而行事。1957 年，作为对国际法不承认基于团体身份的权利主张的一种例外安排，国际劳工组织通过了"关于保护和统合原住民即部落民人口"的第 107 号协议。这还只是一个关于"过渡阶段"的协议，是在他们最终成为"平等的、无差别的国家公民"之前实行的一种"特殊保护"。

由于它的"家长式和同化主义者"的基本立场，这个协议到 20 世纪 80 年代已经变得过时，于是该组织在 1989 年通过了新的 169 号协议。它宣称必须移除过去标准中的同化主义取向，并对原住民的各项权利，包括其土地主张、语言权利和习惯法予以全方位的承认。这可以看作战后第一个文化多元主义国际规范的真正范例（页 31 至 32）。

1993 年，联合国起草的关于原住民权利的宣言草案，不仅重申了原住民应当享有的上述各项特殊权利，而且宣称原住民拥有在其所在国家之内实行广泛自治（extensive self-government within the bounderies of a larger state）的"内部自决"（internal self-determinaion）的权利。任何自决的提法在国际政治领域内都是极其敏感的，即使草案已经将外部自决，即从现属国家分离出来的权利主张明确排除在外，情况依然如此。因此这个草案至今没有获得批准。但它的核心观念已经在世界范围内得到传播（页 31 至 33）。

# 七

尽管特别针对原住民的那种相对小规模，并且带有某种例外处置含义的权利承认没有被直接应用于族裔及文化上的其他少数人群，但它还是将一种"更友好地对待差别"的取向推广到处理与原住民之外的其他少数族群的关系问题上。于是产生了试图直接解决一般少数族群的特殊集体权利问题的第二条行动轨迹。联合国 1966 年通过的《关于公民权利和政治权利的国际公约》第 27 条款[1]，经联合国人权委员会于 1994 年发布的"关于第 27 条款的一般评论"的重新解释，被理解为包含了对少数群体享有其自身文化之权利的正面肯定（页 33 至 35）。

从 1990 年起，三个跨政府组织，即欧洲议会（CE）、欧洲联盟（EU，聚焦于欧洲经济整合）以及欧洲安全与合作组织（OSCE）相继行动，对少数族群的权利予以坚定的承诺（页 36 至 37）。文化多元主义和少数人权利的观念，不再是国际共同体内与"文化"或"遗产"等相关联的边缘性制度，而是已经渗透到涉及安全、发展和人权的各种核心制度之中（页 36 至 37）。

把上述现象看成只是掩盖在"照常行事"之真相表面的一种"橱窗展示"，可能是过于消极了。最明显的变化发生在西方的发达国家（页 41）。

八

可以不夸张地说，数量日益增多的发达国家已经放弃了民族同化的目标，转而拥护这种或那种在文化上更加多元的国家模式。此种一般趋势分别体现在它们对待原住民和"次国家"少数民族群体的态度上。

前者包括加拿大的印第安人与 Inuit 人、澳洲的原始土著、新西

---

[1] 该条款宣称："在拥有族裔、宗教或语言上之少数人群存在的国家内，不应拒绝属于这些少数人群的成员们在与本族其他成员间的沟通，在享有自己文化、信仰和事奉自己的宗教、使用自己语言等方面行使自己的权利。"

兰的毛利人、斯堪的纳维亚的 Sami 人、格陵兰的 Inuit 人、美国的印第安部族等。从前，上述各国都曾有过同样的目标或期盼，即原住民通过自然死亡、通婚或同化，最终将会消失。它们甚至采纳某些政策以加速此一过程（页 66）。

自 20 世纪 70 年代开始，出现重大的政策反转。就原住民政策而言，衡量各国文化多元主义的政策指数涉及以下九项变量：承认土地权利或权益；承认自我治理（self-government）的权利；重新履行历史上形成的条约，或签订新条约；承认语言、渔猎等文化权利；承认习惯法；保障其在中央政府内的代表或咨询制；对原住民特定身份的宪法或法律确认；支持或调整有关原住民权利的国际正式文件；对原住民社群诸成员的各种肯定行为。以此衡量 1980 至 2000 年间的九国状况，加拿大、丹麦、新西兰、美国属于极大程度上的文化多元国家（九项中占六项或以上），澳大利亚、芬兰、挪威三国属适宜程度上的多元文化国家（占三至五项），日本、瑞典两国则处于开始转变的阶段（页 67 至 68）。

## 九

发达国家内的次国家少数民族群体，主要包括加拿大的魁北克人，英国的苏格兰人和威尔士人，西班牙的卡塔兰人和巴斯克人，比利时的佛莱芒人，意大利南部提洛尔岛上的日耳曼语少数群体，美国的波多黎各人等。现在这些所在国都已经接受永久维系次国家少数民族身份认同的原则，接受必须以这种或那种方式来与这些少数群体的民族性和民族情感相调适的原则，并且赋予他们以地区性自治、赋予其语言以官方语言的权利。

一个极其显著的事实是，如果将考察对象限制在具有一定规模并且聚集于一片居土之上的少数民族，那么发达国家内所有超过二十五万人口、被证明是拥有领土自治的意愿者，现在都已经获得这一权利。许多更小的群体（例如在比利时的德语少数群体）也是如此。

针对这一对象的多文化路径有六项评价指数：合众国制或准合众国制的领土自治；地区性或全国性的官方语言地位；在中央政府内或宪法法庭上的代表保障；支持少数族语言的大学、学校及媒体的公共经费；由宪法或议会确认的"多民族主义"；赋予国际展示性的权利（如允许次国家地区设立国际组织的分支机构，或签订条约，或组织自己的奥林匹克代表队等）。衡之以拥有一定规模（十万人以上）的少数民族的十一个发达国家，比利时、加拿大、芬兰、西班牙和瑞典五国表现出强烈的多文化取向，有三个国家，即意大利、英国和美国的表现更温和一些，另外三国，即法国、希腊和日本则坚持不让步。不过即便如此，法国南部科西嘉岛作为特别的"地区型半自治体"（collectivité territoriale），仍比法国所有其他省区享有高得多的自治权利（页 68 至 71）。

## 十

以上两类少数人群，都属于"家园型少数族群"（homeland minorities，或曰 historically settled homeland groups）。它们都因历史地定居于一个国家的某一特定地域已久历年岁，故将那部分国土视为属于它们的"家园"。那片家园现在已经被纳入一个更大的国家之内，或者也可能被两个或更多的国家所分割。但该人群依然对那片家园怀有一种强烈的归属意识，并经常萌发对于更早时代，即当他们能自我治理那方土地时的回忆。

我们已经看到，从发达国家处理其与"家园型少数族群"之间关系的"最佳实践"中浮现出来的，就是各种形式的领土自治体制。它与针对原住民的土地权利和多元法律，与针对次国家少数族群的将其语言承认为官方语言的政策，以及针对业已移居到本国其他地方的"家园型少数族群"成员的非领土自治等结合在一起发挥作用。

这些做法一开始在大多数西方民主国家内都引发过很大的不同意见和辩论。但是今天，"家园型少数族群"的领土自治观念已经被广泛接受。对西班牙或比利时（这只是随便举例）来说，重新回到一个统一的、单一语言的国家已经是一件不可想象的事情。确实，没有一个西方民主政体在对"家园型少数族群"实施领土自治之后又试图挽回这一决定。

次国家民族的自治，在过去曾被看作"例外"或者对"正常"国家的偏离；而"正常"的规范就是指法国那样的高度集权化国家，它拥有不加区分的共和国公民权利的观念，以及一种单一的官方语言。而所有力求实现文化多元主义的立场，都共享着对于早先这种统一的、同质化的民族国家模式的拒绝，意欲代之以一种文化多元主义的，多语言、多层级的，更加"现代"的国家。以这样的方式，自治的各种各样特定个案遂被置于一种更广阔的现代性言说之中。在那样的言说中，更带分割性的、散布得更开的、更加多层级分离的国家性和主权观念，已经变得越来越正常（页176至178、61）。

十一

在发达国家试图调整的族群关系清单上，还有另一类型被视为少数民族的人群，即移民群体。如果把原住民和由于国家间的边界划分等原因而历史地形成的拥有其历史家园的少数民族群体划为"旧少数民族群体"，那么移民群体或可视为"新"少数民族。这种"新"少数民族的最大特征是，他们不像前两类"旧"少数民族那样，拥有一个历史地形成的聚居地域。

回溯历史，澳大利亚、加拿大、美国和新西兰等重要的"移民国家"都曾对移民采纳过同化政策（页71）。但从20世纪60年代晚期起，情况明显地改变了。准许入境规定中的种族中立政策，致使源于非欧洲及非基督教社会的移民数量激增；与此相联系，一种更带文化多元取向的观念，鼓励移民公开、自豪地表达他们各自的集体身份认同，并使得各种公共制度负担起适应移民的族裔文化多样性的职责。上述趋势普遍出现于将移民作为永久居民和未来公民予以接纳的移民国家，只有坚持同化观念的法国属于显著的例外（页72至73）。

但是，如果把眼光扩大到传统移民国家之外，人们就会看见不同的图景。剩下的17个西方民主政体国家，在对待移民方面没有一个显示出强烈的文化多元主义倾向。其中显现温和转向的只有比利时、荷兰、瑞典和英国；绝大多数，包括奥地利、丹麦、芬兰、法国、德国、希腊、爱尔兰、意大利、日本、挪威、葡萄牙、西班牙、瑞士等国，对此都持抵制态度（页74）。可见对移民群体的文化多元主义立场在传统移民国家之外尚未生根（页75）。

文化多元主义未能进一步从处理原住民和历史形成的次国家少数族群问题延伸到对待新移民问题的领域，是否可以被看作文化多元主义"退潮"的一种重要迹象？下面还将回到这个问题上来。

## 十二

文化多元主义的各项公共政策不是从政治哲学讨论班上规制出来的。这一潮流的产生，亦并非如不少人以为的，是受到斯宾格勒与赫尔德的沙文主义和相对主义思想所驱动，或者是继承了根源于尼采式怀疑主义的后现代学说或解构主义拒绝自由主义的立场。它也没有偏离自由主义，而恰恰根植于从20世纪60年代开始发生在全方位社会政策转变（如流产和避孕权利、自由化的离婚法律、废止死刑、禁止性别与宗教歧视、同性恋非罪化等）之中的种种自由化和民主化过程（页109、97至98）。

是民主化带来了多方面影响决策的入口（页111）。

有关人权的各种规范在第二次世界大战后被联合国写入法律文件时，本是对于此前保护少数人群的集体权利体系的一种替代。具有反讽意义的是，推动着文化多元主义在众多西方民主政体中发育为相当普遍趋势的一个重要的意识形态因素，正是人权文化的兴起。人权革命释放出一系列有关族裔和人种平等的观念，以及一系列反对族裔和人种等级结构的政治运动。它们自然地激发起文化多元主义和争取少数族群权利的当代斗争（页88）。

曾被西方广泛接受的民族具有不同等级的基本立场——整个殖民体系即建立在不同族群的等级结构这一前提之下——由于希特勒的疯狂的谋杀政策而变得不再被人们相信。用 T. Borstelmann 的话来说："明目张胆的种族统治在德国施行种族灭绝的毒气室里已经丧尽了它的合法性。"这一灾难"惊动了世界的良心"。自1948年联合国通过《世界人权宣言》，国际秩序决定性地抛弃了有关族裔或人种的等级结构的旧观念。于是才有1948年至1966年的去殖民化运动，以及1955年至1965年美国非洲裔人群的反种族隔离运动。

正如战后民主化浪潮的第一波，即去殖民化运动激发了美国黑人争取公民权的斗争（第二波浪潮）一样，后者又激发出第三波浪潮，那就是为争取更广泛意义上少数权利的斗争。发达国家内的各族裔群体遂以自己的方式起而反抗残存的族裔与人种等级结构。可是如果说非裔美国人所要求的，是分享将他们非自愿地隔离和排除在外的那些制度与机会，那么大部分其他国家的少数人群恰恰处于相反的地位。他们面对的多是被非自愿地同化，以及被剥夺自己的语言、文化及自我治理的各种制度的险境；他们需要的是"足以对抗大多数人的各式保护"（counter-majoritarian protections）。

因此，由反种族隔离斗争所激起的争取少数族群的各种集体权利的斗争，尽管也诉诸"对抗大多数的保护"，但它的形式已不仅是反歧视和要求无差别的公民权，而且是声张和争取各种基于群体差别的少数人群权利。它已经演化为名副其实的文化多元主义运动（页89至91、112）。

## 十三

在发达国家，各种文化多元主义的政策，都是在一个更大的自由与立宪主义框架之中运行的。因此它们必须从形态上受制于尊重人权和公民自由等各项公共标准。处于多民族合众国模式的国家之下的次国家政府，像中央政府一样受同一宪法制约，因此不会导致在一个更大的民主制国家内部出现地域性暴政的孤岛，也没有能力以保持文化元真性、宗教正统或民族纯洁的名义而限制个人自由（页93至94）。

这种被安全控制在自由、民主的立宪主义和人权规范之内的文化多元主义政策，进一步推动了发达国家的"公民化"过程。族裔文化和宗教多样性一向以一系列非自由主义和非民主的关系为其特征，如征服与被征服、殖民与被殖民、移民与原住民、人种化与普通人口、规范化与异类、正统与异端、同盟与敌手、主人与奴隶等等。而"公民化"过程就是要将这些非公民关系的范畴转变为自由—民主政体下的公民关系。

人们过去曾经设想，实现公民化过程的唯一或最佳方式，是以某种单一的、无差异的公民模式赋予所有公民个体。但是自由主义的文化多元主义却以这样一种认识作为其出发点：复杂的历史必然地和理所当然地会产生出基于群体差异的族群政治的不同主张；公民化过程不应该压制这些主张，而应当透过人权的观念、公民自由和民主的可问责性来对它们进行过滤，向它们提供一个整合的框架（页94至96）。

## 十四

文化多元主义在发达国家的成功，与它是在民主立宪政体这个更大的权利关系框架之内运作密切相关。民主考虑限制了统治精英镇压族裔群体政治运动的能力。在许多其他国家，统治精英通过雇用凶手或准军事力量杀害少数民族领袖，或者用买通警察与法官来监禁他们的办法，削弱族裔群体的政治行动。对这类镇压的恐惧迫使非支配群体沉默，甚至连最温和的要求也不敢提。不开口对许多国家内的少数人群来说是最安全的选择（页111）。

但在西方发达国家，有五种因素保证了文化多元主义在很大程度上得以实现。一方面，由人权革命所推动的日益增长的权利意识，少数族群的人口数量不减反增的趋势，以及可以多渠道地获得的安全的政治动员保证，有助于说明被支配群体何以对文化多元主义的主张越来越有信心。另一方面，族群关系的"去安全化考量"（desecuritization）和在人权问题上的共识，降低了支配人群接受这些主张的阻力；在其中被动的顺应要多于积极的支持（页133）。

所谓"去安全化考量"，是指解除对跨境居住的少数民族可能损害其所在国利益的担忧。第二次世界大战前，意大利曾十分担心南提洛尔的德语人群对奥地利或德国的好感，认为它可能会瓦解他们对意大利本国的忠诚，因而使他们支持德、奥侵入或吞并南提洛尔的企图。同样的疑惧也出现在针对比利时、丹麦和波罗的海各国境内德语人群的态度中。这类担心在形塑战后回避"民族问题"的国际回应中，起到了很重要的作用。可是在今日，在整个成熟的西方民主国家中，这已完全不是问题。没有人会再怀疑一个少数民族或原居民可能与毗邻的同族敌对者或潜在侵略者合作。另外，北大西洋公约组织也有效地排除了在缔约国之间发生互相侵略的可能性（页118）。

然而，恰恰就是上述那些保证了文化多元主义在发达国家得以部分实现的特殊条件组合，却成为它在全球范围内成功传播的主要障碍（页21）。换言之，文化多元主义在不同社会中的不同命运，可能与那里的人民如何理解人权的道德逻辑没有太大关系。它在极大程度上取决于这些规范性主张被置入了何种形态的有关权利关系的更大制度框架之中（页112）。

## 十五

受鼓舞于自由主义的文化多元主义在西方的明显成功，也受震动于发生在后共产主义欧洲及后殖民地世界族群冲突的种种灾难性景象，20世纪90年代初，欧洲决定在东欧把对待少数族群的问题"国际化"。是否符合对待少数民族的"欧洲标准"，成为一个国家能否被欧洲接纳的检测尺度。这与欧盟在1989年之前有意地避免将任何涉及少数民族的条款纳入其内政原则的做法正相反。

还有一些复杂情况，如对大规模流亡者涌入西欧的担忧，族群内战所导致的法律死角成为黑社会、毒品贩卖者以及宗教极端主义者们的天堂等，也对促成这一转变起了一定的作用。（页173至174）。

少数民族问题"国际化"的策略有三项，即推荐"最佳实践"，设定最低标准，特定情况下的各种直接干预（页174）。在上述每一项策略的内部以及它们相互之间，都存在着许多不一致之处。主要困难在于无法将自由的文化多元主义的乐观追求与对于反复无常的族群冲突的悲观主义担忧顺利整合在一起。

## 十六

向东欧宣示发达国家"最佳实践"的策略以几乎完全无效而告

终。这不仅是因为没有民主制度提供的安全保障，少数族群不可能从事充分的政治动员；真正的阻力还在于国家和主流人群尚难以接受少数族群的自治诉求所可能引起的巨大风险。因为缺乏可靠的人权保障基础，主流人群担心自治地域将会沦为针对包括本族成员在内的非自治族群的各种居民的"暴力孤岛"。事实也往往果真如此。另外，东欧"第五纵队"的历史记忆也使国家对少数族群可能成为其"亲戚国家"的潜在同谋者充满疑惧（页182至184）。而少数族群问题一旦与国家安全相联系，道德理由和民主论辩的空间就会大大缩小。

将一个问题提到国家安全的高度，就使它压倒了正义。以安全来取代正义，正是后共产主义欧洲与西欧在论辩少数民族问题时的最明显差别（页192）。这种无所不在地将问题"安全化"的倾向显然不是完全必要的。政治精英玩"安全牌"，已成为一种对于危及民族关系的后果无所顾忌和不负责任的顽固作风（页193）。

衡量这个问题时可以采取的一种方式是，打出安全牌，有一个"门槛"。为避免国家镇压，少数族群必须把他们的诉求保持在此一"门槛"之下。可是"门槛"究竟应该在哪里呢？他们的要求可以按其强烈程度的高低排列如下：

1．暴力分离主义或恐怖主义；2．民主形式的分离动员；3．领土自治；4．在更高的教育层次中采用少数民族语言；5．选举权；6．各种集体权利；7．官方语言地位；8．少数民族语言的基础教育；9．少数民族语言的道路指示牌等。

在西方，"门槛"位于第1项和第2项之间。但在欧洲后共产主义诸国，这个"门槛"多位于第7项与第8项之间。

东欧的政治民主化与少数民族的民族主义之间呈负相关关系。民主化程度较高的捷克、匈牙利、斯洛文尼亚和波兰均无民族问题；而有民族问题的斯洛伐克、乌克兰、罗马尼亚、塞尔维亚、马其顿、格鲁吉亚等国，其民主化就有很大困难（页193至194）。

在这里，Istvan Bibo的话很值得引述："如果恐惧在自由方面的进步将会危及国家利益，那就无法获得民主所能提供的充分优势。成为民主派首先意味着不再害怕，不再害怕那些有不同见解，说不同语言，以及属于不同种属的人们。东欧和中欧各国感到害怕，因为它们还未曾充分地发展出成熟的民主政体；而他们之所以没有充分地发展出民主政体，则因为它们还在害怕。"（页195）

# 十七

第二项策略是制定明确的法律或准法律的有关规范和标准。根据1991至1995年在所有主要的欧洲组织之间很快达成的共识，影响少数民族在后共产主义国家待遇问题的最好解决途径，就是制定各种最低规范和标准，设立监督各国实施这些规范准则的国际机制，并以此决定某国是否有资格"重返欧洲"。

可是欧洲有关少数民族权利的努力中的最令人吃惊之处是，对这些标准究竟是什么，怎样才能将它们条理化，却一直没有在其主要推动者之间形成清楚的观念。事实上，在给予国内少数民族以何种权利、如何区分不同类型的少数族群，甚至对是否承认存在少数族群等问题上，西方各国之间有重大的不同。因此并没有一种对于少数民族权利的"欧洲标准"。

由于上述原因，当然也由于任务本身过于艰巨，欧洲徘徊在传播自由的文化多元主义的长期目标和防止与解决潜在地导致族群冲突的短时期应急措施之间。结果是它在这两个目标上都缺乏足够的推进力（页198至199）。紧随1993年欧洲议会委员会的1201号议案"反映出欧洲组织支持领土自治的最高潮"之后，欧洲组织在这个问题上明显后退了。它开始转向一种更带普遍性的少数权利策略，而不再重复不同少数族群之间的区别问题（页209、219）。

这一转向当然会带来代价。仅对一般文化权利的承诺，其本身就严格限制了需要予以确认的少数族群权利的种类。它对某些特定族群来说是远远不够的，因为它排除了基于历史上长期居住和领土上相对集中的事实而产生的各种要求。然而恰恰是这样的一些要求，成为后共产主义欧洲几乎所有暴力冲突的导火索。在波斯尼亚、科索沃、马其顿、格鲁吉亚、车臣、Ngrono-Karabath，情况都是如此。因此上述退潮与转向根本无力应对后共产主义欧洲族裔冲突的严峻挑战（页202至205）。

这一项策略，于是也被认为是基本失败了（页199）。

## 十八

两种策略都不如意，因而又有第三项策略，即"从制定'规范'和'标准'转向预防和解决冲突"的一系列特定个案干预。有一种逻辑指导着对这些特定个案的干预。但它不是自由的文化多元主义逻辑，而是安全逻辑，即出于保障地区安全的算计。

在这一策略指导下，欧洲迫使马其顿政府给予桀骜不驯的阿尔巴尼亚少数族群以更大的自治权利，承认他们的语言为官方语言。在波斯尼亚，欧洲组织强迫波斯尼亚穆斯林、塞尔维亚人和克罗地亚人各方都接受一个地区自治和协商式权力共享的结构。在塞浦路斯，联合国在欧洲组织协助下创建了一种合众国制的权力分享方式，来解决多数民族希腊人和少数派的土耳其人之间的长期纷争。在冲突真正产生时，欧洲组织就会发现：从领土自治立场后退的FCNM（欧洲议会关于保护少数民族的框架协议，1995）几近一无所用；而某些形式的权力分享仍是必须的（页231至232）。

但是，这些对于特定个案的干预所遵循的原则，是现实政治，而不是基于国家和少数民族相互关系中所应有的原则性观念。因此这种安全逻辑有高度的伸缩性和对于时局背景的敏感性。它所导致的解决方案有时超越 FCNM，有时则连 FCNM 的要求也达不到。例如容忍保加利亚制定的法国式宪法，就几乎肯定违反了 FCNM（页 234）。

欧洲组织的行为因此被批评为具有任意、无原则和前后不一致的性质，"未能形成任何和谐的少数权利标准"，"只是证明了为了稳住局势，它们事实上预备采纳任何政策措施"（页 232）。例如，欧洲安全与合作组织在 20 世纪 90 年代中叶已改变了对少数族群自治诉求的支持。他们反对很多国家内的少数族群在合乎法律的范围内采用各种和平与民主的方式争取领土自治的权利。但在另一些国家，他们并不如此行事。如对乌克兰的克里米亚人、摩尔多瓦的高加索人、格鲁吉亚的 Abkhazia 人和 Ossetia 人、阿塞拜疆的 Ngorno-Karabakh 人，以及塞尔维亚的科索沃人等。如果说这样做有什么"例外"或"非典型"的理由，那就是这些少数族群都非法地、违宪地强行夺得了政权（页 236 至 237）。实际上这只是向那些已经对国家稳定造成足够确定的威胁的少数族群被迫妥协，是对安全威胁的回应，而不是原则性的主张。

简言之，安全逻辑对国家与少数族群双方的不妥协都予以奖励。这样做既是在鼓励好战的少数族群，同时又是对遵守法律者的惩罚（页 243、246）。

## 十九

20 世纪 90 年以后，在各国内部的族裔冲突取代霸权间竞争而成为和平、发展、稳定与人权的最大威胁。从全球政治组织内部，似乎是以一种相当无意识的方式涌现出来的一种想法，即采取与欧洲组织相似的基本策略来传播文化多元主义（页 54），但它也陷于相似的两难局面。

联合国社会发展研究所先后启动了关于"族裔冲突与发展"、"族裔多样性与公共政策"的研究计划，试图将有关统一民族国家应当高度中央集权化和同质化的观念，转变为更具流动性和多层级化的主权观念，以及一种更友善地对待多样性的公民观念。这些努力产生出一个全球性网络，把联合国官员、非政府组织、慈善组织、准学术机构等联系在一起（页 248）。

但是在这个相对狭隘的圈子之外，推行涉及少数族群自我治理的"最佳实践"活动在大部分后殖民世界遭到严重抵制，如同在大多数后共产主义国家一样。如 Ashis Nandy 所说，"任何有关国家权力下放，或者按真正的合众国模式来更新国家观念的提议，都与第三世界的后殖民国家格格不入"。即使有少数采取某种领土自治的国家，也只是暴力斗争和内战的结果（页 249 至 251）。

这种强烈抵抗，可能与不同文明的价值及其前现代态度关系不大。关键仍是文化多元主义在发达国家得以实现的资源和先决条件，在后殖民国家太不均匀。这里至少存在五方面的问题。即人权保障的缺乏，地区性不安全，对国际社会和国际组织的不信任，殖民主义遗留下来的族裔等级结构的消极影响，以及人口结构中缺乏一个支配性的人群（页 254 至 263）。

## 二十

与欧洲组织采用颁布法律或准法律的规范与标准的行动相类似，世界组织在这里碰到同样的范畴选择问题，即要制定一般性规范，还是分别适用于各特殊类型少数族群的针对性规范（页 265）？

联合国最初选择的是为少数权利制定一般性规范的战略。它通过对《关于公民权和政治权利的国际公约》（1966 年通过）第 27 条的重新解释，将所有族裔—文化上的少数人群，无论其新旧、大小、其分布是集中或分散的，都覆盖在"享有其文化权利"的对象内。但正因为如此，它也被证明无法处理"具有世居家园的各群体"的特殊要求。

为了改变这一策略对"家园型少数族群"基于其历史与领土理由而提出的那些特殊要求保持沉默的尴尬，联合国沿着发展中的一般性权利战略去开辟针对性权利的新方式。但它仅仅走出的，是承认以原住民为特殊对象这一步（页265）。而发展出针对次国家少数民族的全球规范问题，在不远的将来仍毫无可能。Liechtenstein 提交联合国大会（1994）的《通过自我治理实现自决》的决议草案，从未被认真考虑和辩论过（页273）。

在两种"家园型少数族群"之间确实存在显著的社会学和历史学差异，但它们也有共同性，并且都已在西方民主政体中被授予领土自治的权利。而在目前的国际言说中，这一重要的共同点变得模糊了（页274）。在任何意义上，所有"家园型少数族群"都是"原住民"。事情无法一直拖延下去。因为坚持在二者之间的区分，从政治上很难寻找到说得过去的理由（页279、290）。

## 二十一

在积极涉入国家与其少数民族严重冲突的地方，联合国十分典型的是在促进各种形式的自治，例如在塞浦路斯、苏丹、伊拉克、印度尼西亚、斯里兰卡和缅甸。这自然是在重复后共产主义欧洲的经验。

自相矛盾的是，尽管在诸多极其鲜明的个案里，联合国实际上只能选择推进多民族的合众国体制的各种形式，但它在处理次国家的民族问题时，却反对作为原则的自我治理的观念。国际社会在各种实际个案里提倡的种种形式的自治模式，本可以作为巩固自由—民主的公民关系、尊重人权和经济发展的载体，但如今它们只是危机情况下的权宜措置，而不是一般意义上对少数族群自治的原则性承诺。它们至今被广泛地评价为是对倾向于好战和滥用暴力的少数群体的交换与妥协（页292）。

二十二

那么，文化多元主义主张在后共产主义和后殖民地社会的普遍挫折，以及西方民主政体在针对移民人群的政策问题上止步不前，是否意味着它的全面后退，甚或如欧洲不只个别发达国家在21世纪前十年先后宣告的那样，文化多元主义实验已经失败？

本书作者在书中好几处承认，20世纪90年代中叶以后，文化多元主义的主张在西方发达国家有"后退"（retreat）或"反弹"（backlash）的迹象，甚至说欧洲正处于"针对移民和文化多元主义各种政策的大众性反弹之中"（页224）。但是另一方面，他仍十分肯定地断言，不存在一种"全方位的退却"（across-the-board retreat，页123）。这里包含着好几层值得注意的意思。

首先，在发达国家，反弹是相当地方化的，仅涉及某些国家或某些少数族群，尤其是针对移民人群的政策。这不是要回到传统的自由主义信念。后者认为族裔性是属于私人领域的范畴，而公共领域对此应当中立，因此除平等的公民权外无须再有任何形式集体权利的存在。就此意义而言，从针对移民的文化多元主义立场后退，并不是对文化多元主义的整个否定（页122至123）。

其次，上述后退在一定程度上也是可以理解的。即使是在发达国家，大多数公众对文化多元主义的态度实际上只是"默认"而已，他们并没有变成这一立场的"真正信仰者"。它只表明已有足够数量的公民认为文化多元主义符合其国家的自由主义民主价值，所以是一种允许的政策选择。因此当局势发生某些变化时，大众的支持也可能变化（页120至121）。

复次，由于缺乏前文所述一系列特定条件的"幸运组合"，文化多元主义的主张在后共产主义欧洲和后殖民地社会多受排斥抵制，是具有一定客观原因的。欧洲组织和国际组织针对此种情况而调整其策略，在一定程度上也是必要的和可以理解的。

最后，尽管如此，本书作者仍然对呈现在欧洲及国际组织中的暧昧态度表示忧虑。因为他怀疑"西方组织的某些领导者"试图放弃以法律规范确认少数权力的路线，而代之以基于安全考虑的对后共产主义国家进行个别干预的方案。他又提醒说，将欧洲议会关于保护少数民族的框架协议转换为一个保护普遍性少数权力的文件，也许是可以理解，甚至是必须的。但如果这真的是欧洲所选择的道路，那么还必须认识到这样做的代价。过去制定的那些针对国内少数民族的国际规范将被放弃[1]。这是在为实现短期目标而牺牲理论和实践上都具有重大贡献的长期目标。必须注意，由聚集处置紧迫问题的"实用主义回应"而逐渐积累起来的结果，可能反而不利于对重大问题的长远解决（页228至229、235、9）。

## 二十三

如此说来，解决全球民族问题的出路究竟在哪里？

对于文化多元主义和少数权利的承诺，虽然是相对晚近的事情，

---

[1] 关于这一点，作者写道，对有些人而言，与领土相分离的族裔观念才是真正体现出唯一正确的自由民主主义途径，体现唯一符合后现代有关运动性、全球性、多元的、变动不居的混合认同途径的普遍观念。虽然很少说得十分明白，这一见解暗示的是：西方的少数民族，只要继续将他们的认同与领土上自我治理的制度设置联系在一起，就是落后的；西方民主体制接受这样的族裔民族主义要求是一种后退；欧洲组织应当迫使这些欧洲国家放弃领土自治的各种形式。但他们完全忘记了，他们所主张的恰恰是西方民主国家曾经试图去做而没有可能做成的事情（页228至229）。

但已经在国际社会深深地制度化。无论如何，从保护少数权利的立场全面后退，已经不可能了（页296）。

目前问题的症结在于，国际法中适用的针对性范畴，只限于欧洲国内少数民族和全世界的原住民。然而若将其余对象全部覆盖在关于一般性权利的立法中，那样做只是回避了而不是移除或解决了一直存在的如何制定更多针对性范畴以及推进其步骤的问题（页314）。

所以从目前所可能着手的做起，应当考虑如何将一般权利进路与针对性权利进路两者更好地结合起来，将防止冲突的短期安全目标与长期的推进更高标准的自由的文化多元主义更好地结合起来（页298）。我们需要倒转努力的方向，不是退回到致力于制定一个更为一般的、能套用到任何类型和任何具体环境之中的少数权利保护框架，而是要创建更为复杂的有针对性的和在次序上有轻重缓急的少数权利模式，使它可以有效回应不同类型的少数群体和不同背景情况之间的种种重大区别（页309）。

## 二十四

对像我这样的中国读者来说，本书犹如一篇有关国际民族问题的专题性长篇研究报告，借此可以相当系统地了解国际社会在最近五六十年中试图解决民族冲突的各种努力过程及其内在理据。我看过一些对本书的评论。有把作者奉为"自由的文化多元主义主要设计师"的；也有的书评指出，国际法专家可能不会同意书里的某些阐述。文化多元主义与自由主义、世界主义之间也一直存在着争论。本书的价值不在于它说出的是人人都同意的某种观点，而在于它清晰地展开了一幅十分有助于澄清我们的基本目标的思想地图。

全书结束在并不十分乐观的语境里。的确，由于不再有进一步的关注和承诺（这也与国际社会遭遇诸如恐怖主义、环境问题等更紧迫的威胁有关），一场曾充满希望的全球性试验，看来难免从它走得较快的那些层面逐步后退。这一试验面临的是不太确定的未来（页295）。我以为，对"退潮"也不必过分悲观。有涨潮就必有退潮。但每一次涨潮又必定在它退去之后重现出来的海滩上留下潮水再也带不走的某些成果。所以潮涨潮落并不意味着潮水在做一次又一次的无用功。逐渐靠近理想中的基本目标，可能就是要在很多次潮涨潮落的起伏中实现的。

另外，我们还可以从本书知道，"美国熔炉模式"绝不如我们中间很多人以为或故意渲染的那样，是中国以外的世界上解决内部民族关系问题的唯一途径。相反，发达国家保障其内部的次国家少数民族权利的制度措施，其实与中国的民族区域自治制度有很大程度上的相似性。而民族问题"去政治化"，乃至"改制建省"的主张所憧憬的，实际上正相当于文化多元主义所力图替代的那种陈旧的民族国家模式。所以从全球性的思想市场来看，这是一种企图回到从前的诉求，而根本算不上是着眼于将来的所谓"第二代"方案。

## 二十五

基本上是用我对一本他人著作的读书笔记充作我自己这本新书的"后记"，这个做法可能是很另类的。自从2015年与三联书店约定本书的出版计划后，我就一直有一个念头，要为它写一篇后记，对十多年来自己有关民族问题的学习和思考心得做一番梳理。可是直到书稿发排前，这篇后记还是没能写出来。有些想法已经在收入本书的论文或评论里说过了，没有必要重复；再要往深里说，则似已超出我现在的学力，而且也不合当下时势。但要写一篇后记的念头却已变得挥之不去。于是想起近年来读过的最让我印象深刻的这部书，决定对过去所做的极详细的"写读"笔记进行简化，在尽可能短的文字中将此书要点和论述框架概述出来。"札录"就是这样产生的。现在看来，它使"后记"变得非常充实，比我自己再唠唠叨叨地说这说那要强不知道多少倍。

收入此书的文章共分为四组。第一组凡七篇，泛论中国历史上的族群认同、国家认同以及二者之间的相互关系。第二组的五篇，主要聚焦于如何认识历史上的各少数民族对中国历史与文化的积极贡献。第三组也由五篇构成，都以蒙古帝国、元朝，以及它们之间的关系为讨论主题。纳入最后一组的四篇论文，则分别考察族群认同在回族、满族的形成和鲜卑拓跋部早期历史的书写之中的作用问题。二十一篇文章，加上"后记"中的"札录"，无论就篇目或文字篇幅而言，大半都是第一次被收入个人结集之中。

本书属于"复旦大学历史地理研究国家哲学社会科学创新基地06FCZD003项目"成果的一部分。它的结集出版，从一开始即蒙生活·读书·新知三联书店相关编辑的帮助策划与大力支持，他们为本书付出了辛勤的劳动。谨向他们致以诚挚的感谢。